国家骨干高职院校项目建设成果

Qiaoliang Xianchang Jiance
桥梁现场检测

邓 超　吴继锋　主　编
徐远明　主　审

人民交通出版社股份有限公司
China Communications Press Co.,Ltd.

内 容 提 要

本书为道路桥梁工程技术专业职业岗位核心能力课程教材，是在各高等职业院校积极践行和创新先进职业教育思想和理念，深入推进"校企合作、工学结合"人才培养模式的大背景下，根据新的教学标准和课程标准组织编写而成。

本教材以桥梁工程现场的典型检测与评价的案例为主线，内容主要包括地基检测、基桩检测、墩柱检测、梁板检测及全桥检测的方法与评价等，共5个学习情境，16个工作任务。

本书可作为高职高专院校道路桥梁工程技术专业、工程监理专业、高等级公路维护与管理专业等土建专业教学使用。

图书在版编目(CIP)数据

桥梁现场检测／邓超，吴继锋主编. —北京：人民交通出版社股份有限公司，2015.1
国家骨干高职院校项目建设成果
ISBN 978-7-114-12353-5

Ⅰ.①桥… Ⅱ.①邓…②吴… Ⅲ.①桥梁试验－现场试验－高等职业教育－教材 Ⅳ.①U446

中国版本图书馆CIP数据核字(2015)第183698号

国家骨干高职院校项目建设成果
书　　名：桥梁现场检测
著 作 者：邓　超　吴继锋
责任编辑：卢仲贤　刘　倩　李　娜
出版发行：人民交通出版社股份有限公司
地　　址：(100011)北京市朝阳区安定门外外馆斜街3号
网　　址：http://www.ccpcl.com.cn
销售电话：(010)59757973
总 经 销：人民交通出版社股份有限公司发行部
经　　销：各地新华书店
印　　刷：北京虎彩文化传播有限公司
开　　本：787×1092　1/16
印　　张：21
字　　数：538千
版　　次：2015年1月　第1版
印　　次：2024年6月　第5次印刷
书　　号：ISBN 978-7-114-12353-5
定　　价：55.00元

(有印刷、装订质量问题的图书由本公司负责调换)

江西交通职业技术学院
优质核心课程系列教材编审委员会

主　任：朱隆亮
副主任：黄晓敏　刘　勇
委　员：王敏军　李俊彬　官海兵　刘　华　黄　浩
　　　　张智雄　甘红缨　吴小芳　陈晓明　牛星南
　　　　黄　侃　何世松　柳　伟　廖胜文　钟华生
　　　　易　群　张光磊　孙浩静　许　伟

道路桥梁工程技术专业编审组（按姓名音序排列）
蔡龙成　陈　松　陈晓明　邓　超　丁海萍　傅鹏斌
胡明霞　蒋明霞　李慧英　李　娟　李　央　梁安宁
刘春峰　刘　华　刘　涛　刘文灵　柳　伟　聂　堃
唐钱龙　王　彪　王立军　王　霞　吴继锋　吴　琼
席强伟　谢　艳　熊墨圣　徐　进　宣　滨　俞记生
张　先　张先兵　郑卫华　周　娟　朱学坤　邹花兰

汽车运用技术专业编审组
邓丽丽　付慧敏　官海兵　胡雄杰　黄晓敏　李彩丽
梁　婷　廖胜文　刘堂胜　刘星星　毛建峰　闵思鹏
欧阳娜　潘开广　孙丽娟　王海利　吴纪生　肖　雨
杨　晋　游小青　张光磊　郑　莉　周羽皓　邹小明

物流管理专业编审组
安礼奎　顾　静　黄　浩　闵秀红　潘　娟　孙浩静
唐振武　万义国　吴　科　熊　青　闫跃跃　杨　莉
曾素文　曾周玉　占　维　张康潜　张　黎　邹丽娟

交通安全与智能控制专业编审组
陈　英　丁荔芳　黄小花　李小伍　陆文逸　任剑岚
王小龙　武国祥　肖　苏　谢静思　熊慧芳　徐　杰
许　伟　叶津凌　张春雨　张　飞　张　铮　张智雄

学生素质教育编审组
甘红缨　郭瑞英　刘庆元　麻海东　孙　力　吴小芳
余　艳

序 PREFACE

为配合国家骨干高职院校建设，推进教育教学改革，重构教学内容，改进教学方法，在多年课程改革的基础上，江西交通职业技术学院组织相关专业教师和行业企业技术人员共同编写了"国家骨干高职院校重点建设专业人才培养方案和优质核心课程系列教材"。经过三年的试用与修改，本套丛书在人民交通出版社股份有限公司的支持下正式出版发行。在此，向本套丛书的编审人员、人民交通出版社股份有限公司及提供帮助的企业表示衷心感谢！

人才培养方案和教材是教师教学的重要资源和辅助工具，其优劣对教与学的质量有着重要的影响。好的人才培养方案和教材能够提纲挈领，举一反三，而差的则照搬照抄，不知所云。在当前阶段，人才培养方案和教材仍然是教师以育人为目标，服务学生不可或缺的载体和媒介。

基于上述认识，本套丛书以适应高职教育教学改革需要、体现高职教材"理论够用、突出能力"的特色为出发点和目标，努力从内容到形式上有所突破和创新。在人才培养方案设计时，依据企业岗位的需求，构建了以岗位需求为导向，融教学生产于一体的工学结合人才培养模式；在教学内容取舍上，坚持实用性和针对性相结合的原则，根据高职院校学生到工作岗位所需的职业技能进行选择。并且，从分析典型工作任务入手，由易到难设置学习情境，寓知识、能力、情感培养于学生的学习过程中，力求为教学组织与实施提供一种可以借鉴的模式。

本套丛书共涉及汽车运用技术、道路桥梁工程技术、物流管理和交通安全与智能控制等27个专业的人才培养方案，24门核心课程教材。希望本套丛书能具有学校特色和专业特色，适应行业企业需求、高职学生特点和经济社会发展要求。我们期待它能够成为交通运输行业高素质技术技能人才培养中有力的助推器。

用心用功用情唯求致用，耗时耗力耗资应有所值。如此，方为此套丛书的最大幸事！

江西省交通运输厅总工程师

2014年12月

前言

为落实《国家中长期教育改革和发展规划纲要(2010~2020)》精神,深化职业教育教学改革,积极推进课程改革和教材建设,满足职业教育发展的新需求,江西交通职业技术学院根据工学结合、理实一体化课程的开发程序和方法,编写了一套供高职高专院校道路桥梁工程技术及相关专业群教学使用的教材。

当前我国高职教育力行改革,职业能力的培养与形成已成为高职教育的核心。"工学结合"是当前职业教育改革发展的一个重要方向,它推动了以职业岗位核心技能为导向的课程体系构建和以"工学结合"为思路的项目化课程开发。本书基于省级精品资源共享课程"桥梁现场检测"大量资源的开发和先进教学理念,与行业知名企业共同编写而成。

本书充分考虑了目前高等职业教育的特点以及桥梁工程的维护、保养、检测与评价对人才的需求,坚持面向市场、面向社会,以能力为本位,以职业发展为导向,以经济结构调整和科技进步服务为原则;注重理论知识与实践技能的有机结合,实践内容与现行行业标准紧密结合。

本书突出实用性,以知识、技能的系统性构建为重点,摒弃了传统教材重理论轻实践的学科性编写模式,在教材主线、编写风格、教材组织上有了较大改变。本书紧密结合国家现行的新规范与技术标准,保留传统实用技能的推广,同时穿插新工艺、新技术,结合省级精品资源共享课程"桥梁现场检测"(http://jpkc.jxjtxy.com/2012/qljc),辅以大量工程案例、图片、动画、视频,能有效地实施"做、学、教",对实际工程项目的检测有较高的指导意义。

本书共分5个学习情境,16个工作任务,由邓超、吴继锋担任主编,全书由吴继锋负责统稿。参加编写人员如下:郑卫华编写学习情境一,吴琼编写学习情境二,徐进编写学习情境三,邓超编写学习情境四、五。此外,陈松、梁安宁也参与了本书的编写及图文整理工作。本书案例部分由江西交苑公路工程试验检测中心提供。

本书由江西省交通工程质量监督站徐远明教授级高工主审。他认真细致地审阅了全书,提出了许多宝贵的建议,并做了多次修改,在此深表谢意。

在编写过程中,参考了大量的著作和文献资料,在此一并向有关作者、编者表示真诚的感谢。

由于编者水平有限及时间仓促,错误和遗漏在所难免,敬请使用本书的老师和同学们提出宝贵意见,使本教材不断完善。

作　者
2014年12月

目录

学习情境一　地基检测 ……………………………………………………………………… 1
　工作任务一　黏性土地基检测 …………………………………………………………… 2
　工作任务二　砂性土地基检测 …………………………………………………………… 33
学习情境二　基桩检测 ……………………………………………………………………… 50
　工作任务一　预制桩完整性检测 ………………………………………………………… 51
　工作任务二　灌注桩完整性检测 ………………………………………………………… 81
　工作任务三　基桩承载力检测 …………………………………………………………… 99
学习情境三　墩柱检测 ……………………………………………………………………… 122
　工作任务一　墩柱混凝土强度检测 ……………………………………………………… 123
　工作任务二　墩柱混凝土缺陷检测 ……………………………………………………… 137
　工作任务三　墩柱混凝土钢筋位置及保护层厚度检测 ………………………………… 154
学习情境四　梁板检测 ……………………………………………………………………… 162
　工作任务一　试验梁的选择与设计施工资料收集 ……………………………………… 163
　工作任务二　梁板试验检测仪器操作与调试 …………………………………………… 165
　工作任务三　梁板检测现场准备工作 …………………………………………………… 180
　工作任务四　梁板加载与试验测试 ……………………………………………………… 187
　工作任务五　试验结果分析与检测报告的编写 ………………………………………… 192
学习情境五　全桥检测 ……………………………………………………………………… 198
　工作任务一　桥梁静载试验 ……………………………………………………………… 199
　工作任务二　桥梁动载试验 ……………………………………………………………… 218
　工作任务三　桥梁全桥检查(测) ………………………………………………………… 298
参考文献 …………………………………………………………………………………… 325

学习情境一　地基检测

情境概述

本学习情境主要讲授黏性土地基检测及砂性土地基检测的原理、方法与步骤。根据岗位职业能力的要求,本情境共安排了两个工作任务。

一、职业能力分析

通过本情境的学习,期望达到下列目标。

1. 专业能力

(1)掌握静力触探、动力触探、标准贯入试验的检测原理、方法与步骤;
(2)掌握载荷试验的检测原理、方法与步骤。

2. 社会能力

(1)通过分组活动,培养团队协作能力;
(2)通过规范文明操作,培养良好的职业道德和安全环保意识;
(3)通过小组讨论、上台演讲评述,培养与客户的沟通能力。

3. 方法能力

(1)通过查阅资料与文献,培养个人自学能力和获取信息能力;
(2)通过情境化的工作任务活动,掌握解决实际问题的能力;
(3)填写任务工作单,制订工作计划,培养工作方法和能力;
(4)能独立使用各种媒体完成学习任务。

二、学习情境描述

检测机构接到一单位报检地基后,递交给学员一个检测任务,给学员介绍所承接地基检测任务的情况及检测要求。

三、教学环境要求

学习情境要求在理实一体化专业教室和专业实训场所完成。要求配备动力触探法、标准贯入试验、承载板试验、载荷试验相关检测仪器。同时提供相关检测仪器操作手册、使用说明书;可以用于资料查询的计算机、任务工作单、多媒体教学设备、课件和视频教学资料等。

学生分成四个小组,各组独立完成相关的工作任务,并在教学完成后提交任务工作单。

工作任务一　黏性土地基检测

 任务概述

本工作任务是了解黏性土地基检测的重要性,掌握黏性土地基检测的基本方法。学习要求是认真研读本工作任务的内容,查阅某工程项目黏性土地基检测的案例资料,重视理论联系实际。

 **相关知识**

一、地基承载力概述

凡是基础直接建造在未经加固的天然地层上时,这种地基称为天然地基。若天然地基较软弱,需先经过人工加固,再修建基础,这种地基称为人工地基。地基工程是道路桥梁工程重要的组成部分,地基工程的质量好坏是道路桥梁工程构造物是否安全和能否正常使用的关键。地基工程属于隐蔽工程,受地形、地质、水文等综合因素的影响,问题复杂且变异性大,通过地基工程检测技术进行现场监测和检测是确保地基工程质量的重要手段。

1. 地基承载力的概念

地基承载力是指地基在同时满足变形和强度两个条件下,单位面积所能承受的最大荷载。

2. 学习和研究地基承载力的重要意义及现实意义

理论上地基承载力是土力学理论中最重要的课题之一。

现实中任何土木工程地基基础设计都必须满足两个基本前提(强度、变形),而这两个前提也离不开对地基承载力的研究。在进行地基基础设计时,地基必须满足以下条件:

(1)建筑物基础的沉降或沉降差必须在该建筑物所允许的范围之内(变形要求);

(2)建筑物的基底压力应该在地基所允许的承载能力范围内(承载力要求)。

二、地基承载力检测方法

原位测试是在工程地质勘察现场,在不扰动或基本不扰动土层的情况下对土层进行测试,以获得所测土层的物理力学性质指标及划分土层的一种岩土工程勘察技术。

土体原位测试方法很多,可以归纳为两大类:

1. 土层剖面测试法(Logging or Stratigraphic Profiling Methods)

主要包括静力触探、动力触探、扁铲松胀仪试验及波速法等。土层剖面测试法具有可连续进行、快速经济的优点。

2. 专门测试法(Specific Test Methods)

主要包括载荷试验、旁压试验、标准贯入试验、抽水和注水试验、十字板剪切试验等。土的专门测试法可得到土层中关键部位土的各种工程性质指标,精度高,测试成果可直接供设计部门使用。其精度超过室内试验的成果。

黏性土地基承载力检测的常用方法主要包括静力触探、动力触探、标准贯入试验等。

三、静力触探试验

(一)概述

静力触探试验(CPT,Static Cone Penetration Test)是把一定规格的圆锥形探头借助机械匀速压入土中,利用探头内的力传感器,通过电子量测仪器将探头受到的贯入阻力记录下来的一种测试方法。由于各类土层的物理力学性质不一样,探头遇到的阻力也不一样。贯入阻力的大小与土层的性质有关,土软,阻力就小;土硬,阻力就大。土的软硬就是土的强度(即承载力)的一种表现,贯入阻力间接地反映了土的承载力。因此通过贯入阻力的变化情况,可以达到了解土层的工程性质的目的。

静力触探仪有机械式静力触探仪和电测式静力触探仪,目前在我国使用的静力触探仪以电测式为主。

1. 机械式静力触探

其优点是仪器坚固耐用,易操作,设备价格低;缺点是测试精度低,效率不高。

2. 电测式静力触探

其优点是测试连续、快速,效率高,功能多,兼有勘探与测试的双重作用。采用电测技术后,易于实现测试过程的自动化,测试成果可由计算机自动处理,大大减轻了人的工作强度。由此,电测静力触探是目前应用最广的一种土工原位测试技术。

电测静力触探的主要缺点是对碎石类土和密实砂土难以贯入,也不能直接观测土层。在地质勘探工作中,静力触探常和钻探取样联合运用。

图1-1-1是静力触探示意图和得到的测试曲线。从测试曲线和地层分布的对比可以看出,触探阻力的大小与地层的力学性质有密切的相关关系。

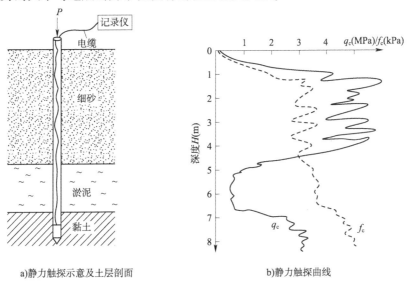

a)静力触探示意及土层剖面   b)静力触探曲线

图1-1-1 静力触探示意及其曲线

(二)目的与适用范围

静力触探试验适用于软土、一般黏性土、粉土、砂土和含少量碎石的土。静力触探试验可根据工程需要采用单桥探头、双桥探头,或带孔隙水压力量测的单、双桥探头,测定比贯入阻力(p_s)、锥尖阻力(q_c)、侧壁摩阻力(f_s)和贯入时的孔隙水压力(u)。

— 3 —

静力触探是工程地质勘察中的一项原位测试方法,可用于:

(1)划分土层,判定土层类别,查明软、硬夹层及土层在水平和垂直方向的均匀性。

(2)评价地基土的工程特性(如容许承载力、压缩性质、不排水抗剪强度、水平向固结系数、饱和砂土液化势、砂土密实度等)。

(3)探寻和确定桩基持力层,预估打入桩沉桩可能性和单桩承载力。

(4)检验人工填土的密实度及地基加固效果。

(三)试验仪具与材料

静力触探仪一般由以下部分构成,即:

(1)触探头。也即阻力传感器。

(2)量测记录仪表。其作用是将土层的贯入阻力反映和记录下来。

(3)贯入系统。包括触探主机与反力装置,其作用是共同负责将装有传感器的探头压入土中。

目前广泛应用的静力触探车集上述三部分为一整体,具有贯入深度大(贯入力一般大于100kN)、效率高和劳动强度低的优点。但它仅适用于交通便利、地形较平坦及可开进汽车的勘测场地使用。贯入力等于或小于50kN者,一般为轻型静力触探仪,使用时,一般都将上述三部分分开装运到现场,进行测试时再将三部分有机地连接起来。在交通不便、勘测深度不大或土层较软的地区,轻型静力触探应用很广。它具有便于搬运、测试成本较低及灵活方便的优点。静力触探仪的贯入力一般为20~100kN,最大贯入力为200kN,因为细长的探杆受力极限不能太大,太大易弯曲或折断。贯入力为20~30kN者,一般为手摇链式电测十字板—触探两用仪。贯入力大于50kN者,一般为液压式主机。

1. 探头

探头的种类及规格如下。

探头是静力触探仪的关键部件。它包括摩擦筒和锥头两部分,有严格的规格与质量要求。目前,国内外使用的探头按结构分为3种类型,如图1-1-2所示。

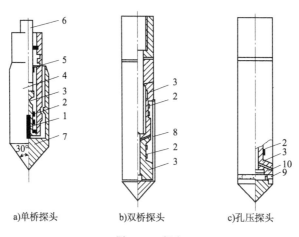

a)单桥探头　　b)双桥探头　　c)孔压探头

图1-1-2　探头

1-顶柱;2-电阻片;3-变形柱;4-探头筒;5-密封圈;6-电缆;7-锥头;8-摩擦筒;9-透水石;10-孔压传感器

(1)单桥探头。单桥探头是我国所特有的一种探头类型。它是将锥头与外套筒连在一起,因而只能测量一个参数,即探头阻力(p_s)。这种探头结构简单,造价低,坚固耐用。此种探头曾经对推动我国静力触探测试技术的发展和应用起到了积极的作用,自20世纪60年代初开始应用以来,积累了相当丰富的经验,已建立了关于测试成果和土的工程性质之间众多的经验关系式。由于测试成本低,被勘测单位广泛采用。但应指出,这种探头功能少,其规格与国际标准也不统一,不便于开展国际交流,其应用受到限制。

(2)双桥探头。双桥探头是一种将锥头与摩擦筒分开,可同时测锥头阻力(q_c)和侧壁摩擦力(f_s)两个参数的探头。国内外普遍采用,用途很广。

(3)孔压探头。孔压探头一般是在双用探头基础上再安装一种可测触探时产生的超孔隙水压力装置的探头。孔压探头最少可测3个参数,即锥尖阻力(q_c)、侧壁摩擦力(f_s)及孔隙水压力(u),功能多,用途广,在国外已得到普遍应用。在我国,也会得到越来越多的应用。

国际标准探头的规格:锥头顶角60°、底面积10cm²、侧壁摩擦筒面积150cm²、透水石在锥底。

此外,还有可测波速、孔斜、温度及密度等的多功能探头,不再一一介绍。常用探头的规格见表1-1-1。

常用探头规格 表1-1-1

探头种类	型号	锥头			摩擦筒		标准
		顶角(°)	直径(mm)	底面积(cm²)	长度(mm)	表面积(cm²)	
单桥	Ⅰ-1	60	35.7	10	57		我国标准
	Ⅰ-2	60	43.7	15	70		
	Ⅰ-3	60	50.4	20	81		
双桥	Ⅱ-0	60	35.7	10	133.7	150	国际标准
	Ⅱ-1	60	35.7	10	179	200	
	Ⅱ-2	60	43.7	15	219	300	
孔压		60	35.7	10	133.7	150	国际标准
		60	43.7	15	179	200	

探头的功能越多,测试成果也越多,用途也越广;但相应的测试成本及维修费用也越高。因而,应根据测试目的和条件,选用合适的探头。表1-1-1中各类型探头的底面积不同,主要是为了适应不同的土层强度。探头底面积越大,能承受的抗压强度越高;另一个原因是可有更多的空间安装附加传感器。但在一般土层中,应优先选用符合国际标准的探头,即探头顶角为60°、底面积为10cm²、侧壁摩擦筒表面积为150cm²的探头,其成果才具有较好的可比性和通用性,也便于开展技术交流。

2. 量测记录仪表

我国的静力触探几乎全部采用电阻应变式传感器。因此,与其配套的记录仪器主要有电阻应变仪、自动记录绘图仪、数字式测力仪和数据采集仪(微机控制)4种类型。

(1)电阻应变仪。电阻应变仪由稳压电源、振荡器、测量电桥、放大器、相敏检波器和平衡指示器等组成。应变仪是通过电桥平衡原理进行测量的。当触探头工作时,传感器发生变形,引起测量电桥电路的电压平衡发生变化,通过手动调整电位器使电桥达到新的平衡,根据电位器调整程度就可确定应变的大小,并从读数盘上直接读出。

从20世纪60年代起直到70年代中期,一直是采用电阻应变仪。电阻应变仪具有灵敏度高、测量范围大、精度高和稳定性好等优点。但其操作是靠手动调节平衡,跟踪读数,容易造成误差。因为是人工记录,故不能连续读数,不能得到连续变化的触探曲线。

(2)自动记录仪。自动记录仪是由通用的电子电位差计改装而成,它能随深度自动记录土层贯入阻力的变化情况,并以曲线的方式自动绘在记录纸上,从而提高了野外工作的效率和质量。它主要由稳压电源、电桥、滤波器、放大器、滑线电阻和可逆电机组成。由探头输出的信号,经过滤波器以后,产生一个不平衡电压,经放大器放大后,推动可逆电机转动,与可逆电机相连的指示机构,就沿着有分度的标尺滑行,标尺是按信号大小比例刻制的,因而指示机构所显示的位置即为被测信号的数值。

我国现在生产的静力触探自动记录仪都是用电子电位差计改装的。这些电子电位差计都只有一种量程范围。为了在阻力大的地层中能测出探头的额定阻力值,也为了在软层中能保证测量精度,一般都采用改变供桥电压的方法来实现。早期的仪器为可选式固定桥压法,一般分成4~5档,桥压分别为2V、4V、6V、8V、10V,可根据地层的软硬程度选择。这种方式的优点是电压稳定,可靠性强,但资料整理工作量大。现在已有可使供桥电压连续可调的自动记录仪。

(3)数字式测力仪。数字式测力仪是一种精密的测试仪表。这种仪器能显示多位数,具有体积小、质量轻、精度高、稳定可靠、使用方便、能直读贯入总阻力和计算贯入指标简单等优点,是轻便链式十字板—静力触探两用机的配套量测仪表,国内已有多家生产。这种仪器的缺点是间隔读数,手工记录。

(4)微型计算机在静探中的应用。以上介绍的各种仪器的功能均比较简单,虽然能满足一般生产的需要,但资料整理时工作量大,效率低。近年来已有将静力触探试验过程引入微型计算机控制的行列。用微型计算机采集和处理数据已在静力触探测试中得到了广泛应用。计算机控制的实时操作系统使得触探时可同时绘制锥尖阻力与深度关系曲线、侧壁摩阻力与深度关系曲线;终孔时,可自动绘制摩阻比与深度关系曲线。通过人机对话能进行土的分层,并能自动绘制出分层柱状图,打印出各层层号、层面高程、层厚、高程以及触探参数值。

3. 贯入系统

静力触探贯入系统由触探主机(贯入装置,如图1-1-3所示)和反力装置两大部分组成。触探主机的作用是将底端装有探头的探杆一根一根地压入土中。触探主机按其贯入方式不同,可以分为间歇贯入式和连续贯入式;按其传动方式的不同,可分为机械式和液压式;按其装配方式不同,可分为车装式、拖斗式和落地式等。

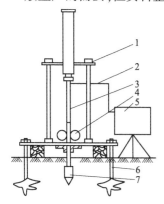

图1-1-3 贯入装置示意图
1-触探主机;2-导线;3-探杆;4-深度转换装置;5-测量记录仪;6-反力装置;7-探头

4. 其他

包括水准尺、管钳等工具。

(四)静力触探现场试验要点

1. 试验前的准备工作

(1)设置反力装置(或利用车装重量)。

(2)安装好加压和量测设备,并用水准尺将底板调平。

(3)检查电源电压是否符合要求。

(4)检查仪表是否正常。

(5)检查探头外套筒及锥头的活动情况,并接通仪器,利用电阻挡调节度盘指针,如调节比较灵活,说明探头正常。

2. 现场试验步骤

(1)将仪表与探头接通电源,打开仪表和稳压电源开关,使仪器预热 15min。

(2)根据土层软硬情况,确定工作电压,将仪器调零,并记录孔号、探头号、标定系数、工作电压及日期。

(3)先压入 0.5m,稍停后提升 10cm,使探头与地温相适应,记录仪器初读数 ε_0。试验中每贯入 10mm 测记读数 ε_1 一次。以后每贯入 3~5m,要提升 5~10cm,以检查仪器初读数 ε_0。

(4)探头应匀速垂直压入土中,贯入速度控制在 1.2m/min。

(5)接卸钻杆时,切勿使入土钻杆转动,以防止接头处电缆被扭断,同时应严防电缆受拉,以免拉断或破坏密封装置。

(6)防止探头在阳光下暴晒,每结束一孔,应及时将探头锥头部分卸下,将泥沙擦洗干净,以保持顶柱及外套筒能自由活动。

3. 静力触探试验的技术要求

(1)探头圆锥锥底截面积应采用 10cm^2 或 15cm^2,单桥探头侧壁高度应分别采用 57mm 或 70mm,双桥探头侧壁面积应采用 150~300cm^2,锥尖锥角应为 60°。

(2)探头测力传感器应连同仪器、电缆进行定期标定,室内探头标定测力传感器的非线性误差、重复性误差、滞后误差、温度漂移、归零误差均应小于 1%FS,现场试验归零误差小于 3%,绝缘电阻不小于 500MΩ。

(3)深度记录的误差不应大于触探深度的 ±1%。

(4)当贯入深度超过 30m 或穿过厚层软土后再贯入硬土层时,应采取措施防止孔斜或断杆,也可配置测斜探头,量测触探孔的偏斜角,校正土层界线的深度。

(5)孔压探头在贯入前,应在室内保证探头应变腔为已排除气泡的液体所饱和,并在现场采取措施保持探头的饱和状态,直至探头进入地下水位以下的土层为止。在孔压静探试验过程中不得上提探头。

(6)当在预定深度进行孔压消散试验时,应量测停止贯入后不同时间的孔压值,其计时间隔由密而疏合理控制;试验过程中不得松动探杆。

4. 注意事项

(1)保证行车安全,中速行驶,以免触探车上的仪器设备被颠坏。

(2)触探孔要避开地下设施(如管路、地下电缆等),以免发生意外。

(3)安全用电,严防触(漏)电事故。工作现场应尽量避开高压线、大功率电机及变压器,以保证人身安全和仪表正常工作。

(4)在贯入过程中,各操作人员要相互配合,尤其是操纵台人员,要严肃认真、全神贯注,以免发生人身、仪器设备事故。驾驶员要坚守岗位,及时观察车体倾斜、地铺松动等情况,并及时通报车上操作人员。

(5)精心保护好仪器,须采取防雨、防潮、防振措施。

(6)触探车不用时,要及时用支腿架起,以免汽车弹簧钢板过早疲劳。

(7)保护好探头,严禁摔打探头;避免探头暴晒和受冻;不许用电缆线拉探头;装卸探头时,只可转动探杆,不可转动探头;接探杆时,一定要拧紧,以防止孔斜。

(8)当贯入深度较大时,探头可能会偏离铅垂方向,使所测深度不准确。为了减少偏移,要求所用探杆必须是平直的,并要保证在最初贯入时不应有侧向推力。当遇到硬岩土层以及石头、砖瓦等障碍物时,要特别注意探头可能发生偏移的情况。国外已把测斜仪装入探头,以测其偏移量,这对成果分析很重要。

(9)锥尖阻力和侧壁摩阻力虽是同时测出的,但所处的深度是不同的。当对某一深度处的锥头阻力和摩阻力作比较时,例如计算摩阻比时,须考虑探头底面和摩擦筒中点的距离,如贯入第一个10cm时,只记录q_c;从第二个10cm以后才开始同时记录q_c和f_s。

(10)在钻孔、触探孔、十字板试验孔旁边进行触探时,离原有孔的距离应大于原有孔径的20~25倍,以防土层扰动。如要求精度较低时,两孔距离也可适当缩小。

(五)试验成果整理

1. 单孔资料的整理

1)初读数的处理

初读数是指探头在不受土层阻力的条件下,传感器的初始应变的读数。影响初读数的因素很多,最主要的是温度。因为现场工作过程的地温与气温同探头标定时的温度不一样。消除初读数影响的办法,可采用每隔一定深度将探头提升一次,在其不受力的情况下将应变仪调零一次,或测定一次初读数。后者在进行应变量计算时,按式(1-1-1)消除初读数的影响。

$$\varepsilon = \varepsilon_1 - \varepsilon_0 \tag{1-1-1}$$

式中:ε——应变量(με);

ε_1——探头压入时的应变量读数(με);

ε_0——初始应变量读数(με)。

2)贯入阻力的计算

将电阻应变仪测出的应变量ε,换算成比贯入阻力p_s(单桥探头),或锥头阻力q_c及侧壁摩擦力f_s(双桥探头),计算公式如下:

$$P_s = a\varepsilon \tag{1-1-2}$$

$$q_c = a_1 \varepsilon_q \tag{1-1-3}$$

$$f_s = a_2 \varepsilon_f \tag{1-1-4}$$

式中:a、a_1、a_2——应变仪标定的单桥探头、双桥探头的锥头传感器及摩擦传感器的标定系数(MPa);

ε、ε_q、ε_f——单桥探头、双桥探头的锥头及侧壁传感器的应变量(με)。

自动记录仪绘制出的贯入阻力随深度变化曲线,其本身就是土层力学性质的柱状图,只需在其纵、横坐标上绘制比例标尺,就可在图上直接量出p_s或q_c、f_s值的大小。

3)摩阻比的计算

摩阻比是以百分率表示的双桥探头的各对应深度的锥头阻力和侧壁摩擦力的比值,按式(1-1-5)计算:

$$R_f = \frac{f_s}{q_c} \times 100\% \tag{1-1-5}$$

式中:R_f——摩阻比。

2. 原始数据的修正

1)深度修正

当记录深度与实际深度有出入时,应按深度线性修正深度误差。若触探的同时量测触探杆的偏斜角θ(相对铅垂线),也需要进行深度的修正。假定偏斜的方位角不变,每1m测

一次偏斜角,则深度修正 Δh_i 按式(1-1-6)计算:

$$\Delta h_i = 1 - \cos\left(\frac{\theta_i - \theta_{i-1}}{2}\right) \tag{1-1-6}$$

式中:Δh_i——第 i 段深度修正值;

θ_i、θ_{i-1}——第 i 次及第 $i-1$ 次实测的偏斜角。

到深度 h_n 处,总的深度修正值为 $\sum_{i=1}^{n} \Delta h_i$,实际的深度应为 $h_n - \sum_{i=1}^{n} \Delta h_i$。

2)零漂修正

一般根据归零检查的深度间隔按线性内插法对测试值加以修正。

3. 绘制触探曲线

单桥和双桥探头应绘制 p_s-H 曲线、q_c-H 曲线、f_s-H 曲线、F_R-H 曲线;孔压探头尚应绘制 u_i-H 曲线、q_t-H 曲线、f_t-H 曲线、B_q-H 曲线和孔压消散 u_t-$\lg t$ 曲线,如图1-1-4所示。

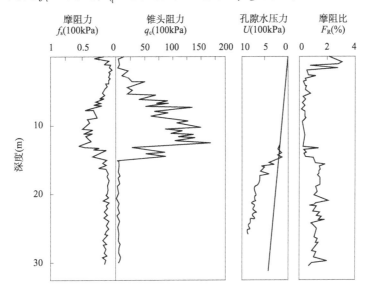

图1-1-4　静力触探成果曲线

其中:F_R——摩阻比;

u_i——孔压探头贯入土中量测的孔隙水压力(即初始孔压);

q_t——真锥头阻力(经孔压修正);

f_t——真侧壁摩阻力(经孔压修正);

B_q——静探孔压系数,$B_q = \dfrac{u_f - u_0}{q_t - \sigma_{vo}}$;

σ_{vo}——试验深度处总上覆压力(kPa);

u_t——孔压消散过程时刻 t 的孔隙水压力。

4. 划分土层界限

根据静力触探曲线对土进行力学分层,或参照钻孔分层结合静探曲线的大小和形态特征进行土层工程分层,确定分层界线。

土层划分应考虑超前与滞后的影响,其确定方法如下:

(1)上下层贯入阻力相差不大时,取超前深度和滞后深度的中点,或中点偏向小阻值土层 5~10cm 处作为分层界面。

(2)上下层贯入阻力相差 1 倍以上时,当由软层进入硬层或由硬层进入软层时,取软层最后一个(或第一个)贯入阻力小值偏向硬层 10cm 处作为分层界面。

(3)上下层贯入阻力无甚变化时,可结合 f_s 或 R_f 的变化确定分层界面。

5. 分层贯入阻力

计算单孔各分层的贯入阻力,可采用算术平均法或按触探曲线采用面积法,计算时应剔除个别异常值(如个别峰值),并剔除超前、滞后值。计算勘察场地的分层阻力时,可按各孔穿越该层的厚度加权平均计算场地分层的平均贯入阻力,或将各孔触探曲线叠加后,绘制低值与峰值包络线,以便确定场地分层的贯入阻力在深度上的变化规律及变化范围。

(六)成果的应用

1. 应用范围

(1)查明地基土在水平方向和垂直方向的变化,划分土层,确定土的类别。

(2)确定建筑物地基土的承载力和变形模量以及其他物理力学指标。

(3)选择桩基持力层,预估单桩承载力,判别桩基沉入的可能性。

(4)检查填土及其他人工加固地基的密实程度和均匀性,判别砂土的密度及其在地震作用下的液化可能性。

(5)湿陷性黄土地区用来查找浸水湿陷事故的范围和界线。

2. 按贯入阻力进行土层分类

(1)分类方法。利用静力触探进行土层分类,由于不同类型的土可能有相同的 p_s、q_c 或 f_s 值,因此单靠某一个指标,是无法对土层进行正确分类的。在利用贯入阻力进行分层时,应结合钻孔资料进行判别分类。使用双桥探头时,由于不同土的 q_c 和 f_s 值不可能都相同,因而可以利用 q_c 和 f_s/q_c(摩阻比)两个指标来区分土层类别。对比结果证明,用这种方法划分土层类别效果较好。

(2)利用 q_c 和 f_s/q_c 分类的一些经验数据,见表 1-1-2。

按静力触探指标划分土类　　　　表 1-1-2

土的名称	国内外机构							
	铁道部		交通部一航局		一机部勘察公司		法 国	
	q_c(MPa)	f_s/q_c(%)	q_c(MPa)	f_s/q_c(%)	q_c(MPa)	f_s/q_c(%)	q_c(MPa)	f_s/q_c(%)
淤泥质土及软黏性土	0.2~1.7	0.5~3.5	<1	10~13	<1	>1	≤6	>6
黏土	1.7~9	0.25~5	1~1.7	3.8~5.7	1~7	>3	>30	4~8
粉质黏土	2.5~20	0.6~3.5	1.4~3	2.2~4.8	0.5~3	0.5~3	>30	2~4
粉土			3~6	1.1~1.8				
砂类土	2~32	0.3~1.2	>6	0.7~1.1	<1.2	<1.2	>30	0.6~0.2

(3)根据《铁路工程地质原位测试规程》(TB 10018—2003)使用双桥探头,可按图 1-1-5 划分土类。该方法利用了 q_c 和 R_f 两个参数,其根据在于不同的土类不但具有差异较大的 q_c 值,而且其摩阻比 R_f 对此更为敏感。例如大部分砂土 R_f 均小于 1%,而黏土通常都大于 2%,所以使用这两个参数划分土类有较好的效果。

该法的优点是提供了边界方程,缺点是比较粗糙。

3. 确定地基土的承载力

目前,为了利用静力触探确定地基土的承载力,国内外都是根据对比试验结果提出经验公式,以解决生产上的应用问题。

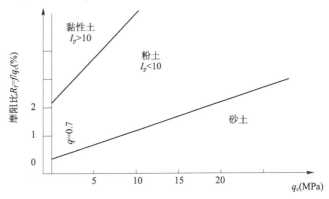

图 1-1-5　用双桥探头划分土类

上边直线方程：$R_f = 0.2973 q_c + 1.6$；下边直线方程：$R_f = 0.1013 q_c + 0.32$

注：$q_c < 0.7$ MPa，可划分为软土。

建立经验公式的途径主要是将静力触探试验结果与载荷试验求得的比例界限值进行对比，并通过对比数据的相关分析得到用于特定地区或特定土性的经验公式。

粉土

$$f_0 = 36 p_s + 44.6 \tag{1-1-7}$$

砂土

$$f_0 = 19.7 p_s + 65.6 \tag{1-1-8}$$

一般黏性土

$$f_0 = 104 p_s + 26.9 \tag{1-1-9}$$

老黏土

$$f_0 = 100 p_s \tag{1-1-10}$$

式中：f_0——地基承载力基本值（kPa）；

p_s——单桥探头的比贯入阻力（MPa）。

4. 确定不排水抗剪强度 C_u 值

用静力触探求饱和软黏土的不排水综合抗剪强度（C_u），目前是用静力触探成果与十字板剪切试验成果对比，建立 p_s 与 C_u 之间的关系，以求得 C_u 值，其相关式见表 1-1-3。

软土 C_u（kPa）与 p_s、q_c（MPa）相关公式　　表 1-1-3

公　式	适用范围	公式来源
$C_u = 30.8 p_s + 4$	$0.1 \leq p_s \leq 1.5$ 软黏土	交通运输部—航局
$C_u = 50 p_s + 1.6$	$p_s < 0.7$	《铁路触探技术细则》
$C_u = 71 q_c$	镇海软黏土	同济大学
$C_u = (71 \sim 100) q_c$	软黏土	日本

5. 确定土的变形性质指标

1）基本公式

Buisman 曾建议砂土的 E_s-q_c 关系式为：

$$E_s = 1.5 q_c \tag{1-1-11}$$

式中：E_s——固结试验求得的压缩模量（MPa）。

这个公式是由下列假设推导出来的：
(1) 触探头类似压进半无限弹性压缩体的圆锥。
(2) 压缩模量是常数，并且等于固结试验的压缩模量 E_s。
(3) 应力分布的 Boussinesq 理论是适用的。
(4) 与土的自重应力 σ_0 相比，应力增量 $\Delta\sigma$ 很小。

由于土在产生侧向位移之前首先被压缩，在压入高压缩土层中的触探头与上述假设条件之间存在着相似性。因此，从理论上来考虑，可以在探头阻力与土的压缩性之间建立相关关系的经验公式。

2) 经验式

E_0、p_s 和 E_s、p_s 的经验式列于表 1-1-4。

按比贯入阻力 p_s 确定 E_0 和 E_s　　　表 1-1-4

序号	公式	适用范围	公式来源
1	$E_s = 3.72 p_s + 1.26$	$0.3 \leq p_s < 5$	《岩土工程勘察规范》(GB 50021—2001)
2	$E_0 = 9.79 p_s - 2.63$	$0.3 \leq p_s < 3$	
	$E_0 = 11.77 p_s - 4.69$	$3 \leq p_s < 6$	
3	$E_s = 3.63(p_s + 0.33)$	$p_s < 5$	交通运输部—航局设计院
4	$E_s = 2.17 p_s + 1.62$	$0.7 < p_s < 4$，北京近代土	北京市勘察院
	$E_s = 2.12 p_s + 3.85$	$1 < p_s < 9$，北京老土	
5	$E_s = 1.9 p_s + 3.23$	$0.4 \leq p_s \leq 3$	四川省综合勘察院
6	$E_s = 2.94 p_s + 1.34$	$0.24 < p_s < 3.33$	天津市建筑设计院
7	$E_s = 3.47 p_s + 1.01$	$p_s = 0.3 \sim 3.5$，无锡地区	无锡市建筑设计院
8	$E_s = 6.3 p_s + 0.85$	贵州地区红黏土	贵州省建筑设计院

6. 估计饱和黏性土的天然重度

利用静力触探比贯入阻力 p_s 值，结合场地或地区性土质情况（含有机物情况、土质状态）可估计饱和黏性土的天然重度，见表 1-1-5。

按比贯入阻力 p_s 估计饱和黏性土的天然重度 γ　　　表 1-1-5

p_s(MPa)	0.1	0.3	0.5	0.8	1.0	1.6
γ(kN/m³)	14.1~15.5	15.6~17.2	16.4~18.0	17.2~18.9	17.5~19.3	18.2~20.0
p_s(MPa)	2.0	2.5	3.0	4.0	≥4.5	
γ(kN/m³)	18.7~20.5	19.2~21.0	19.5~20.7	20.0~21.4	20.3~22.2	

7. 确定砂土的内摩擦角

砂土的内摩擦角可根据静力触探参数参照表 1-1-6 取值。

按比贯入阻力 p_s 确定砂土的内摩擦角 ϕ　　　表 1-1-6

p_s(MPa)	1	2	3	4	6	11	15	30
ϕ(°)	29	31	32	33	34	36	37	39

8. 估算单桩承载力

静力触探试验可以看作是一小直径桩的现场载荷试验。对比结果表明，用静力触探成果估算单桩极限承载力是行之有效的。通常是采用双桥探头实测曲线进行估算。现将采用双桥探头实测曲线估算单桩承载力的经验式介绍如下。

按双桥探头 q_c、f_s 估算单桩竖向承载力按式(1-1-12)计算：

$$p_u = a \bar{q_c} A + U_p \sum \beta_i f_{si} l_i \tag{1-1-12}$$

式中：p_u——单桩竖向极限承载力(kN)；

a——桩尖阻力修正系数，对黏性土取2/3，对饱和砂土取1/2；

$\bar{q_c}$——桩端上下探头阻力(kPa)，取桩尖平面以上4d(d为桩的直径)范围内按厚度的加权平均值，然后再和桩尖平面以下1d范围的 q_c 值平均；

f_{si}——第 i 层土的探头侧壁摩阻力(kPa)；

β_i——第 i 层土桩身侧摩阻力修正系数，按下式计算：

对于黏性土

$$\beta_i = 10.04 f_{si}^{-0.55} \tag{1-1-13}$$

对于砂土

$$\beta_i = 5.05 f_{si}^{-0.45} \tag{1-1-14}$$

U_p——桩身周长(m)；

其余符号意义同前。

确定桩的承载力时，安全系数取2～2.5，以端承力为主时取2，以摩阻力为主时取2.5。

(七)影响静力触探测试成果精度的主要因素及对策

影响静力触探测试成果的因素很多，只有深入地了解这些影响因素，才能更好地校正和应用测试成果；同时，对测试设备的标准化及测试方法的科学化也会有很大的促进作用。下面将对一些主要影响因素进行叙述和讨论。

1. 探头及探杆的规格

探头形状及尺寸的标准化与科学化对测试成果的应用、交流和对比都有很重要的意义。

国外普遍使用直径相同的锥头、摩擦筒及探杆。国内原有的标准不统一，现已向同径方向发展。

目前，国内外已普遍规定静力触探的锥头为圆锥形，其顶角为60°，所不同的是锥头底面积。国际上建议锥头底面积一般为10cm²；仅对坚硬土层才允许使用15cm²或20cm²的锥头。

2. 贯入速率

贯入速率不同，贯入阻力也不同。但在常用贯入速率(2cm/s左右)的情况下，对贯入阻力的影响很小。事实上，静力触探的贯入速率一般采用1～2cm/s。

3. 孔压探头的饱和问题

如用可测孔隙水压力的探头进行触探时，必须对探头进行严格饱和。这样才能准确测量出触探时所产生的超孔隙水压力及超孔隙水压力消散值。如果未饱和或饱和不彻底，则会滞缓孔隙水压力的传递速度，使部分超孔隙水压力消耗于压缩在探头中的未排尽的空气上，严重影响测试成果的准确性。

4. 温度影响

温度变化会引起探头内部的电阻应变片变长，从而使其阻值发生变化，导致测量结果的大误差。

产生温度变化的重要原因之一是地面温度与地下温度的不同，特别在夏天与冬天。此外还有应变片通电时间过长，产生电阻热；探头所摩擦等原因。

对于温度变化应采取以下措施：

(1)采用温度补偿或自动温度补偿应变片来补偿温度变化对探头测试数据的影响。

(2)防止暴晒与受冻。

(3)探头贯入地下0.5~1.0m，停止贯入5~10min，使探头的温度与地下的温度一致，然后调零。

5.透水滤器位置的影响

孔压探头上透水滤器的安装位置不同，所测孔隙水压力值也不同，如图1-1-6所示。一般认为，当将透水滤器装在锥尖或圆锥侧面上时，对孔隙水压力的变化反应灵敏，但易遭受破坏和磨损；装在圆锥底面上也可以较灵敏地反映孔隙水压力的变化，并且使用寿命较长。

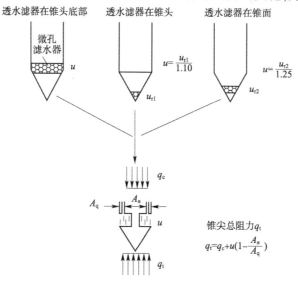

图1-1-6 透水滤器位置与孔压关系

在饱和土层中进行触探时，会产生超孔隙水压力。在不同土层中，这种孔隙水压力 u 值差别很大，因而对锥尖阻力 q_c 值的影响也不同，如在饱和软黏土中，u 对 q_c 的影响十分显著。

不同土层的 u 值，可相差很大。在砂土中，q_t 与 q_c 仅相差1%；但在淤泥质土中，q_c 与 q_t 相差达50%以上，不容忽视。

6.其他影响因素

其他影响因素包括探杆倾斜弯曲、地层软硬相间或变化较大及含有孤石、砖瓦等。它们使探孔偏斜，量测成果不能如实反映地层贯入阻力的变化情况，影响成果精度，有时甚至会得出错误结论。禁止使用弯曲的探杆，特别是靠近探头处的5节探杆应非常平直，以保证触探孔的垂直性。

其他影响因素还包括仪器量测精度、操作人员熟练程度及所使用的规范等。

四、动力触探试验

(一)概述

动力触探试验(DPT,Dynamic Penetration Test)的工作原理是利用一定的落锤能量将与触探杆相连接的探头打入土中。根据打入的难易程度(表示为贯入度或贯入阻力)来判断土的工程性质的一种原位测试方法。一般用于确定各类土的容许承载力,还可用于查明土层在水平和垂直方向上的均匀程度;确定桩基持力层的位置和预估单桩承载力。此方法具有以下优点:

(1)设备简单,且坚固耐用。
(2)操作及测试方法简单、易学。
(3)适用性广,砂土、粉土、砾石土、软岩、强风化岩石及黏性土均可(如 CPT 不适用的砾石土等,可选用 DPT)。
(4)快速,经济,能连续测试土层。
(5)有些动力触探,可同时取样,观察描述。
(6)应用历史悠久,积累的经验丰富,使用广泛。

触探指标定义为每贯入一定深度所需的锤击数。轻型动力触探以每贯入 0.30m 的锤击数 N_{10} 表示;重型和超重型动力触探以每贯入 0.10m 所需的锤击数 $N_{63.5}$ 和 N_{120} 表示。也可用动贯入阻力作为触探指标。

(二)试验目的与适用范围

1. 适用范围

动力触探试验适用于强风化、全风化的硬质岩石,各种软质岩石及各类土。

2. 目的

(1)定性评价:评定场地土层的均匀性;查明土洞、滑动面和软硬土层界面;确定软弱土层或坚硬土层的分布;检验评估地基土加固与改良的效果。

(2)定量评价:确定砂土的密实度、粉土和黏性土的状态、土的强度和变形参数,评价地基土的承载力或单桩承载力。

(三)测试原理

动力触探的基本原理可以用能量平衡法来分析,能量平衡示意图如图 1-1-7 所示。

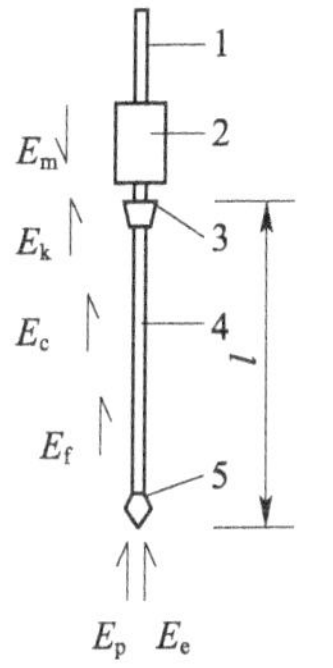

对于一次锤击作用下的功能转换按能量守恒原理,其关系可写成:

$$E_m = E_k + E_c + E_f + E_p + E_e \tag{1-1-15}$$

式中:E_m——穿心锤下落能量;
E_k——锤与触探器碰幢时损失的能量;
E_c——触探器弹性变形所消耗的能量;
E_f——贯入时用于克服杆侧壁摩阻力所耗能量;
E_p——由于土的塑性变形而消耗的能量;
E_e——由于土的弹性变形而消耗的能量。

图 1-1-7 DPT 能量平衡示意图
1-导杆;2-穿心锤;3-锤座;4-探杆;5-锤头

各项落锤能量按式(1-1-16)计算:

$$E_m = Mgh \cdot \eta \tag{1-1-16}$$

式中:M——重锤质量;
h——重锤落距;
g——重力加速度;
η——落锤效率。考虑受绳索、卷筒等摩擦的影响,当采用自动脱钩装置时 $\eta = 1$。

碰撞时的能耗,根据牛顿碰撞理论按式(1-1-17)计算:

$$E_k = \frac{m \cdot Mgh(1-k^2)}{M+m} \tag{1-1-17}$$

式中：m——触探器质量；
  k——与碰撞体材料性质有关的碰撞作用恢复系数；
  其他符号含义同前。

触探器弹性变形的能耗按式(1-1-18)计算：

$$E_c = \frac{R^2 \cdot l}{2Ea} \tag{1-1-18}$$

式中：l——触探器贯入部分长度；
  E——探杆材料弹性模量；
  a——探杆截面积；
  R——土对探头的贯入总阻力(kN)。

土的塑性变形能按式(1-1-19)计算：

$$E_p = R \times S_p \tag{1-1-19}$$

式中：S_p——每锤击后土的永久变形量(可按每锤击时实测贯入度 e 计)；
  其他符号含义同前。

土的弹性变形能按式(1-1-20)计算：

$$E_e = 0.5R \times S_e \tag{1-1-20}$$

式中：S_e——每锤击时土的弹性变形量；
  其他符号含义同前。

S_e 值在试验时未测出，可利用无限半空间上作用集中荷载时的明德林(Mindlin)解答，并通过击数与土的刚度建立的如下关系确定。

$$S_e = \frac{0.66R \cdot D}{A \cdot N \cdot p_0 \cdot \beta} \tag{1-1-21}$$

式中：D——探头直径(m)；
  A——探头截面积(m²)；
  N——永久贯入量为0.1m时的击数；
  p_0——基准压力，$p_0 = 1$kPa；
  β——土的刚度系数。经验值：黏性土，$\beta = 800$；砂土，$\beta = 4000$；
  其他符号含义同前。

将式(1-1-15)~式(1-1-20)合并整理得式(1-1-22)：

$$R = \frac{Mgh}{S_p + 0.5S_e} \cdot \frac{M + mk^2}{M + m} - \frac{R^2 l}{2Ea} - f \tag{1-1-22}$$

式中：f——土对探杆侧壁摩擦力(kN)；
  其他符号意义同前。

如果将探杆假定为刚性体(即杆无变形)，不考虑杆侧壁摩擦力影响，则式(1-1-22)变成海利(Hiley A.)动力公式(1-1-23)：

$$R = \frac{Mgh}{S_p + 0.5S_e} \cdot \frac{M + mk^2}{M + m} \tag{1-1-23}$$

考虑在动力触探测试中，只能量测到土的永久变形，故将和弹性有关的变形略去，因此，土的动贯入阻力 R_d 也可表示为式(1-1-24)，称为荷兰动力公式。

$$R_{\mathrm{d}} = \frac{gM^2h}{Ae(M+m)} \tag{1-1-24}$$

式中：R_{d}——探头单位面积上的阻力（kPa）；

   e——贯入度（mm），即每击的贯入深度，$e = \Delta S/n$，ΔS 为每一阵击（n 击）的贯入深度（mm）；

   M——重锤质量（kg）；

   h——锤落高度（m）；

   m——探触器质量（kg）；

   A——圆锥探头底面积（m²）。

（四）动力触探的分类

动力触探测试可分为两大类：圆锥动力触探和标准贯入试验。

根据锤击能量，圆锥动力触探试验的类型分为可分为轻型、重型和超重型3种。轻型动力触探适用于一般黏质土及素填土；重型动力触探适用于中、粗砾砂和碎石土；超重型适用于卵石、砾石类土。

（五）圆锥动力触探

1. 调查与资料收集

（1）岩土工程勘察资料。

（2）受检地基设计资料。

（3）受检地基施工记录。

2. 制订检测方案

检测方案主要包括工程概况、检测依据、检测方法、抽检方案、检测原理、检测程序及试验检测条件等，必要时可针对检测方案中的细节同委托方或设计方共同研究确定。

3. 圆锥动力触探试验的仪具与设备

动力触探使用的设备包括动力设备和贯入系统两大部分。动力设备的作用是提供动力源，为便于野外施工，多采用柴油发动机；对于轻型动力触探也有采用人力提升方式的。贯入部分是动力触探的核心，由穿心锤、探杆和探头组成。

根据所用穿心锤的质量将动力触探试验分为轻型、中型、重型和超重型等。动力触探类型及相应的探头和探杆规格见表 1-1-7。

常用动力触探类型及规格   表 1-1-7

类型	锤质量（kg）	落距（cm）	探头规格 锥角（°）	探头规格 底面积（cm²）	探杆外径（mm）	触探指标（贯入一定深度的锤击数）	备注
轻型	10	50	60	12.6	25	贯入30cm锤击数 N_{10}	工民建勘察规范等推荐
	10	30	45	4.9	12	贯入10cm锤击数 N_{10}	英国 BS 规程
中型	28	80	60	30	33.5	贯入10cm锤击数 N_{28}	工民建勘察规范推荐
重型	63.5	76	60	43	42	贯入10cm锤击数 $N_{63.5}$	岩土工程勘察规范推荐
超重型	120	100	60	43	60	贯入10cm锤击数 N_{120}	水电部土工试验规程推荐

在各种类型的动力触探中，轻型适用于一般黏性土及素填土，特别适用于软土；重型适用于砂土及砾砂土；超重型适用于卵石、砾石类土。穿心锤的质量之所以不同，是由于自然

界土类千差万别;锤重动能大,可击穿硬土;锤小动能小,可击穿软土,又能得到一定锤击数,使测试精度提高。现场测试时应根据地基土的性质选择适宜的动力触探类型。

虽然各种动力触探试验设备的质量相差悬殊,但其仪器设备的形式却大致相同。图1-1-8示出了目前常用的机械式动力触探中的轻型动力触探仪的贯入系统,它包括穿心锤、导向杆、锤垫、探杆和探头5个部分。其他类型的贯入系统在结构上与此类似,差别主要表现在细部规格上。轻型动力触探使用的落锤质量小,可以使用人力提升的方式,故锤体结构相对简单;重型和超重型动力触探的落锤质量大,使用时需借助机械脱钩装置,故锤体结构要复杂得多。常用的机械脱钩装置(提引器)的结构各异,但基本上可分为两种形式:

(1)内挂式(提引器挂住重锤顶帽的内缘而提升)。它是利用导杆缩径,使提引器内活动装置(如钢球、偏心轮或挂钩等)发生变位,完成挂锤、脱钩及自由下落的往复过程。

(2)外挂式(提引器挂住重锤顶帽的外缘而提升)。它是利用上提力完成挂锤,靠导杆顶端所设弹簧锥套或凸块强制挂钩张开,使重锤自由下落,如图1-1-8所示。

探头的尺寸如图1-1-9和图1-1-10所示。国际上使用的探头规格较多,而我国的常用探头直径约5种,锥角基本上只有60°一种。

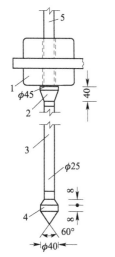

图1-1-8 轻型动力触探试验仪
(尺寸单位:mm)
1-穿心锤;2-钢砧与锤垫;3-触探杆;
4-圆锥锤头;5-导向杆

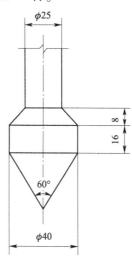

图1-1-9 轻型动力(尺寸单位:mm)

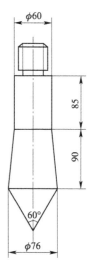

图1-1-10 重型、超重型动力
(尺寸单位:mm)

探触杆应符合《冶金工业岩土勘察原位测试规范》(GB/T 50480—2008)7.2.4~7.2.6条规定:重型和超重型动力触探的座垫直径应不小于100cm,且不大于落锤底面直径的一半,导杆长度应符合试验锤击标准落距的要求,座垫和导杆的总质量不应超过25kg;探杆接头与探杆应有相同的外径,接头连接容许偏心度为0.5%;探头直径磨损不得大于2mm,锥尖高度磨损不得大于5mm。

4. 动力触探法检测黏性土地基承载力的测试程序与要求

1)轻型动力触探

(1)先用轻便钻具钻至试验土层高程以上0.3m处,然后对所需试验土层进行连续触探。

(2)试验时,穿心锤落距为0.50m±0.02m,记录每打入0.30m所需的锤击数。

(3)如想取样,则需把触探杆拔出,换钻头进行取样。

（4）遇坚硬土层，当贯入 0.30m 锤击数大于 100 击或贯入 0.15m 大于 50 击，即可停止试验。如需对下卧土层进行试验时，可用钻具穿透坚实土层后再贯入。

（5）本试验一般用于贯入深度小于 4m 土层，必要时也可在贯入 4m 后，用钻具清孔后继续贯入 2m。

2）重型动力触探

（1）试验前将触探架安装平稳，使触探保持垂直地进行。垂直度的最大偏差不得超过 2%。触探杆应保持平直，连接牢固。

（2）贯入时，应使穿心锤自由下落，落锤落距为 0.76m ± 0.02m。地面上的触探杆的高度不宜过高，以免倾斜与摆动太大。

（3）锤击速率宜为 15～30 击/min。打入过程应尽可能连续所有超过 5min 的间断都应在记录中予以注明。

（4）及时记录每贯入 0.10m 所需的锤击数。其方法可在触探杆上每隔 0.10m 画出标记，然后直接（或用仪器）记录锤击数；也可以记录每一阵击的贯入度，然后再换算为每贯入 0.10m 所需的锤击数。

（5）对于一般砂、圆砾和卵石，触探深度不宜超过 12～15m；超过该深度时，需考虑触探杆的侧壁摩阻的影响。

（6）每贯入 0.1m 所需锤击数连续 3 次超过 50 击时，即停止试验。如需对土层继续进行试验时可改用超重型动力触探。

（7）本试验也可在钻孔中分段进行。一般可先进行贯入，然后进行钻探直至动力触探所及深度以上 1m 处，取出钻具将触探器放入孔内再进行贯入。

3）超重型动力触探

（1）贯入时穿心锤自由下落，落距为 1.00m ± 0.02 m。贯入深度一般不宜超过 20m，超过该深度时，需考虑触探杆侧壁摩阻的影响。

（2）其他步骤可参照本节重型动力触探（1）～（6）的步骤进行。

5. 圆锥动力触探试验注意事项

（1）采用自动落锤装置。

（2）触探杆最大偏斜度不应超过 2%，锤击贯入应连续进行；同时防止锤击偏心、探杆倾斜和侧向晃动，保持探杆垂直度；锤击速率每分钟宜为 15～30 击。

（3）每贯入 1m，宜将探杆转动一圈半；当贯入深度超过 10m，每贯入 20cm 宜转动探杆一次。

（4）对轻型动力触探，当 N_{10} > 100 或贯入 15cm 锤击数超过 50 时，可停止试验；对重型动力触探，当连续三次 $N_{63.5}$ > 50 时，可停止试验或改用超重型动力触探。

6. 测试数据处理

1）检查核对现场记录

在每个动探孔完成后，应在现场及时核对所记录的击数、尺寸是否有错漏，项目是否齐全；核对完毕后，在记录表上签上记录者的名字和测试日期。

2）实测击数的校正

（1）轻型动力触探

①轻型动力触探不考虑锤击数修正，根据每贯入 30cm 的实测击数绘制 N_{10}-h 曲线图。

②根据每贯入 30cm 的锤击数对地基土进行力学分层，然后计算每层实测击数的算术

平均值。

按式(1-1-25)计算每层实测击数的算术平均值：

$$N'_{10} = \frac{1}{n} \sum_{i=1}^{n} N_{10} \qquad (1\text{-}1\text{-}25)$$

式中：N'_{10}——N_{10}的算数平均值；

N_{10}——实测锤击数；

n——参加统计的测点数。

对于轻型动力触探为每贯入30cm的锤击数，重型、超重型为每贯入10cm的锤击数。

(2) 中型动力触探

中型动力触探贯入时，应记录一阵击的贯入量及相应锤击数(一般黏性土,20~30cm为一阵击；软土,3~5击为一阵击)，并按式(1-1-26)换算为每贯入10cm的实测击数，再按式(1-1-27)进行杆长击数校正。

$$N_{28} = \frac{n \times 10}{S} \qquad (1\text{-}1\text{-}26)$$

$$N'_{28} = \alpha N_{28} \qquad (1\text{-}1\text{-}27)$$

式中：N_{28}——相当于贯入10cm时的实测锤击数(击/10cm)；

n——每阵击的锤击数；

S——每阵击时相应的贯入量(cm)；

N'_{28}——校正后的击数(击/10cm)；

α——杆长校正系数，见表1-1-8。

中型动力触探杆长校正系数　　　　表1-1-8

l	≤1	2	3	4	5	6	8	10	12	15
α	1.00	0.96	0.90	0.85	0.83	0.81	0.78	0.76	0.75	0.74

注：l 为探杆长度(m)。

(3) 重型、超重型动力触探

《铁路工程地质原位测试规程》(TB 10018—2003)中规定，实测击数应按杆长校正。而重型圆锥动力触探、超重型圆锥动力触探试验锤击数应视杆长按下列规定进行修正。

① 圆锥动力触探确定碎石土密度或其他指标时，实测锤击数 $N_{s,63.5}$ 按式(1-1-28)修正：

$$N_{63.5} = \alpha_1 \times N_{s,63.5} \qquad (1\text{-}1\text{-}28)$$

式中：$N_{63.5}$——修正后的重型动力触探锤击数(击/10cm)；

α_1——修正系数，按表1-1-9取值；

$N_{s,63.5}$——实测重型圆锥动力触探锤击数(击/10cm)。

重型圆锥动力触探锤击数修正系数 α_1　　　　表1-1-9

杆长(m) \ $N_{s,63.5}$	5	10	15	20	25	30	35	40	≥50
2	1.00	1.00	1.00	1.00	1.00	1.00	1.00	1.00	—
4	0.96	0.95	0.93	0.92	0.90	0.89	0.87	0.86	0.84
6	0.93	0.90	0.88	0.85	0.83	0.81	0.79	0.78	0.75
8	0.90	0.86	0.83	0.80	0.77	0.75	0.73	0.71	0.67
10	0.88	0.83	0.79	0.75	0.72	0.69	0.67	0.64	0.61
12	0.85	0.79	0.75	0.70	0.67	0.64	0.61	0.59	0.55

续上表

$N_{s,63.5}$ 杆长(m)	5	10	15	20	25	30	35	40	≥50
14	0.82	0.76	0.71	0.66	0.62	0.58	0.56	0.53	0.50
16	0.79	0.73	0.67	0.62	0.57	0.54	0.51	0.48	0.45
18	0.77	0.70	0.63	0.57	0.53	0.49	0.46	0.43	0.40
20	0.75	0.67	0.59	0.53	0.48	0.44	0.41	0.39	0.36

②用超重型圆锥动力触探确定碎石土密度或其他指标时,实测锤击数 $N_{s,120}$ 按式(1-1-29)修正:

$$N_{120} = \alpha_2 \times N_{s,120} \quad (1\text{-}1\text{-}29)$$

式中:N_{120}——修正后的超重型动力触探锤击数;

α_2——修正系数,按表1-1-10取值;

$N_{s,120}$——实测超重型圆锥动力触探锤击数。

超重型圆锥动力触探锤击数修正系数 α_2   表1-1-10

$N_{s,120}$ 杆长(m)	1	3	5	7	9	10	15	20	25	30	35	40
1	1.00	1.00	1.00	1.00	1.00	1.00	1.00	1.00	1.00	1.00	1.00	1.00
2	0.96	0.92	0.91	0.90	0.90	0.90	0.90	0.89	0.89	0.88	0.88	0.88
3	0.94	0.88	0.86	0.85	0.84	0.84	0.84	0.83	0.82	0.82	0.81	0.81
5	0.92	0.82	0.79	0.78	0.77	0.77	0.76	0.75	0.74	0.73	0.72	0.72
7	0.90	0.78	0.75	0.74	0.73	0.72	0.71	0.70	0.68	0.68	0.67	0.66
9	0.88	0.75	0.72	0.70	0.69	0.68	0.67	0.66	0.64	0.63	0.62	0.62
11	0.87	0.73	0.69	0.67	0.66	0.66	0.64	0.62	0.61	0.60	0.59	0.58
13	0.86	0.71	0.67	0.65	0.64	0.63	0.61	0.60	0.58	0.57	0.56	0.55
15	0.86	0.69	0.65	0.63	0.62	0.61	0.59	0.58	0.56	0.55	0.54	0.53
17	0.85	0.68	0.63	0.61	0.60	0.59	0.57	0.56	0.54	0.53	0.51	0.50
19	0.84	0.66	0.62	0.60	0.58	0.58	0.56	0.54	0.52	0.51	0.50	0.48

3)绘制动力触探击数沿深度分布曲线

以杆长校正后的击数为横坐标,以贯入深度为纵坐标绘制曲线图(图1-1-11)。因为采集的数据表示每贯入某一深度的锤击数,故曲线图一般绘制成沿深度方向的直方图(图1-1-12)。在某一地区进行多次勘测实践后,就可以建立起当地土类与锤击数的关系。

《岩土工程勘察规范》(GB 50021—2001)对于动力触探的曲线绘制和试验成果作了如下规定:

(1)单孔连续圆锥动力触探试验应绘制锤击数与贯入深度关系曲线。

(2)计算单孔分层贯入指标平均值时,应剔除临界深度以内的数值、超前和滞后影响范围内的异常值。

(3)根据各孔分层的贯入指标平均值,用厚度加权平均法计算场地分层贯入指标平均值和变异系数。

(4)根据圆锥动力触探试验指标和地区经验,可进行力学分层,评定土的均匀性和物理性质(状态、密实度)、土的强度、变形参数、地基承载力、单桩承载力,查明土洞、滑动面、软硬土层界面,检测地基处理效果等。应用试验成果时,是否修正以及如何修正,应根据建立统计关系时的具体情况确定。

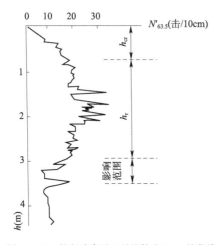 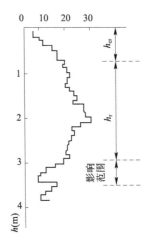

图 1-1-11 按每阵击贯入量换算成 $N_{63.5}$ 的曲线　　图 1-1-12 按每贯入 10cm 时的 $N_{63.5}$ 的曲线
　　　h-贯入深度；h_{cr}-临界深度；h_r-有效厚度　　　　　　　　　h-贯入深度；h_{cr}-临界深度；h_r-有效厚度

4) 测试成果整理

（1）求锤击数 N。

如土层不太硬,并能较容易地贯穿 0.30m 的试验段,则取贯入 0.30m 的锤击数 N。如土层很硬,不宜强行打入时,可用式(1-1-30)换算相应于贯入 0.30m 的锤击数 N。

$$N = \frac{0.3n}{\Delta S} \tag{1-1-30}$$

式中：n——所选取的贯入深度的锤击数；

ΔS——对应锤击数 n 的贯入深度(m)。

（2）绘制 N-h 关系曲线。

7. 记录表格

本试验记录格式参考实训指导书。

8. 试验结果应用

（1）根据 $N_{63.5}$ 估计碎石土的密实度,见表 1-1-11。适用于平均粒径小于等于 50mm 且最大粒径不超过 100mm 的卵石、碎石、圆砾、角砾。表内 $N_{63.5}$ 为经修正后锤击数的平均值。

碎石土的密实度　　　　　　　　　　　　　　　　　　　　　表 1-1-11

重型圆锥动力触探锤击数 $N_{63.5}$	密实度	重型圆锥动力触探锤击数 $N_{63.5}$	密实度
$N_{63.5} \leq 5$	松散	$10 < N_{63.5} \leq 20$	中密
$5 < N_{63.5} \leq 10$	稍密	$N_{63.5} > 20$	密实

（2）根据 $N_{63.5}$ 估计天然地基的容许承载力 $[\sigma_0]$,见表 1-1-12。

$N_{63.5}$ 与承载力的关系　　　　　　　　　　表 1-1-12

$N_{63.5}$	3	4	5	6	8	10	12	14	16
σ_0(kPa)	140	170	200	240	320	400	480	540	600
$N_{63.5}$	18	20	22	24	26	28	30	35	40
σ_0(kPa)	660	720	780	830	870	900	930	970	1000

(3)根据 N_{10} 估计天然地基的容许承载力 $[\sigma_0]$，见表 1-1-13 和表 1-1-14。

黏性土地基容许承载力　　　　　　　　　　　　　　　　表 1-1-13

N_{10}	15	20	25	30
$[\sigma_0]$ (kPa)	105	145	190	230

素填土承载力标准值（黏性土和粉土组成的素填土）　　　　表 1-1-14

N_{10}	15	20	30	40
$[\sigma_0]$ (kPa)	85	115	135	160

根据轻型动力触探试验确定承载力时应按式(1-1-31)修正锤击数：

$$N_{10} = \overline{N} - 1.645\sigma \tag{1-1-31}$$

(六)标准贯入试验

标准贯入试验(SPT, Standard Penetration Test)是采用质量为 63.5kg 的穿心锤，以 76cm 的自由落距，将一定规格尺寸的标准贯入器在孔底预打入土中 15cm，然后开始记录锤击数目，将标准贯入器再打入土中 30cm，用此 30cm 的锤击数作为标准贯入试验的指标。标准贯入试验是国内外广泛应用的一种现场原位测试手段。该试验方法方便经济，不仅用于砂土，也可用于黏性土的测试。标准贯入锤击数 N，可用于判定砂土的密实度、黏性土的稠度、地基土的容许承载力、砂土的振动液化、桩基承载力等，也是检验地基处理效果的重要手段。

1. 目的与适用范围

标准贯入试验的目的是用测得的标准贯入锤击数 N，判断砂土的密实程度或黏性土的稠度，以确定地基土的容许承载力；评定砂土的振动液化势和估计单桩的承载力；并可确定土层剖面和取扰动土样进行一般物理性试验。

标准贯入试验主要适用于一般黏性土、粉土和砂土，不适用于软塑~流塑的软土。

2. 试验仪具与材料

标准贯入试验设备主要由标准贯入器、触探杆和穿心锤等部件组成，见表 1-1-15。

各部分结构尺寸　　　　　　　　　　　　　　　　　　　表 1-1-15

落锤		锤的质量(kg)	63.5
		落距(cm)	76
贯入器	对开管	长度(mm)	>500
		外径(mm)	51
		内径(mm)	35
	管靴	长度(mm)	50~76
		刃口角度(°)	18~20
		刃口单刃厚度(mm)	1.6
钻杆		直径(mm)	42
		相对弯曲	<1/1000

(1)贯入器：标准规格的圆筒形探头，尺寸如图 1-1-13 所示，是由两个半圆管合成的取土器。

(2)落锤(穿心锤)：重 63.5kg，自由落距 76cm，应配有自动落锤装置。

(3)触探杆：外径 42mm 的钻杆。

(4)锤垫：承受锤击钢垫，附导向杆，两者总质量不超过 30kg 为宜。

3. 试验方法

标准贯入试验的设备和测试方法在世界上已基本统一。按《土工试验规程》(SL 237—1999)规定,其测试程序和相关要求如下:

(1)先用钻具钻至试验土层高程以上 0.15m 处,清除残土。清孔时,应避免试验土层受到扰动。当在地下水位以下的土层中进行试验时,应使孔内水位保持高于地下水位,以免出现涌砂和塌孔;必要时,应下套管或用泥浆护壁。

(2)贯入前应拧紧钻杆接头,将贯入器放入孔内,避免冲击孔底,注意保持贯入器、钻杆、导向杆连接后的垂直度。孔口宜加导向器,以保证穿心锤中心施力。

注:贯入器放入孔内后,应测定贯入器所在深度,要求残土厚度不大于 0.1m。

(3)采用自动落锤法,将贯入器以每分钟 15～30 次击打入土中 0.15m 后,开始记录每打入 0.10m 的锤击数,累计 0.30m 的锤击数为标准贯入击数 N,并记录贯入深度与试验情况。若遇密实土层,锤击数超过 50 击时,不应强行打入,并记录 50 击的贯入深度。

(4)旋转钻杆,然后提出贯入器,取贯入器中的土样进行鉴别、描述、记录,并测量其长度。将需要保存的土样仔细包装、编号,以备试验之用。

(5)重复步骤(1)～(4),进行下一深度的标贯测试,直至所需深度。

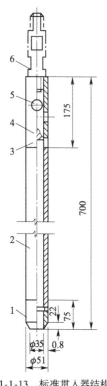

图 1-1-13 标准贯入器结构图
(尺寸单位:mm)

1-贯入器靴;2-用两半圆管合成的贯入器身;3-贯入器头;4-钢球;5-排水孔;6-钻杆接头

4. 注意事项

钻孔时应注意下列各条。

(1)须保持孔内水位高出地下水位一定高度,以免塌孔,保持孔底土处于平衡状态,不使孔底发生涌砂变松,影响 N 值。

(2)下套管不要超过试验高程。

(3)须缓慢地下放钻具,避免孔底土的扰动。

(4)细心清除孔底浮土,孔底浮土应尽量少,其厚度不得大于 10cm。

(5)如钻进中需取样,则不应在锤击法取样后立刻做标贯,而应在继续钻进一定深度(可根据土层软硬程度而定)后再做标贯,以免人为增大 N 值。

(6)钻孔直径不宜过大,以免加大锤击时探杆的晃动;钻孔直径过大时,可减少 N 至 50%,建议钻孔直径上限为 100mm,以免影响 N 值。

(7)若遇比较密实的土层,贯入深度不足 30cm 的锤击数已达 50 击时,应终止试验,并记录实际贯入深度 ΔS,按式(1-1-32)换算成相当于 30cm 的标准贯入试验锤击数 N:

$$N = 30 \times \frac{50}{\Delta S} \tag{1-1-32}$$

式中:N——换算成贯入 30cm 的锤击数;

ΔS——50 击时的贯入度(cm)。

(8)标贯和圆锥动力触探测试方法的不同点,主要是不能连续贯入,每贯入 0.45m 必须提钻一次,然后换上钻头进行回转钻进至下一试验深度,重新开始试验。另外,标贯试验不宜在含有碎石的土层中进行,只宜用于黏性土、粉土和砂土中,以免损坏标贯器的管靴刃口。

5. 试验数据整理

(1)标准贯入试验数据整理时,以下资料应当齐全,包括钻孔孔径、钻进方式、护孔方式、落锤方式、地下水位及孔内水位(或泥浆高程)、初始贯入度、预打击数、试验标贯击数、记录深度、贯入器所取扰动土样的鉴别描述等。

(2)由于钻杆的弹性压缩会引起能量损耗,钻杆过长时传入贯入器的动能降低,因而减少每击的贯入深度,也即提高了锤击数,所以需要根据杆长对锤击数按式(1-1-33)进行修正:

$$N = \alpha N_0 \tag{1-1-33}$$

式中:N_0——实际记录的锤击数;

α——修正系数,按钻杆长度由表 1-1-16 选用;

N——修正后的锤击数。

标准贯入试验钻杆长度修正系数　　　　　　表 1-1-16

钻杆长度(mm)	3	6	9	12	15	18	21
α	1.00	0.92	0.86	0.81	0.77	0.73	0.70

(3)绘制标贯击数 N 与深度 H 的关系曲线,或在地质剖面图上,标出试验深度处的 N 值,如图 1-1-14 所示。

(4)结合钻探及其他原位试验,依据 N 值在深度上的变化,对各土层的 N 值进行统计,统计时要剔除个别异常值。

6. 记录表格

本试验记录格式参考实训指导书。

7. 试验结果的应用

标准贯入试验国内外已积累了大量的实践资料,给出了砂性土和黏性土一些物理性质和标准贯入试验锤击数的经验关系,可供工程中使用。

(1)根据 N 估计砂土的密实度,见表 1-1-17。

(2)根据 N 估计天然地基的容许承载力 $[\sigma_0]$,见表 1-1-18 和表 1-1-19。

根据轻型动力触探试验确定承载力时应按式(1-1-31)修正锤击数。

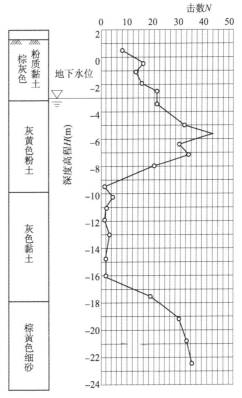

图 1-1-14　N-H 关系曲线

砂 土 密 实 度　　　　　　　　　　　　表 1-1-17

标准贯入试验锤击数 N	密实度	标准贯入试验锤击数 N	密实度
$N \leqslant 10$	松 散	$15 < N \leqslant 30$	中 密
$10 < N \leqslant 15$	稍 密	$N > 30$	密 实

砂土地基容许承载力 $[\sigma_0]$ (kPa)　　　　　　　表 1-1-18

土类 \ N	10	15	30	50
中、粗砂	180	250	340	500
粉、细砂	140	180	250	340

一般黏性土和老黏性土的容许承载力 $[\sigma_0]$ (kPa)　　　　表 1-1-19

N	3	5	7	9	11	13	15	17	19	21	23
$[\sigma_0]$	120	160	200	240	280	320	360	420	500	580	660

(3)根据 N 估计黏性土的状态,见表 1-1-20(冶工部武汉勘察公司资料)。

N 与黏性土稠度状态的关系　　　　　　　表 1-1-20

N	<2	2~4	4~7	7~18	18~35	>35
液性指数 I_L	$I_L > 1$	$0.75 < I_L \leqslant 1$	$0.5 < I_L \leqslant 0.75$	$0.25 < I_L \leqslant 0.5$	$0 < I_L \leqslant 0.25$	$I_L \leqslant 0$
稠度状态	流塑	软塑	可塑	可塑~硬塑	硬塑	坚硬

(4)根据 N 估计土的内摩擦角 ψ,见表 1-1-21。

N 值与土的内摩擦角 ψ 的关系　　　　　　表 1-1-21

研究者 \ N	<4	4~10	10~30	30~50	>50
Peck	<28.5°	28.5°~30°	30°~36°	36°~41°	>41°
Meyerhof	<30°	30°~35°	35°~40°	40°~45°	>45°

8. 注意事项

(1)标准贯入试验孔采用回转钻进,并保持孔内水位略高于地下水位。当孔壁不稳定时,可用泥浆护壁,钻至试验高程以上 15cm 处,清除孔底残土后再进行试验。

(2)重视钻进工艺及清孔质量,对贯入器开始贯入 15cm 的击数也予以记录,以判断孔底是否有残土或土的扰动程度。

(3)采用自动脱钩的自由落锤法进行锤击,并减小导向杆与锤间的摩阻力,避免锤击时的偏心和侧向晃动,保持贯入器、探杆、导向杆连接后的垂直度,锤击速率应小于 30 击/min。

(4)对试验段(即贯入 15~45cm 部分)要求测定每锤击一次后的累积贯入量。一次贯入量不足 2cm 时,记录每贯入 10cm 的锤击数。绘制锤击数与累积贯入量的关系曲线,以分析土层是否均匀,最后选取 30cm 试验段的锤击数作为 N 值记录下来。

(5)标准贯入试验锤击数 N 值,可对砂土、粉土、黏性土的物理状态,土的强度、变形参数、地基承载力、单桩承载力,砂土和粉土的液化,成桩的可能性等作出评价。应用 N 值时是否修正和如何修正,应根据建立统计关系时的具体情况确定。

9. 测试精度影响因素

动力触探测试的设备和测试方法多种多样,影响其试验成果精度的因素很多,归结起来可以分为两大类,即土层及测试机理方面的影响和设备类型及测试方法的影响。

1) 动力触探的有效锤击能量

动力触探的锤击能量，即穿心锤重量(Q)与落距(H)的乘积。锤击能量，除了用于克服土对触探头的贯入阻力外，还消耗于锤与锤垫的碰撞、探杆的弹性变形、探杆与孔壁土的摩擦及人拉绳或钢丝绳对锤自由下落的阻力等。用于克服土对触探头阻力的锤击能量为有效锤击能量，只占整个锤击能量的一部分。有效锤击能量的大小是影响动力触探成果 N 值的最主要因素。目前，最好的办法是在触探头或锤垫上安装测试能量的传感器，直接测定有效锤击能量，即所谓电测动力触探。

由于影响有效锤击能量的因素较多，且影响程度时大时小，所以动力触探的锤击数含有较多误差，离散性大，再现性差。如果能够把有效锤击能量直接和锤击数建立起相关关系，则动力触探的试验精度将会大幅度提高。探头的单位动贯入阻力 R_d 和锤击数是正比关系，因此可以用探头的动贯入阻力作为动力触探的成果，评价土的工程性质。

动力触探探头大小、穿心锤质量等差别较大，可以用动贯入阻力将各种动探做归一化处理，即可相互通用，如图 1-1-15 所示。

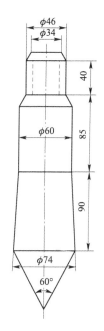

图 1-1-15 重型、超重型动力
（尺寸单位：mm）

2) 动力触探测试设备和测试方法的标准化

目前，各国所用动力触探设备的种类很多，很不统一，只有少数国家对一种或几种动力触探设备和测试方法做了统一。

在测试设备和测试方法的标准化方面，落锤技术比较关键，人力牵引的锤击数要小于自动落锤的锤击数。自动落锤的锤击数再现性好，结果可靠。

自动落锤装置在国内外均受到重视。自动落锤不受绳索阻力的影响，锤击数再现性好，结果较可靠。但应注意的是，如采用人力牵引落锤，在应用人力牵引落锤的锤击数资料时，应予修正（参考人力牵引落锤与自动落锤的锤击数之间的关系）。

3) 动力触探设备贯入能力的影响

动力触探设备贯入能力是由锤重、落距、探头截面积及形状等因素决定的。在实际勘测工作中，应根据不同勘察目的和地层，选用不同贯入能力的动力触探设备；否则，探测成果精度不佳。

在软土地区勘察时，如果用重型动力触探设备，往往是锤击数小于1，精度很差；采用轻型动力触探，则效果好，具有较好的敏感性，能较好地反映软土强度的变化。

在砾石层中，用重型或超重型动力触探效果较好。

贯入能力不同，适宜的贯入深度也不同。一般认为，最佳的最大贯入深度，轻型动力触探为 6~10m，重型为 14~25m，超重型为 40m。

4) 探杆长度的影响

关于探杆长度的影响，世界各国看法很不一致。许多国家认为没有影响，探杆长度不必进行校正。其原因是：随着测试深度的增加，探杆质量增加，其影响是减少锤击数；但随着深度的增加，探杆和孔壁之间的摩擦力和土的侧向压力也增加了，其影响是增加锤击数。因此两者的影响可部分抵消，不必对探杆长度进行校正。只有我国和日本的个别规范规定，须对探杆长度进行校正。

通过标准贯入实测,发现真正传输给杆件系统的锤击能量有很大差异,它受机具设备、钻杆接头的松紧、落锤方式、导向杆的摩擦及其他偶然因素等支配。

国内对标准贯入测试锤击数的修正是通过对杆长的修正来实现的,其理论依据是牛顿碰撞理论。杆件系统质量不得超过锤重的2倍,限制标准贯入测试深度小于21m;但实际使用深度已远超过21m,最大达100m。通过实测杆件的锤击应力波,发现锤击传输给杆件的能量变化远大于杆长变化时能量的衰减,故建议不考虑杆长修正。但考虑到过去建立的N值与土的物理力学性质指标、承载力的经验关系,所用N值均经杆长修正,而抗震规范评定砂土、粉土液化时,对N值又不做修正。故在实际应用时,按具体岩土工程问题,参照有关规范考虑,是否做杆长修正。

5)钻进方式的影响

在标准贯入测试中,要在测试前钻孔,其钻进方式和质量对N值有较大影响。规定不允许冲击钻进,冲击钻进会使测试土层受压而使N值增大,因而必须采用回转钻进。在砂层中钻进必须采用泥浆护壁,以保持孔壁稳定;否则,测试时锤击探杆探头的震动很易使孔壁坍塌,产生埋钻事故。钻进时应注意:

(1)须保持孔内水位高出地下水位一定高度,以免塌孔,保持孔底土处于平衡状态,不使孔底发生涌砂变松,影响N值。

(2)下套管不要超过试验高程。

(3)须缓慢地下放钻具,避免孔底土的扰动。

(4)细心清除孔底浮土,孔底浮土应尽量少,其厚度不得大于10cm。

(5)如钻进中需取样,则不应在锤击法取样后立刻做标贯,而应在继续钻进一定深度(可根据土层软硬程度而定)后再做标贯,以免人为增大N值。

(6)钻孔直径不宜过大,以免加大锤击时探杆的晃动;钻孔直径过大时,可减少N至50%,建议钻孔直径上限为100mm,以免影响N值。

6)土的深度(土的有效上覆压力)的影响

随着贯入深度的增加,土的有效上覆压力和侧压力都会增加,都会增大贯入阻力,增大锤击数。很多人对此进行了研究,并对锤击数进行了深度影响校正。如在判定砂土振动液化时,常采用Seed等所建议的标贯击数深度影响按式(1-1-34)修正:

$$N'_{63.5} = C_N N_{63.5} \tag{1-1-34}$$

式中:$N'_{63.5}$——修正后的标准贯入击数;

$N_{63.5}$——实测的标准贯入击数;

C_N——修正系数,$C_N = 1 - 1.25\lg\sigma'_{v_0}$;

σ'_{v_0}——实测深度处土的有效上覆压力(kPa)。

7)探杆偏斜影响

实践表明,触探杆的偏斜会增加探杆与孔壁的摩擦,减小有效锤击能量,对锤击数也有较大影响。因此,应保证探头、探杆、导向杆的垂直度,防止锤击偏心及侧向晃动等。防止措施有:锤垫离地面不宜太高;孔口加导向器;用窄长木板顶住钻机扶持钻(探)杆,以减少探杆晃动或偏斜。《岩土工程勘察规范》(GB 50021—2001)(2009年版)规定:触探杆最大偏斜度不应超过2%,锤击贯入应连续进行,同时应防止锤击偏心、触探杆倾斜及侧向晃动;锤击速率每分钟宜为15~30击。

任务实施

任务实施主要掌握黏性土地基检测的主要工序、基本方法和质量标准。

根据施工单位或业主的要求,接受检测任务。进行检测设备与资料的准备,进入施工现场,按照事先确定的检测方法,进行检测数据的采集,对检测数据进行分析与整理,编制检测报告。

现以某高速全线桥梁台背回填黏性土检测为例,将任务实施简述如下。

一、任务概况

根据某高速公路建设项目办公室要求,某检测中心承担某高速全线桥梁台背回填质量检测。2012年5月3日~2012年5月5日,某检测中心委派检测人员对A1标8座桥梁的台背回填质量进行检测,具体检测的桥梁见表1-1-22。

A1标桥梁台背回填质量检测工程量　　　　　　　　表1-1-22

序号	桥梁名称	设计回弹模量	序号	桥梁名称	设计回弹模量
1	某主线上跨分离立交桥	按设计要求	5	某跨河高架桥	按设计要求
2	某互通跨线桥	按设计要求	6	某分离立交桥	按设计要求
3	某跨河大桥	按设计要求	7	某上跨分离立交桥	按设计要求
4	某高架桥	按设计要求	8	某支线上跨分离立交桥	按设计要求

二、检测依据

(1)《建筑地基处理技术规范》(JGJ 79—2012);
(2)《岩土工程勘察规范》(GB 50021—2001)(2009年版);
(3)《公路沥青路面设计规范》(JTG D50—2006);
(4)《圆锥动力触探试验规程》(YS 5219—2000);
(5)《建筑地基基础技术规范》(DB 21-907—1996);
(6)某高速公路新建工程A1标两阶段施工图设计资料。

三、检测方法的确定及评价标准

1. 检测方法

本次检测采用圆锥重型动力触探法,根据项目要求在被测结构物台背回填段每侧设置2个检测孔,每孔检测层数一般不少于3层,每层读数1次(每10cm读数1次),并记录相应锤击数 $N'_{63.5}$。当一个检测孔遇到坚硬石块,触探反弹时,移位继续进行,若再遇到石块,触探反弹即停止试验。

2. 测点布设

按规范要求布设测点,如图1-1-16所示。

3. 结果整理及评价标准

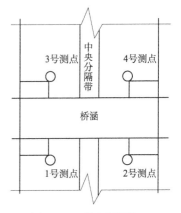

图1-1-16 测点布设图

根据动力触探试验现场实测锤击数,对探杆长度和土侧壁摩擦影响进行实测锤击数的修正,参照《建筑地基基础技术规范》(DB 42/242—2014)将修正后的锤击数换算成回弹模量。

四、检测结果

A1 标 8 座桥梁的台背回填料以砂性土、强风化土、黏性土及碎石土为主,共检测 25 个测区,详细情况见表 1-1-23。

A1 标 8 座桥梁的台背回填检测 25 个测区检测结果　　　　　　　　　　　表 1-1-23

序号	工程名称	测区编号	测试深度（m）	校正后锤击数 $N'_{63.5}$	回弹模量推算值(MPa)	填料情况描述
1	某主线上跨分离立交桥	1 号	1.5	1	—	0.0~3.3m 为强风化填土
			3.0	3	7.4	
		2 号	1.5	2	—	0.0~1.8m 为红色黏土;
			3.1	4	8.2	1.8~3.4m 为砂性土;
			4.2	3	6.2	3.4~4.2m 为黏性土
		3 号	0.7	3	7.4	0.0~1.0m 为强风化填土;
			2.5	4	14.4	1.0~2.8m 为碎石土;
			3.6	2	4.8	2.8~3.9m 为强风化填土
		4 号	1.2	3	11.9	0.0~4.9m 为碎石土
			2.7	4	14.4	
			4.6	4	14.4	
2	某互通跨线桥	1 号	1.5	—	—	0.0~0.5m 为碎石土; 0.5~1.5m 为强风化填土; 1.5~1.8m 为超粒径碎石土,检测终止
		2 号	1.5	—	—	0.0~0.5m 为碎石土; 0.5~1.5m 为强风化填土; 1.5~1.8m 为超粒径碎石土,检测终止
		3 号	1.6	10	28.5	0.0~2.6m 为超粒径碎石土,检测终止
			2.6	—	—	
		4 号	1.0	3	11.9	0.0~2.0m 为碎石土
			1.7	4	14.4	
3	某跨河大桥	1 号	1.3	3	11.9	0.0~0.5m 为碎石;
			2.8	2	4.5	0.5~1.6m 为黏性土;
			4.4	2	4.5	1.6~4.7m 含砂性黏土
		2 号	1.4	3	11.9	0.0~0.4m 为碎石;
			2.8	2	4.5	0.4~1.7m 为黏性土;
			4.2	2	4.5	1.7~4.5m 为含少量碎石的黏性土
		3 号	1.3	4	14.4	0.0~1.6m 为碎石土; 1.6m 以下为原状土
		4 号	0.9	4	14.4	0.0~1.1m 为碎石土; 1.1m 以下为原状土

续上表

序号	工程名称	测区编号	测试深度(m)	校正后锤击数 $N'_{63.5}$	回弹模量推算值(MPa)	填料情况描述
4	某高架桥	1号	—	—	—	桥面施工,车辆和设备无法抵达,无法检测
		2号	—	—	—	桥面施工,车辆和设备无法抵达,无法检测
		3号	1.4	2	—	0.0~3.9m为碎石土
			2.7	3	11.9	
			3.6	2	—	
		4号	1.3	2	4.8	0.0~3.1m为强风化填土; 3.1m以下为原状土
			2.5	2	4.8	
5	某跨河高架桥	1号	—	—	—	台背回填未施工完毕,未检测
		2号	1.4	4	10.2	0.0~4.2m为强风化填土
			2.8	1	—	
			3.9	2	7.4	
		3号	0.6	—	—	0.0~0.6m为超粒径碎石,检测终止
		4号	0.6	—	—	0.0~0.6m为超粒径碎石,检测终止
6	某分离立交桥	1号	0.8	—	—	0.0~0.8m为超粒径碎石,检测终止
		2号	1.6	2	—	0.0~3.1m为碎石土
			2.8	2	—	
		3号	—	—	—	台背回填未施工完毕,未检测
		4号	1.4	1	—	0.0~1.7m为红砂岩和少量碎石; 1.7~2.9m为红砂岩; 2.9~4.1m为含少量碎石的砂性土
			2.6	5	12.2	
			3.8	3	8.0	
7	某分离立交桥	1号	1.7	3	7.4	0.0~2.0m为强风化填土; 2.0~3.1m为碎石土
			2.8	4	14.4	
		2号	1.3	2	4.8	0.0~1.6m为强风化填土; 1.6~2.8m为碎石土; 2.8~3.4m为强风化填土
			2.5	9	26.3	
			3.1	2	4.8	
		3号	1.4	2	—	0.0~1.7m为含少量碎石的砂性土; 1.7~3.1m为砂性土; 3.1~3.9m为含超粒径的碎石土,检测终止
			2.8	3	8.0	
			3.6	—	—	
		4号	1.3	2	—	0.0~1.6m为含少量碎石的砂性土; 1.6~4.5m为砂性土
			2.7	2	—	
			4.2	2	—	
8	某上跨分离立交桥	主线右幅	1.1	1	—	0.0~1.4m为强风化填土; 1.4m以下为原状土
			2.3	1	—	
		主线左幅	—	—	—	桥面施工,车辆和设备无法抵达,未检测

学习情境一:地基检测	班级			
工作任务一:黏性土地基检测	姓名		学号	
	日期		评分	

1. 概述
(1) 按规范法确定地基容许承载力,首先要确定土的类别名称,通常分为_____、_____、_____、_____、_____、_____六类。
(2) 黏性土的天然状态是根据液性指数分为_____、_____、_____、_____。
(3) 新近沉积黏性土的容许承载力,可按_____和_____确定。
(4) 新近堆积黄土的容许承载力,可按_____确定。

2. 动力触探法检测前的准备工作
(1) 受地基资料的收集主要包括_____、_____及_____等相关资料。
(2) 检测方案的主要内容包括_____、检测依据、_____、抽检方案、检测原理、检测程序及_____等,必要时可针对检测方案中的细节同委托方或设计方共同研究确定。

3. 动力触探法现场检测
(1) 先用轻便钻具钻至试验土层高程以上_____处,然后对土层进行连续触探。
(2) 试验时,穿心锤落距为_____,记录每打入0.30m所需的锤击数。
(3) 如想取样,则需把_____拔出,换钻头进行取样。
(4) 一般用于触探深度小于_____的土层。

4. 小组讨论地基原位测试的方法以及如何选择。

5. 小组讨论动力触探设试验的设备组成。

6. 小组讨论动力触探试验的现场测试步骤。

7. 小组讨论动力触探的测试数据如何分析。

— 32 —

工作任务二　砂性土地基检测

任务概述

本工作任务是需要了解砂性土地基检测的重要性,掌握砂性土地基检测的基本方法。学习要求是认真研读本工作任务的内容,查阅某工程项目砂性土地基检测的案例资料,重视理论联系实际。

相关知识

载荷试验相当于在工程原位进行的缩尺原型试验,即模拟建筑物地基土的受荷条件,比较直观地反映地基土的变形特性。该法具有直观和可靠性高的特点,在原位测试中占有重要地位,往往成为其他方法的检验标准。载荷试验的局限性在于费用较高、周期较长和压板的尺寸效应。

一、试验目的与适用范围

载荷试验是确定地基承载力的最主要方法,按试验深度分为浅层载荷试验和深层载荷试验;按承压板形状分为平板载荷试验和螺旋板载荷试验;按载荷性质分为静力载荷试验和动力载荷试验。浅层平板载荷试验适用于地表浅层地基土(包括各种填土和碎石土);深层平板载荷试验适用于埋深等于或大于3m和地下水位以上的地基土;螺旋板载荷试验适用于深层地基土或地下水位以下的地基土。载荷试验可适用于各种地基土,特别适用于各种填土及含碎石的土。这里主要介绍浅层平板静力载荷试验。

试验目的是确定地基的承载力和变形特性,螺旋板载荷试验尚可估算地基土的固结系数。

载荷试验是在保持地基土的天然状态下,在一定面积的刚性承压板上向地基土逐级施加荷载,并观测每级荷载下地基土的变形,它是测定地基土的压力与变形特性的一种原位测试方法。测试所反映的是承压板下1.5～2.0倍承压板直径或宽度范围内,地基土强度、变形的综合性状,浅层平板静力荷载试验示意图,如图1-2-1所示。

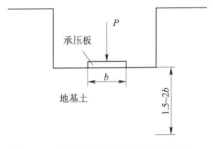

图1-2-1　浅层平板静力载荷试验示意图

二、试验原理

平板静力载荷测试(PLT,Plate Load Test),简称载荷测试。它是模拟建筑物基础工作条件的一种测试方法,起源于20世纪30年代的苏联、美国等国。其方法是在保持地基土的天然状态下,在一定规格的方形或圆形承压板上向地基土逐级施加荷载,每级荷载增量持续时间相同或接近,测记每级荷载作用下荷载板沉降量的稳定值,加载至总沉降量为25mm,或达到加载设备的最大容量为止,然后卸载,记录土的回弹值,持续时间应不小于一级荷载增量的持续时间。根据试验记录绘制荷载P和沉降量S的关系曲线,如图1-2-2所示。分析研究地基土的强度与变形特性,求得地基土容许承载力与变形模量等力学数据。

— 33 —

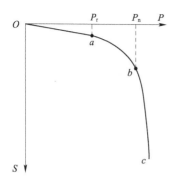

图 1-2-2 荷载与沉降量的关系

地基在荷载作用下达到破坏状态的过程可以分为 3 个阶段,如图 1-2-3 所示。

1. 直线变形阶段

当 $P \leq P_r$(称为临塑荷载或比例界限)时,相当于 P-S 曲线上的 oa 段,P-S 曲线接近于直线,土中各点的剪应力均小于土的抗剪强度,土体处于弹性平衡状态,这一阶段荷载板的沉降主要是由于土中孔隙的减少引起,土颗粒主要是竖向变位,且随时间渐趋稳定而土体压密,所以也称压密阶段。曲线上相应于 a 点的荷载称为比例界限 P_r。

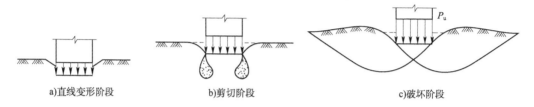

图 1-2-3 荷载作用下的地基变形三阶段

2. 剪切阶段

当 $P_r < P < P_u$(称为极限荷载)时,相当于 P-S 曲线上的 ab 段。这一阶段 P-S 曲线已不再保持线性关系,沉降的增长率 $\Delta S / \Delta P$ 先随荷载的增加而增大。在这个阶段,除土体的压密外,在承压板边缘已有小范围局部土体的剪应力达到或超过了土的抗剪强度,并开始向周围土体发生剪切破坏(产生塑性变形区);土体的变形是由于土中孔隙的压缩和土颗粒剪切移动同时引起的,土粒同时发生竖向和侧向变位,且随时间不易稳定,故称之为局部剪切阶段。随着荷载的继续增加,土中塑性区的范围也逐步扩大,直到土中形成连续的滑动面,由荷载板两侧挤出而破坏。因此,剪切阶段也是地基中塑性区的发生及发展阶段。相应于 P-S 曲线上 b 点的荷载称为极限荷载 P_u。

3. 破坏阶段

当 $P \geq P_u$ 时,相当于 P-S 曲线上的段 bc。当荷载超过极限荷载后,荷载板急剧下沉,即使不增加荷载,沉降也不能稳定,同时土中形成连续的滑动面,发生整体剪切破坏,土从承压板下挤出,在承压板周围土体发生隆起及环状或放射状裂隙,故称为破坏阶段。该阶段,在滑动土体范围内各点的剪应力达到或超过土体的抗剪强度;土体变性主要由土颗粒剪切变位引起,土粒主要是侧向移动,且随时间不能达到稳定,地基土失稳而破坏。

三、试验设备

平板载荷试验因试验土层软硬程度、压板大小和试验面深度等不同,采用的测试设备也很多。除早期常用的压重加荷台试验装置外,目前国内采用的试验装置,大体可归纳为由承压板、加荷系统、反力系统、观测系统 4 部分组成,其各部分机能是:加荷系统控制并稳定加荷的大小,通过反力系统反作用于承压板,承压板将荷载均匀传递给地基土,地基土的变形由观测系统测定。

1. 承压板类型和尺寸

承压板材质要求承压板可用混凝土、钢筋混凝土、钢板、铸铁板等制成,多以肋板加固的钢板为主。要求压板具有足够的刚度，不破损、不挠曲，压板底部光平，尺寸和传力重心准确，搬运和安置方便。承压板形状可加工成正方形或圆形，其中圆形压板受力条件较好，使用最多。

2. 承压板面积

我国勘察规范规定一般宜采用 $0.25 \sim 0.50 m^2$，对均质密实的土，可采用 $0.1 m^2$，对软土和人工填土，不应小于 $0.5 m^2$。但各国和国内各部门采用的承压板面积不尽相同，如日本常用方形 $900 cm^2$，苏联常用 $0.5 m^2$，我国原铁道部第一设计院则根据自己的经验，按如下原则选取：

(1) 碎石类土：压板直径宜大于碎、卵石最大粒径的 10 倍。
(2) 岩石地基：压板面积 $1000 cm^2$。
(3) 细颗粒土：压板面积 $1000 \sim 5000 cm^2$。
(4) 视试验的均质土层厚度和加荷系统的能力、反力系统的抗力等确定，以确保载荷试验能得出极限荷载。

3. 加荷系统

加荷系统是指通过承压板对地基施加荷载的装置，主要有：

1) 压重加荷装置

一般将规则方正或条形的钢锭、钢轨、混凝土件等重物，依次对称置放在加荷台上，逐级加荷，此类装置费时费力且控制困难，已很少采用。

2) 千斤顶加荷装置

根据试验要求，采用不同规格的手动液压千斤顶加荷，并配备不同量程的压力表或测力计控制加荷值。

4. 反力系统

一般反力系统由主梁、平台、堆载体（锚桩）等构成。

5. 量测系统

量测系统包括基准梁、位移计、磁性表座、油压表（测力环）。

机械类位移计可采用百分表，其最小刻度 0.01mm，量程一般为 5~30mm，为常用仪表。电子类位移计一般具有量程大、无人为读数误差等特点，可以实现自动记录和绘图。油压表一般为机械式、人工测读。

测试用的仪表均需定期标定，一般一年标定一次或维修后标定，标定工作原则上应送到具有相应资质的计量局或专业厂进行。

四、设备的现场布置

当场地尚未开挖基坑时，需在研究的土层上挖试坑，坑底高程与基底设计高程相同。如在基底压缩层范围内有若干不同性质的土层，则对每一土层均应挖一试坑，坑底达到土层顶面，在坑底置放刚性压板。试坑宽度不小于压板宽度的 3 倍。具体布置方式如图 1-2-4 所示。

加荷稳压装置包括承压板、千斤顶及稳压器等，反力装置常用平台堆载或地锚，如图 1-2-4a)~f)所示，当试坑较深时，反力也可由基槽承担，如图 1-2-4g)所示。

设备安装时应确保荷载板与地基表面接触良好且反力系统和加荷系统的共同作用力与承压板中心在一条垂线上。当对试验的要求较高时，可在加荷系统与反力系统之间，安设一套传力支座装置,它是借助球面、滚珠等,调节反力系统与加荷系统之间的力系平衡,使荷载始终保持竖直传力状态。

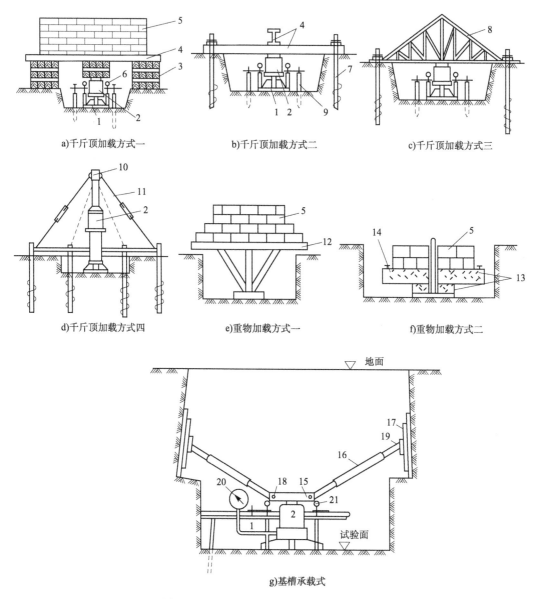

图 1-2-4 常见的荷载试验反力与加载布置方式

1-承压板;2-千斤顶;3-木垛;4-钢梁;5-钢锭;6-百分表;7-地锚;8-桁架;9-立柱;10-分力帽;11-拉杆;12-载荷台;13-混凝土;14-测点;15-支承板;16-斜撑杆;17-斜撑板;18、19-销钉;20-压力表;21-千分表

五、试验步骤

(1)载荷试验应布置在有代表性的地点,每个场地不宜少于3个,正式加荷前,将试验面打扫干净以观测地面变形,将百分表的指针调至接近于最大读数位置;当场地内岩体不均时,应适当增加。浅层平板载荷试验应布置在基础底面高程处。

(2)浅层平板载荷试验的试坑宽度或直径不应小于承压板宽度或直径的3倍,以消除侧向土自重引起的超载影响;深层平板载荷试验的试井直径应等于承压板直径;当试井直径大于承压板直径时,紧靠承压板周围土的高度不应小于承压板直径。

(3)试坑或试井底的岩土体应避免扰动,保持其原状结构和天然湿度,并在承压板下铺设不超过20mm的砂垫层找平,尽快安装试验设备;螺旋板头入土时,应按每转一圈下入一个螺距进行操作,减少对土的扰动。

(4)载荷试验宜采用圆形刚性承压板,根据土的软硬或岩体裂隙密度选用合适的尺寸;土的浅层平板载荷试验承压板面积不应小于$0.25m^2$,对软土和粒径较大的填土不应小于$0.5m^2$;土的深层平板载荷试验承压板面积宜选用$0.5m^2$;岩石载荷试验承压板的面积不宜小于$0.07m^2$。

(5)载荷试验加荷方式应采用分级维持荷载沉降相对稳定法(常规慢速法);有地区经验时,可采用分级加荷沉降非稳定法(快速法)或等沉速率法;加荷等级宜取10~12级,并不应少于8级,荷载量测精度不应低于最大荷载的±1%。试验的加荷标准如下:试验的第一级荷载(包括设备重量)应接近卸去土的自重。每级荷载增量(即加荷等级)一般取被试地基土层预估极限承载力的1/10~1/8;施加的总荷载应尽量接近试验土层的极限荷载。沉降值的量测精度应达到0.01mm。

①慢速法。

a. 对于土体,每级荷载施加后,间隔10min、10min、10min、15min、15min测读一次沉降,以后间隔30min测读一次沉降,当连续2h每小时沉降量不大于0.1mm时,可认为沉降已达相对稳定标准,再施加下一级荷载;当试验对象是岩体时,间隔1min、2min、2min、5min测读一次沉降,以后每隔10min测读一次,当连续三次读数差小于等于0.01mm时,可认为沉降已达相对稳定标准,再施加下一级荷载。

b. 对于岩体,间隔1min、2min、2min、5min测读一次沉降,以后每隔10min测读一次,当连续3次读数之差不大于0.01mm时,认为沉降已达到相对稳定标准,可施加下一级荷载。

②快速法。每加一级荷载按间隔15min观测一次沉降。每级荷载维持2h,即可施加下一级荷载。最后一级荷载可观测至沉降达到上述沉降相对稳定标准或仍维持2h。

③等沉降速率法。控制承压板以一定的沉降速率沉降,测读与沉降相应的所施加的荷载,直至试验达到破坏阶段。

(6)按规定逐级加荷和记录百分表读数,达到沉降稳定标准后再施加下一级荷载。承压板的沉降可采用百分表、沉降传感器或电测位移计量测,其精度不应低于±0.01mm。

(7)一般在加荷五级或已能定出比例界限点后,注意观测地基土产生塑性变形使压板周围地面出现裂纹和土体侧向挤出的情况,记录并描绘地面裂纹形状(放射状或环状、长短粗细)及出现时间。

(8)试验过程的各级荷载要始终确保稳压,百分表行程接近零值时应在加下一级荷载前调整,并随时注意平台上翘、锚桩拔起、撑板上爬、撑杆倾斜、坑壁变形等不安全因素,及时采取处置措施,必要时可终止试验。

(9)试验点附近应有取土孔提供土工试验指标,或其他原位测试资料,试验后,应在承压板中心向下开挖取土试验,并描述2倍承压板直径(或宽度)范围内土层的结构变化。

(10)当出现下列情况之一时,可终止试验:

①承压板周边的土体出现明显侧向挤出,周边岩土出现明显隆起或径向裂缝持续发展。

②本级荷载的沉降量急剧增大(大于前级荷载沉降量的5倍),P-S曲线出现明显陡降。

③在某级荷载下24h沉降速率不能达到相对稳定标准。

④总沉降量与承压板直径(或宽度)之比超过0.06。

（11）当需要卸载观测回弹时，每级卸荷量可为加荷量的 2 倍，历时 1h，每隔 15min 观测一次。荷载完全卸除后，继续观测 3h。

六、试验数据的处理及试验成果的整理

1. 原始读数的计算复核

对位于承压板上百分表的现场记录读数，求取其平均值，计算出各级荷载下各观测时间的累计沉降量，对于监测地面位移的百分表，分别计算出各地面百分表的累计升降量。经确认无误后，可以绘制所需要的各种实测曲线，供进一步分析之用。

2. 异常数据处理

大量实测结果表明，当地基土的均匀性尚可且测试过程正常时，测试得出的主要曲线（P-S 曲线）是比较光滑的。所谓异常数据是指背离这一规律性的数据。比如 P-S 曲线上的某一点背离曲线很多，或随着加载的进行压板变形过小甚至产生反方向的位移，油压表或百分表的读数产生跳跃，等等。最好的办法是防止出现异常数据。其措施是仪器仪表的保养维修、定期标定并经常检查，试验过程中要经常观察，及时发现问题，尽早排除设备故障，同时，压板的选择，基准梁的选择安装等都非常重要。

在资料分析阶段发现个别点据异常时，只要不对结果的判释有太大的影响，便可以将其舍去。

若测试中的异常点过多，则该次试验为不合格，应重新进行试验。

3. 曲线绘制

一般地，地基静载试验主要应绘制 P-S 曲线，但根据需要，还可绘制各级荷载作用下的沉降和时间之间的关系曲线以及地面变形曲线。

完整的 P-S 曲线包含 3 个阶段，如图 1-2-5 所示。

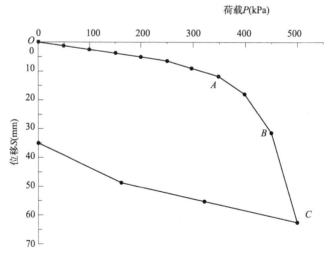

图 1-2-5　某地基静载试验的荷载—位移曲线（P-S 曲线）

OA 段为弹性阶段，曲线特征为近似线性，基本上反映了地基土的弹性性质，A 点为比例界限，对应的荷载称为临塑荷载；

AB 段为塑性发展阶段，曲线特征为曲率加大，表明地基土由弹性过渡到弹塑性，并逐步进入破坏；

BC 段为破坏阶段，曲线特征为产生陡降段，C 点对应的荷载称为破坏荷载，在该级荷

作用下压板的沉降通常不能稳定或总体位移太大,C 点荷载的前一级荷载(不一定是 B 点)称为极限荷载。

若绘出的 $P\text{-}S$ 曲线的直线段不通过坐标原点,可按直线段的趋势确定曲线的起始点,以便对 $P\text{-}S$ 曲线进行修正。

4. 曲线特征值的确定

$P\text{-}S$ 曲线的三段:OA 线段(压实阶段)、AB 线段(剪变阶段)、BC 线段(破坏阶段)。

具有两个特征值:比例界限值、极限荷载值。

特征值的确定方法如下:

(1)当 $P\text{-}S$ 曲线具有明显的直线段及转折点时,一般将转折点所对应的压力定为比例界限值,将曲线陡降段的渐近线和横坐标的交点定为极限界限值,如图 1-2-5 所示。

(2)当曲线无明显直线段及转折点时(一般为中、高压缩性土),可用下述方法确定比例极限。

①一级荷载压力下,其沉降增量 ΔS_n 超过前一级荷载压力下的沉降增量 ΔS_{n-1} 的 2 倍(即 $\Delta S_n \leqslant 2\Delta S_{n-1}$)的点所对应的压力,即为比例界限。

② $\lg P\text{-}\lg S$(或 $P\text{-}\dfrac{\Delta S}{\Delta P}$)曲线,曲线上的转折点所对应的压力即为比例界限。其中,ΔP 为荷载增量,ΔS 为相应的沉降增量。

5. 地基土的变形模量 E_0

土的变形模量是指土在单轴受力,无侧限情况下的应力与应变之比。

在 $P\text{-}S$ 曲线上,开始一段呈直线,即认为荷载较小时,土体是线弹性的,因而可利用弹性理论公式求得土的变形模量。下式适用于同一层位的均匀地基。

当承压板位于地表时,按式(1-2-1)计算:

$$E_0 = \omega(1-\mu^2)\dfrac{Pb}{S} \tag{1-2-1}$$

式中:b——承压板的宽度或直径;

P——$P\text{-}S$ 曲线上 a 点所对应的压力;

S——$P\text{-}S$ 曲线上 a 点的沉降量;

ω——沉降影响系数,刚性的方形承压板取 0.886,刚性的圆形承压板取 0.785;

μ——地基土的泊松比,应通过试验测定,见表 1-2-1。

土的泊松比 μ 值(侧膨胀系数)　　表 1-2-1

土的种类和状态		μ
碎石类土		0.15~0.20
砂土		0.20~0.25
粉土		0.25
粉质黏土	坚硬状态	0.25
	可塑状态	0.30
	软塑或流动状态	0.35
黏土	坚硬状态	0.25
	可塑状态	0.35
	软塑或流动状态	0.42

当承压板位于地表以下时,按式(1-2-2)计算:

$$E_0 = \omega I_1 (1 - \mu^2) \frac{Pb}{S}　　　　　(1-2-2)$$

式中:I_1——深度修正系数,当承压板埋深 $h \leqslant B$ 时,$I_1 \cong 1 - 0.27 \frac{h}{b}$;否则 $I_1 \cong 0.5 + 0.23 \frac{b}{h}$;

其他符号含义同前。

6. 地基承载力的确定

根据现场载荷试验所确定的 P-S 曲线,可以按下述方法确定地基承载力基本值 f_0:

(1)当 P-S 曲线有明显的比例界限点 a 时,取 $f_0 = P_r$。

②当 P-S 曲线上的 a、b 两点能确定,且 $P_u < 2P_r$ 时,取 $f_0 = P_u/2$。

③若 P-S 曲线上的 a、b 两点不能准确确定时,可按地基变形来确定 f_0。一般情况下,对低压缩性土和砂土,可取沉降量 $S = (0.01 \sim 0.015)b$ 所对应的压力 P 作为 f_0;对中、高压缩性土,可取沉降量 $S = 0.02b$ 所对应的压力 P 作为 f_0。

七、影响载荷试验成果精度的主要因素

载荷测试方法比较简单,成果也比较可靠,但费时、费力。应深入分析其影响因素,消除不利影响,使测试成果精度符合要求。影响载荷测试成果的主要因素有以下几个方面。

1. 承压板尺寸

不同的承压板尺寸对试验土层的沉降量和极限压力值均有一定影响,载荷测试研究结果表明,在不超过直线变形阶段的荷载作用下,当承压板边长或直径(b)小于某值时,S(沉降量)与 b 成反比;当 b 大于某值时,S 与 b 成正比。

由于载荷测试是模拟基础工作条件的一种试验方法,基础宽度一般均超过30cm,因而承压板不宜过小。但是,如承压板面积过大,势必所加总荷载也随之增大,这又增加了测试的困难。在大多数情况下,用面积为 $1000 \sim 5000 cm^2$ 的承压板进行试验,所获得的成果是可靠的。

2. 沉降稳定标准

每级压力下的沉降稳定标准不同,则所观测的沉降量及所得出的 P-S 曲线和变形模量等也不相同。为了消除这种影响,就要统一稳定标准。在载荷试验中,广泛应用的是相对稳定法,即每施加一级荷载,待沉降速率达到相对稳定后再加下一级荷载。有的规程在规定相对稳定标准的同时,还提出了在不同土层中观测时间的附加规定。如每级荷载下的观测时间,对软黏性土,应不少于24h;对一般黏性土,不少于8h;对碎石土、砂土、老黏性土,不少于4h。

如果按上述标准做一个载荷试验,所需时间,少则2d,多则10d以上。试验周期长是载荷试验的主要缺点。为了改变这种状况,对可塑至坚硬状态的黏性土、砂类土、碎石类土可采用快速法,即自每级加荷操作历时(按经验估算)的一半开始,每隔15min 观测一次,每级荷载保持2h。按10级荷载计算,做一个载荷试验只需20h,不足一天。经过一些单位的实践和研究表明,按快速法经外推计算的成果,可用于评价地基的容许承载力。

3. 承压板埋深

承压板埋深应与基础埋深一致,这样求出的地基容许承载力等才比较符合实际。相同面积的承压板,埋深不同,所求出的 P-S 曲线上的比例界限值也不一样。根据土力学基础埋深原理,一般来讲,埋深越浅,P-S 曲线的比例界限值越小。埋深如过大,会增加试验的困难。

4. 地基土的均匀性

载荷测试的影响深度一般为 1.5～2 倍承压板宽度(或直径)。在这个影响深度内,土层的时代、成因、类型及含水率一般应是相同的。只有这样,载荷测试成果才能反映同一土层的真实指标(土的工程性质),达到载荷测试的目的。

如果建筑场地土层较多,又都是重要建筑物的持力层,则要分层做载荷测试。如果土层较薄,达不到 2 倍承压板宽度(直径)的厚度,所求出的载荷测试成果就很难应用,满足不了基础设计的需要。这时,就要考虑采用符合要求的小承压板或做其他类型的试验,以满足设计要求。

任务实施主要掌握砂性土地基检测的主要工序、基本方法和质量标准。

根据施工单位或业主的要求,接受检测任务。进行检测设备与资料的准备,进入施工现场,按照事先确定的检测方法,进行检测数据的采集,对检测数据进行分析与整理,编制检测报告。

现以某高速公路 A5 标粉喷桩加固软土地基载荷试验为例,将任务实施简述如下:

一、任务概况

某高速公路 A5 标 K15+500～K19+550 的部分路段(含互通)现已采用粉喷桩对软土地基进行了加固处理,粉喷桩桩径为 0.50m,桩间距为 1.50m,呈等边三角形布置,处理深度为 3.5～10.0m 不等。设计要求桩体 90d 无侧限抗压强度 q_{uc} = 1100kPa,28d 强度 $q_{uc} \geq$ 660kPa,一般路基复合承载力 140～150kPa,构造物 220～250kPa。该工程由某交通设计院设计,某市政建设有限公司某高速公路 A5 标项目经理部施工。

受某高速公路建设项目办公室委托,我中心于 2012 年 4 月 22 日～5 月 27 日完成了对该标段 6 根单桩、3 个点桩间土及 9 个点复合地基载荷试验,试验时粉喷桩混凝土龄期均大于 28d,各试验桩/点基本情况见表 1-2-2。

各试验桩/点基本情况一览表　　　　　　　　　　　　　　表 1-2-2

序号	试 点 位 置		粉喷桩桩长(m)	承压板直径或边长(m)	试验日期	要求最大试验载荷(kN)
1	单桩	悬浮桩(按原设计施工,处理深度 3.5m,现设计 9.5m)	试 5-D1 点(8-3 点) K17+953 右幅距中心线 25.3m	3.5	φ0.50	4.27	460
2			试 5-D2 点(9-7 点) K17+960.8 右幅距中心线 28m	3.5	φ0.50	4.27	460
3			试 5-D3 点(2-4 点) K17+962.1 右幅距中心线 22m	3.5	φ0.50	4.28	460
4		按变更后设计施工,处理深度 9.5m	试 5-D4 点 K17+951.6 左幅距中心线 16m	9.5	φ0.50	5.24	389
5			试 5-D5 点 K17+948 左幅距中心线 17.5m	9.5	φ0.50	5.25	389
6			试 5-D6 点 K17+944.4 左幅距中心线 14m	9.5	φ0.50	5.25	389

续上表

序号	试点位置		粉喷桩桩长(m)	承压板直径或边长(m)	试验日期	要求最大试验载荷(kN)
7	复合地基	悬浮桩(已施工水泥土部位,按原设计施工,处理深度3.5m,现设计9.5m)	试5-F1点 K18+625左幅距中心线20m	3.5	2.42×2.42	5.1~5.2	2104
8			试5-F2点 K18+625左幅距中心线10m	3.5	2.42×2.42	5.5~5.6	2104
9			试5-F3点 K18+625左幅距中心线3m	3.5	2.42×2.42	5.6~5.7	2104
10		按变更后设计施工,处理深度9.5m,已填砂40cm	试5-F4点 K17+914.5左幅距中心线7.5m	9.5	2.42×2.42	5.15~5.16	3156
11			试5-F5点 K17+938.5左幅距中心线9m	9.5	2.42×2.42	5.17~5.18	3156
12			试5-F6点 K17+930.8左幅距中心线12m	9.5	2.42×2.42	5.19~5.20	3156
13		按变更后设计施工,处理深度9.5m,未填砂,也未施工水泥土	试5-F7点 K17+936.5左幅距中心线3m	9.5	2.42×2.42	5.22~5.23	3156
14			试5-F8点 K17+934.3右幅距中心线4.5m	9.5	2.42×2.42	5.24	3156
15			试5-F9点 K17+934.3右幅距中心线10.5m	9.5	2.42×2.42	5.25	3156
16	桩间土	—	试5-Y1点 K17+938.8左幅距中心线14m	9.5	φ0.50	5.26	100
17			试5-Y2点 K17+940.0左幅距中心线14m	9.5	φ0.50	5.26	100
18			试5-Y3点 K17+940.8左幅距中心线14m	9.5	φ0.50	5.26	100

说明:
1. 根据规范及委托单位要求,表中按原设计施工的单桩、复合地基进行载荷试验时最大试验载荷按原设计承载力特征值的2倍;按变更后设计施工的单桩、复合地基进行载荷试验时最大试验载荷按原设计承载力特征值的3倍;桩间土进行载荷试验时最大试验载荷按承载力特征值(180.5kPa)的2.8倍;
2. 载荷试验时设计承载力特征值为:单桩的承载力特征值按28d强度$q_{uc} \geq 660kPa$最低要求(660kPa)取值129.5kN、复合地基(按3根的影响面积计算)的承载力特征值按180.5kPa取值1052kN、桩间土(按φ0.50承压板面积计算)的承载力特征值按180.5kPa取值35.4kN

二、工程地质情况

详见某高速公路 A5 标段软基《岩土工程勘察报告》。

三、检测方法与设备的确定

本工程项目的检测方法采用载荷试验的方法。

1. 试验原理

载荷试验的原理是用接近于竖向抗压地基的实际工作条件的试验方法,确定单桩和复合地基竖向抗压极限承载力,作为设计依据或对单桩和复合地基的承载力进行抽样检验和评价。

2. 试验依据

依据"某高速公路 A5、A7 标粉喷桩特殊路基试验检测方案"的要求《岩土工程勘察规范》(GB 50021—2001)(2009 年版)、《建筑地基处理技术规范》(JGJ 79—2012)、《地基处理处理手册》(第二版)、工程勘察、设计资料及工程现场的实际情况。

3. 试验设备

1)加载平台

试验采用砂袋压重平台反力装置,千斤顶施压,堆载平台根据试验加载量不同而不同,加载量 50kN 以下主副梁采用 18 号工字钢,加载用 QY50 型千斤顶加载。加载量 2000kN 以上的副梁采用 20～30 根 8m 长 25 号工字钢,主梁采用 2～3 根 9m 长 56 号加强工字钢,加载采用超高压电动油泵供压,分离式油压千斤顶加载,加载量由精密压力表控制。荷载试验装置如图 1-2-6 所示。

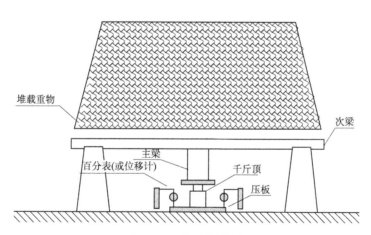

图 1-2-6 荷载试验装置

2)承压板

对单桩和桩间土,承压板为 $\phi 0.50$ 的刚性承压板,对复合地基,为尽量反映路基的真实受力情况,考虑试验的可操作性,选用了能够覆盖 3 根粉喷桩处理面积的承压板,承压板为方形,面积为 2.42m×2.42m 的钢板,因承压板面积较大,为保证其有足够的刚度而不易变形,在其上加铺 3 层共 13 根 43 号铁轨,共同组成组合式承压板。

3)沉降观测

对于单桩,因其承压板直径为 0.50m,总沉降量超过 50mm 时,即可终止加载,每加一级载荷,沉降量相对较小,因此采用量程为30mm的百分表即可满足测试要求,测试时,在承压板对称安装2个百分表进行沉降量观测。

对于复合地基,因其承压板边长达2.42m,在沉降缓变情况下需在总沉降量超过242mm时才可终止加载,每加一级荷载,沉降量相对较大,可达30mm以上,在最后一级加载时,当级沉降量可能达100mm以上,因此采用量程为30mm的百分表测试沉降量,会出现表头脱离基准梁的现象,而且整个测试过程需多次调表,影响测试精度,所以对复合地基,总沉降量测试采用标尺进行,而采用百分表来判断每一级是否稳定。

由于承压板在最大试验荷载下会有所变形,所以在测试沉降量时,将标尺及百分表放在图1-2-7所示平面位置,使得所测沉降量能够反映整块承压板内沉降量的平均值。

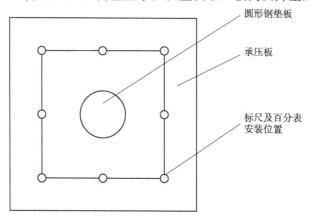

图1-2-7　标尺及百分表平面位置布置图

4. 试验方法及要求

对于粉喷桩加固后的软土地基载荷试验应至少在28d龄期后进行。压载重量大于总加载量的1.2倍,并按如下要求进行:

(1)载荷试验的承压板采用圆形及方形,单桩载荷试验的压板直径与桩径相等,多桩复合地基载荷试验的压板面积为多桩实际承担的处理面积,桩间土载荷试验压板的尺寸限于桩间天然地基面积之内。

(2)承压板底高程应与地基顶底面设计高程相同,承压板下铺设中砂找平层,垫层厚度为50～150mm。

(3)加荷等级可分为8～12级,总加载量不小于设计要求值的2倍。

(4)每加一级荷载前后均各读记承压板沉降量一次,以后每半小时读记一次。当1h内沉降增量小于0.1mm时,即可加下一级荷载;当总加载量超过设计要求值后,1h内沉降增量小于0.2mm时,即加下一级荷载。

(5)当出现下列现象之一时,终止试验:

①垂直变形S急骤增大、土被挤出或承压板周围出现明显的隆起或裂缝。

②累计垂直变形量已大于承压板宽度或直径的10%。

③总加载量已为设计要求值的3倍以上。

(6)卸载观测。

每级卸载为加载时的两倍,等量进行,每卸一级,间隔15min测读一次,读2次后,隔半小时再读一次,即可卸下一级荷载。全部卸载后,当测读到30min回弹量小于0.1mm,即认为稳定。

(7)承载力的确定。

①当压力—沉降曲线上极限荷载能确定,而其值不小于对应比例界限的 2 倍时,可取比例界限;当其值小于对应比例界限的 2 倍时,可取极限荷载的一半。

②当压力—沉降曲线是平缓的光滑曲线时,而其值又小于对应比例极限荷载值的 1.5 倍时,可按相对变形值确定;对粉喷桩复合地基,可取 S/b 或 S/d 等于 0.004~0.010 所对应的荷载值(b、d 分别为压板的边长或直径)。按相对变形值确定的承载力特征值不应大于最大加载压力的一半。

由于该工程粉喷桩持力层为砂层,综合考虑取 S/b 或 S/d 等于 0.007 所对应的荷载值作为确定承载力特征值的标准之一。

5. 试验数据分析(以试 5-D1 号桩、试 5-D2 号桩、试 5-D3 号为例)

试 5-D1 号桩加载至 460 kN 时,总沉降量为 12.953mm,沉降及稳定时间正常,Q-S 曲线未发生陡降,S-$\lg t$ 曲线尾部未出现向下弯曲,依规范要求,可终止加载,该桩实测极限承载力不小于 460 kN,见表 1-2-3 与表 1-2-4。

单桩竖向静载试验汇总表　　　　　　　　　　　表 1-2-3

试验桩号:试 5-D1 号桩　　　　　桩长:3.5m　　　　　桩径:500mm

序号	荷载(kN)	历时 (min)		沉降 (mm)	
		本级	累计	本级	累计
0	0	0	0	0.00	0.00
1	92	60	60	0.61	0.61
2	138	60	120	0.93	1.54
3	184	60	180	1.61	3.15
4	230	60	240	2.19	5.34
5	276	60	300	2.40	7.74
6	322	60	360	2.60	10.34
7	368	60	420	2.92	13.26
8	414	60	480	3.28	16.54
9	460	60	540	4.04	20.58
10	368	15	555	-0.99	19.59
11	276	15	570	-1.23	18.36
12	184	15	585	-1.54	16.82
13	92	15	600	-2.09	14.73
14	0	120	720	-2.71	12.02
最大沉降量:20.58 mm		最大回弹量:8.56 mm		回弹率:41.6%	

试 5-D2 号桩加载至 460 kN 时,总沉降量为 11.84mm,沉降及稳定时间正常,Q-S 曲线未发生陡降,S-$\lg t$ 曲线尾部未出现向下弯曲,依规范要求,可终止加载,该桩实测极限承载力不小于 460 kN,见表 1-2-5 与表 1-2-6。

试 5-D3 加载至 460 kN 时,总沉降量为 12.07mm,沉降及稳定时间正常,Q-S 曲线未发生陡降,S-$\lg t$ 曲线尾部未出现向下弯曲,依规范要求,可终止加载,该桩实测极限承载力不小于 460 kN,见表 1-2-7 与表 1-2-8。

Q-S 曲线、S-$\lg t$ 曲线、S-$\lg Q$ 曲线图

表 1-2-4

试验桩号:试 5-D1 号桩　　　　　　　桩长:3.5m　　　　　　　　桩径:500mm

荷载(kN)	0	92	138	184	230	276	322	368	414	460
本级沉降(mm)	0.00	0.61	0.93	1.61	2.19	2.40	2.60	2.92	3.28	4.04
累计沉降(mm)	0.00	0.61	1.54	3.15	5.34	7.74	10.34	13.26	16.54	20.58

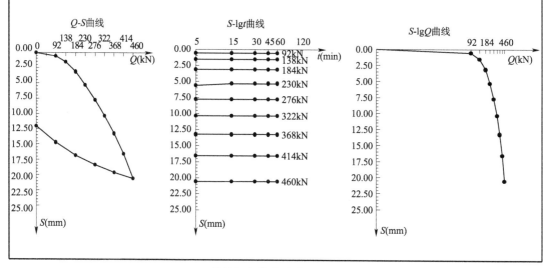

单桩竖向静载试验汇总表

表 1-2-5

试验桩号:试 5-D2 号桩　　　　　　　桩长:3.5m　　　　　　　　桩径:500mm

序号	荷载(kN)	历时(min) 本级	历时(min) 累计	沉降(mm) 本级	沉降(mm) 累计
0	0	0	0	0.00	0.00
1	92	60	60	0.68	0.68
2	138	60	120	1.75	2.43
3	184	60	180	1.16	3.59
4	230	60	240	2.33	5.92
5	276	60	300	2.61	8.53
6	322	60	360	2.98	11.51
7	368	60	420	3.49	15.00
8	414	60	480	3.94	18.94
9	460	60	540	4.80	23.74
10	368	15	555	-0.72	23.02
11	276	15	570	-1.24	21.78
12	184	15	585	-1.95	19.83
13	92	15	600	-2.78	17.05
14	0	120	720	-3.49	13.56

最大沉降量:23.74 mm　　　　　　　最大回弹量:10.18 mm　　　　　　　回弹率:42.9%

Q-S 曲线、S-$\lg t$ 曲线、S-$\lg Q$ 曲线图

表1-2-6

试验桩号：试5-D2号桩　　　　　桩长：3.5m　　　　　桩径：500mm

荷载(kN)	0	92	138	184	230	276	322	368	414	460
本级沉降(mm)	0.00	0.68	1.75	1.16	2.33	2.61	2.98	3.49	3.94	4.80
累计沉降(mm)	0.00	0.68	2.43	3.59	5.92	8.53	11.51	15.00	18.94	23.74

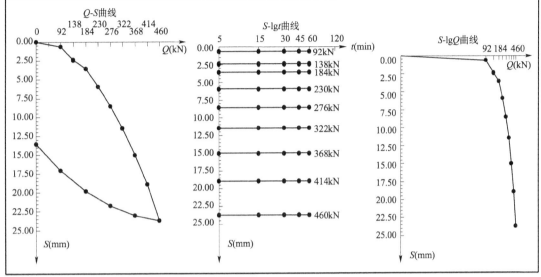

单桩竖向静载试验汇总表

表1-2-7

试验桩号：试5-D3号桩　　　　　桩长：3.5m　　　　　桩径：500mm

序号	荷载(kN)	历时(min) 本级	历时(min) 累计	沉降(mm) 本级	沉降(mm) 累计
0	0	0	0	0.00	0.00
1	92	60	60	0.98	0.98
2	138	60	120	1.56	2.54
3	184	60	180	2.02	4.56
4	230	60	240	2.63	7.19
5	276	60	300	2.96	10.15
6	322	60	360	3.33	13.48
7	368	60	420	3.74	17.22
8	414	60	480	4.36	21.58
9	460	60	540	5.14	26.72
10	368	15	555	-0.75	25.97
11	276	15	570	-1.31	24.66
12	184	15	585	-2.10	22.56
13	92	15	600	-2.79	19.77
14	0	120	720	-4.03	15.74

最大沉降量：26.72 mm　　　　最大回弹量：10.98 mm　　　　回弹率：41.1%

Q-S 曲线、S-lg$t$ 曲线、S-lg$Q$ 曲线图   表1-2-8

试验桩号:试5-D2号桩　　　　桩长:3.5m　　　　桩径:500mm

荷载(kN)	0	92	138	184	230	276	322	368	414	460
本级沉降(mm)	0.00	0.98	1.56	2.02	2.63	2.96	3.33	3.74	4.36	5.14
累计沉降(mm)	0.00	0.98	2.54	4.56	7.19	10.15	13.48	17.22	21.58	26.72

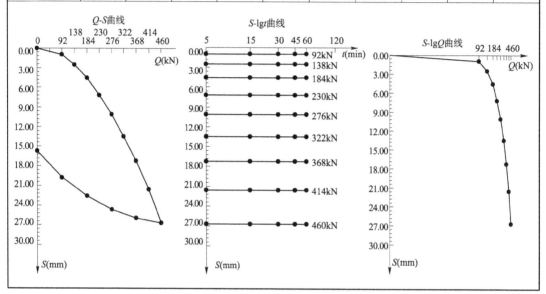

任务工作单

学习情境一:地基检测	班级			
工作任务二:砂性土地基检测	姓名		学号	
	日期		评分	

1. 概述

(1)砂性土地基检测的常用方法主要包括_____、_____、_____、_____等。

(2)砂类土根据相对密度分为稍松、中等密实、密实状态;碎卵石类土按密实度分为_____、_____、_____。

(3)砂类土的容许承载力根据其分类、密实度和_____确定。

2. 承载板试验检测前的准备工作

(1)承载板试验所检测地基的资料主要包括_____、_____及_____等相关资料。

(2)现场载荷板试验装置主要包括_____、_____及_____等。

3. 承载板试验现场检测

(1)加荷稳压装置包括承压板、千斤顶及稳压器等,反力装置常用_____或_____地锚试坑较深时,反力也可由基槽承担。

(2)承压板常用方形或圆形,采用厚钢板,面积有 $0.25m^2$、$0.5m^2$ 和 $1.0m^2$ 3种,常用_____的。

(3)在建筑场地选择有代表性的部位,挖坑至待测土层。坑底宽度应大于承载板宽度的3倍。坑底铺设厚为2cm的粗砂垫层,并有_____措施。

(4)首先用千斤顶通过承压板向地基施加第一级压力,利用_____保持这一压力值不变,用百分表测量承压板的位移,即地基的沉降量,当沉降量稳定后,再提高荷载到第二级压力。

4.小组讨论承载板试验的主要仪器设备组成。

5.小组讨论并画图说明承载板试验检测工作程序。

6.小组讨论载荷试验主要需采集哪些设备。

7.小组讨论承载试验的测试数据如何分析。

学习情境二 基桩检测

情境概述

本学习情境主要讲授基桩常见的一些缺陷以及基桩的检测方法。要求掌握反射波法检测预制桩、声波透射法检测灌注桩的完整性、堆载法测试基桩的竖向抗压承载力的原理、方法、步骤。根据岗位职业能力的要求,本情境共安排了3个工作任务。

一、职业能力分析

通过本情境的学习,期望达到下列目标。

1. 专业能力

(1) 掌握反射波法检测预制桩的原理、方法与步骤;
(2) 掌握声波透射法检测灌注桩的原理、方法与步骤;
(3) 掌握堆载法测试基桩的竖向抗压承载力的原理、方法与步骤。

2. 社会能力

(1) 通过分组活动,培养团队协作能力;
(2) 通过规范文明操作,培养良好的职业道德和安全环保意识;
(3) 通过小组讨论、上台演讲评述,培养与客户的沟通能力。

3. 方法能力

(1) 通过查阅资料与文献,培养个人自学能力和获取信息能力;
(2) 通过情境化的工作任务活动,掌握解决实际问题的能力;
(3) 填写任务工作单,制订工作计划,培养工作方法能力;
(4) 能独立使用各种媒体完成学习任务。

二、学习情境描述

检测机构接到一单位报检基桩后,递交给学员一个检测任务,给学员介绍所承接基桩检测任务的情况及检测要求。

三、教学环境要求

学习情境要求在理实一体化专业教室和专业实训场所完成。要求配备桩基检测相关检测仪器。同时提供相关检测仪器操作手册、使用说明书;可以用于资料查询的计算机、任务工作单、多媒体教学设备、课件和视频教学资料等。

学生分成四个小组,各组独立完成相关的工作任务,并在教学完成后提交任务工作单。

工作任务一　预制桩完整性检测

**任务概述**

本工作任务是需要了解预制桩完整性检测的重要性,掌握预制桩完整性检测的基本方法。学习要求是研读教材内容,查阅某工程项目预制桩完整性检测的案例资料,重视理论联系实际。

相关知识

一、桥梁基础分类

按基础刚度、埋置深度、构造形式和施工方法等不同,桥梁基础有多种分类方法。

(一)按基础刚度划分

按受力后基础的变形情况,可分为刚性基础和柔性基础两种,如图2-1-1所示。受力后不发生挠曲变形的基础称刚性基础,一般可用强度不高的材料(如浆砌块石、片石混凝土等)做成。这种基础不需要钢材,但圬工体积较大,且支承面积受到一定限制,如图2-1-1a)所示;受力后容许发生挠曲变形的基础称柔性基础或弹性基础,通常用钢筋混凝土做成。由于钢筋可以承受较大的弯拉应力和剪应力,所以当基础荷载较大而地基承载力较低时,可采用这种基础。图2-1-1b)所示的柔性扩大基础,能大幅度扩大基础底面积,减小基底压应力,适应地基承载力的要求。

(二)按基础埋置深度划分

分为深基础和浅基础两种。埋置深度小于5m的基础称为浅基础,适用于浅层地基的承载力较大的情况。浅基础施工较简单,通常从地面用明挖法开挖基坑后,直接在基坑底面上砌筑基础。当基础的埋置深度大于5m时,就不宜采用上述方法,而是需要用特殊的施工手段和相应的基础形式,如桩基础、沉井基础、管柱基础、沉箱基础等,这类基础都属于深基础。

(三)按构造形式划分

对桥梁墩台基础来说,可归纳为实体式基础和桩柱式基础两类。当整个基础都由圬工材料筑成时称为实体式基础。其特点是基础整体性好,但自重较大,所以对地基承载力要求较高,如图2-1-2a)所示。实体基础多属刚性基础。由单根或多根基桩支承盖梁及上部结构的基础称桩柱式基础,如图2-1-2b)所示。这种基础比其他深基础能省很多圬工材料,整个基础的重量也较轻,且可把荷载传递或分散到深层土中。因此对地基强度的要求比实体基础要低一些。

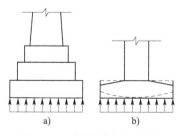

图2-1-1　刚性基础与柔性基础

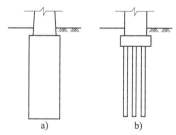

图2-1-2　实体基础与桩柱式基础

桥梁基础除了上述几种类型外,还可根据不同地质和水文条件而采用一些组合型基础结构。如中国杭州钱塘江桥正桥 7～15 号墩基础,是在沉箱下接木桩;南京长江桥正桥 2 号和 3 号墩,则是钢沉井套预应力混凝土管柱基础。

二、质量检验项目

(一)扩大基础

1. 基本要求

(1)所用的水泥、砂、石、水外掺剂及混合材料的质量和规格必须符合有关规范的要求,按规定的配合比施工。

(2)不得出现露筋和空洞现象。

(3)基础的地基承载力必须满足设计要求。

(4)严禁超挖回填虚土。

2. 实测项目

扩大基础实测项目见表 2-1-1。

扩大基础实测项目　　　　表 2-1-1

项次	检查项目		规定值或允许偏差	检查方法和频率	权值
1△	混凝土强度(MPa)		在合格标准内	按《公路工程质量检验评定标准　第一册 土建工程》(JTG F80/1—2004)附录 D 检查	3
2	平面尺寸(mm)		±50	尺量:长、宽各检查 3 处	2
3△	基础底面高程(mm)	土质	±50	水准仪;测量 5～8 点	2
		石质	+50,-200		
4	基础顶面高程(mm)		±30	水准仪;测量 5～8 点	1
5	轴线偏位(mm)		25	全站仪或经纬仪;纵、横各检查 2 点	2

3. 外观鉴定

混凝土表面平整无明显施工接缝。不符合要求时减 1～3 分。

(二)钻孔灌注桩

1. 基本要求

(1)桩身混凝土所用的水泥、砂、石、水、外掺剂及混合材料的质量和规格必须符合有关规范的要求,按规定的配合比施工。

(2)成孔后必须清孔,测量孔径、孔深、孔位和沉淀层厚度,确认满足设计或施工技术规范要求后,方可灌注水下混凝土。

(3)水下混凝土应连续灌注,严禁有夹层和断桩。

(4)嵌入承台的锚固钢筋长度不得低于设计规范规定的最小锚固长度要求。

(5)应选择有代表性的桩用无破损法进行检测,重要工程或重要部位的桩宜逐根进行检测。设计有规定或对桩的质量有怀疑时,应采取钻取芯样法对桩进行检测。

(6)凿除桩头预留混凝土后,桩顶应无残余的松散混凝土。

2. 实测项目

钻孔灌注桩实测项目见表 2-1-2。

钻孔灌注桩实测项目   表 2-1-2

项次	检查项目		规定值或允许偏差	检查方法和频率	权值
1△	混凝土强度(MPa)		在合格标准内	按《公路工程质量检验评定标准 第一册 土建工程》(JTG F80/1—2004)附录 D 检查	3
2△	桩位(mm)	群桩	100	全站仪或经纬仪;每桩检查	2
		排架桩 允许	50		
		极值	100		
3△	孔深(m)		不小于设计	测绳量;每桩测量	3
4△	孔径(mm)		不小于设计	探孔器;每桩测量	3
5	钻孔倾斜度(mm)		1%桩长,且不大于500	用测壁(斜)仪或钻杆垂线法;每桩检查	1
6△	沉淀厚度(mm)	摩擦桩	符合设计规定,设计未规定时按施工规范要求	沉淀盒或标准测锤;每桩检查	1
		支承桩	不大于设计规定		
7	钢筋骨架底面高程(mm)		±50	水准仪;测每桩骨架顶面高程后反算	1

3. 外观鉴定

(1)桩的质量有缺陷,但经设计单位确认仍可用时,应减 3 分。

(2)桩顶面应平整,桩柱连接处应平顺且无局部修补。不符合要求时减 1~3 分。

(三)挖孔桩

1. 基本要求

(1)桩身混凝土所用的水泥、砂、石、水、外掺剂及混合材料的质量和规格,必须符合有关规范的要求,按规定的配合比施工。

(2)挖孔达到设计深度后,应及时进行孔底处理,必须做到无松渣、淤泥等扰动软土层,使孔底情况满足设计要求。

(3)嵌入承台的锚固钢筋长度不得小于设计规范规定的最小锚固长度要求。

2. 实测项目

挖孔桩实测项目见表 2-1-3。

挖孔桩实测项目   表 2-1-3

项次	检查项目		规定值或允许偏差	检查方法和频率	权值
1△	混凝土强度(MPa)		在合格标准内	按《公路工程质量检验评定标准 第一册 土建工程》(JTG F80/1—2004)附录 D 检查	3
2△	桩位(mm)	群桩	100	全站仪或经纬仪;每桩检查	2
		排架桩 允许	50		
		极值	100		
3△	孔深(m)		不小于设计	测绳量;每桩测量	3
4	孔径(mm)		不小于设计	探孔器;每桩测量	3
5	孔的倾斜度(mm)		0.5%桩长,且不大于200	垂线法;每桩检查	1
6	钢筋骨架底面高程(mm)		±50	水准仪测骨架顶面高程后反算;每桩检查	1

3. 外观鉴定

(1)无破损检测桩的质量有缺陷,但经设计单位确认仍可用时,应减 3 分。

(2)桩顶面应平整,桩柱连接处应平顺且无局部修补,不符合要求时减1~3分。

(四)沉桩

1.基本要求

(1)混凝土桩所用的水泥、砂、石、水、外掺剂及混合材料的质量和规格,必须符合有关规范的要求,按规定的配合比施工。

(2)混凝土预制桩必须按表2-1-4检查合格后,方可沉桩。

(3)钢管桩的材料规格、外形尺寸和防护应符合设计和施工技术规范的要求。

(4)用射水法沉桩,当桩尖接近设计高程时,应停止射水,用锤击或振动使桩达到设计高程。

(5)桩的接头质量应符合设计要求。

2.实测项目

预制桩实测项目见表2-1-4,沉桩实测项目见表2-1-5。

预制桩实测项目　　　　　　　　　　　　　　　表2-1-4

项次	检查项目		规定值或允许偏差	检查方法和频率	权值
1△	混凝土强度(MPa)		在合格标准内	按《公路工程质量检验评定标准　第一册　土建工程》(JTG F80/1—2004)附录D检查	3
2	长度(mm)		±50	尺量:每桩检查	1
3	横截面(mm)	桩的边长	±5	尺量:每预制件检查2个断面,检查10%	2
		空心桩空心(管芯)直径	±5		
		空心中心与桩中心偏差	±5		
4	桩尖对桩的纵轴线(mm)		10	尺量:抽查10%	1
5	桩纵轴线弯曲矢高(mm)		0.1%桩长,且不大于20	沿桩长拉线量,取最大矢高:抽查10%	1
6	桩顶面与桩纵轴线倾斜偏差(mm)		1%桩径或边长,且不大于3	角尺:抽检10%	1
7	接桩的接头平面与桩轴平面垂直度		0.5%	角尺:抽检20%	1

沉桩实测项目　　　　　　　　　　　　　　　表2-1-5

项次	检查项目			规定值或允许偏差	检查方法和频率	权值
1	桩位(mm)	群桩	中间桩	$d/2$且不大于250	全站仪或经纬仪:检查20%	2
			外缘桩	$d/4$		
		排架桩	顺桥方向	40		
			垂直桥轴方向	50		
2△	桩尖高程(mm)			不高于设计规定	水准仪测桩顶面高程后反算:每桩检查	3
	贯入度(mm)			小于设计规定	与控制贯入度比较:每桩检查	
3	倾斜度	直桩		1%	垂线法:每桩检查	2
		斜桩		$15\%\tan\theta$		

注:1. d 为桩径或短边长度。

2. θ 为斜桩轴线与垂线间的夹角。

3. 深水中采用打桩船沉桩时,其允许偏差应符合设计规定。

4. 当贯入度符合设计规定但桩尖高程未达到设计高程,应按施工技术规范的规定进行检验,并得到设计认可时,桩尖高程为合格。

3. 外观鉴定

(1)预制桩的桩顶和桩尖不得有蜂窝、麻面现象。不符合要求时减1~3分。

(2)桩头无劈裂,如有劈裂时应进行处理,并减1~3分。

(五)地下连续墙

1. 基本要求

(1)混凝土所用的水泥、砂、石、水、外掺剂及混合材料的质量和规格,必须符合有关规范的要求,按规定的配合比施工。

(2)墙体的深度和宽度必须符合设计要求。

(3)每一槽段成槽后,必须采取有效措施清底,并测量槽深、槽宽及倾斜度,符合设计和施工技术规范要求后,方可灌注水下混凝土。

(4)相邻两槽段墙体中心线在任一深度的偏差值不得超过60mm。

(5)水下混凝土应连续灌注,严禁有夹层和断墙。

(6)灌注水下混凝土时,钢筋骨架不得上浮。

(7)应处理好接头,防止间隔灌注时漏水漏浆。

(8)墙顶应无松散混凝土。

2. 实测项目

地下连续墙实测项目见表2-1-6。

地下连续墙实测项目　　　　　　　　　表2-1-6

项次	检查项目	规定值或允许偏差	检查方法和频率	权值
1△	混凝土强度(MPa)	在合格标准内	按《公路工程质量检验评定标准　第一册　土建工程》(JTG F80/1—2004)附录D检查	3
2	轴线位置(mm)	30	全站仪或经纬仪;每槽段测2处	1
3	倾斜度(mm)	0.5%槽深	测壁(斜)仪或垂线法;每槽段测1处	1
4△	沉淀厚度	符合设计要求	沉淀盒或标准测锤;每槽段测1处	2
5	外形尺寸(mm)	+30,-0	尺量;检查1个断面	1
6	顶面高程(mm)	±10	水准仪;每槽段测1~2处	1

3. 外观鉴定

(1)墙体的裸露墙面应平整,外轮廓线应平顺,槽段内无突变转折现象。不符合要求时,减1~3分。

(2)槽段之间连接处在基坑开挖时不透水、翻砂。不符合要求时,应进行处理,并减1~3分。

(六)沉井

1. 基本要求

(1)沉井所用的水泥、砂、石、水、外掺剂及混合材料的质量和规格,必须符合有关规范的要求,按规定的配合比施工。

(2)沉井下沉应在井壁混凝土达到规定强度后进行。浮式沉井在下水、浮运前,应进行水密性试验。

(3)沉井接高时,各节的竖向中轴线应与第一节竖向中轴线相重合。接高前应纠正沉井的倾斜。

(4)沉井下沉到设计高程时,应检查基底,确认符合设计要求后方可封底。
(5)沉井下沉中出现开裂,必须查明原因,进行处理后才可继续下沉。
(6)下沉应有完整、准确的施工记录。

2. 实测项目

沉井实测面目见表 2-1-7。

沉井实测面目　　　　　　　　　　　表 2-1-7

项次	检查项目		规定值或允许偏差	检查方法和频率	权值
1△	各节沉井混凝土强度(MPa)		在合格标准内	按《公路工程质量检验评定标准 第一册 土建工程》(JTG F80/1—2004)附录 D 检查	3
2	沉井平面尺寸(mm)	长、宽	±0.5%边长,大于 24m 时±120	尺量:每节段	1
		半径	±0.5%半径,大于 12m 时±60		
3	井壁厚度(mm)	混凝土	+40, -30	尺量:每节段沿周边量 4 点	1
		钢壳和钢筋混凝土	±15		
4	沉井刃脚高程(mm)		符合设计规定	水准仪:测 4~8 处顶面高程反算	1
5△	中心偏位(纵、横向)(mm)	一般	1/50 井高	全站仪或经纬仪:测沉井两轴线交点	2
		浮式	1/50 井高 +250		
6	沉井最大倾斜度(纵、横方向)(mm)		1/50 井高	吊垂线:检查两轴线 1~2 处	2
7	平面扭转角(°)	一般	1	全站仪或经纬仪:检查沉井两轴线	1
		浮式	2		

3. 外观鉴定

沉井接高时施工缝应清除浮浆和凿毛,不符合要求时减 1~3 分。

(七)双壁钢围堰

1. 基本要求

(1)钢围堰段采用的钢材和焊接材料的品种规格、化学成分及力学性能,必须符合设计和有关技术规范的要求,具有完整的出厂质量合格证明。
(2)钢围堰壳元件的加工尺寸和预拼装精度,应符合设计和有关技术规范的要求。
(3)施焊人员必须具有焊接资格和上岗证。
(4)焊缝探伤检测结果应全部合格。
(5)钢围堰拼焊后应进行水密试验,符合设计要求后方可下沉。
(6)混凝土所用的水泥、砂、石、水、外掺剂及混合材料的质量和规格,应符合有关规范的要求,按规定的配合比施工。
(7)钢围堰内各舱浇筑混凝土的顺序,应严格按设计规定进行。
(8)钢围堰的下沉按沉井规定进行。

2. 实测项目

双壁钢围堰的制作拼装实测项目见表 2-1-8。

双壁钢围堰的制作拼装实测项目　　　　表 2-1-8

项次	检查项目		规定值或允许偏差	检查方法和频率	权值
1	顶面中心偏位（mm）	顺桥向	20	全站仪或经纬仪:测围堰两轴线交点,纵横各检查2点	1
		横桥向	20		
2	围堰平面尺寸(mm)		直径/500及30,互相垂直的直径差小于20	尺量：每节检查4处	2
3	高度(mm)		±10	尺量：每节检查2处	1
4	节间错台(mm)		2	尺量：每节检查4处	1
5△	焊缝质量		符合设计要求	超声:抽检水平、垂直焊缝各50%	3
6△	水密试验		不允许渗水	加水检查:每节	2

3. 外观鉴定

焊缝均不得有裂纹、未熔合、夹渣、未填满弧坑和焊瘤等缺陷,且焊缝外形均匀,成形良好,焊渣和飞溅物清除干净。不符合要求时每处减 0.5~1 分。

(八) 沉井或钢围堰的混凝土封底

1. 基本要求

(1)混凝土所用的水泥、砂、石、水、外掺剂及混合材料的质量和规格,应符合有关规范的要求,按规定的配合比施工。

(2)围堰清基应符合设计要求。清基完成并检查合格后,方可浇筑水下混凝土封底。

(3)混凝土必须按水下混凝土的操作规程一次浇筑完成,在围壁处不得出现空洞,不得渗漏水。

2. 实测项目

沉井或钢围堰封底混凝土实测项目见表 2-1-9。

沉井或钢围堰封底混凝土实测项目　　　　表 2-1-9

项次	检查项目	规定值或允许偏差	检查方法和频率	权值
1△	混凝土强度(MPa)	在合格标准内	按《公路工程质量检验评定标准　第一册　土建工程》(JTG F80/1—2004)附录D检查	3
2△	基底高程(mm)	+0,-200	测绳和水准仪:5~9处	3
3	顶面高程(mm)	+50	水准仪:5处	1

3. 外观鉴定

封底混凝土顶面应保持平整,不符合要求时减 1~3 分。

(九) 承台

1. 基本要求

(1)所用的水泥、砂、石、水、外掺剂及混合材料的质量和规格,必须符合有关规范的要求,按规定的配合比施工。

(2)必须采取措施控制水化热引起的混凝土内最高温度及内外温差在允许范围内,防止出现温度裂缝。

(3)不得出现露筋和空洞现象。

2. 实测项目

承台实测项目见表 2-1-10。

承台实测项目　　　　　　　　　　　　　　　　　　　　　　表 2-1-10

项次	检查项目	规定值或允许偏差	检查方法和频率	权值
1△	混凝土强度(MPa)	在合格标准内	按《公路工程质量检验评定标准 第一册 土建工程》(JTG F80/1—2004)附录 D 检查	3
2	尺寸(mm)	±30	尺量:长、宽、高检查各 2 点	1
3	顶面高程(mm)	±20	水准仪:检查 5 处	2
4	轴线偏位(mm)	15	全站仪或经纬仪:纵、横各测量 2 点	2

3. 外观鉴定

(1)混凝土表面平整,棱角平直,无明显施工接缝。不符合要求时每处减 1～3 分。

(2)蜂窝麻面面积不得超过该面总面积的 0.5%,不符合要求时,每超过 0.5% 减 3 分;深度超过 1cm 的必须处理。

(3)混凝土表面出现非受力裂缝时减 1～3 分,裂缝宽度超过设计规定或设计未规定时超过 0.15mm 必须处理。

(十)大体积混凝土结构

1. 基本要求

(1)所用的水泥、砂、石、水、外掺剂及混合材料的质量和规格,必须符合有关规范的要求。

(2)材料配合比应满足大体积混凝土施工的要求,按规定的配合比施工。

(3)必须采取措施控制水化热引起的混凝土内最高温度及内外温差在允许范围内,防止出现温度裂缝。

(4)不得出现露筋和空洞现象。

2. 实测项目

大体积混凝土结构实测项目见表 2-1-11。

大体积混凝土结构实测项目　　　　　　　　　　　　　　　表 2-1-11

项次	检查项目	规定值或允许偏差	检查方法和频率	权值
1△	混凝土强度(MPa)	在合格标准内	按《公路工程质量检验评定标准 第一册 土建工程》(JTG F80/1—2004)附录 D 检查	3
2	轴线偏位(mm)	20	全站仪或经纬仪:纵、横各测量 2 点	2
3	断面尺寸(mm)	±30	尺量:检查 1～2 个断面	2
4	结构高度(mm)	±30	尺量:检查 8～10 处	1
5	顶面高程(mm)	±20	水准仪:测量 8～10 处	2
6	大面积平整度(mm)	8	2m 直尺:检查两个垂直方向,每 20m² 测 1 处	1

3. 外观鉴定

(1)混凝土表面平整,棱角平直,无明显施工接缝。不符合要求时每处减 1～3 分。

(2)蜂窝麻面面积不得超过该面总面积的 0.5%,不符合要求时,每超过 0.5% 减 3 分;深度超过 1cm 的必须处理。

(3)混凝土表面出现非受力裂缝时减 1～3 分,裂缝宽度超过设计规定或设计未规定时超过 0.15mm 必须处理。

三、桩基概述

桩基础是建筑物的一种主要基础形式,按照不同的分类方法可把桩基础分为若干类。按照施工方法分类,可把桩基分为:预制桩和灌注桩。

预制桩是在工厂或施工现场制成的各种材料、各种形式的桩(如木桩、混凝土方桩、预应力混凝土管桩、钢桩等),通过锤击、静压或振动等方法将桩打入、压入或振入土中。建筑施工领域采用较多的预制桩主要是混凝土预制桩和钢桩两大类。

灌注桩是在施工现场的桩位上,通过机械钻孔或人工挖掘等方法形成桩孔,然后在孔内下入钢筋笼,灌注混凝土,形成钢筋混凝土灌注桩。灌注桩按其成孔方法不同,可分为钻孔灌注桩、沉管灌注桩、人工挖孔灌注桩等。

四、桩基工程常见缺陷

桩基工程是隐蔽工程,其施工难度大、技术要求高,许多情况还是水下灌注混凝土,容易出现质量问题。

(一)混凝土预制桩

混凝土预制桩大多用柴油锤、蒸汽锤或自由落锤打入土中。打桩过程容易发生以下质量问题:

(1)打桩时应选用合适的锤垫和桩垫。垫层过软会降低锤击能量的传递,打入困难;垫层过硬,增大锤击应力,容易击碎桩头。一般最大锤击应力不容许超过混凝土抗压强度的65%。

(2)打桩的拉应力易引起桩身开裂。打桩拉应力的产生及大小与桩尖土的特性、桩侧土阻力分布、入土深度、锤偏心程度和垫层特性有关。若桩较长,桩尖土质较差,锤击入射压力应力波从桩尖反射为拉力波,最大拉应力大多发生在打桩初期桩身中部一定范围,(0.3~0.7)倍桩长位置;当桩尖土质较坚硬,入射波在桩尖的反射仍为压力波,压力波传至桩顶,此时锤已回跳离开桩顶,应力波因而就从自由桩顶反射形成拉力波,这时最大拉应力一般发生在桩的上部。当拉应力超过混凝土抗拉强度时,混凝土将开裂。

(3)桩锤选用不合适,桩将难于打至预定设计高程或不满足贯入度要求。

(4)桩头钢筋网片设置、配筋不符合要求或桩顶混凝土保护层过厚,桩顶不平,桩身混凝土强度等级低于设计要求等,打桩时都易击碎桩头。

(5)桩距设计不合理,或打桩次序安排不合理,往往导致打桩时将邻近桩挤压折断。

(6)桩在运输、起吊过程中,支点和吊点的选择、配置不合理,导致桩身断裂。

(7)桩尖遇到硬土层、孤石或障碍物,因锤击次数过多,冲击能量过大引起桩身破裂或折断。

(二)沉管灌注桩

沉管灌注桩分为锤击沉管、振动沉管和压力沉管3种工艺。这种桩质量不够稳定,施工故障率高。其主要问题有:

(1)锤击或振动过程的振动力向周围土体扩散,沉管周围的土体以垂直振动为主,而一定距离后的土层水平振动大于垂直振动,再加上侧向挤土作用,极易振断初凝的邻桩。软硬土层交界处尤为严重。

(2)若管距小于3倍桩径,沉管过程可能会使地表土体隆起,从而在邻桩桩身产生一竖向拉力,使初凝混凝土拉裂。

(3)拔管速度过快,管内混凝土灌注高度过低,不足以产生一定的排挤压力,在淤泥层易产生缩颈。

(4)地层存在有承压水的砂层,砂层上又覆盖有透水性差的黏土层时,孔中灌注混凝土后,由于动水压力作用,沿桩身至桩顶出现冒水现象,冒水桩一般都会演变成断桩。

(5)振动沉管采用活瓣桩尖时,活瓣张开不灵活,混凝土下落不畅,引起断桩或混凝土密实度差的现象时有发生。当桩尖持力层为透水性良好的砂层时,若沉管和混凝土灌注不及时,易从活瓣的合缝处渗水,稀释桩尖部分的混凝土,使得桩端阻力丧失。

(6)预制桩尖混凝土质量不满足要求,沉管时被击碎塞入桩管内,拔管至一定高度后,桩尖下落且被孔壁卡住,桩身的下段无混凝土,产生俗称的"吊脚桩"。

(7)钢筋笼埋设高度控制不准。

(三)冲、钻孔灌注桩

在地下水位较高的场地进行灌注桩施工时,成孔方法有冲抓式、旋挖式、冲击式、回转式和潜钻式等。成孔过程采用就地造浆或制备泥浆护壁,以防止孔壁坍塌。混凝土灌注采取带隔水栓的导管水下灌注混凝土工艺。灌注过程操作不当容易出现以下问题:

(1)由于停电或其他原因,灌注混凝土没有连续进行,间断一定时间后,隔水层凝固,形成硬壳,后续混凝土无法下灌,只好拔出导管,一旦泥浆进入管内必然形成断桩。而如用增大管内混凝土压力等办法冲破隔水层,形成新的隔水层,破碎的老隔水层混凝土必将残留在桩身中,造成桩身局部混凝土低劣。

(2)水下灌注混凝土的桩径不宜小于600mm。桩径过小,由于导管和钢筋笼占据一定空间,加上孔壁摩擦作用,混凝土上升不畅,容易堵管,形成断桩或钢筋笼上浮。

(3)泥浆护壁成孔,对不同土层,应配制不同密度的泥浆,否则孔壁容易坍塌。

(4)正循环法清孔时,应根据孔的深浅,控制洗孔时间或孔口泥浆密度。清孔时间过短,孔底沉渣太厚,将影响桩端承载力发挥。

(5)混凝土和易性不好时,易产生离析现象。

(6)导管连接处漏水时将形成断桩。

(四)人工挖孔灌注桩

在地下水丰富的场地,采用人工挖孔灌注桩容易发生以下质量问题:

(1)地下水渗流严重的土层,易使土壁崩塌,土体失稳塌方。

(2)土层出现流沙现象或有动水压力时,护壁底部土层会突然失去强度,泥土随水急速涌出,产生井涌,使护壁与土体脱空,或引起孔形不规则。

(3)挖孔时如果边挖边抽水,地下水位下降时,护壁易受到下沉土层产生的负摩擦作用,使护壁受到拉力,产生环向裂缝,护壁所受的周围土压力不均匀时,又将产生弯矩和剪力作用,易引起垂直裂缝。而桩制作完毕,护壁和桩身混凝土结为一体,护壁是桩身的一部分,护壁裂缝破损或错位必将影响桩身质量和侧阻力的发挥。

(4)孔较深时,若没有采用导管灌注混凝土,混凝土从高处自由下落易产生离析。

(5)孔底水不易抽干或未抽干情况下灌注混凝土,桩尖混凝土将被稀释,降低桩端承载力。

五、基桩完整性检测方法

目前,基桩完整性检测的常见方法有钻芯法、低应变法、高应变法和超声波法等。

(一)钻芯法

直接从桩身混凝土中钻取芯样,以测定桩身混凝土的质量和强度,检查桩底沉渣和持力层情况,并测定桩长。钻芯法是一种微破损或局部破损的检测方法,具有科学、直观与实用等特点,但检测能力受桩的长径比等因素制约,不能对预制桩和钢桩的成桩质量进行检测。

(二)低应变法

在桩顶面实施低能量的瞬态或稳态激振,使桩在弹性范围内做弹性振动,并由此产生应力波的纵向传播,同时利用波动和振动理论对桩身的完整性做出评价的一种检测方法,主要包括应力反射波法、机械阻抗法、水电效应法等。其中,反射波法物理意义明确、测试设备轻便简单、检测速度快、成本低,适用于工程桩大面积普查,是基桩质量(完整性)普查的良好手段。

(三)高应变法

通过在桩顶实施重锤敲击,使桩产生的动位移量级接近常规静载试桩的沉降量级,以便使桩周岩土阻力充分发挥,通过测量和计算判定单桩竖向抗压承载力是否满足设计要求及对桩身完整性做出评价的一种检测方法,主要包括锤击贯入试桩法、波动方程法和静动法等,其中波动方程法是我国目前常用的高应变检测方法。高应变动力试桩物理意义较明确,检测准确度相对较高,但检测成本高,受测试人员水平和桩土相互作用模型等问题的影响,这种方法在某些方面仍有较大的局限性。

(四)超声波法

通过在桩身预埋声测管(钢管或塑料管),将声波发射、接收换能器分别放入2根声测管内,管内注满清水为耦合剂,换能器可置于同一水平面或保持一定高差,进行声波发射和接收,使声波在混凝土中传播,通过对声波传播时间、波幅、声速及频率等物理量的测试与分析,对桩身完整性作出评价的一种检测方法。该方法一般不受场地限制,测试精度高,在缺陷的判断上较其他方法更全面,检测范围可覆盖全桩长的各个横截面,但由于需要预埋声测管,抽样的随机性差,且对桩身直径有一定的要求,检测成本也相对较高。

六、预制桩完整性检测

(一)低应变反射波法

低应变反射波法是目前国内外使用最广泛的一种基桩无损检测方法,它借一维弹性波理论对实测桩顶速度或加速度响应信号的时、频域特征来分析判定被检桩的桩身完整性,其中包括桩身存在的缺陷位置及其影响程度、桩端与持力层的结合状况。

1. 试验目的

本方法是通过分析实测桩顶速度响应信号的特征来检测桩身的完整性,判断桩身缺陷位置及影响程度,判断桩端嵌固情况。

2. 适用范围

适用于混凝土灌注桩和预制桩等刚性材料桩的桩身完整性检测。

根据目前的仪器精度及检验经验,一般认为低应变反射波法检测桩身质量时桩的长度不宜太长,桩径不宜过大。

使用本方法时,被检桩的桩端信号应能有效识别。

对于超长桩的检测,最大有效检测深度小于实际桩长时,会测不到桩底反射信号,但在有效检测长度内存在的缺陷还是能检测出来的。

低应变反射波法不适用于检测及推算桩的承载力,因为低能量的激振不能充分发挥桩周土阻力,也不适用于推算桩身混凝土强度等级。

3. 抽检数量

桩身完整性检测的抽检数量应综合考虑工程的重要性、抗震设防等级、地质条件、成桩工艺、检测目的、施工水平,以及承台下的桩的数量等情况来确定。

《建筑基桩检测技术规范》(JGJ 106—2014)对此规定如下:

(1)柱下3桩或3桩以下的承台抽检桩数不得少于1根。

(2)设计等级为甲级,或地质条件复杂、成桩质量可靠性较低的灌注桩,抽检数量不应少于总桩数的30%,且不得少于20根;其他桩基工程的抽检数量不应少于总桩数的20%,且不得少于10根。

(3)地下水位以上且终孔后桩端持力层已通过校验的人工挖孔桩,以及单节混凝土预制桩,抽检数量可适当减少,但不宜少于总桩数的10%,且不宜少于10根。

《公路工程基桩动测技术规程》(JTG/T F81-01—2004)对桩检测数量的规定如下:公路工程基桩应进行100%的完整性检测,各种方法的选定应具有代表性和满足工程检测的特定要求。

4. 检测仪器与设备

低应变反射波法检测桩身完整性原理清楚,检测设备相对也比较简单。目前国内在这方面使用的测桩仪器品种很多,有进口仪器,也有国产仪器。仪器的主要组成部分基本相同,即信号采集及处理仪、传感器、激振设备和专用附件。低应变检测仪器操作流程如图2-1-3所示。

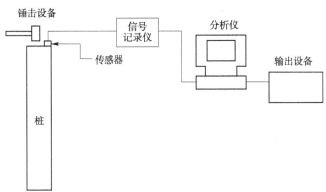

图 2-1-3 低应变检测仪器操作流程图

1)信号采集及处理仪

信号采集及处理系统应具有现场显示、记录、存储和分析功能。

信号采集及处理仪的选择应符合下列规定:

(1)数据采集装置的模—数(A/D)转换器的位数不低于12bit。

(2)采样间隔宜为 10~500μs,可调。

(3) 单通道的采样点不少于1024点。

(4) 放大器增益宜大于60dB,可调,线性度良好,其频响范围应满足5Hz~5kHz。

2) 传感器

目前反射波法测桩中使用较普遍的是压电晶体式加速度传感器,也有使用磁电式速度传感器的,主要用于接收桩顶被激发后加速度(或速度)波在不同波阻抗界面的反射信号。选用传感器要根据桩型尺寸、激振力、桩—土体系的条件,应力波与可能出现的频率和振幅大小相匹配。一般来讲,加速度传感器灵敏度高,谐振频率大,其测试精度就较高,特别对距桩顶较近处有缺陷或桩身有微小裂缝的桩,使用加速度传感器更为合适。磁电式速度传感器固有频率相对较低,安装谐振频率变化较大,且易产生自身振荡,一般情况下其测试精度不如加速度传感器,但其低频、宽脉冲的特性可测试较深的缺陷。

传感器的性能应符合下列规定:

(1) 传感器宜选用压电式加速度传感器或磁电式速度传感器,频响曲线的有效范围应覆盖整个测试信号的频带范围。

(2) 加速度传感器的电压灵敏度应大于100mV/g,电荷灵敏度应大于20PC/g,上限频率不应小于5kHz,安装谐振频率不应小于6kHz,量程应大于100g。

(3) 速度传感器的固有谐振频率不应大于30Hz,灵敏度应大于200mV/(cm·s^{-1}),上限频率不应小于1.5kHz,安装谐振频率不应小于1.5kHz。

图2-1-4 所示为传感器安装点、锤击点布置示意图。

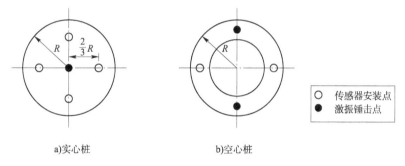

a) 实心桩　　　　　　b) 空心桩

图2-1-4　传感器安装点、锤击点布置示意图

3) 激振设备

根据桩型和检测目的,宜选择不同材质和质量的力锤或力棒,以获得所需的激振频率和能量。

瞬态激振设备应包括能激发宽脉冲和窄脉冲的力锤和锤垫;力锤可装有力传感器;稳态激振设备应包括激振力可调、扫频范围为10~2000Hz的电磁式稳态激振器。

低应变反射波法测试时使用的激振设备有手锤(钢质、铜质、工程塑料或尼龙)、带有测力传感器的力锤、力棒等。锤的大小应根据桩长、桩周土阻力大小及缺陷位置、缺陷程度等情况选择使用。若桩比较长,或桩周土阻力较大,用小锤不易得到桩底反射信号,难以检测出桩深部的缺陷或两处以上的缺陷时,可使用质量较大或刚度较小的锤,此时的冲击波脉冲较宽,且以低频成分为主,在传播过程中应力波衰减较慢。反之,若要检测距桩顶较近的缺陷或微裂缝,可使用质量较小或刚度较大的锤击装置,此时冲击波脉冲相对较窄,且高频成分多,浅部缺陷的反射容易识别。一般情况下同一台仪器应备几种不同的锤和锤垫,根据现场具体情况分别使用。

5. 试验准备工作

（1）被检工程应进行现场调查，搜集其工程地质资料、基桩设计图纸和施工记录、监理日志等，了解施工工艺及施工过程中出现的异常情况。

（2）根据现场实际情况选择合适的激振设备、传感器及检测仪，检查测试系统各部分之间是否连接良好，确认整个测试系统处于正常工作状态。

（3）桩顶应凿至新鲜混凝土面，并用打磨机将测点和激振点磨平。

（4）应测量并记录桩顶截面尺寸。

（5）混凝土灌注桩的检测宜在成桩14d以后进行。

（6）打入或静压式预制桩的检测应在相邻桩打完后进行。

6. 现场测试

在桩顶选择好位置，用牛油或胶泥等黏结材料安装固定好传感器。检测过程中要求做到传感器不产生滑动、信号线不抖动，不能用手扶持传感器和信号线，并保证传感器安装平面与桩的中心轴线垂直。用手锤敲击桩顶，激起的纵向应力波以波速C由桩顶沿桩身向桩底传播，当桩身阻抗发生变化（如断桩、缩颈、裂缝等）时，部分应力波在阻抗变化处向上发生反射，其余以透射波的形式继续向桩底传播，在桩底反射后又沿桩身向上传播，这些向上传播的应力波被安装在桩顶上的加速度（或速度）传感器接收，由专用计算机通过A/D转换并被积分成速度信号存储起来。试验人员根据测得的速度时域曲线进行各种处理分析，最终对桩身完整性和桩身混凝土质量作出判断。

（1）传感器安装应符合下列规定：

①传感器的安装可采用石膏、黄油、橡皮泥等耦合剂，黏结应牢固，并与桩顶面垂直。

②对混凝土灌注桩，传感器宜安装在距桩中心 1/2～2/3 半径处，且距离桩的主筋不宜小于 50mm。当桩径不大于 1000mm 时不宜少于 2 个测点；当桩径大于 1000mm 时不宜少于 4 个测点。

③对混凝土预制桩，当边长不大于 600mm 时不宜少于 2 个测点；当边长大于 600mm 时不宜少于 3 个测点。

④对预应力混凝土管桩不应少于 2 个测点。

（2）激振时应符合下列规定：

①混凝土灌注桩、混凝土预制桩的激振点宜在桩顶中心部位；预应力混凝土管桩的激振点和传感器安装点与桩中心连线的夹角不应小于 45°。

②激振锤和激振参数宜通过现场对比试验选定。短桩或浅部缺陷桩的检测宜采用轻锤短脉冲激振；长桩、大直径桩或深部缺陷桩的检测宜采用重锤宽脉冲激振，也可采用不同的锤垫来调整激振脉冲宽度。

③采用力棒激振时，应自由下落；采用力锤敲击时，应使其作用力方向与桩顶面垂直。

（3）检测工作应遵守下列规定：

①采样频率和最小的采样长度应根据桩长和波形分析确定。

②各测点的重复检测次数不应少于 3 次，且检测波形具有良好的一致性。

③当干扰较大时，可采用信号增强技术进行重复激振，提高信噪比；当信号一致性差时，应分析原因，排除人为和检测仪器等干扰因素，重新检测。

④对存在缺陷的桩应改变检测条件重复检测，相互验证。

7. 检测数据分析与判定

（1）桩身完整性分析宜以时域曲线为主，辅以频域分析，并结合施工情况、岩土工程勘察资料和波型特征等因素进行综合分析判定。

（2）桩身波速平均值的确定：

①当桩长已知、桩端反射信号明显时，选取相同条件下不少于5根Ⅰ类桩的桩身波速按式（2-1-1）与式（2-1-2）计算其平均值：

$$c_m = \frac{1}{n}\sum_{i=1}^{n} c_i \tag{2-1-1}$$

$$c_i = \frac{2L \times 1000}{\Delta T} = 2L \cdot \Delta f \tag{2-1-2}$$

式中：c_m——桩身波速平均值（m/s）；

　　　c_i——第 i 根桩的桩身波速计算值（m/s）；

　　　L——完整桩桩长（m）；

　　　ΔT——时域信号第一峰与桩端反射波峰间的时间差（ms）；

　　　Δf——幅频曲线桩端相邻谐振峰间的频差（Hz），计算时不宜取第一与第二峰；

　　　n——基桩数量（$n \geq 5$）。

②当桩身波速平均值无法按上款确定时，可根据本地区相同桩型及施工工艺的其他桩基工程的测试结果，并结合桩身混凝土强度等级与实践经验综合确定。

（3）桩身缺陷位置应按式（2-1-3）计算：

$$x = \frac{1}{2000} \cdot \Delta t_x \cdot c = \frac{1}{2} \cdot \frac{c}{\Delta f_x} \tag{2-1-3}$$

式中：x——测点至桩身缺陷之间的距离（m）；

　　　Δt_x——时域信号第一峰与缺陷反射波峰间的时间差（ms）；

　　　Δf_x——幅频曲线所对应缺陷的相邻谐振峰间的频差（Hz）；

　　　c——桩身波速（m/s），无法确定时用 c_m 值替代。

（4）混凝土灌注桩采用时域信号分析时，应结合有关施工和岩土工程勘察资料，正确区分由扩径处产生的二次同相反射与因桩身截面渐扩后急速恢复至原桩径处的一次同相反射，以避免对桩身完整性的误判。

（5）对于嵌岩桩，当桩端反射信号为单一反射波且与锤击脉冲信号同相时，应结合岩土工程勘察和设计等有关资料以及桩端同相反射波幅的相对高低来推断嵌岩质量，必要时采取其他合适方法进行核验。

（6）桩身完整性的分析当出现下列情况之一时，宜结合其他检测方法：

①超过有效检测长度范围的超长桩，其测试信号不能明确反映桩身下部和桩端情况。

②桩身截面渐变或多变，且变化幅度较大的混凝土灌注桩。

③当桩长的推算值与实际桩长明显不符，且又缺乏相关资料加以解释或验证。

④实测信号复杂、无规律，无法对其进行准确的桩身完整性分析和评价。

⑤对于预制桩，时域曲线在接头处有明显反射，但又难以判定是断裂错位还是接桩不良。

（7）桩身完整性类别应按下列原则判定：

①Ⅰ类桩：桩端反射较明显，无缺陷反射波，振幅谱线分布正常，混凝土波速处于正常范围。

②Ⅱ类桩:桩端反射较明显,但有局部缺陷所产生的反射信号,混凝土波速处于正常范围。
③Ⅲ类桩:桩端反射不明显,可见缺陷二次反射波信号,或有桩端反射但波速明显偏低。
④Ⅳ类桩:无桩端反射信号,可见因缺陷引起的多次强反射信号,或按平均波速计算的桩长明显短于设计桩长。

8. 编制检测报告

检测报告应符合《公路工程基桩动测技术规程》(JTG/T F81-01—2004)的规定,参考格式见实训指导书,并应包括下列内容:

(1)工程概述。
(2)岩土工程条件。
(3)检测方法、原理、仪器设备和过程叙述。
(4)相关的施工记录。
(5)桩身混凝土波速值。
(6)桩身完整性描述,包括缺陷位置、性质及类别。
(7)时域曲线图,并注明桩底反射位置。
(8)桩位编号及平面布置示意图,地质柱状图。
(9)时域信号时段所对应的桩身长度标尺、指数或线性放大的范围及倍数;或幅频信号曲线分析的频率范围、桩底或桩身缺陷对应的相邻谐振峰间的频差。
(10)必要的说明和建议,比如对扩大或验证检测的建议。

(二)高应变动测法

当桩顶受到强烈的轴向锤击力作用时,波将由上而下地在桩身和地基中传播,两者之间由于阻抗的显著差别而会被激发出较大的塑性相对位移和地基对桩身的阻力。高应变动测法就是根据桩顶实测的力和振动速度信号,通过波动理论反分析来推算桩身阻抗、应力和桩侧土阻力分布、桩端阻力等工程力学性指标,并由此推定被检桩的完整性、轴向抗压极限承载力,或选择桩型和桩长(统称为试打桩)、监控桩锤工作效率和在打桩施工过程中桩身承受的最大锤击应力(统称为打桩监测)。

1. 试验目的

确定单桩竖向抗压承载力是否满足设计要求;检测桩身缺陷及其位置,判断桩身完整性类别;分析测桩和桩端土阻力。

2. 适用范围

本方法适用于检测混凝土灌注桩、预制桩和钢桩的单桩竖向抗压极限承载力和桩身完整性;监测混凝土预制桩和钢桩打入时桩身应力和锤击能量传递比,为选择沉桩工艺参数及桩长选择提供依据。

进行单桩的竖向抗压极限承载力检测应具有相同条件下的动—静试验对比资料和现场工程实践经验。

超长桩、大直径扩底桩、嵌岩桩和 $Q—S$ 曲线具有缓变型特征的大直径灌注桩,不宜采用本方法进行单桩的竖向抗压极限承载力检测。

3. 检测仪器与设备

检测系统包括信号采集及分析仪、传感器、激振设备和贯入度测量仪等。
(1)信号采集器和传感器的性能应符合下列规定:
①信号采样点数不应少于1024点,采样间隔宜取 $100\sim200\mu s$。当用曲线拟合法推算被

检桩的极限承载力时,信号记录长度应确保桩端反射后不小于20ms或达到$5L/c$。

②信号采集器的采样频率应可调,其模—数转换精度不应低于12bit,通道之间的相位差不应大于50μs。

③力信号宜采用工具式应变传感器测量,其安装谐振频率应大于2kHz,在1000με范围内的非线性误差不应大于±1%。

④速度信号宜采用压电式加速度传感器测量,其安装谐振频率应大于10kHz,且在1~3000Hz范围内灵敏度变化不大于±5%,在冲击加速度量程范围内非线性误差不大于±5%。

⑤传感器的灵敏度系数应计量检定。

(2)激振设备

①激振宜采用由铸铁或铸钢整体制作的自由落锤。锤体应材质均匀、形状对称、底面平整,高径比不得小于1。

②当采取自由落锤安装加速度传感器的方式实测锤击力时,重锤应整体铸造,且高径比应在1.0~1.5范围内。

③检测单桩竖向抗压承载力时,激振锤的质量不得小于基桩极限承载力的1.2%。

(3)桩的贯入度应采用精密仪器测定。

4. 试验准备工作

测试前应首先进行现场调查,包括测试场地的条件、成桩(或沉桩)后的间歇时间及安全问题等。对混凝土预制桩和钢桩,一般不进行加固,若桩顶破损严重,对不能承受锤击的桩头则需进行修复或加固处理。混凝土灌注桩一般应进行桩顶加固:凿除顶部原有强度较低的混凝土,将桩接长至试验所需高度,接长部分的混凝土强度应高于原桩身混凝土强度1~2级;为防止锤击时桩顶出现纵向裂缝,宜在加固段四周设置钢套箍或顶部设置2~3层钢筋网片。有条件时也可用环氧砂浆加固桩顶。顶部接长部分的形状和面积应与原桩身相同,这样可以避免界面反射波的干扰。

应详细了解桩型尺寸、桩长和有关地质资料,以便选择合适的冲击设备。

传感器的安装应符合规范规定,如图2-1-5所示。

5. 现场测试

正式试验前应仔细检查仪器并正确设定有关参数。新购置的传感器可按厂家提供的标定参数设定,使用后重新标定过的传感器应按最近一次的标定值。

(1)检测混凝土预制桩和钢桩的极限承载力的最短休止期应满足下列条件:

砂土7d,粉土10d,非饱和黏性土15d,饱和黏性土25d。

(2)检测混凝土灌注桩的极限承载力时,其桩身混凝土强度等级应达到设计要求,且应满足第(1)条规定的最短休止期。

(3)检测前的桩头处理应符合下列规定:

①桩顶面应平整,桩头高度应满足安装锤击装置和传感器的要求,锤重心应与桩顶对中。

②加固处理桩头时应满足下列要求:

a. 新接桩头顶面应平整且垂直于被检桩轴线,侧面应平直,截面积应与被检桩相同,所用混凝土的强度应高于被检桩的强度。

b. 被检桩主筋应全部接至新接桩头内,并设置间距不大于150mm的箍筋及上下间距不应大于120mm的2~3层钢筋网片。

(4)检测时在桩顶面应铺设锤垫。锤垫宜由 10～30mm 厚的木板或胶合板等匀质材料制作,垫面略大于桩顶面积。

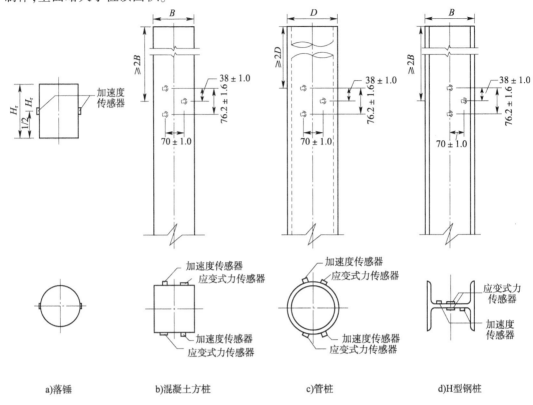

a)落锤　　b)混凝土方桩　　c)管桩　　d)H型钢桩

图 2-1-5　传感器安装示意图(尺寸单位:mm)

(5)传感器的安装应符合下列规定:

①桩顶下两侧面应对称安装加速度传感器和应变传感器各 1 只,其与桩顶的距离不应小于 1.5 倍的桩径或边长。传感器安装面应平整,所在截面的材质和尺寸与被检桩相同。

②应变传感器与加速度传感器的中心应位于同一水平线上,同侧两种传感器间的水平距离不宜大于 100mm。传感器的中轴线应与桩的轴线保持平行。

③在安装应变式传感器时,应对初始应变进行监测,其值不得超过规定的限值。

(6)被检桩基本参数的设定应符合下列规定:

①测点以下桩长和截面积可根据设计文件或施工记录提供的数据设定。

②桩身材料质量密度宜按表 2-1-12 取值。

桩材质量密度 ρ(单位:kg/m³)　　表 2-1-12

混凝土灌注桩	混凝土预制桩	预应力混凝土管桩	钢桩
2400	2450～2500	2550～2600	7850

③桩身平均波速可结合本地经验或按同场地同类型已检桩的平均波速初步设定,现场检测完成后应按本节"检测数据分析与评定"中(1)中②条予以调整。

④传感器安装位置处的桩身截面面积应按实际直径或边长计算确定,波速的设定宜综合考虑材料的设计强度和龄期的影响。

⑤桩身材料的弹性模量应按式(2-1-4)计算:

$$E = \rho \cdot c^2 \qquad (2\text{-}1\text{-}4)$$

式中：E——桩身材料弹性模量(Pa)；
c——桩身波速(m/s)；
ρ——桩身材料质量密度(kg/m^3)。

(7)激振应符合下列要求：

①采用自由落锤为激振设备时，宜重锤低击，锤的最大落距不宜大于2.0m。

②对于斜桩，应采用相应的打桩机械或类似装置沿桩轴线激振。

③实测桩的单击贯入度应确认与所采集的振动信号相对应。用于推算桩的极限承载力时，桩的单击贯入度不得低于2mm且不宜大于6mm。

④检测桩的极限承载力时，锤击次数宜为2~3击。

(8)检测桩身完整性和承载力时，应及时分析实测信号质量、桩顶最大锤击力和动位移、贯入度以及桩身最大拉(压)应力、桩身缺陷程度及其发展情况等，并由此综合判定本次采集信号的有效性。每根被检桩的有效信号数不应少于2组。

(9)出现下列情况之一时，采集的信号不得作为有效信号：

①传感器安装处混凝土开裂或出现严重的塑性变形，使力信号最终未归零。

②信号采集后发现传感器已有松动或损坏现象。

③锤击严重偏心，一侧力信号呈现严重的受拉特征。

(10)试打桩用于评价其承载力时，应按桩端进入的土层逐一进行测试；当持力层较厚时，应在同一土层中进行多次测试。

(11)桩身锤击应力监测应包括桩身最大锤击拉应力和最大锤击压应力两部分。桩身锤击拉应力宜在预计桩端进入软土层或桩端穿过硬土层进入软夹层时测试；桩身锤击压应力宜在桩端进入硬土层或桩侧土阻力较大时测试。

6. 检测数据分析与判定

(1)锤击信号选取与调整应符合下列规定：

①分析被检桩的承载力时，宜在第一和第二击实测有效信号中选取能量和贯入度较大者。

②桩身波速平均值可根据已知桩长、力和速度信号上的桩端反射波时间或下行波上升沿的起点到上行波下降沿的起点之间的时差确定。

③传感器安装位置处原设定波速可不随调整后的桩身平均波速而改变。确有合理原因需作调整时，应对传感器安装处桩身的弹性模量按式(2-1-4)重新设置，且应对原实测力信号进行修正。

④力和振动速度信号的上升沿重合性差时，应分析原因，不得随意调整。

(2)推算被检桩的极限承载力前，应结合工程地质条件和设计参数，利用实测信号特征对桩的荷载传递性状、桩身缺陷程度和位置及连续锤击时缺陷的逐渐扩大或闭合情况进行定性判别。

(3)采用实测曲线拟合法推算被检桩的极限承载力应符合下列规定：

①采用的桩和土的力学模型应能分别反映被检桩和地基土的物理力学性状；在各计算单元中，所用土的弹性极限位移不应超过相应桩单元的最大计算位移。

②曲线拟合时间段长度在 $t_1 + 2L/c$ 后的延续时间不应小于20ms或$3L/c$中的较大值。

③分析所用的模型参数应在岩土工程的合理范围内，可根据工程地质和施工工艺条件进行桩身阻抗变化或裂隙拟合。

④拟合曲线应与实测曲线基本吻合,贯入度的计算值应与实测值基本一致,且整体曲线的拟合质量系数宜控制在合适的范围之内。

(4)采用凯司法推算单桩的极限承载力时,应符合下列规定:

①只适用于桩侧和桩端土阻力均已充分发挥的摩擦型桩。

②用于混凝土灌注桩时,桩身材质、截面应基本均匀。

③单桩轴向抗压极限承载力可按式(2-1-5)计算:

$$Q_{uc} = \frac{1}{2}\left\{(1-J_c)\cdot[F(t_1)+Z\cdot V(t_1)]+(1+J_c)\cdot\left[F\left(t_1+\frac{2L}{c}\right)-Z\cdot V\left(t_1+\frac{2L}{c}\right)\right]\right\}$$

(2-1-5)

式中:Q_{uc}——单桩轴向抗压极限承载力(kN);

J_c——凯司法阻尼系数;

t_1——速度信号第一峰对应的时刻(ms);

$F(t_1)$——t_1时刻的锤击力(kN);

$V(t_1)$——t_1时刻的振动速度(m/s);

Z——桩身截面力学阻抗(kN·s/m),$Z=\frac{EA}{c}$;

E——桩身材料弹性模量(kPa);

A——桩身截面面积(m^2);

c——桩身波速(m/s);

L——测点以下桩长(m)。

④J_c应根据基本相同条件下桩的动—静载对比试验结果确定,或由不少于50%被检桩的曲线拟合结果推算,但当其极差相对于平均值大于30%时不得使用。

(5)对于等截面桩,测点下第一个缺陷可根据桩身完整性系数β值按表2-1-13判定,其位置x按式(2-1-6)计算:

$$x = \frac{c\cdot(t_x-t_1)}{2000}$$

(2-1-6)

式中:x——测点至桩身缺陷之间的距离(m);

t_1——速度信号第一峰对应的时刻(ms);

t_x——缺陷反射峰对应的时刻(ms)。

桩身完整性判断　　　　表2-1-13

类　别	β 值	类　别	β 值
Ⅰ	$0.95<\beta\leqslant1.0$	Ⅲ	$0.6\leqslant\beta<0.8$
Ⅱ	$0.8\leqslant\beta\leqslant0.95$	Ⅳ	$\beta<0.6$

(6)出现下列情况之一时,应按工程地质和施工工艺条件,采用实测曲线拟合法或其他检测方法综合判定桩身完整性:

①桩身有扩径、截面渐变或多变的混凝土灌注桩。

②桩身存在多处缺陷的桩。

③力和速度曲线在上升沿或峰值附近出现异常,桩身浅部存在缺陷或波阻抗变化复杂的桩。

(7)试打桩分析时,桩端持力层的判定应综合考虑岩土工程勘察资料,并应对推算的单桩极限承载力进行复打校核。

(8)桩身最大锤击拉应力和桩身最大锤击压应力可分别按下列公式计算：

①桩身最大锤击拉应力按式(2-1-7)计算。

$$\sigma_t = \frac{1}{2A}\max\left\{Z \cdot V\left(t_1 + \frac{2L}{c}\right) - F\left(t_1 + \frac{2L}{c}\right) - Z \cdot V\left(t_1 + \frac{2L-2x}{c}\right) - F\left(t_1 + \frac{2L-2x}{c}\right)\right\}$$

(2-1-7)

式中：σ_t——桩身最大锤击拉应力(kPa)；

x——测点至计算点之间的距离(m)；

A——桩身截面面积(m^2)；

Z——桩身截面力学阻抗($kN \cdot s/m$)；

c——桩身波速(m/s)；

L——完整桩桩长(m)。

②桩身最大锤击压应力按式(2-1-8)计算。

$$\sigma_p = \frac{F_{\max}}{A} \qquad (2\text{-}1\text{-}8)$$

式中：σ_p——桩身最大锤击压应力(kPa)；

$F_{\max}$——实测最大锤击力(kN)；

A——桩身截面面积(m^2)。

(9)桩锤实际传递给桩的能量可按式(2-1-9)计算：

$$E_n = \int_0^T FV\mathrm{d}t \qquad (2\text{-}1\text{-}9)$$

式中：E_n——桩锤传递给桩的实际能量(J)；

T——采样结束的时刻(s)；

F——桩顶锤击力信号(N)；

V——桩顶实测振动速度信号(m/s)。

7. 编制检测报告

检测报告格式应符合《公路工程基桩动测技术规程》(JTG/T F81-01—2004)的规定,参考格式见实训指导书,并应包括下列内容：

(1)实测力和速度信号曲线及由加速度信号经两次积分后得到的桩顶位移信号曲线；拟合曲线、模拟的静荷载—沉降曲线、土阻力和桩身阻抗沿深度的变化曲线。

(2)凯司法中所取定的 J_c 值。

(3)试打桩和打桩监控所采用的桩锤和锤垫类型,监测得到的锤击数、桩侧和桩端阻力、桩身锤击拉(压)应力、能量传递比等随入土深度的变化关系。

(4)试桩附近的地质柱状图及土的物理力学性能指标。

任务实施

工作任务实施主要掌握砂性土地基检测的主要工序、基本方法和质量标准。

根据施工单位或业主的要求,接受检测任务。进行检测设备与资料的准备,进入施工现场,按照事先确定的检测方法,进行检测数据的采集,对检测数据进行分析与整理,编制检测报告。

现以某高速公路房建预制桩完整性检测为例,将任务实施简述如下：

一、任务概况

江西××高速公路是国家规划的"7918"网中的第十五横江西境内西段,也是江西省高速公路主骨架网的第三横。

受某有限公司高速公路××标项目经理部委托,基桩检测组于2012年××月××日,对××高速公路××县(西)管理所办公楼基桩采用声波透射法和低应变法检测。

二、检测项目

××高速公路××标××县(西)管理所办公楼共计40根基桩,均为摩擦桩设计,混凝土强度等级为C30,采用预制桩。对该批基桩采用100%低应变法检测,对预埋声测管的基桩采用声波透射法进行检测,判定桩身完整性类别。

三、检测依据

检测依据主要是《建筑桩基检测技术规范》(JGJ 106—2003)和设计图纸、业主及监理工程师下发的相关文件。

四、检测方法

1. 声波透射法

根据《建筑桩基检测技术规范》(JGJ 106—2003)第10.1条规定本方法适用于已预埋声测管的混凝土灌注桩桩身完整性检测,判定桩身缺陷的程度并确定其位置。声波透射法比较直观、可靠,不受桩长、桩径、桩周地层条件限制,在重大工程及大直径灌注桩桩身质量检测中得到广泛应用。

2. 低应变法

《建筑桩基检测技术规范》(JGJ 106—2003)第8.1条规定本方法适用于检测混凝土桩的桩身完整性,判定桩身缺陷的程度及位置。在使用本方法时,被检桩的桩端反射信号应能有效识别。低应变反射波法简便易行、使用较广,但该方法主要依靠反射波进行间接判断,对于大直径、超长桩、反射波信号较弱或遇到多个缺陷、地层变化较大时,容易造成误判。

五、检测原理

(一)声波透射法

1. 检测原理

由超声脉冲发射源在混凝土内激发高频弹性脉冲波,并用高精度的接收系统记录该脉冲波在混凝土内传播过程中表现的波动特征;当混凝土内存在不连续或破损界面时,缺陷面形成波阻抗界面,波到达该界面时,产生波的透射和反射,使接收到的透射能量明显降低;当混凝土内存在松散、蜂窝、孔洞等严重缺陷时,将产生波的散射和绕射;根据波的初至时间和波的能量衰减特征、频率变化及波形畸变程度等特性,可以获得测区范围内混凝土的密实度参数。测试记录不同侧面、不同高度上的超声波动特征,经过处理分析就能判别测区内混凝土内部存在缺陷的性质、大小及空间位置。其测试原理图如图2-1-6所示。

在基桩施工前,根据基桩直径的大小预埋一定数量的声测管,作为换能器的通道。测试时每两根声测管为一组,通过水的耦合,超声脉冲信号从一根声测管中的换能器发射出去,在另一根声测管中的声测管接收信号,超声仪测定有关参数并采集记录储存。换能器由桩底同时往上依次检测,遍及各个截面。

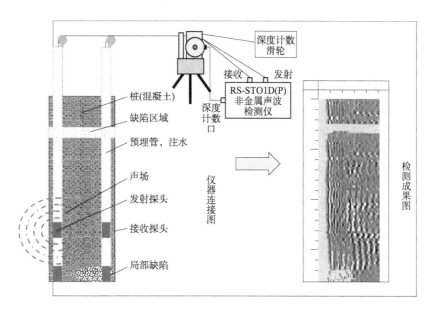

图 2-1-6　测试原理图

2. 声测管埋设要求

(1)对于基桩预埋声测管的数量应符合下列规定:桩径≤800mm,应埋设2根声测管;800mm<桩径<2000mm,不少于3根声测管;桩径>2000mm,不少于4根。声测管埋设如图2-1-7所示。

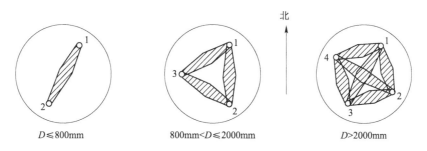

图 2-1-7　声测管埋设示意图

(2)声测管应等间距牢固焊接或绑扎在钢筋笼内侧,且相互平行,定位准确,并埋设至桩底,管口宜高出桩混凝土顶面0.3m以上。

(3)应采用专业厂家生产的声测钢管,直径 $\phi 50mm$(内径不小于40mm),钢管宜采用螺纹连接,连接后必须保证钢管内壁平整,不能有凸出物使得内径减小,且不漏水,确保检测时声测探头能够自由上下,如图2-1-8所示。

(4)声测管管底应封闭,灌注桩混凝土前,声测管内应注满清水,管口应加盖,防止泥浆或异物掉入堵塞声测管。

(5)声测管的布置以朝北方向的顶点为起始点,按顺时针旋转方向进行编号和分组,每两根编为一组。

(二)低应变法

检测原理是在桩顶施加一竖向激振,弹性波沿着桩身向下传播,当桩身存在明显波阻抗差异的界面或桩身截面积发生变化时,将产生反射波,经接收、放大、滤波和数据处理,可识别来自不同部位的反射信息。通过对反射信息进行分析计算,判断桩身混凝土的完整性,判定桩身缺陷的程度及位置,如图2-1-9所示。

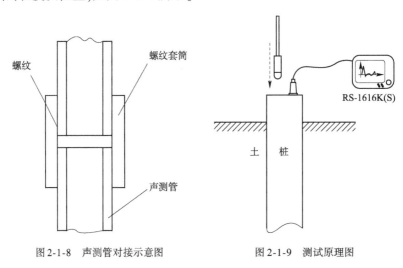

图2-1-8 声测管对接示意图　　图2-1-9 测试原理图

六、基桩判定标准

(一)声波透射法

桩身完整性类别应结合桩身混凝土各声学参数临界值、PSD判据以及混凝土声速低限值,综合基桩地质情况、施工记录等因素综合分析,按规范要求进行综合判定和划分,具体标准见表2-1-14。

声波透射法桩身完整性判定　　表2-1-14

类别	特　征
Ⅰ	各检测剖面的声学参数均无异常,无声速低于低限值异常
Ⅱ	某一检测剖面个别测点的声学参数出现异常,无声速低于低限值异常
Ⅲ	某一检测剖面连续多个测点的声学参数出现异常; 两个或两个以上检测剖面在同一深度测点的声学参数出现异常; 局部混凝土声速出现低于低限值异常
Ⅳ	某个检测剖面连续多个测点的声学参数出现明显异常; 两个或两个以上检测剖面在同一深度测点的声学参数出现明显异常; 桩身混凝土声速出现普遍低于低限值异常或无法检测首波或声波接收信号严重畸变

(二)低应变法

低应变法检测桩身完整性判定见表2-1-15。

低应变法检测桩身完整性判定　　　　　　　　　　　　　表 2-1-15

类别	时域信号特征	幅频信号特征
Ⅰ	$2L/c$ 时刻前无缺陷反射波,有桩底反射波	桩底谐振峰排列基本等间距,其相邻频差 $\Delta f \approx c/2L$
Ⅱ	$2L/c$ 时刻前出现轻微缺陷反射波,有桩底反射波	桩身谐振峰排列基本等间距,其相邻频差 $\Delta f \approx c/2L$,轻微缺陷产生的谐振峰与桩底谐振峰之间的频差 $\Delta f' > c/2L$
Ⅲ	有明显缺陷反射波,其他特征介于Ⅱ类和Ⅳ类之间	
Ⅳ	$2L/c$ 时刻前出现严重缺陷反射波或周期性反射波,无桩底反射波;或因桩身浅部严重缺陷使波形呈现低频大振幅衰减振动,无桩底反射波	缺陷谐振峰排列基本等间距,相邻频差 $\Delta f' > c/2L$,无桩底谐振峰;或因桩身浅部严重缺陷只出现单一谐振峰,无桩底谐振峰

注:对同一场地、地质条件相近、桩型和成桩工艺相同的基桩,因桩端部分桩身阻抗与持力层阻抗相匹配导致实测信号无桩底反射波时,可按本场地同条件下有桩底反射波的其他桩实测信号判定桩身完整性类别。

七、桩位布置

桩基础平面布置如图 2-1-10 所示。

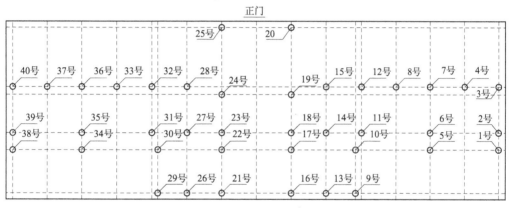

图 2-1-10　桩基础平面布置图

八、检测结果

声波透射法检测结果见表 2-1-16,低应变法检测结果见表 2-1-17。

声波透射法检测结果　　　　　　　　　　　　　表 2-1-16

序号	基桩编号	设计桩径(mm)	设计桩长(m)	浇筑日期	桩基类型	设计桩顶高程(m)	设计桩底高程(m)	检测桩顶高程(m)	实测桩长(m)	检测区域情况描述
1	5 号	800	8	2012年5月8日	摩擦桩	72.8	64.8	71.0	8.8	Ⅰ类桩
2	15 号	800	8	2012年5月8日	摩擦桩	72.8	64.8	71.0	9.4	Ⅱ类桩
3	16 号	800	8	2012年5月8日	摩擦桩	72.8	64.8	71.0	9.0	Ⅱ类桩
4	24 号	900	8	2012年5月8日	摩擦桩	72.8	64.8	71.0	9.0	Ⅰ类桩
5	28 号	800	8	2012年5月8日	摩擦桩	72.8	64.8	71.0	8.8	Ⅰ类桩
6	32 号	800	8	2012年5月8日	摩擦桩	72.8	64.8	71.0	9.2	Ⅰ类桩
7	33 号	800	8	2012年5月8日	摩擦桩	72.8	64.8	71.0	8.8	Ⅰ类桩
8	36 号	800	8	2012年5月8日	摩擦桩	72.8	64.8	71.0	8.8	Ⅰ类桩
9	40 号	800	8	2012年5月8日	摩擦桩	72.8	64.8	71.0	9.4	Ⅰ类桩

低应变法检测结果 表2-1-17

序号	基桩编号	设计桩径(mm)	设计桩长(m)	浇筑日期	桩基类型	设计桩顶高程(m)	设计桩底高程(m)	检测桩顶高程(m)	实测桩长(m)	检测区域情况描述
1	1号	800	8	2012年5月8日	摩擦桩	72.8	64.8	71.0	8.87	Ⅰ类桩
2	2号	800	8	2012年5月8日	摩擦桩	72.8	64.8	71.0	10.14	Ⅱ类桩
3	3号	800	8	2012年5月8日	摩擦桩	72.8	64.8	71.0	8.99	Ⅱ类桩
4	4号	800	8	2012年5月8日	摩擦桩	72.8	64.8	71.0	7.69	Ⅰ类桩
5	5号	800	8	2012年5月8日	摩擦桩	72.8	64.8	71.0	9.03	Ⅰ类桩
6	6号	900	8	2012年5月8日	摩擦桩	72.8	64.8	71.0	8.47	Ⅰ类桩
7	7号	800	8	2012年5月8日	摩擦桩	72.8	64.8	71.0	8.32	Ⅰ类桩
8	8号	800	8	2012年5月8日	摩擦桩	72.8	64.8	71.0	8.08	Ⅰ类桩
9	9号	800	8	2012年5月8日	摩擦桩	72.8	64.8	71.0	8.47	Ⅰ类桩
10	10号	800	8	2012年5月8日	摩擦桩	72.8	64.8	71.0	8.90	Ⅰ类桩
11	11号	900	8	2012年5月8日	摩擦桩	72.8	64.8	71.0	8.41	Ⅰ类桩
12	12号	800	8	2012年5月8日	摩擦桩	72.8	64.8	71.0	9.12	Ⅰ类桩
13	13号	800	8	2012年5月8日	摩擦桩	72.8	64.8	71.0	8.87	Ⅰ类桩
14	14号	800	8	2012年5月8日	摩擦桩	72.8	64.8	71.0	8.99	Ⅰ类桩
15	15号	900	8	2012年5月8日	摩擦桩	72.8	64.8	71.0	9.29	Ⅰ类桩
16	16号	800	8	2012年5月8日	摩擦桩	72.8	64.8	71.0	8.92	Ⅰ类桩
17	17号	800	8	2012年5月8日	摩擦桩	72.8	64.8	71.0	8.74	Ⅱ类桩
18	18号	800	8	2012年5月8日	摩擦桩	72.8	64.8	71.0	8.02	Ⅰ类桩
19	19号	800	8	2012年5月8日	摩擦桩	72.8	64.8	71.0	7.96	Ⅰ类桩
20	20号	800	8	2012年5月8日	摩擦桩	72.8	64.8	71.0	8.17	Ⅰ类桩
21	21号	800	8	2012年5月8日	摩擦桩	72.8	64.8	71.0	8.32	Ⅰ类桩
22	22号	800	8	2012年5月8日	摩擦桩	72.8	64.8	71.0	7.46	Ⅰ类桩
23	23号	800	8	2012年5月8日	摩擦桩	72.8	64.8	71.0	8.17	Ⅰ类桩
24	24号	800	8	2012年5月8日	摩擦桩	72.8	64.8	71.0	8.96	Ⅱ类桩
25	25号	800	8	2012年5月8日	摩擦桩	72.8	64.8	71.0	8.32	Ⅰ类桩
26	26号	800	8	2012年5月8日	摩擦桩	72.8	64.8	71.0	8.87	Ⅰ类桩
27	27号	800	8	2012年5月8日	摩擦桩	72.8	64.8	71.0	9.98	Ⅱ类桩
28	28号	800	8	2012年5月8日	摩擦桩	72.8	64.8	71.0	8.84	Ⅰ类桩
29	29号	800	8	2012年5月8日	摩擦桩	72.8	64.8	71.0	8.32	Ⅰ类桩
30	30号	800	8	2012年5月8日	摩擦桩	72.8	64.8	71.0	8.14	Ⅰ类桩
31	31号	900	8	2012年5月8日	摩擦桩	72.8	64.8	71.0	8.26	Ⅱ类桩
32	32号	800	8	2012年5月8日	摩擦桩	72.8	64.8	71.0	8.96	Ⅰ类桩
33	33号	800	8	2012年5月8日	摩擦桩	72.8	64.8	71.0	8.90	Ⅰ类桩
34	34号	800	8	2012年5月8日	摩擦桩	72.8	64.8	71.0	7.90	Ⅰ类桩
35	35号	900	8	2012年5月8日	摩擦桩	72.8	64.8	71.0	8.21	Ⅰ类桩
36	36号	800	8	2012年5月8日	摩擦桩	72.8	64.8	71.0	9.03	Ⅰ类桩
37	37号	800	8	2012年5月8日	摩擦桩	72.8	64.8	71.0	8.26	Ⅰ类桩
38	38号	800	8	2012年5月8日	摩擦桩	72.8	64.8	71.0	8.58	Ⅰ类桩
39	39号	800	8	2012年5月8日	摩擦桩	72.8	64.8	71.0	9.16	Ⅰ类桩
40	40号	800	8	2012年5月8日	摩擦桩	72.8	64.8	71.0	9.42	Ⅰ类桩

九、检测波形图

以5号桩和15号桩示例,其声波透射法检测波形图如图2-1-11与图2-1-12所示。低应变基桩完整性检测附图如图2-1-13与图2-1-14所示。

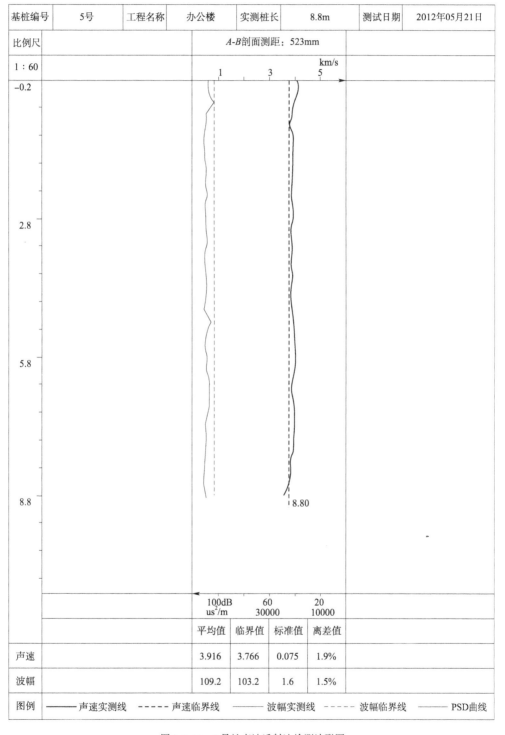

图2-1-11　5号桩声波透射法检测波形图

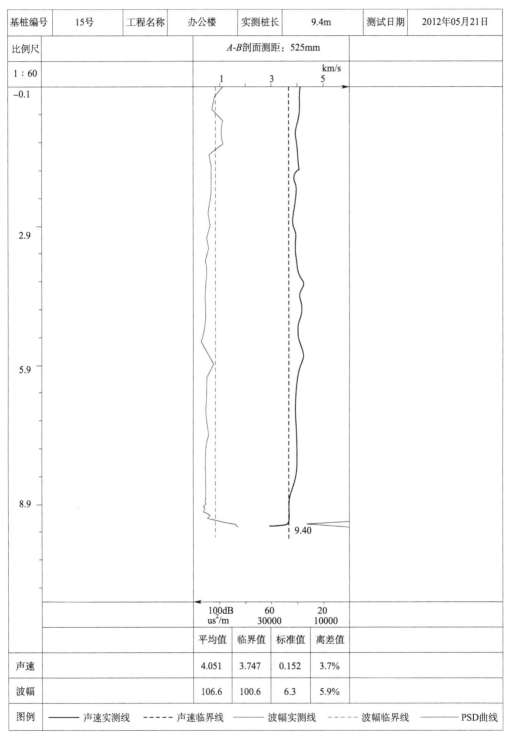

图 2-1-12 15 号桩声波透射法检测波形图

— 78 —

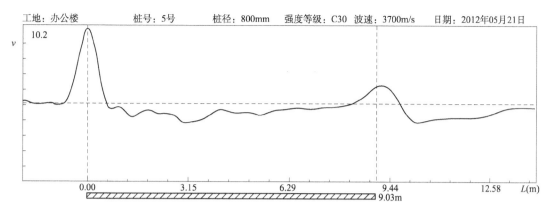

图 2-1-13　5 号桩低应变基桩完整性检测附图

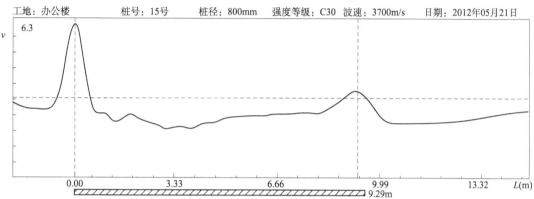

图 2-1-14　15 号桩低应变基桩完整性检测附图

任务工作单

学习情境二：基桩检测 工作任务一：预制桩完整性检测	班级			
	姓名		学号	
	日期		评分	

1. 概述
(1) 按照施工方法可将基桩分为_____和_____。
(2) 基桩完整性的常见检测方法有_____、_____、_____和_____等。
2. 反射波法检测前的准备工作
(1) 受检桩资料的收集主要包括_____、_____及_____等相关资料。
(2) 检测方案的主要内容包括_____、检测依据、_____、抽检方案、检测原理、检测程序及_____等,必要时可针对检测方案中的细节同委托方或设计方共同研究确定。
(3) 检测基桩完整性时,预制桩检测的开始时间无特殊要求,混凝土灌注桩的检测宜在成桩_____d 后进行。
(4) 公路基桩应进行_____%的完整性检测。
(5) 反射波法检测系统包括_____、_____、_____和专用附件。
3. 反射波法现场检测
(1) 桩顶应凿至新鲜混凝土面,并用打磨机将_____和激振点磨平。
(2) 传感器安装采用石膏、_____、_____等耦合剂,黏结牢固,与桩顶面垂直。

(3)反射波法对混凝土预制桩,当边长不大于600mm时不宜少于_____个测点;当边长大于600mm时不宜少于_____个测点。

(4)RS动测仪测试参数一般来说:模拟滤波以高通≤_____Hz,低通≥_____Hz为宜;时域分析时采样间隔不宜高于_____μs(RS系列仪一般以2倍桩长输入),频域分析时则宜为100~200μs;动刚度测试是低频段和频域分析为主,故采样间隔宜为_____μs。

(5)混凝土灌注桩、混凝土预制桩的激振点宜在桩顶_____部位;预应力混凝土管桩的激振点和传感器的安装点与桩中心连线的夹角不应小于_____度。

(6)短桩或浅部缺陷桩的检测宜采用_____激振;长桩、大直径桩或深部缺陷桩宜采用_____激振,也可采用不同的锤垫来调整激振脉冲宽度。

(7)采用立棒激振时,应_____;采用力锤敲击时,应使其作用力方向与桩顶面_____。

4.检测数据的分析及检测报告的编制

(1)反射波法评判检测数据时,通常时域和频域波形分析相结合,也可根据单独的时域或频域波形进行完整性判定,一般在实际应用中是以_____分析为主、_____分析为辅。

(2)基桩完整性类别分_____、_____、_____和_____。

5.小组讨论预制桩的常见缺陷并分析缺陷产生原因。

6.小组讨论如何选择基桩完整性检测方法。

7.小组讨论并画图说明检测工作程序。

8.试说出RS-1616K(S)基桩动测仪指定部分的名称。

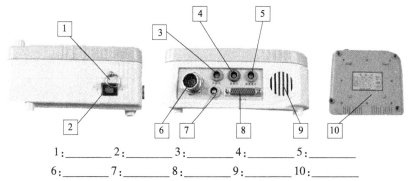

1:_____ 2:_____ 3:_____ 4:_____ 5:_____
6:_____ 7:_____ 8:_____ 9:_____ 10:_____

9.小组讨论基桩完整性检测对动测仪的要求。

10.小组讨论反射波法现场检测流程及要点。

11.小组讨论应力波反射法测试时主机参数的设置。

12.小组讨论反射波法检测基桩完整性时如何激振。

13.试验报告的内容有哪些?

工作任务二　灌注桩完整性检测

 **任务概述**

本工作任务是需要了解灌注桩完整性检测的重要性,掌握灌注桩完整性检测的基本方法。学习要求是认真研读本工作任务的内容,查阅某工程项目灌注桩完整性检测的案例资料,重视理论联系实际。

 **相关知识**

一、低应变反射波法

同工作任务一。

二、高应变动测法

同工作任务一。

三、超声波法

超声波法检测混凝土灌注桩混凝土质量是超声检测混凝土质量的一项具体应用。该法是在检测混凝土缺陷技术的基础上发展起来的。其方法是在桩的混凝土灌注前沿桩的长度方向平行预埋若干根检测用声测管,作为超声发射和接收换能器的通道,通过水的耦合,超声波从一根声测管中发射,在另一根声测管中接收,或单孔中发射并接收,测出超声波穿过被测混凝土介质时的各项声学参数,并按超声测缺原理分析混凝土的质量。由于超声波在混凝土中遇到缺陷时会产生绕射、反射和折射,因而到达接收换能器的声时、波幅及主频发生改变。超声波法就是利用这些声波特征参数来判别桩身的完整性。

超声波法检测混凝土灌注桩混凝土质量具有以下优点:

(1)检测细致、结果准确可靠。
(2)不受桩长桩径限制。
(3)无盲区,声测管埋到什么部位就可检测什么部位,包括桩顶低强区和桩底沉渣厚度。
(4)无须桩顶露出地面即可检测,方便施工。
(5)可估算混凝土强度。正因如此,虽然该方法需预埋声测管,费用较高,但仍然得到广泛采用,特别是桥梁、高塔、高层建筑的大型、特大型灌注桩的检测。

(一)试验目的

检测灌注桩桩身混凝土的均匀性、桩身缺陷及其位置和影响程度,判定桩身完整性类别。

(二)适用范围

本方法适用于直径不小于800mm的混凝土灌注桩的完整性检测,它包括跨孔透射法和单孔折射法。对跨孔透射法,当桩径较小时,声测管间距也较小,其测试误差相对较大,同时预埋声测管可能引起附加的灌注桩施工质量问题。因此,《公路工程基桩动测技术规程》

(JTG/T F81-01—2004)规定声波透射法只适用于桩径不小于800mm的灌注桩。单孔折射法是根据公路桥梁对基桩的质量要求,检测钻芯孔孔壁周围的混凝土质量时采用的方法。

(三)检测方法

根据声测管埋置的不同情况,可以有如下3种检测方法:

1. 双孔检测

在桩内预埋两根以上的管道,把发射探头和接收探头分别置于两根管道中,检测时超声脉冲穿过两管道之间的混凝土。这种检测方法的实际有效范围为超声脉冲从发射换能器到接收换能器所穿过的范围。

随着两换能器沿桩的纵轴方向同步升降,使超声脉冲扫过桩的整个纵剖面,从而得到各项声参数沿桩的纵剖面的变化数据。为了扩大在桩横截面上的有效检测控制面积,必须使声测管的布置合理。双孔测量时,根据两探头相对高程的变化,可分为平测、斜测、扇形扫测等方式,如图2-2-1a)、b)、c)所示,在检测时视实际需要灵活掌握。

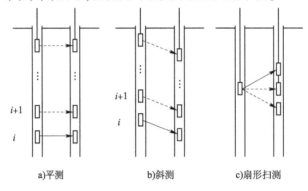

图2-2-1 平测、斜测和扇形扫测示意图

2. 单孔检测

在某种特殊情况下,只有一个孔道可供检测使用,例如在钻孔取芯后需进一步了解芯样周围混凝土的质量,以扩大取芯检测后的观察范围,这时可利用此法,如图2-2-2所示。一发双收换能器放置在一个孔中,中间以隔声材料隔离。这时声波从水中及混凝土中分别绕射到接收换能器,接收信号为从水及混凝土等不同声通路传播而来的信号的叠加,分析这一叠加信号,测出不同声通路的声参数,即可分析孔道周围混凝土的质量。

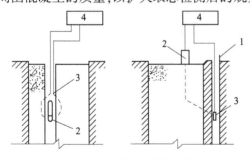

图2-2-2 单孔检测和桩外孔检测
1-声测管;2-发射探头;3-接收探头;4-超声波检测仪

运用这一检测方法时,必须运用信号分析技术,排除管中的混响干扰,当孔道中有钢质套管时,不能用此法检测。

3. 桩外孔检测

当桩的上部结构已施工,或桩内未预埋管道时,可在桩外的土基中钻孔作为检测通道。检测时在桩顶上放置一较强功率的低频平探头,向下沿桩身发射超声脉冲,接收探头从桩外孔中慢慢放下,超声脉冲沿桩身混凝土向下传播,并穿过桩与测孔之间的土层,进入接收探头,逐点测出声时、波高等系数作为判断依据。这种方式的可测深度受仪器发射功率的限制,一般只能测到10m左右。

以上3种方式中,双孔检测是桩基超声脉冲检测的基本形式,其他两种方法在检测和结果分析上都比较困难,只能作为特殊情况下的补救措施。

(四)检测仪器与设备

(1)超声仪:凡符合超声仪国家标准的仪器均能使用,不管是数字式超声仪还是模拟式超声仪。检测仪系统应包括信号放大器、数据采集及处理存储器、径向振动换能器等。径向振动换能器应符合下列规定:

①径向水平面无指向性。

②谐振频率宜大于25kHz。

③在1MPa水压下能正常工作。

④收、发换能器的导线均应有长度标注,其标注允许偏差不应大于10mm。

⑤接收换能器宜带有前置放大器,频带宽度宜为5~60kHz。

⑥单孔检测采用一发双收一体型换能器,其发射换能器至接收换能器的最近距离不应小于30cm,两接收换能器的间距宜为20cm。

(2)声波发射应采用高压阶跃脉冲或矩形脉冲,其电压最大值不应小于1000V,且分档可调。

(3)接收放大与数据采集器应符合下列规定:

①接收放大器的频带宽度为5~200kHz,增益不应小于100dB,放大器的噪声有效值不大于$2\mu V$;波幅测量范围不小于80dB,测量误差小于1dB。

②计时显示范围应大于$2000\mu s$,精度优于$0.5\mu s$,计时误差不应大于2%。

③采集器模—数转换精度不应低于8bit,采样频率不应小于10MHz,最大采样长度不应小于32kB。

(五)准备工作

(1)声测管的埋设应符合下列规定:

①当桩径不大于1500mm时,应埋设3根管;当桩径大于1500mm时,应埋设四根管。布置如图2-2-3所示。

②声测管宜采用金属管,其内径应比换能器外径大15mm,管的连接宜采用螺纹连接,且不漏水。

③声测管应牢固焊接或绑扎在钢筋笼的内侧,且互相平行、定位准确,并埋设至桩底,管口宜高出桩顶面300mm以上。

④声测管管底应封闭,管口应加盖。

⑤声测管的布置以路线前进方向的顶点为起始点,按顺时针旋转方向进行编号和分组,每两根编为一组,如图2-2-3所示。

(2)检测前的准备应符合下列规定:

①了解灌注桩有关技术资料及施工情况:了解桩的类型、尺寸、高程、成孔方法及工艺、地质资料、有关的设计参数、混凝土参数、混凝土施工工艺、过程及施工中出现的问题等。

②被检桩的混凝土龄期应大于14d。

③声测管内应灌满清水,且保证畅通。

④标定超声波检测仪发射至接收的系统延迟时间t_0。

⑤准确量测声测管的内、外径和两相邻声测管外壁间的距离,量测精度为±1mm。

⑥取芯孔的垂直度误差不应大于0.5%,检测前应进行孔内清洗。

a)双管　　　　　　　b)三管　　　　　　　c)四管

图 2-2-3　声测管埋设示意图

(六)现场检测

(1)常规对测。

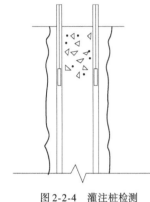

如图 2-2-4 所示,将发、收换能器分置于两个声测管中,从管顶(或管底)开始,以一定间距同步升降发、收换能器,进行等高度的逐点对测。测试间距各测试规程有所不同。

测试中通常采用自动测读模式。当探头升到指定测点,观察自动判读线正确地对准首波起点和波谷(峰)后,再按下确认、存储键进行测读。当测量中受到干扰或接收信号弱,自动判读线来回跳动或未能对准首波起点和波谷(峰)时,必须启动手动测量模式进行手动测读。

一对声测管测完后,再转到另一对声测管测量。

测试的参数包括声时、振幅和主频率,重点是声时和振幅,必要时也可注意观察和记录波形的变化。

图 2-2-4　灌注桩检测

(2)重点部位的加密测量和斜测。

当在常规的对测中发现某测点测值异常时,首先在该测点上下加密测点,即以10～20cm的间距测量。一方面验证常规对测的结果,另一方面可以借此确定异常部位的范围。在确定此处测值异常后,应采用斜测法进行进一步的探测,如图 2-2-5 所示。

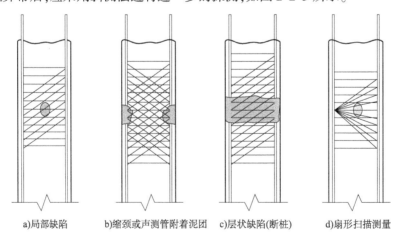

a)局部缺陷　　b)缩颈或声测管附着泥团　　c)层状缺陷(断桩)　　d)扇形扫描测量

图 2-2-5　灌注桩的斜交叉测量

所谓斜测就是将发、收换能器彼此错开一定距离进行测量。错开距离一般在 1～2m 之间,如果测试中信号有足够幅度,错开距离大一点有利于对缺陷的判断。斜测的间距宜为 10～20cm。通过斜测可对缺陷性质、严重情况作出判断。

①局部缺陷。如图 2-2-5a)所示,在对测中发现某测线测值异常(图中用实线表示),进行斜测,在多条斜测线中,如果仅有一条测线(实线)测值异常,其余皆正常,则可以判断这只是一个局部的缺陷,位置就在两条实线的交点处。

②缩颈或声测管附着泥团。如图 2-2-5b)所示,在对测中发现某(些)测线测值异常(实线),进行斜测。如果斜测线中通过异常对测点发收处的测线测值异常,而穿过两声测管连线中间部位的测线测值正常,则可判断桩中心部位是正常混凝土,缺陷应出现在桩的边缘,声测管附近,有可能是缩颈或声测管附着泥团。当某根声测管陷入缺陷包围时,由它构成的两个测试面在该高程处都会出现异常测值。

③层状缺陷(断桩)。如图 2-2-5c)所示,在对测中发现某(些)测线测值异常(实线),进行斜测。如果斜测线中除通过异常对测点发收处的测线测值异常外,所有穿过两声测管连线中间部位的测线测值均异常,则可判定该两声测管间缺陷是连成一片。如果三个测试面均在此高程处出现这样的情况,如果不是在桩的底部,测值又低下严重,则可判定是整个断面的缺陷,如夹泥层或疏松层,即断桩。

说到整个桩断面的缺陷,这里有个例外的情况需要注意。如果上述情况出现在桩的底部,则往往是桩底沉渣所造成。但在判断沉渣高度时,有时会遇到这样的情况:孔底沉渣如果有一定厚度,当混凝土从浇筑导管冲出时,有可能将沉渣挤向四周,形成锅底形状,如图 2-2-6 所示。由于声测管被分布于孔边沿的沉渣所包裹,在这些高程上对测时也会出现 3 个测试面测试数据异常低下的情况,由于在桩的底部,斜测布点数量有限,在判断沉渣厚度上,如果遇到这种情况,有可能将沉渣厚度判为图 2-2-6 中的 h,需要注意。

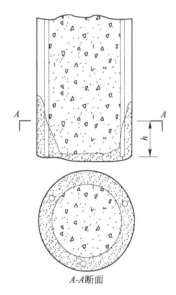

图 2-2-6 桩底沉渣情况

斜测有两面斜测和一面斜测。最好进行两面斜测,以便相互印证,特别是像图 2-2-5b)那种缩颈或包裹声测管的缺陷,两面斜测可以避免误判。

④扇形扫描测量。为减少换能器升降次数,作为一种辅助手段,也可扇形扫描测量,如图 2-2-5d)所示,一只换能器固定某高程不动,另一只换能器逐点移动,测线呈扇形。要注意的是,扇形测量中测距是各不相同的,虽然波速可以计算,相互比较,但振幅测值却没有相互可比性,只能根据相邻测点测值的突变来发现测线是否遇到缺陷。

测试中还要注意声测管接头的影响。当换能器正好位于接头处,有时接头会使声学参数测值明显降低,特别是振幅测值。其原因是接头处存在空气夹层,强烈反射声波能量。遇到这种情况,判断的方法是:将换能器移开 10cm,测值立刻正常,反差极大,往往属于这种情况。另外,通过斜测也可作出判断。

(3)检测方法应符合下列要求:

①测点间距不宜大于 250mm。发射与接收换能器应以相同高程同步升降,其累计相对高差不应大于 20mm(平测),或保持固定高差同步升降(斜测),并随时校正。

②在对同一根桩的检测过程中,声波发射电压和仪器设置参数应保持不变。

③将多根声测管以两根为一个检测剖面进行全组合,分别对所有检测剖面完成检测。
④对于声时值和波幅值出现异常的部位,应采用水平加密、等差同步或扇形扫测等方法进行细测,结合波形分析确定桩身混凝土缺陷的位置及其严重程度。

(七)检测数据分析与判定

(1)声时修正值可按式(2-2-1)计算:

$$t' = \frac{D-d}{v_t} + \frac{d-d'}{v_w} \tag{2-2-1}$$

式中:t'——声时修正值(μs),t 为声波在混凝土中的传播时间,简称声时;
　　D——声测管外径(mm);
　　d——声测管内径(mm);
　　d'——换能器外径(mm);
　　v_t——声测管壁厚度方向声速值(km/s);
　　v_w——水的声速值(km/s)。

(2)声时、声速和声速平均值应按式(2-2-2)~式(2-2-4)计算,并绘制声速—深度曲线、波幅—深度曲线。

$$t = t_i - t_0 - t' \tag{2-2-2}$$

$$v_i = \frac{l}{t} \tag{2-2-3}$$

$$v_m = \sum_{i=1}^{n} \frac{v_i}{n} \tag{2-2-4}$$

式中:t——声时值(μs);
　　t_i——超声波第 i 测点声时值(μs);
　　t_0——声波检测系统延迟时间(μs);
　　t'——声时修正值(μs);
　　v_i——第 i 个测点声速值(km/s);
　　l——两根检测管外壁间的距离(mm);
　　v_m——混凝土声速平均值(km/s);
　　n——测点数。

(3)单孔折射法的声时、声速值应按式(2-2-5)和式(2-2-6)计算:

$$\Delta t = t_2 - t_1 \tag{2-2-5}$$

$$v_i = \frac{h}{\Delta t} \tag{2-2-6}$$

式中:Δt——两个接收换能器间的声时差(μs);
　　t_1——近道接收换能器声时(μs);
　　t_2——远道接收换能器声时(μs);
　　v_i——第 i 测点的声速值(km/s);
　　h——两个接收换能器间的距离(mm)。

(4)桩身混凝土缺陷应根据下列方法综合判定:
①声速判据。
当实测混凝土声速值低于声速临界值时应将其作为可疑缺陷区。

$$v_i < v_D \tag{2-2-7}$$

式中：v_i——第 i 个测点声速值(km/s)；

v_D——声速临界值(km/s)。

声速临界值采用正常混凝土声速平均值与 2 倍声速标准差之差，即：

$$v_D = \bar{v} - 2\sigma_V \tag{2-2-8}$$

$$\bar{v} = \sum_{i=1}^{n} \frac{v_i}{n} \tag{2-2-9}$$

$$\sigma_V = \sqrt{\sum_{i=1}^{n} \frac{(v_i - \bar{v})^2}{n-1}} \tag{2-2-10}$$

式中：$\bar{v}$——正常混凝土声速平均值(km/s)；

σ_V——正常混凝土声速标准差；

v_i——第 i 个测点声速值(km/s)；

n——测点数。

当检测剖面 n 个测点的声速值普遍偏低且离散性很小时，宜采用声速低限值判据。即实测混凝土声速值低于声速低限值时，可直接判定为异常。

$$v_i < v_L \tag{2-2-11}$$

式中：v_i——第 i 个测点声速值(km/s)；

v_L——声速低限值(km/s)。

声速低限值应由预留同条件混凝土试件的抗压强度与声速对比试验结果，结合本地区实际经验确定。

②波幅判据。

用波幅平均值减 6dB 作为波幅临界值，当实测波幅低于波幅临界值时，应将其作为可疑缺陷区。

$$A_D = A_m - 6 \tag{2-2-12}$$

$$A_m = \sum_{i=1}^{n} \frac{A_i}{n} \tag{2-2-13}$$

式中：A_D——波幅临界值((dB)；

A_m——波幅平均值(dB)；

A_i——第 i 个测点相对波幅值(dB)；

n——测点数。

③PSD 判据。

采用斜率法作为辅助异常判据，当 PSD 值在某测点附近变化明显时，应将其作为可疑缺陷区。

$$PSD = \frac{(t_i - t_{i-1})^2}{z_i - z_{i-1}} \tag{2-2-14}$$

式中：t_i——第 i 个测点声时值(μs)；

t_{i-1}——第 $i-1$ 个测点声时值(μs)；

z_i——第 i 个测点深度(m)；

z_{i-1}——第 $i-1$ 个测点深度(m)。

(5)对于混凝土声速和波幅值出现异常并判为可疑缺陷区的部位，应按要求确定桩身混凝土缺陷的位置及影响程度。

(6)对支承桩或嵌岩桩,宜同时采用低应变反射波法检测桩段的支承情况。

(7)桩身完整性类别判定:

① Ⅰ 类桩:各声测剖面每个测点的声速、波幅均大于临界值,波形正常。

② Ⅱ 类桩:某一声测剖面个别测点的声速、波幅略小于临界值,但波形基本正常。

③ Ⅲ 类桩:某一声测剖面连续多个测点或某一深度桩截面处的声速、波幅值小于临界值,PSD 值变大,波形畸变。

④ Ⅳ 类桩:某一声测剖面连续多个测点或某一深度桩截面处的声速、波幅值明显小于临界值,PSD 值突变,波形严重畸变。

(八)编制检测报告

检测报告应符合《公路工程基桩动测技术规程》(JTG/T F81-01—2004)的规定,参考格式见实训指导书,并应包括下列内容:

(1)工程名称、地点,委托方、建设、勘察、设计、监理和施工单位。

(2)检测目的,检测依据,检测数量,检测日期等。

(3)地质条件描述。

(4)受检桩的桩号、桩位和相关施工记录。

(5)检测方法、原理、仪器设备和过程叙述。

(6)声测管布置图,并应包括每根被检桩各剖面的声速—深度、波幅—深度曲线及各自的临界值,声速、波幅的平均值,桩身缺陷位置及程度的分析说明。

(7)与检测内容相应的检测结论。

(8)必要的说明和建议,比如对扩大或验证检测的建议。

四、钻芯法

钻芯法是检测现浇混凝土灌注桩的成桩质量的一种有效手段,不受场地限制,特别适用于大直径混凝土灌注桩。钻芯法不仅可以直观测试灌注桩的完整性,而且能够检测桩长、桩底沉渣厚度以及桩底岩土层的性状,钻芯法还是检验灌注桩桩身混凝土强度的可靠的方法,这些检测内容是其他方法无法替代的。在各种桩身完整性检测方法中,钻芯法最为直观可靠。但该法取样部位有局限性,只能反映钻孔范围内的小部分混凝土质量,存在较大的盲区,容易以点带面造成误判或漏判。钻芯法对查明大面积的混凝土疏松、离析、夹泥、孔洞等比较有效,而对局部缺陷和水平裂缝等判断就不一定十分准确。另外,钻芯法还存在设备庞大、费工费时、价格昂贵的缺点。因此,钻芯法不宜用于大批量检测,而只能用于抽样检查,或作为对无损检测结果的验证手段。实践经验表明,采用钻芯法和超声法联合检测、综合判定的办法评定大直径灌注桩的质量,是十分有效的办法。

(一)试验目的

(1)验证桩身完整性,即桩身材料密实性和连续性,如桩身混凝土胶结状况、有无气孔、松散或断桩等,判定桩身完整性类别。

(2)检测桩身混凝土强度是否符合设计要求。

(3)桩底沉渣厚度是否符合设计或规范的要求。

(4)桩底持力层的岩土性状(强度)和厚度是否符合设计或规范要求。

(5)检测施工记录桩长是否真实。

(二)适用范围

本方法适用于检测混凝土灌注桩的桩长、桩身混凝土强度、桩底沉渣厚度和桩身完整性,判定或鉴别桩底持力层岩土性状。

(三)检测仪器与设备

1. 钻机

钻机应具有足够的刚度、操作灵活、固定和移动方便,并应有水冷却系统。混凝土灌注桩芯样的钻取宜采用液压操纵的钻机,钻机应配备单动双管钻具以及相应的孔口管、扩孔器、卡簧、扶正稳定器和可捞取松软渣样的钻具,设备参数应符合以下规定:

(1)额定最高转速不低于790r/min。
(2)转速调节范围不少于4挡。
(3)额定配用压力不低于1.5MPa。
(4)钻杆应顺直,直径宜为50mm。
(5)水泵的排水量应为50~160L/min、泵压为1.0~2.0MPa。

2. 钻头

应根据混凝土设计强度等级选用合适粒度、浓度、胎体硬度的金刚石钻头,且外径不宜小于100mm。钻头胎体不得有肉眼可见的裂纹、缺边、少角、倾斜及喇叭口变形。

3. 锯切机

锯切芯样试件用的锯切机应具有冷却系统和牢固夹紧芯样的装置,配套使用的金刚石圆锯片应有足够刚度。

4. 芯样试件

芯样试件端面的补平器和磨平机应满足芯样制作的要求。

(四)现场检测

(1)每根受检桩的钻芯孔数和钻孔位置宜符合下列规定:

①桩径小于1.2m的桩钻1孔,桩径为1.2~1.6m的桩钻2孔,桩径大于1.6m的桩钻3孔。

②当钻芯孔为1个时,宜在距桩中心10~15cm的位置开孔;当钻芯孔为2个或2个以上时,开孔位置宜在距桩中心$(0.15~0.25)D$内均匀对称布置。对桩端持力层的钻探,每根受检桩不应少于1孔,且钻探深度应满足设计要求。

(2)钻机设备安装必须周正、稳固、底座水平。钻机立轴中心、天轮中心(天车前沿切点)与孔口中心必须在同一铅垂线上。应确保钻机在钻芯过程中不发生倾斜、移位,钻芯孔垂直度偏差不大于0.5%。

(3)当桩顶面与钻机底座的距离较大时,应安装孔口管,孔口管应垂直且牢固。

(4)钻进过程中,钻孔内循环水流不得中断,应根据回水含砂量及颜色调整钻进速度。

(5)提钻卸取芯样时,应拧卸钻头和扩孔器,严禁敲打卸芯。

(6)每回次进尺宜控制在1.5m内;钻至桩底时,应采取适宜的钻芯方法和工艺钻取沉渣并测定沉渣厚度,并采用适宜的方法对桩端持力层岩土性状进行鉴别。

(7)钻取的芯样应由上而下按回次顺序放进芯样箱中,芯样侧面上应清晰标明回次数、块号、本回次总块数,并应按规范要求的格式(参考格式见实训指导书)及时记录钻进情况和钻进异常情况,对芯样质量做初步描述。

(8)钻芯过程中,应按规范要求的格式(参考格式见实训指导书)对芯样混凝土、桩底沉渣以及桩端持力层做详细编录。

(9)钻芯结束后,应对芯样和标有工程名称、桩号、钻芯孔号、芯样试件采取位置、桩长、孔深、检测单位名称的标示牌的全貌进行拍照。

(10)当单桩质量评价满足设计要求时,应采用0.5~1.0MPa压力,从钻芯孔孔底往上用水泥浆回灌封闭;否则应封存钻芯孔,留待处理。

(五)芯样试件截取与加工

(1)截取混凝土抗压芯样试件应符合下列规定:

①当桩长为10~30m时,每孔截取3组芯样;当桩长小于10m时,可取2组,当桩长大于30m时,不少于4组。

②上部芯样位置距桩顶设计高程不宜大于1倍桩径或1m,下部芯样位置距桩底不宜大于1倍桩径或1m,中间芯样宜等间距截取。

③缺陷位置能取样时,应截取1组芯样进行混凝土抗压试验。

④当同一基桩的钻芯孔数大于1个,其中1孔在某深度存在缺陷时,应在其他孔的该深度处截取芯样进行混凝土抗压试验。

(2)当桩端持力层为中、微风化岩层且岩芯可制作成试件时,应在接近桩底部位截取一组岩石芯样;如遇分层岩性时宜在各层取样。

(3)每组芯样应制作3个芯样抗压试件。芯样试件应按下述内容进行加工和测量。

①应采用双面锯切机加工芯样试件,加工时应将芯样固定,锯切平面垂直于芯样轴线。锯切过程中应淋水冷却金刚石圆锯片。

②锯切后的芯样试件,当试件不能满足平整度及垂直度要求时,应选用以下方法进行端面加工:

a.在磨平机上磨平。

b.用水泥砂浆(或水泥净浆)或硫黄胶泥(或硫黄)等材料在专用补平装置上补平。水泥砂浆(或水泥净浆)补平厚度不宜大于5mm,硫黄胶泥(或硫黄)补平厚度不宜大于1.5mm。

补平层应与芯样结合牢固,受压时补平层与芯样的结合面不得提前破坏。

③试验前,应对芯样试件的几何尺寸做下列测量:

a.平均直径。用游标卡尺测量芯样中部,在相互垂直的两个位置上,取其两次测量的算术平均值,精确至0.5mm。

b.芯样高度。用钢卷尺或钢板尺进行测量,精确至1mm。

c.垂直度。用游标量角器测量两个端面与母线的夹角,精确至0.1°。

d.平整度。用钢板尺或角尺紧靠在芯样端面上,一面转动钢板尺,一面用塞尺测量与芯样端面之间的缝隙。

④试件有裂缝或有其他较大缺陷、芯样试件内含有钢筋以及试件尺寸偏差超过下列数值时,不得用作抗压强度试验:

a.芯样试件高度小于$0.95d$或大于$1.05d$时(d为芯样试件平均直径)。

b.沿试件高度任一直径与平均直径相差达2mm以上时。

c.试件端面的不平整度在100mm长度超过0.1mm时。

d. 试件端面与轴线的不垂直度超过2°时。
e. 芯样试件平均直径小于2倍表观混凝土粗集料最大粒径时。

(六)芯样试件抗压强度试验

(1)芯样试件制作完毕可立即进行抗压强度试验。

(2)混凝土芯样试件的抗压强度试验应按现行国家标准《普通混凝土力学性能试验方法》(GB/T 50081—2002)的有关规定执行。

(3)抗压强度试验后,若发现芯样试件平均直径小于2倍试件内混凝土粗集料最大粒径,且强度值异常时,该试件的强度值不得参与统计平均。

(4)混凝土芯样试件抗压强度应按式(2-2-15)计算。

$$f_{cu} = \xi \cdot \frac{4P}{\pi d^2} \quad (2-2-15)$$

式中:f_{cu}——混凝土芯样试件抗压强度(MPa),精确至0.1MPa;
P——芯样试件抗压试验测得的破坏荷载(N);
d——芯样试件的平均直径(mm);
ξ——混凝土芯样试件抗压强度折算系数,应考虑芯样尺寸效应、钻芯机械对芯样扰动和混凝土成型条件的影响,通过试验统计确定;当无试验统计资料时,宜取为1.0。

(5)桩底岩芯单轴抗压强度试验可按现行国家标准《建筑地基基础设计规范》(GB 50007—2011)附录J执行。

(七)检测数据分析与判定

(1)混凝土芯样试件抗压强度代表值应按1组3块试件强度值的平均值确定。同一受检桩同一深度部位有2组或2组以上混凝土芯样试件抗压强度代表值时,取其平均值为该桩该深度处混凝土芯样试件抗压强度代表值。

(2)受检桩中不同深度位置的混凝土芯样试件抗压强度代表值中的最小值为该桩混凝土芯样试件抗压强度代表值。

(3)桩端持力层性状应根据芯样特征、岩石芯样单轴抗压强度试验、动力触探或标准贯入试验结果,综合判定桩底持力层岩土性状。

(4)桩身完整性类别应结合钻芯孔数、现场混凝土芯样特征、芯样单轴抗压强度试验结果,按表2-2-1的规定和表2-2-2的特征进行综合判定。

桩身完整性分类　　　　表2-2-1

桩身完整性类别	分 类 原 则
Ⅰ类桩	桩身完整
Ⅱ类桩	桩身有轻微缺陷,不会影响桩身结构承载力的正常发挥
Ⅲ类桩	桩身有明显缺陷,对桩身结构承载力有影响
Ⅳ类桩	桩身存在严重缺陷

(5)成桩质量评价应按单桩进行。当出现下列情况之一时,应判定该受检桩不满足设计要求:

①桩身完整性类别为Ⅳ类的桩。
②受检桩混凝土芯样试件抗压强度代表值小于混凝土设计强度等级的桩。
③桩长、桩底沉渣厚度不满足设计或规范要求的桩。

④桩端力层岩土性状(强度)或厚度未达到设计或规范要求的桩。

桩身完整性判定 表2-2-2

类别	特 征
Ⅰ	混凝土芯样连续、完整、表面光滑、胶结好、集料分布均匀、呈长柱状、断口吻合,芯样侧面仅见少量气孔
Ⅱ	混凝土芯样连续、完整、胶结较好、集料分布基本均匀、呈柱状、断口基本吻合,芯样侧面局部见蜂窝麻面、沟槽
Ⅲ	大部分混凝土芯样胶结较好,无松散、夹泥或分层现象,但有下列情况之一: 芯样局部破碎且破碎长度不大于10cm; 芯样集料分布不均匀; 芯样多呈短柱状或块状; 芯样侧面蜂窝麻面、沟槽连续
Ⅳ	钻进很困难; 芯样任一段松散、夹泥或分层; 芯样局部破碎且破碎长度大于10cm

(6)钻芯孔偏出桩外时,仅对钻取芯样部分进行评价。

(7)试验记录表格。

钻芯法检测的现场操作记录和芯样记录表格,参考格式见下文任务实施案例。

任务实施

任务实施主要掌握灌注桩完整性检测的主要工序、基本方法和质量标准。

根据施工单位或业主的要求,接受检测任务。进行检测设备与资料的准备,进入施工现场,按照事先确定的检测方法,进行检测数据的采集,对检测数据进行分析与整理,编制检测报告。

现以某大桥Ⅳ标141Y-4号基桩钻芯法检测为例,将任务实施简述如下:

一、任务概况

受某大桥第Ⅳ合同段项目经理部委托,我中心对其合同段内的基桩采用钻芯法进行抽检,具体桩位由监理工程师指定,目的是检测灌注桩桩长、桩身混凝土强度、桩底沉渣厚度,判定桩身完整性类别。

我中心于2012年9月16日至2012年9月17日对141Y-4号桩采用钻芯法进行了检测,完成取芯孔2个,累计完成钻孔取芯工作量为60.39m。基本情况见表2-2-3。

141Y-4号基桩基本情况表 表2-2-3

检测桩号		141Y-4号	桩径(m)		1.20	混凝土强度等级	C25
设计	桩顶高程(m)	16.500	检测时 (实际)	桩顶高程(m)	16.659		
	桩底高程(m)	-13.000		桩底高程(m)	-13.168		
	桩长(m)	29.500		桩长(m)	29.827		

注:1.检测时混凝土龄期:大于28d。

2.以上高程为承包单位提供。

二、检测依据

本次检测依据《建筑基桩检测技术规范》(JGJ 106—2014)。

三、检测原理、设备及检测步骤

1. 试验原理

钻芯法是钻取桩身混凝土芯样进行状态检验。状态检验指的是桩身是否有断桩、夹泥、混凝土密实度以及沉渣厚度等。

钻芯法检测用于检测混凝土灌注桩的桩长、桩身混凝土强度、桩底沉渣厚度和桩身完整性，判定或鉴别桩端持力层岩土性状。

桩身完整性判定及分类：

Ⅰ类桩：混凝土芯样连续、完整、表面光滑、胶结好、集料分布均匀、呈长柱状、断口吻合，芯样侧面仅见少量气孔。

Ⅱ类桩：混凝土芯样连续、完整、胶结较好、集料分布基本均匀、呈柱状、断口基本吻合，芯样侧面局部见蜂窝、沟槽。

Ⅲ类桩：大部分混凝土芯样胶结较好，无松散、夹泥或分层现象，但有下列情况之一：芯样局部破碎且破碎长度不大于10cm；芯样集料分布不均匀；芯样多呈短柱状或块状；芯样侧面或蜂窝麻面、沟槽连续。

Ⅳ类桩：钻进很困难；芯样任一段松散、夹泥或分层；芯样局部破碎且破碎程度大于10cm。

2. 试验设备

检测设备采用衡阳探矿机械厂生产的XY－1型油压钻机一台，单动双管金刚石钻具一套，BW－160型水泵一台及相应的配套设备。

3. 试验步骤

(1)被检桩的布孔数量及钻孔位置为：桩径小于1.2 m的桩钻1孔，桩径1.2～1.6m的桩钻2孔。桩径大于1.6m的桩钻3孔；当钻芯孔为一个时，宜在距桩中心10～15cm的位置开孔，当钻芯孔为两个或两个以上时，开孔位置宜在距桩中心(0.15～0.25)D内均匀对称布置；对桩端持力层的钻探，钻探深度为50cm左右，必要时深度应满足设计、监理或委托方要求。

对受检有问题的桩，钻孔具体的位置根据受检桩缺陷位置而定。

(2)钻机设备安装周正、稳固、底座水平。钻机立轴中心、天轮中心(天车前沿切点)与孔口中心在同一铅垂线上。钻机在钻芯过程中未发生倾斜、移位，钻芯孔垂直度偏差≤0.5%。

(3)当桩顶面与钻机底座的距离较大时，安装孔口管，孔口管垂直且牢固。

(4)提钻卸取芯样时，拧卸钻头和扩孔器，严禁敲打卸芯。

(5)每回次进尺控制在1.5m范围内。

(6)钻取的芯样应由上而下按回次顺序放进芯样箱中，芯样侧面上清晰标明回次数、块号、本回次总块数，并记录了钻进情况和钻进异常情况，对芯样质量做初步描述。

(7)对芯样标有工程名称、桩号、钻芯孔号、芯样试件采取位置、桩长、孔深、检测单位名称的标示牌进行全貌拍照。

四、混凝土芯样描述

(1)141Y-4号桩ZK1孔,总进尺为30.22m。

①0.00~30.02m:厚30.02m,青灰色混凝土芯样,芯样完整、连续,集料分布基本均匀,胶结良好,断口吻合,局部见蜂窝麻面及小气孔分布。

②30.02~30.22m:厚0.20m,为短柱状红砂岩,断口处与芯样底部较吻合,桩底无沉渣。

(2)141Y-4号桩ZK2孔,总进尺为30.17m。

①0.00~29.95m:厚29.95m,青灰色混凝土芯样,芯样完整、连续,断口吻合,集料分布基本均匀,胶结良好,局部见蜂窝、沟槽及小气孔分布。

②29.95~30.17m:厚0.22m,为短柱状红砂岩,断口处与芯样底部较吻合,桩底无沉渣。

五、混凝土芯样试件抗压强度

依据规范要求,本次对141Y-4号桩ZK1孔、ZK2孔分别截取3组芯样试件进行单轴抗压强度试验,试验结果表及试验结果评定表见表2-2-6和表2-2-7。

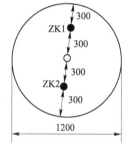

图2-2-7 141Y-4号基桩取芯孔平面布置示意图
(尺寸单位:mm)

六、质量评价

依据《建筑基桩检测技术规范》(JGJ 106—2003),本次检测的某大桥Ⅳ标141Y-4号基桩16.659~-13.168m高程范围内桩身完整性类别为Ⅱ类,桩底无沉渣;桩身混凝土芯样试件抗压强度代表值为29.9MPa,满足设计要求。

七、附件

(1)141Y-4号基桩取芯钻孔平面布置如图2-2-7所示。

(2)混凝土芯样照片如图2-2-8、图2-2-9所示。

图2-2-8 141Y-4号桩ZK1孔

图2-2-9 141Y-4号桩ZK2孔

(3)混凝土芯样柱状图见表2-2-4和表2-2-5。

141Y-4号基桩 ZK1 孔混凝土芯样柱状图　　　　　　　　　　　表 2-2-4

桩号	141Y-4号	混凝土强度等级	C25	高程(m)	设计桩顶	16.500	开孔时间	2012.9.16
					检测时桩顶	16.659		
设计桩径			1.20m	钻孔深度		30.22m	终孔时间	2012.9.16
孔号	孔深(m)	层厚(m)	柱状图	混凝土芯样描述				
ZK1	30.02	0.02		青灰色混凝土芯样,芯样完整、连续,集料分布基本均匀,胶结良好,断口吻合,局部见蜂窝麻面及小气孔分布				
	30.22	0.20		为短柱状红砂岩,断口处与芯样底部较吻合,桩底无沉渣				

141Y-4号基桩 ZK2 孔混凝土芯样柱状图　　　　　　　　　　　表 2-2-5

桩号	141Y-4号	混凝土强度等级	C25	高程(m)	设计桩顶	16.500	开孔时间	2012.9.17
					检测时桩顶	16.659		
设计桩径			1.20m	钻孔深度		30.17m	终孔时间	2007.9.17
孔号	孔深(m)	层厚(m)	柱状图	混凝土芯样描述				
ZK2	29.95	29.95		青灰色混凝土芯样,芯样完整、连续,断口吻合,集料分布基本均匀,胶结良好,局部见蜂窝、沟槽及小气孔分布				
	30.17	0.22		为短柱状红砂岩,断口处与芯样底部较吻合,桩底无沉渣				

(4)抗压强度试验结果见表 2-2-6,抗压强度试验结果评定表见表 2-2-7。

抗压强度试验结果 表 2-2-6

工程名称	某大桥	被检桩号		141Y-4 号	混凝土龄期	大于 28d
送检方式	送样检验	收样日期		2012 年 9 月 18 日	试验日期	2012 年 9 月 19 日
试验状态	自然状态	试验依据		GB/T 50081—2002、CECS 03—2007		

			试 验 结 果			
序号	试样编号	取样深度(m)	芯样尺寸(mm)		极限荷载 F(kN)	单轴抗压强度换算值 f_{cu}^c(MPa)
			直径 d	高度 h		
1		1-1	0.20~0.40	83.0	105.8	187.36	37.8
2		1-2	0.40~0.60	83.0	106.0	165.29	33.4
3		1-3	0.60~0.80	82.5	105.8	147.21	30.1
4		2-1	9.23~9.43	82.0	105.3	122.66	25.4
5	ZK1 孔	2-2	17.30~17.50	82.5	105.8	125.56	25.7
6		2-3	27.55~27.75	83.0	105.3	134.86	27.2
7		3-1	29.09~29.29	83.0	105.0	165.21	33.3
8		3-2	29.29~29.49	83.0	105.3	146.83	29.6
9		3-3	29.49~29.69	83.0	105.3	174.35	35.1
10		1-1	0.30~0.50	83.0	104.0	133.25	26.7
11		1-2	0.50~0.70	83.0	104.3	163.38	32.8
12		1-3	0.70~0.90	83.0	105.0	158.61	31.9
13		2-1	7.68~7.88	83.3	103.3	169.21	33.6
14	ZK2 孔	2-2	19.85~20.05	83.0	104.8	139.65	28.1
15		2-3	27.46~27.66	83.0	104.0	169.75	34.1
16		3-1	29.00~29.20	83.0	104.0	131.08	26.3
17		3-2	29.20~29.40	82.8	104.0	142.54	28.9
18		3-3	29.40~29.60	82.5	104.3	170.63	34.8

抗压强度试验结果评定 表 2-2-7

工程名称	某大桥	被检桩号		141Y-4 号	混凝土龄期	大于 28d
送检方式	送样检验	收样日期		2012 年 9 月 18 日	试验日期	2012 年 9 月 19 日
试验状态	自然状态	试验依据		GB/T 50081—2002、CECS 03—2007		

		评 定 结 果			
序号	取样深度(mm)	试样编号	单轴抗压强度 f_{cu}^c(MPa)		
			实测值	平均值	代表值
1	0.20~0.90	ZK1 孔 1-1	37.8	33.8	29.9
		ZK1 孔 1-2	33.4		
		ZK1 孔 1-3	30.1		
		ZK2 孔 1-1	26.7	31.9	
		ZK2 孔 1-2	32.8		
		ZK2 孔 1-3	31.9		

续上表

序号	取样深度(mm)	试样编号		单轴抗压强度 f_{cu}^c (MPa)		
				实测值	平均值	代表值
2	7.68~27.75	ZK1 孔	2-1	25.4	26.1	29.9
			2-2	25.7		
			2-3	27.2		
		ZK2 孔	2-1	33.6	33.6	
			2-2	28.1		
			2-3	34.1		
3	29.00~29.69	ZK1 孔	3-1	33.3	32.7	30.8
			3-2	29.6		
			3-3	35.1		
		ZK2 孔	3-1	26.3	28.9	
			3-2	28.9		
			3-3	34.8		

任务工作单

学习情境二:基桩检测 工作任务二:灌注桩完整性检测	班级			
	姓名		学号	
	日期		评分	

1. 概述

灌注桩的常见缺陷有_____、_____、_____、_____和_____等。

2. 检测前的准备工作

(1)检测系统包括_____,_____ 1 对(探头线长＞桩身长度),管口滑轮 2 只,卷尺,现场记录纸,笔,电源,电源线等。

(2)《公路工程基桩动测技术规程》(JTG/T F81-01—2004)规定:当桩径不大于 1500mm 时,应埋设_____根声测管;当桩径大于 1500mm 时,应埋设_____根声测管。

(3)检测基桩完整性时,预制桩检测的开始时间无特殊要求,混凝土灌注桩的检测宜在成桩_____d 后进行。

3. 现场检测

(1)检测前,桩顶应凿至新鲜混凝土面,把声测管割平,管口建议高出桩顶_____mm,且各声测管管口高度一致,再往声测管里面灌满_____,并检查测管是否通畅。

(2)检测时,量测声测管的内、外径和两相邻声测管_____间的距离。

(3)声测管管距为 100~300cm,选用换能器频率宜为_____kHz。

(4)数据采集时,常规_____为将发、收换能器分置于两个声测管中,从管顶(或管底)开始,以一定间距进行等高度的逐点对测。

— 97 —

(5)对于可疑或重点部位,应进行_____和_____。
4.检测数据的分析及检测报告的编制
声波透射法评判检测数据时,主要依据为_____、_____和_____。
5.小组讨论灌注桩的常见缺陷并分析缺陷产生原因。

6.试说出 RS – ST01D(P)数字超声仪指定部分的名称。

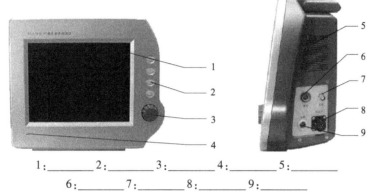

1:_____ 2:_____ 3:_____ 4:_____ 5:_____
6:_____ 7:_____ 8:_____ 9:_____

7.小组讨论声波透射法现场检测流程及要点。

8.小组讨论声波测试时主机参数设置。

9.小组讨论声波透射法检测基桩完整性时的注意事项。

工作任务三 基桩承载力检测

 **任务概述**

本工作任务是需要了解基桩承载力检测的重要性,掌握基桩承载力检测的基本方法。学习要求是认真研读本工作任务的内容,查阅某工程项目基桩承载力检测的案例资料,重视理论联系实际。

 相关知识

桩基是一种应用十分广泛的基础形式,如何正确评价桩的承载能力,选择合理的设计参数是一个关系到桩基是否安全与经济的重要问题。高新技术的应用,为进一步探索桩的作用机理提供了条件。

现有确定基桩承载力的方法有两类,一类是静荷载试验,另一类是各种桩的动测方法。由于桩的承载条件不同,桩的承载力可分为竖向承载力(包括竖向抗压承载力和抗拔承载力)和横向(水平)承载力。桩的静载试验是获得桩轴向抗压、抗拔以及横向承载力的最基本、最可靠的方法,其他各种测定方法(如静力触探、动测法等)的成果,都必须与静载试验相比较,才能判明其准确性。国内外规范一致规定,对重要工程都应通过静载试验。因此一般对特大桥和地质复杂的大中桥试桩,应采用静载试验确定单桩承载力。

桩的破坏包括桩本身材料破坏和地基土的强度破坏。

1. 桩身的材料破坏

灌注桩在轴向抗压试验中,桩体的破坏包括:因水泥用量不足、不密实、漏浆、离析等致使混凝土强度不足引起的破坏;因缩颈、错位、断桩、夹泥等成桩畸形引起的破坏。预制桩则会出现在地基浅部屈曲,桩头由于无网筋或箍筋间距过大,加载后桩头出现沿主筋方向的竖向裂缝。钢管桩则会出现压屈破坏。

在单桩横向静荷载试验中,当混凝土桩最大弯矩断面受拉区混凝土退出工作,钢筋发生屈服,或钢桩该断面最大应力达到屈服应力,桩体材料强度达到极限状态而破坏。

2. 桩的地基土强度破坏

桩顶轴向受压周围地基土破坏时,在桩周围土体形成一个近似圆柱形的剪切破坏面,桩端下滑动土体的滑动线一般不会延伸至地面。对于黏性土层中的桩而言,表示荷载 Q 与沉降 S 的 Q-S 曲线出现陡降,相应于曲线拐点处的荷载即为桩的极限荷载。对于持力层为砂土或粉土中的打入桩而言,Q-S 曲线呈缓变型,从 Q-S 曲线上难以确定单桩极限承载力。在这种情况下,一般根据上部构筑物的允许沉降来确定桩的极限承载力。各行业规程都有明确规定,一般规定桩顶沉降值为 40~60mm 时的相应荷载为桩的极限承载力。桩在极限荷载下,其总侧阻力发挥充分,总端阻力则可能发挥充分(陡降型 Q-S 曲线),或部分得到发挥(缓变型 Q-S 曲线)。对于承受侧向荷载的桩,随着侧向荷载的增加,桩侧土塑性区也逐渐扩大加深,而一般单桩横向承载力是受周围土横向位移所制约。

一、试验前的准备工作

(1)试桩的桩顶如有破损或强度不足时,应将破损和强度不足段凿除后,修补平整。

(2)做静推试验的桩,如系空心桩,则应在直接受力部位填充混凝土。

(3)做静压、静拔的试桩,为便于在原地面处施加荷载,在承台底面以上部分或局部冲刷线以上部分设计不能考虑的摩擦力应予扣除。

(4)做静压、静拔的试桩,桩身需通过尚未固结新近沉积的土层或湿陷性黄土、软土等土层对桩侧产生向上的负摩擦力部分,应在桩表面涂设涂层,或设置套管等方法予以消除。

(5)在冰冻季节试桩时,应将桩周围的冻土全部融化,其融化范围:静压、静拔试验时,离试桩周围不小于1m;静推试验时,不小于2m。融化状态应保持到试验结束。

(6)在结冰的水域做试验时,桩与冰层间应保持不小于100mm的间隙。

二、单桩竖向抗压静载试验(静压试验)

单桩竖向抗压静载试验,就是采用接近于竖向抗压桩实际工作条件的试验方法。荷载作用于桩顶,桩顶产生位移(沉降),可得到单根试桩 Q-S 曲线,还可获得每级荷载下桩顶沉降随时间的变化曲线,当桩身中埋设量测元件时,还可以直接测得桩侧各土层的极限摩阻力和端承力。

(一)试验目的与适用范围

通常用来确定单桩的竖向抗压极限承载力;判断竖向抗压承载力是否满足设计要求;当在桩身埋设有测量桩身应力、应变、桩底反力的传感器或位移杆时,可以测定桩的分层侧阻力和端阻力或桩身截面的位移量;验证高应变法的单桩竖向抗压承载力检测结果。

(二)试验方法

静载试验的方法主要与试验要求有关,国内外采用的试验方法主要有慢速维持荷载法、快速维持荷载法、等贯入速率法、循环加卸载法。在工程中惯用慢速维持荷载法,若设计无特殊要求时,用单循环加载试验。

(三)试桩选取

试桩可以在已打好的工程桩中选定,也可专门设置与工程桩相同的试桩。

(四)抽样数量

一个工程中应取多少根桩进行静载试验,各个部门规范没有统一。《建筑地基基础设计规范》(GB 50007—2011)规定:检验桩数不得少于同条件下总桩数的1%,且不得少于3根;《建筑基桩检测技术规范》(JGJ 106—2014)规定:同条件下的试桩数量不应少于3根,且不宜少于总桩数的1%,当工程桩总数在50根以内时,不应少于2根;《港口工程基桩静载荷试验规程》(JTJ 255—2012)规定:当总桩数少于500根时,试验桩不应少于2根,总桩数每增加500根,试验桩数宜相应增加1根;《公路桥涵施工设计规范》(JTG/T F50—2011)规定:施工阶段的试桩数量宜根据设计要求和工程地质条件确定,但不宜少于2根。

实际测试时,可根据工程具体情况参考相关规范进行。

(五)试桩间歇时间

从预制桩打入和灌注桩成桩到开始试验的时间间隔,在满足桩身强度达到设计要求的前提下:对于砂类土,不得少于7d;对于一般黏性土,不得少于15d,对于黏土与砂交互的土层可取中间值;对于淤泥或淤泥质土,不得少于25d。

(六)试验仪器设备

静载试验设备主要由主梁、次梁、锚桩或压重等反力装置,千斤顶、油泵加载装置,压力表、压力传感器或荷重传感器等荷载测量装置,百分表或位移传感器等位移测量装置组成。

1. 试验加载装置

单桩竖向抗压静载试验一般采用单台或多台同型号同规格千斤顶并联加载,千斤顶的合力中心应与桩轴线重合。千斤顶加载反力装置可根据现有条件选用下列三种形式之一。

1)锚桩横梁反力装置

锚桩横梁反力装置能提供的反力,应不小于预估最大试验荷载的1.3~1.5倍[《公路桥涵施工技术规范》(JTG F50—2011)规定]。锚桩至少需要4根。用灌注桩作锚桩时,其钢筋笼要通长配置。如用预制长桩,要加强接头的连接。锚桩按抗拔桩的规定计算确定,并应对试验过程中锚桩上拔量进行监测。横梁的刚度、强度与锚桩拉筋断面在试验前要进行验算,试验布置如图2-3-1所示。在大承载力桩试验中,横梁自重很大,需要以其他工程桩作支撑点,且基准梁也应放在其他工程桩上较为稳妥。该方案不足之处是进行大吨位灌注桩试验时无法随机抽样。

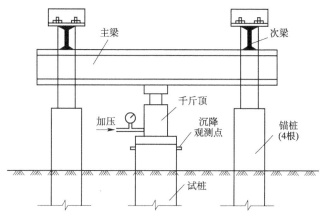

图2-3-1 锚桩横梁反力装置示意图

2)堆重平台反力装置

堆载材料一般为铁锭、混凝土块或砂袋,堆载重力不得小于预估试桩破坏荷载的1.2倍。堆载最好在试验前一次加上,并均匀稳固放置于平台上,如图2-3-2所示。在软土地基上大量堆载将引起地面较大下沉,基准梁要支撑在其他工程桩上,并远离沉降影响范围。作为基准梁的工字钢应尽量长些,但其高跨比宜大于1/40。堆载的优点可对试桩随机抽样,适合不配筋或少配筋的桩。

3)锚桩堆重联合反力装置

当试桩最大加载量超过锚桩的抗拔能力时,在锚桩上或横梁上配重,由锚桩与堆载共同承受千斤顶反力。

静载试验加载反力装置可根据现场条件选择锚桩横梁反力装置、压重平台反力装置、锚桩压重联合反力装置、地锚反力装置等。应符合以下规定:

(1)加载反力装置能提供的反力不得小于最大加载量的1.2倍。

(2)应对加载反力装置的全部构件进行强度和变形验算。

(3)应对锚桩抗拔力(地基土、抗拔钢筋、桩的接头)进行验算;采用工程桩作锚桩时,锚桩的数量应不少于4根,并应检测锚桩上拔量。

(4)压重施加于地基的压应力不宜大于地基承载力特征值的1.5倍,有条件时宜利用工程桩作为堆载支点。

(5)压重宜在检测前一次加足,并均匀稳固地放置于平台上。

(6)千斤顶应严格进行物理对中。多台千斤顶并联加载时,其上、下部应设置足够刚度的钢垫箱,并使千斤顶合力通过试桩中心。

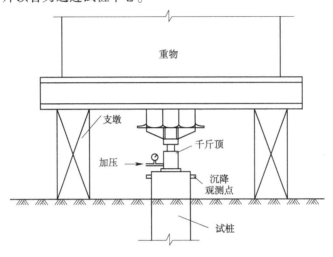

图 2-3-2 堆重平台反力装置示意图

2. 荷载测量装置

荷载测量可采用以下两种形式,一是通过用放置在千斤顶上的荷重传感器直接测定,二是通过并联于千斤顶油路的压力表或压力传感器测定油压,根据千斤顶率定曲线换算荷载。传感器的测量误差不应大于1%,压力表精度应优于或等于0.4级。

目前市场上用于静载试验的油压表的量程主要有25MPa、40MPa、60MPa、100MPa,应根据千斤顶的配置和最大试验荷载要求,合理选择油压表。试验用压力表、油泵、油管在最大加载时的压力不应超过仪器规定工作压力的80%。

3. 沉降测量装置

测量仪表必须精确,一般使用1/20mm光学仪器或力学仪表。支承仪表的基准架应有足够的刚度和稳定性。基准梁的一端在其支承上可以自由移动,不受温度影响引起上拱或下挠。沉降测量一般采用百分表或电子位移计,设置在桩的2个正交直径方向,对称安装4个;小直径桩可安装2个或3个。沉降测定平面离开桩顶的距离不应小于0.5倍桩径。固定和支承百分表的夹具和横梁在构造上应确保不受气温、振动及其他外界因素的影响而发生竖向变位。为了防止堆载引起的地面下沉影响测读精度,应用水准仪对基准梁系统进行监控。

各行业部门对试桩、锚桩和基准桩之间的中心距离有不同规定,交通运输部门《公路桥涵施工技术规范》(JTG/T F50—2011)规定如表2-3-1所示。

基准桩中心至试桩、锚桩中心(或压重平台支承边)的距离　　表2-3-1

反力系统	基准桩与试桩	基准桩与锚桩(压重平台支承边)
锚桩承载梁反力装置	≥4d	≥4d
压重平台反力装置	≥2.0m	≥2.0m

注:表中为试桩的直径或边长d≤800mm的情况;若试桩直径d>800mm时,基准桩中心至试桩中心(或压重平台支承边)的距离不宜小于4.0m。

(七) 试验准备工作

1. 桩头处理

1) 预制桩

预制方桩和预应力管桩,如果未进行截桩处理、桩头质量正常,单桩设计承载力合理,可不进行处理。预应力管桩,尤其是进行了截桩处理的预应力管桩,可采用填芯处理,填芯高度 h 一般为 $1\sim 2m$,可放置钢筋也可不放钢筋,填芯用的混凝土宜按 C25~C30 配制,也可用特制夹具箍住桩头。

2) 灌注桩

灌注桩桩头处理应先凿掉桩顶部的松散破碎层和低强度混凝土,露出主筋,冲洗干净桩头后再浇筑桩帽。

2. 系统检查

在所有试验设备安装完毕之后,应进行一次系统检查。其方法是对试桩施加一较小的荷载进行预压,其目的是消除整个量测系统和被检桩本身由于安装、桩头处理等人为因素造成的间隙而引起的非桩身沉降;排除千斤顶和管路中的空气;检查管路接头、阀门等是否漏油等。如一切正常,卸载至零,待百分表显示的读数稳定后,并记录百分表初始读数,即可开始进行正式加载。

(八) 试验步骤

1. 加载方法

一般采用慢速维持荷载法,即逐级加载,每级荷载达到相对稳定后,再加下一级荷载,直到试桩破坏,然后卸载到零。我国沿海软土地区也较多采用快速维持荷载法,即每隔 1h 加一级荷载。快速法所得的极限荷载所对应的沉降值比慢速法的值偏小百分之十几。

另外还有多循环加卸载法(每级荷载达到相对稳定后卸载到零)及等贯入速率法。此法的加荷速率常取 0.5mm/min,加载至总贯入量为 50~70mm,或荷载不再增大为止。

2. 慢速维持荷载法

1) 加载要求

进行单桩竖向抗压静载试验时,试桩的加载应满足以下要求:

(1) 对于以桩身承载力控制极限承载力的工程桩试验,加载至设计承载力的 1.5~2.0 倍。

(2) 对于嵌岩桩,当桩顶沉降量很小时,最大加载量不应小于设计承载力的 2 倍。

(3) 当堆载为反力时,堆载重力应不小于试桩预估极限承载力的 1.2 倍。

(4) 加载重心应与试桩轴线相一致。

2) 荷载分级

加载时应分级进行,使荷载传递均匀,无冲击。加载过程中,荷载不能超过每级的规定值。按试桩的预计最大试验加载量等分为 10~15 级进行逐级等量加载。也可将沉降变化较小的第一、二级加载合并,预估的最后一级加载和在试验过程中提前出现临界破坏那一级荷载也可分成两次加载,这对判定极限承载力精度将有所帮助。

3) 测读桩沉降的间隔时间

(1) 下沉未达到稳定状态不得进行下一级加载。

(2) 每级加载的观测时间规定为:每级加载完毕后,每隔 15min 观测一次;累计 1h 后,每隔 30min 观测一次。

4）稳定标准

每级加载下沉量,在下列时间内如不大于 0.1mm 即可认为稳定。

(1)桩端下为巨粒土、砂类土、坚硬黏质土,最后 30min。

(2)桩端下为半坚硬的细粒土,最后 1h。

5）加载终止条件

(1)总位移量大于或等于 40mm,本级荷载的下沉量大于或等于前一级荷载下沉量的 5 倍时,加载即可终止。取此终止时荷载小一级的荷载为极限荷载。

(2)总位移量大于或等于 40mm,本级荷载加上后 24h 未达稳定,加载即可终止。取此终止时荷载小一级的荷载为极限荷载。

(3)巨粒土、密实砂类土以及坚硬的黏质土中,总下沉量小于 40mm,但荷载已大于或等于设计荷载设计规定的安全系数,加载即可终止。取此时的荷载为极限荷载;

(4)施工过程中的检验性试验,一般加载应继续到桩的 2 倍的设计荷载为止。如果桩的总沉降量不超过 40mm,及最后一级加载引起的沉降不超过前一级加载引起的沉降的 5 倍,则该桩可以停止试验。

6）卸载规定

(1)卸载应分级进行,每级卸载量为加载增量的 2 倍。卸载后隔 15min 测读一次,读两次后,隔 0.5h 再读一次,即可卸下一级荷载。

(2)卸载到零后,至少在 2h 内每 30min 观测一次,如果桩尖下为砂类土,则开始 30min 内,每 15min 观测一次;如果桩尖下为黏质土,第一小时内,每 15min 观测一次。全部卸载后,隔 3~4h 再读一次。

（九）试验记录

(1)为了便于应用与统计,所有试验数据应及时填写记录(参考格式见实训指导书),并应对成桩和试验过程中出现的异常现象作必要说明。

(2)绘制有关试验成果曲线,一般绘制 $Q-S$(按整个图形比例横:竖 = 2:3,取 Q、S 的坐标比例)、$S-\lg t$、$S-\lg Q$ 曲线以及其他进行辅助分析所需曲线。图 2-3-3 是最典型的 $Q-S$ 曲线。

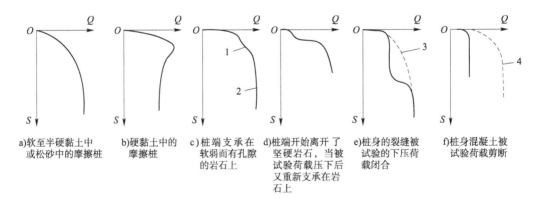

图 2-3-3 典型的单桩竖向抗压静荷载试验曲线
1-桩端下岩石结构的破损;2-岩土的总剪切破换;3、4-正常曲线

(十) 单桩竖向极限承载力的确定

1. 试桩竖向极限承载力的确定

在工程实践中，除了遵循有关的规范规程外，可参照下列标准确定极限承载力：

（1）当 Q-S 曲线的陡降段明显时，取相应于陡降段起点的荷载；

（2）对于缓变型 Q-S 曲线，一般可取 $S = 40 \sim 60$mm 对应的荷载；

（3）对于细长桩（$L/D > 80$）和超长桩（$L/D > 100$），一般可取桩沉降 $S = 2QL/(3E_cA_p) + 20$mm 所对应的荷载或取 $S = 60 \sim 80$mm 对应的荷载；

（4）取 S—$\lg t$ 曲线尾部出现明显向下弯曲的前一级荷载；

（5）对于摩擦型灌注桩，取 S—$\lg Q$ 曲线出现陡降直线段的起始点所对应的荷载值；

（6）对于大直径钻孔灌注桩，取桩端沉降 $S_b = 0.025D$ 所对应的荷载为极限荷载；国内建议取 $S = (0.03 \sim 0.06)D$（大桩径取低值，小直径取高值）所对应的荷载为极限承载力；

（7）当桩顶沉降量尚小，但因受荷条件的限制而提前终止试验时，其极限承载力一般应取最大加荷值；在桩身材料破坏的情况下，其极限承载力可取破坏前一级的荷载值。

2. 单桩竖向抗压极限承载力标准值的确定

单桩竖向抗压极限承载力的标准值应根据试桩位置、实际地质条件、施工情况等综合确定，当各试桩条件基本相同时，单桩竖向抗压极限承载力标准值可按下面的方法确定：

（1）计算试桩结果的统计特征值，其方法是：

①确定正常条件下几根试桩的极限承载力实测值 Q_{ui}；

②计算几根试桩实测极限承载力平均值 Q_{um}

$$Q_{um} = \frac{1}{n}\sum_{i=1}^{n} Q_{ui} \tag{2-3-1}$$

③计算每根试桩的极限承载力实测值与平均值之比 a_i：

$$a_i = \frac{Q_{ui}}{Q_{um}} \tag{2-3-2}$$

④按下式计算 a_i 的标准偏差 S_n：

$$S_n = \sqrt{\sum_{i=1}^{n}\frac{(a_i-1)^2}{n-1}} \tag{2-3-3}$$

（2）确定单桩竖向抗压极限承载力标准值 Q_{uk}，此时应分两种情况分别进行：

当 $S_n \leqslant 0.15$ 时

$$Q_{uk} = Q_{um} \tag{2-3-4}$$

当 $S_n > 0.15$ 时

$$Q_{uk} = \lambda Q_{um} \tag{2-3-5}$$

单桩竖向抗压极限承载力标准值折减系数 λ 可由变量 a_i 的分布，按下面的方法确定：

①当试桩数 $n = 2$ 时，按表 2-3-2 确定。

②当试桩数 $n = 3$ 时，按表 2-3-3 确定。

单桩竖向抗压极限承载力折减系数 λ（n = 2） 表 2-3-2

$a_2 - a_1$	0.21	0.24	0.27	0.30	0.33	0.36	0.39	0.42	0.45	0.48	0.51
λ	1.00	0.99	0.97	0.96	0.94	0.93	0.91	0.90	0.90	0.88	0.85

单桩竖向抗压极限承载力折减系数 λ ($n=3$)　　　　　表2-3-3

$\dfrac{a_3-a_1}{a_2}$	0.30	0.33	0.36	0.39	0.42	0.45	0.48	0.51
0.84	—	—	—	—	—	—	0.93	0.92
0.92	0.99	0.98	0.98	0.97	0.96	0.95	0.94	0.93
1.00	1.00	0.99	0.98	0.97	0.96	0.95	0.93	0.92
1.08	0.98	0.97	0.95	0.97	0.93	0.91	0.90	0.88
1.16	—	—	—	—	—	—	0.86	0.84

③当试桩数 $n \geqslant 4$ 时，按下式计算：

$$A_0 + A_1\lambda + A_2\lambda + A_3\lambda + A_4\lambda = 0 \tag{2-3-6}$$

$$A_0 = \sum_{i=1}^{n-m} a_i^2 + \frac{1}{m}\left(\sum_{i=1}^{n-m} a_i\right)^2 \tag{2-3-7}$$

$$A_1 = -\frac{2n}{m}\sum_{i=1}^{n-m} a_i \tag{2-3-8}$$

$$A_2 = 0.127 - 1.127n + \frac{n^2}{m} \tag{2-3-9}$$

$$A_3 = 0.147(n-1) \tag{2-3-10}$$

$$A_4 = -0.042(n-1) \tag{2-3-11}$$

取 $m = 1、2 \cdots$ 满足式(2-3-6)的 λ 即为所求。

(十一)编写检测报告

检测报告应包括以下信息：
(1)工程名称、地点，委托方、建设、勘察、设计、监理和施工单位；
(2)检测目的，检测依据，检测数量，检测日期等；
(3)地质条件描述；
(4)受检桩的桩号、桩位和相关施工记录；
(5)检测方法、原理、仪器设备和过程叙述；
(6)受检桩的检测数据，实测与计算分析曲线、表格和汇总结果；
(7)与检测内容相应的检测结论；
(8)必要的说明和建议，比如对扩大或验证检测的建议。

三、单桩竖向抗拔静载试验(静拔试验)

高耸建(构)筑物往往承受较大的水平力，导致部分桩承受上拔力，多层地下室的底板也会承受较大水浮力，而抗拔桩是重要的措施。迄今为止，桩基础上拔承载力的计算还没有从理论上得以很好解决，现场原位抗拔试验就显得相当重要。

(一)试验目的

通过单桩竖向抗拔静载荷试验确定单桩竖向极限抗拔承载力；判断竖向抗拔承载力是否满足设计要求；通过桩身内力及变形测试，测定桩的抗拔摩阻力。

(二)试验时间

一般可按复打规定的"休止"时间以后进行；对于钻(挖)孔灌注桩，须待灌注的混凝土强度达到设计要求的强度后才可进行。静拔试验也可在静压试验后进行。

(三)试验仪器设备

1. 试验加载装置

单桩竖向抗拔承载力试验装置如图2-3-4所示。可采用油压千斤顶加载。千斤顶的反力装置一般采用两根锚桩和承载梁组成,试桩和承载梁用拉杆连接,将千斤顶置于两根锚桩之上,顶推承载梁,引起试桩上拔。应尽量利用工程桩为反力锚桩,若灌注桩作为锚桩,宜沿桩身通长配筋,以免出现桩身的破损。试桩与锚桩间距可按表2-3-1确定。

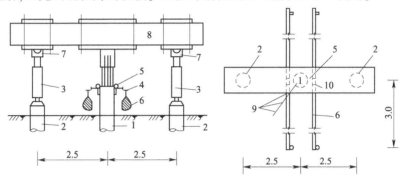

图2-3-4 单桩竖向抗拔静载荷试验示意图(尺寸单位:m)

1-试桩;2-锚桩;3-液压千斤顶;4-表座;5-测微表;6-基准;7-球铰;8-反力梁;9-地面变形测点;10-10cm×10cm薄铁板

2. 测试仪表、元件

荷载可用并联于千斤顶上的高精度压力表测定油压,并根据率定曲线核算荷载。也可用放置在千斤顶上的应力环、压力传感器直接测定。上拔量一般用百分表量测,其布置方法与单桩抗压试验相同。桩身量测元件与单桩抗压试验相同。

(四)试验方法

1. 试验要求

试桩应按最大加载力计算桩身钢筋,且钢筋应沿桩身通长布置。从成桩到开始试验的间隔:在桩身强度达到设计要求的前提下,对于砂类土,不应少于10d;对于粉土和黏性土,不应少于15d;对于淤泥或淤泥质土,不应少于25d。

2. 加载和卸载方式

抗拔试验一般采用慢速维持荷载法进行。施加的静力必须作用于桩的中轴线。加载应均匀、无冲击。每级加载量不大于预计最大荷载的1/10~1/15,达到相对稳定后加下一级荷载,直到试桩破坏,然后逐级卸载到零。可结合工程桩实际受荷情况采用多循环加载法,即每级荷载上拔量达到相对稳定后卸载到零,然后再加下一级荷载。

3. 变形观测

进行单桩竖向抗拔静载试验时,除了要对试桩的上拔量进行观测外,尚应对桩周围地面土的变形情况以及桩身外露部分裂缝开展情况进行观测记录。试桩的上拔量观测,应在每级加荷后间隔5min、10min、15min各测读一次,以后每隔15min测读一次;累计1h后每隔30min观测一次。每次测读值均记录在试验记录表中。

下沉未达稳定不得进行下一级加载。

4. 上拔稳定标准

单桩竖向抗拔静载试验上拔量相对稳定标准应以1h内的变形量不超过0.1mm,并连续出现两次为准,即可认为稳定。

5. 加载终止

试验过程中,当出现下列情况之一时,即可终止加载:

(1)桩顶荷载为桩受拉钢筋总极限承载力的0.9倍;

(2)某级荷载作用下,桩顶上拔位移量为前级荷载作用下的5倍;

(3)建筑部门试桩的累计上拔量超过100mm,桥桩则规定累计上拔量超过25mm。

(五)试验记录

所有试验观测数据应及时填写记录。

(六)试验资料整理

单桩竖向抗拔静载试验报告的资料整理应包括以下一些内容:

(1)单桩竖向抗拔静载试验概况试验记录、汇总,可参照实训指导书中表格形式,并对试验过程中出现的异常现象作补充说明;

(2)绘制单桩竖向抗拔静载试验上拔荷载(U)和上拔量(Δ)之间的U-Δ曲线以及Δ-lg$t$曲线;

(3)当进行桩身应力、应变量测时,尚应根据量测结果整理出有关表格,绘制桩身应力、桩侧阻力随桩顶上拔荷载的变化曲线;必要时绘制桩土相对位移Δ'-U/U_u(U_u为桩的竖向抗拔极限承载力)曲线,以了解不同入土深度对抗拔桩破坏特征的影响。

(七)确定单桩竖向抗拔承载力

对于陡变型U-Δ曲线,取陡升起始点荷载为极限承载力,对于缓变型U-Δ曲线,根据上拔量和Δ-lg$t$曲线变化综合判定,一般取Δ-lg$t$曲线尾部弯曲的前一段荷载为极限承载力。

(八)编写检测报告

检测报告应包括以下信息:

(1)工程名称、地点、委托方、建设、勘察、设计、监理和施工单位;

(2)检测目的,检测依据,检测数量,检测日期等;

(3)地质条件描述;

(4)受检桩的桩号、桩位和相关施工记录;

(5)检测方法、原理、仪器设备和过程叙述;

(6)受检桩的检测数据,实测与计算分析曲线、表格和汇总结果;

(7)与检测内容相应的检测结论;

(8)必要的说明和建议,比如对扩大或验证检测的建议。

四、单桩水平静载试验(静推试验)

(一)试验目的

单桩水平静载试验采用接近于水平受荷桩实际工作条件的试验方法,以达到下列目的:

1. 确定试桩承载能力

检验和确定试桩的水平承载能力是试验的主要目的,试桩的水平承载力可直接由水平荷载和水平位移曲线判定,也可根据实测桩身应变来判定。

2. 确定试桩在各级荷载下弯矩分布规律

当桩身埋设有量测元件时,可以较精确求得各级水平荷载作用下桩身弯矩的分布情况,从而为检验桩身强度,推求不同深度弹性地基系数提供依据。

3. 确定弹性地基系数

进行水平荷载作用下单桩分析时,弹性地基系数的选取至关重要。目前常用的C法、M法、K法各自假定了地基反力系数沿深度不同分布的模式,因此都有一定的适用范围。通过试验,可选择比较符合实际情况的计算图式及地基系数。

4. 推求实际地基反力系数

弹性地基系数虽然使用比较方便,但误差较大。实际地基反力系数沿深度的分布图式是比较复杂的,且随侧向位移的变化是非线性的。因此,通过试验直接获得不同深度处抗力和侧向位移之间的关系,用它分析工程桩的受力情况更符合实际要求。

(二)试验方法

对于承受反复水平荷载的基桩,采用多循环加卸载方法;对于承受长期水平荷载的基桩,采用单循环加载方法。

(三)试验仪器设备

单桩水平静载试验装置通常包括加载装置、反力装置、量测装置三部分,如图2-3-5所示。

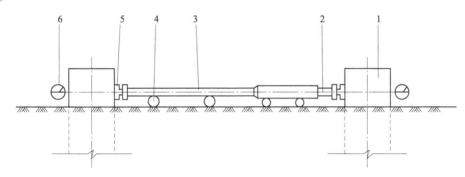

图2-3-5 单桩水平静载荷试验装置
1-桩;2-千斤顶及测力计;3-传力杆;4-滚轴;5-球支座;6-百分表

1. 加载装置

(1)试桩时一般采用卧式千斤顶加载,用测力环或测力传感器确定施加荷载位,对往复式循环试验可采用双向往复式油压千斤顶。水平荷载试验,特别是悬臂较长的试桩,作用点位移较大,所以要求千斤顶有较大行程。

(2)在千斤顶与试桩接触处宜安设一球形铰座,保证千斤顶作用力能水平通过桩身轴线。

(3)固定百分表的基准桩宜设在桩侧面靠位移的反方向,一与试桩净距不小于试桩直径的1倍。

2. 反力装置

反力装置的选用应充分利用试桩周围的现有条件,但必须满足其承载能力应大于最大预估荷载的(1.2~1.5)倍,其作用力方向上刚度不应小于试桩本身的刚度。

最常用的方法是利用试桩周围的工程桩或垂置加载力试验用的锚桩作为反力墩。可根据需要把2根甚至4根桩连成一整体作为反力座,有条件时也可利用周围现有结构物作反力座,必要时可浇筑专门的支座来作反力架。

3. 量测装置

1）桩顶水平位移量测

桩的水平位移采用大量程百分表来量测。每一试桩应在荷载作用平面和该平面以上 50cm 左右各安装一只或两只百分表,下表量测桩身在地面处的水平位移,上表量测桩顶水平位移,根据两表位移差与两表距离的比值求出地面以上桩身的转角。如果桩身露出地面较短,也可只在荷载作用水平面上安装百分表量测水平位移。

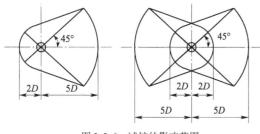

图 2-3-6 试桩的影响范围

固定百分表的基准桩宜打设在试桩影响范围之外,这个距离一般不小于 5D,桩的影响范围,如图 2-3-6 所示。当基准梁设置在与加荷轴线垂直方向上或试桩位移反方向时,间距可适当减小,但不应小于 2m。在陆上试桩时可用入土 1.5m 以上的钢钎或型钢作为基准点。在港口码头设置基准点时,因为水深较大,可采用专门设置的桩位作为基准点。同组试桩的基准点一般不少于两个。搁置在基准点上的基准梁要有一定的刚度,以减少晃动。整个基准装置系统应保持相对独立。为减少温度对量测的影响,基准梁应采取简支形式,顶上有篷布遮阳。

2）桩身弯矩量测

水平荷载作用下桩身的弯矩并不能直接量测得到,它只能通过量测得到的桩身应变来推算。因此,当需要研究桩身弯矩的分布规律时,应在桩身粘贴应变量测元件。一般情况下,量测预制桩和灌注桩桩身应变时,可采用在钢筋表面粘贴电阻应变片制成的应变计;对于钢桩,可直接把电阻应变片粘贴在桩表面,为防止打桩引起的应变片和导线的损坏,必须把它们设置在保护槽内。保护槽要尽量做到密封、不透水,应变片表面要采取严格的防潮措施;对于闭口钢管桩,也可把桩身剖开,把应变片粘贴在内壁,再焊接起来。

为量测机身的弯矩和有关的弯曲应变,各测试断面测点应成对布置在远离中性轴的地方。在地面下 $(10 \sim 15)D$ 主要受力部分应加密测试断面,断面间距一般不超过 $(1 \sim 1.5)D$。在此深度以下,间距可适当加大。

（四）试验方法

1. 试桩要求

（1）试桩位置应根据场地地质、设计要求综合选择具有代表性的地点;

（2）试桩周边 2~6m 范围内布置钻孔,并取土样进行土工试验;

（3）试桩数量一般不少于两根;

（4）成桩到开始试验时间间隔,砂性土中打入桩不应少于 3d;黏性土中打入桩不应少于 14d;钻孔灌注桩成桩后一般不少于 28d。

2. 加载、卸载方式

实际工程中,桩的受力情况十分复杂。为模拟实际荷载的形式,国内外出现了众多的加载方式。各部门采用的方法很不统一。一般可划分为单循环连续加卸载法和多循环加卸载法。

《公路桥涵施工技术规范》(JTG/T F50—2011)和《建筑桩基技术规范》(JGJ 94—2008)均采用单向多循环加载法,取预计最大试验荷载的 1/10~1/15 作为每级加载量。一般可采用 2.5~20kN。

每级荷载施加后,恒载 4min 后测读水平位移,然后卸载到零,停 2min 后测读残余水平位移,至此完成一个加、卸载循环,如此循环 5 次便完成一级荷载的试验观测。为了保证试验结果的可靠性,加载时间尽量缩短,测量位移的时间间隔应准确,试验不得中途停歇。

3. 终止试验条件

当试验过程出现下列情况之一时,即可终止试验:

(1) 桩顶水平位移超过 30～40mm(软土取 40mm);
(2) 桩身已断裂;
(3) 桩侧地表明显裂纹或隆起;
(4) 已达到试验要求的最大荷载或最大位移量。

(五) 多循环加卸载法的资料整理

单桩水平静推试验记录,格式参照实训指导书。

(六) 单桩水平荷载和极限荷载的确定

1. 绘制荷载试验曲线

绘制单桩水平静载试验水平力(H)—时间(t)—位移(X)、水平力—位移梯度(H-$\Delta X/\Delta H$)、水平力—位移双对数($\lg H$-$\lg X$)曲线。其中,H-t-X 曲线如图 2-3-7 所示,H-$\Delta X/\Delta H$ 曲线如图 2-3-8 所示是比较常用的。

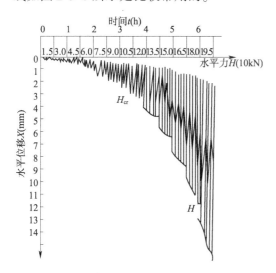

图 2-3-7 单桩水平静载荷试验 H-t-X 曲线　　　图 2-3-8 单桩 H-$\Delta X/\Delta H$ 曲线

当桩身埋设量测元件时,尚应绘制各级荷载作用下地面以下不同深度处 q-y 曲线。

2. 单桩水平临界荷载的确定方法

单桩水平临界荷载(桩身受拉区混凝土明显退出工作前的最大荷载),一般按下列方法综合确定:

(1) 取 H-t-X 曲线出现突变点的前一级荷载为水平临界荷载 H_{cr},如图 2-3-7 所示;
(2) 取 H-$\Delta X/\Delta H$ 曲线的第一直线段的终点所对应的荷载为水平临界荷载 H_{cr},如图 2-3-8 所示;
(3) 当桩身埋设有量测元件时,取 H-σ_g 曲线第一突变点对应的荷载为水平临界荷载 H_{cr},如图 2-3-8 所示。

3. 单桩水平极限荷载的确定方法

单桩水平极限荷载可根据下列方法综合确定:

(1)取 H-t-X 曲线明显陡降的前一级荷载为极限荷载 H_u;

(2)取 H-$\Delta X/\Delta H$ 曲线第二直线段的终点所对应的荷载为极限荷载 H_u;

(3)取桩身折断或钢筋应力达到流限的前一级荷载为极限荷载 H_u;

(4)当试验项目对加荷方法或桩顶位移有特殊要求时,可根据相应的方法确定水平极限荷载 H_u。

当作用于桩顶的轴向荷载达到超过其竖向极限荷载的0.2倍时,单桩水平临界荷载、极限荷载都将有一定程度的提高。因此,当条件许可时,可模拟实际荷载情况,桩顶同时进行施加轴向压力的水平静荷载试验,以更好地了解桩身的受力情况。

(七)绘制桩身弯矩图

通过试验得到各测试断面测点处拉应变 ε_+ 和压应变 ε_- 之后,即可由该断面的弯曲应变 $\Delta\varepsilon = \varepsilon_+ - \varepsilon_-$ 来计算相应截面弯矩。计算时应根据桩截面开裂与否选用不同的计算模式:

1. 混凝土开裂前桩身弯矩的计算

当混凝土未出现开裂时,桩身弯矩可按式(2-3-12)进行计算,如图2-3-9所示。

$$M = \frac{E_c I \Delta\varepsilon}{b_0} \tag{2-3-12}$$

式中:b_0——拉、压应变测点的间距(m);

I——全截面(包括钢筋换算截面)对中性轴的惯性矩(m^4)。

2. 混凝土开裂后桩身弯矩的计算

当试桩断面发生开裂但未破坏时,受拉区混凝土并未完全退出工作,计算桩身弯矩时应包括一部分受拉区混凝土工作在内。此时除了一部分混凝土超过极限强度产生开裂而退出工作外,在 h 高度内达到极限应力 σ_f 而产生塑性变形,故其应力按矩形分布,在中性轴附近 t 范围内混凝土应力按三角形分布。按图2-3-10即可计算各截面弯矩。

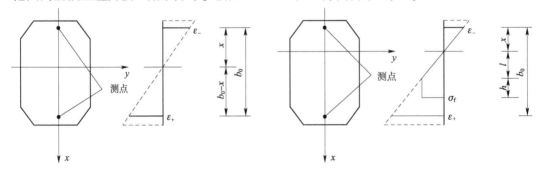

图2-3-9 混凝土开裂前桩身弯矩的计算图式　　图2-3-10 混凝土开裂后桩身弯矩的计算图式

(1)中性轴的位置

$$x = \left| \frac{b_0 \varepsilon_-}{\varepsilon} \right| \tag{2-3-13}$$

(2)弹性区高度

$$t = \frac{x \sigma_f}{E \varepsilon_-} \tag{2-3-14}$$

式中：σ_f——混凝土极限应力，对非预应力混凝土桩即为其极限拉应力；对预应力混凝土桩应为混凝土极限拉应力与预加应力之和(kPa)。

(3) 塑性区高度 h 可根据该断面受压力和受拉区拉力的平衡条件求得。

(4) 该断面弯矩即为受压区压力和受拉区拉力对中性轴的弯矩之和。

地基土弹性地基系数的比例系数一般按下面的公式计算：

$$m = \frac{\left(\dfrac{H_{cr}}{x_{cr}}v_x\right)^{\frac{5}{3}}}{B(E_cI)^{\frac{2}{3}}} \quad (2\text{-}3\text{-}15)$$

式中：m——地基土弹性地基系数的比例系数(MN/m^4)；该数值为地面以下 $2(D+1)m$ 深度内各层土的综合值；

H_{cr}——单桩水平临界荷载(kN)；

v_x——桩顶位移系数，按表 2-3-4 采用；

B——桩身计算宽度(m)；B 按以下规定取值：

① 圆形桩：

当桩径 $D \leq 1.0m$ 时，$B = 0.9(1.5D+0.5)$；

当桩径 $D \geq 1.0m$ 时，$B = 0.9(D+1)$。

② 方形桩：

当桩宽 $b \leq 1.0m$ 时，$B = 1.5b+0.5$；

当桩宽 $b \geq 1.0m$ 时，$B = b+1$。

桩顶水平位移系数 v_x 表 2-3-4

桩顶约束情况	桩的换算埋深 (a_0h)	v_x	桩顶约束情况	桩的换算埋深 (a_0h)	v_x
铰接、自由	4.0	2.441	固接	4.0	0.940
	3.5	2.502		3.5	0.970
	3.0	2.727		3.0	1.028
	2.8	2.905		2.8	1.055
	2.6	3.163		2.6	1.079
	2.4	3.526		2.4	1.095

注：表中 a_0 为桩身水平变形系数，$a_0 = \sqrt[5]{\dfrac{mB}{E_cI}}(m^{-1})$。

(八) 单循环加载试验法可按下列规定执行

(1) 加载分级与多循环加卸载试验方法相同。

(2) 加载后测读位移量与静压试验测读的方法相同。

(3) 静推稳定标准：如位移量小于或等于 0.05mm/h 即可认为稳定。

(4) 终止加载条件：勘测设计阶段的试验，水平力作用点处位移量大于或等于 50mm，加载即可终止；施工检验性试验，加载不应超过设计的容许荷载。

(5) 试验记录：所有试验观测数据应填写记录，并绘制曲线图(将水平位移量改为横坐标，荷载改为纵坐标)。

(九)编写检测报告

检测报告应包括以下信息:

(1)工程名称、地点,委托方、建设、勘察、设计、监理和施工单位;
(2)检测目的,检测依据,检测数量,检测日期等;
(3)地质条件描述;
(4)受检桩的桩号、桩位和相关施工记录;
(5)检测方法、原理、仪器设备和过程叙述;
(6)受检桩的检测数据,实测与计算分析曲线、表格和汇总结果;
(7)与检测内容相应的检测结论;
(8)必要的说明和建议,比如对扩大或验证检测的建议。

任务实施

任务实施主要掌握基桩承载力检测的主要工序、基本方法和质量标准。

根据施工单位或业主的要求,接受检测任务。进行检测设备与资料的准备,进入施工现场,按照事先确定的检测方法,进行检测数据的采集,对检测数据进行分析与整理,编制检测报告。

现以某单桩竖向静载试验为例,将任务实施简述如下:

一、任务概况

某工程桩基采用夯扩桩,持力层为粗砂层,桩径为500mm,扩底直径为800mm,桩长为18m左右。设计单桩竖向极限承载力为2025kN。由某设计研究院设计,某建工集团施工。

受某公司委托,我检测中心于2011年4月27日至5月7日对其3根工程桩(86号、165号、180号)进行了单桩竖向静载试验,各试验桩的基本情况见表2-3-5。

各试验桩基本情况一览表　　　表2-3-5

序号	桩号	桩径(m)	桩长(m)	成桩日期	试验日期	设计要求最大试验荷载(kN)	混凝土等级强度
1	86号	0.80	42.0	4月18日	5月7日	11000	C35
2	165号	0.80	42.0	4月14日	5月5日	11000	C35
3	180号	0.80	18.0	4月8日	4月27日	8400	C35

二、工程地质概况

根据某设计研究院提供的岩土工程勘察报告,该工程场区内土层分布如下:

(1)新填土:层厚不详;
(2)淤泥:层厚0.30~2.80m;
(3)素填土:层厚0.30~11.00m;
(4)粉质黏土:层厚0.10~8.40m,f_k = 130~140kPa;
(5)粉土:层厚0.40~2.80m,f_k = 100~110kPa;

(6)细砂:层厚 0.40~6.10m,f_k=100kPa;
(7)淤泥质粉质黏土:层厚 0.30~2.60m,f_k=60~70kPa;
(8)中砂:层厚 0.40~8.00m,f_k=150~160kPa;
(9)粗砂:层厚 0.50~7.20m,f_k=180~190kPa;
(10)砾砂:层厚 0.30~9.40m,f_k=200~210kPa;
(11)圆砾:层厚 0.40~7.40m,f_k=230~240kPa;
(12)强风化砂砾岩:层厚 0.10~1.40m,f_k=300~350kPa;
(13)中风化砂砾岩①:层厚 4.60~5.30m,f_k=600~700kPa;
(14)中风化砂砾岩②:层厚 2.20~8.70m,f_k=1400~1500kPa;
(15)中风化砂砾岩③:层厚 3.90~11.30m,f_k=800~1000kPa。
具体详见地质报告。

三、静载试验

(一)试验原理

静载试验的原理是用接近于竖向抗压桩的实际工作条件的试验方法,确定单桩竖向抗压极限承载力,作为设计依据或对工程桩的承载力进行抽样检验和评价。

(二)试验设备

试验采用砂袋压重平台反力装置,千斤顶施压,堆载平台由 20 根 8m 长 25 号工字钢组成,主梁由 2 根 9m 长 56 号工字钢组成。采用电动油泵供压,一只 QF320t 分离式油压千斤顶加载,桩顶沉降变形分别采用对称的 2 个百分表测读。加载量由精密压力表控制(单桩竖向静载试验装置见图 2-3-11。

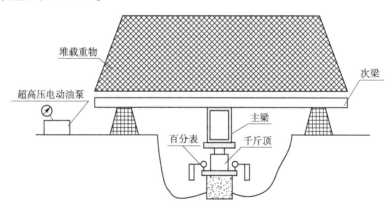

图 2-3-11 单桩竖向静载试验装置

(三)试验方法

采用慢速维持荷载法分级对试验桩进行加载。试验标准按照《建筑桩基技术规范》(JGJ 94—2008)进行。

1. 加载与卸载分级

具体加载与卸载分级详见各试桩竖向静载结果汇总表。

2. 沉降观测时间

每级加载后,隔 5min、10min、15min 各测读一次,以后每隔 15min 测读一次。累计 1h 后每隔30min测读一次。

3. 沉降相对稳定标准

每级荷载作用下,桩的沉降量在每小时内小于0.1mm时,并连续出现两次(由1.5h内连续三次观测值计算),认为已达到相对稳定。

4. 卸载与卸载沉降观测

按规范要求,每级卸载值为每级加载值的2倍。每级卸载后隔15min测读一次残余沉降,读两次后,隔30min再读一次后,卸下一级荷载,直到卸载完毕。

(四)终止加载条件

当出现下列情况之一时,即可终止加载:

(1)某级荷载作用下,桩的沉降量达前一级荷载作用下沉降量的5倍;

(2)某级荷载作用下,桩的沉降量达前一级荷载作用下沉降量的2倍,且经24h尚未达到稳定;

(3)已达到设计要求最大试验荷载。

(五)试验成果

各试验桩竖向静载试验结果汇总表详见表2-3-6、表2-3-8、表2-3-10,依据各附表绘制出 Q-S、S-$\lg t$、S-$\lg Q$ 曲线见表2-3-7、表2-3-9、表2-3-11。

86号桩单桩竖向静载试验汇总表　　　　　表2-3-6

试验桩号:86号　　　　　桩长:42.0m　　　　　桩径:800mm

序号	荷载(kN)	历时 (min)		沉降 (mm)	
		本级	累计	本级	累计
0	0	0	0	0.00	0.00
1	2200	120	120	1.26	1.26
2	3300	120	240	0.65	1.91
3	4400	120	360	1.18	3.09
4	5500	120	480	1.22	4.31
5	6600	120	600	1.14	5.45
6	7700	120	720	1.00	6.45
7	8800	120	840	1.22	7.67
8	9900	120	960	1.18	8.85
9	11000	120	1080	1.27	10.12
10	8800	60	1140	−0.27	9.85
11	6600	60	1200	−0.43	9.42
12	4400	60	1260	−0.76	8.66
13	2200	60	1320	−1.15	7.51
14	0	180	1500	−1.52	5.99

最大沉降量:10.12 mm　　　　最大回弹量:4.13 mm　　　　回弹率:40.8%

86号桩 Q-S、S-$\lg t$、S-$\lg Q$ 曲线

表 2-3-7

试验桩号：86号　　　　　　　　桩长：42.0m　　　　　　　　桩径：800mm

荷载(kN)	0	2200	3300	4400	5500	6600	7700	8800	9900	11000
本级沉降(mm)	0.00	1.26	0.65	1.18	1.22	1.14	1.00	1.22	1.18	1.27
累计沉降(mm)	0.00	1.26	1.91	3.09	4.31	5.45	6.45	7.67	8.85	10.12

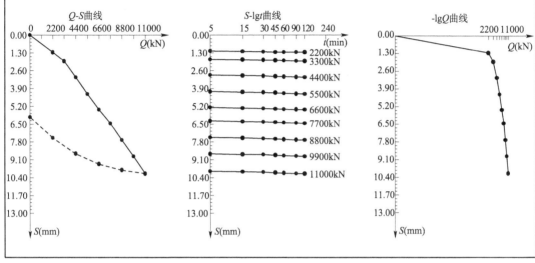

165号单桩竖向静载试验汇总表

表 2-3-8

试验桩号：165号　　　　　　　　桩长：42.0m　　　　　　　　桩径：800mm

序号	荷载(kN)	历时(min)		沉降(mm)	
		本级	累计	本级	累计
0	0	0	0	0.00	0.00
1	2200	120	120	0.07	0.07
2	3300	120	240	0.13	0.20
3	4400	120	360	0.44	0.64
4	5500	120	480	0.73	1.37
5	6600	120	600	0.89	2.26
6	7700	120	720	0.73	2.99
7	8800	120	840	0.88	3.87
8	9900	120	960	0.86	4.73
9	11000	120	1080	0.99	5.72
10	8800	60	1140	-0.17	5.55
11	6600	60	1200	-0.27	5.28
12	4400	60	1260	-0.52	4.76
13	2200	60	1320	-0.68	4.08
14	0	180	1500	-1.23	2.85

最大沉降量：5.72 mm　　　　　　最大回弹量：2.87 mm　　　　　　回弹率：50.2%

65号桩 $Q\text{-}S$、$S\text{-}\lg t$、$S\text{-}\lg Q$ 曲线

表 2-3-9

试验桩号:65 号　　　　　　　　桩长:42.0m　　　　　　　　桩径:500mm

荷载(kN)	0	2200	3300	4400	5500	6600	7700	8800	9900	11000
本级沉降(mm)	0.00	0.07	0.13	0.44	0.73	0.89	0.73	0.88	0.86	0.99
累计沉降(mm)	0.00	0.07	0.20	0.64	1.37	2.26	2.99	3.87	4.73	5.72

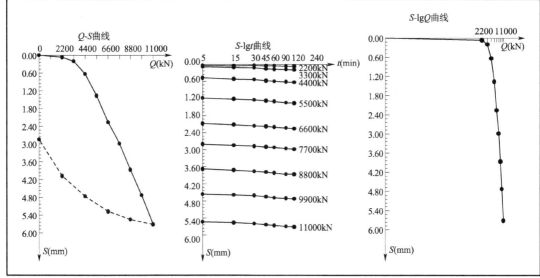

180号单桩竖向静载试验汇总表

表 2-3-10

试验桩号:180 号　　　　　　　　桩长:18.0m　　　　　　　　桩径:800mm

序号	荷载(kN)	历时(min) 本级	历时(min) 累计	沉降(mm) 本级	沉降(mm) 累计
0	0	0	0	0.00	0.00
1	1680	120	120	0.13	0.13
2	2520	120	240	0.06	0.19
3	3360	120	360	1.21	1.40
4	4200	120	480	2.61	4.01
5	5040	120	600	4.31	8.32
6	5880	120	720	5.15	13.47
7	6720	120	840	4.72	18.19
8	7560	120	960	5.29	23.48
9	8400	120	1080	5.51	28.99
10	6720	60	1140	-0.63	28.36
11	5040	60	1200	-1.15	27.21
12	3360	60	1260	-1.95	25.26
13	1680	60	1320	-2.99	22.27
14	0	180	1500	-3.86	18.41

最大沉降量:28.99 mm　　　　　　最大回弹量:10.58 mm　　　　　　回弹率:36.5%

180号单桩 Q-S、S-$\lg t$、S-$\lg Q$ 曲线　　表2-3-11

试验桩号:180号　　　　　　　　桩长:18.0m　　　　　　　　桩径:800mm

荷载(kN)	0	1680	2520	3360	4200	5040	5880	6720	7560	8400
本级沉降(mm)	0.00	0.13	0.06	1.21	2.61	4.31	5.15	4.72	5.29	5.51
累计沉降(mm)	0.00	0.13	0.19	1.40	4.01	8.32	13.47	18.19	23.48	28.99

(六)试验成果分析

86号桩加载至11000kN时,总沉降量为10.12 mm,最大回弹量4.13 mm,回弹率:40.8%。沉降及稳定时间正常,且 Q-S 曲线未发生陡降,S-$\lg t$ 曲线尾部未出现明显向下弯曲,依据规范综合分析确定,该桩极限承载力不小于11000kN。

165号桩加载至11000kN时,总沉降量为5.72 mm,最大回弹量2.87 mm,回弹率:50.2%。沉降及稳定时间正常,且 Q-S 曲线未发生陡降,S-$\lg t$ 曲线尾部未出现明显向下弯曲,依据规范综合分析确定,该桩极限承载力不小于11000kN。

180号桩加载至8400kN时,总沉降量28.99 mm,最大回弹量:10.58 mm,回弹率:36.5%。沉降及稳定时间正常,且 Q-S 曲线未发生陡降,S-$\lg t$ 曲线尾部未出现明显向下弯曲,依据规范综合分析确定,该桩极限承载力不小于8400kN。

四、结论

由以上试验数据分析表明,本次静载试验的86号、165号桩实测极限承载力均不小于11000kN,180号桩实测极限承载力不小于8400 kN,均满足设计要求。

学习情境二:基桩检测	班级			
工作任务三:基桩承载力检测	姓名		学号	
	日期		评分	

1. 概述

(1)基桩竖向抗压承载力测试通常采用_____;若涉及无特殊要求,采用_____。

(2)基桩竖向抗压承载力测试的试桩数≥_____%且不少于_____根。

2. 检测前的准备工作

(1)静载试验设备主要由_____、次梁、_____等反力装置,千斤顶、油泵加载装置,压力表、压力传感器或荷重传感器等荷载测量装置,百分表或位移传感器等位移测量装置组成。

(2)静载试验加载反力装置可根据现场条件选择_____、压重平台反力装置、锚桩压重联合反力装置、_____、岩锚反力装置、静力压桩机等。

(3)选择加载反力装置应注意:加载反力装置能提供的反力不得小于破坏荷载或最大加载量的_____倍,最好能达到1.5~2.0倍。

(4)选择用于静载试验的油压表的量程应根据千斤顶的配置和最大试验荷载要求,合理选择油压表。最大试验荷载对应的油压不宜小于压力表量程的_____,避免"大秤称轻物";同时为了延长压力表的使用寿命,最大试验荷载对应的油压不宜大于压力表量程的_____。

(5)基准桩中心与锚桩、试桩中心之间的距离符合:锚桩承载梁反力系统时,间距应大于或等于_____倍试桩直径;压重平台承载反力系统时,间距应大于或等于_____m。

3. 数据采集

(1)静载试验加载应分级进行,采用逐级等量加载;分级荷载宜为最大加载量或预估极限承载力的_____,其中第一级可取分级荷载的2倍。

(2)静载试验终止加载后开始卸载,卸载应分级进行,每级卸载量取加载时分级荷载的_____倍,逐级等量卸载。

(3)慢速维持荷载法试验每级荷载施加后按第5min、15min、30min、45min、60min测读桩顶沉降量,以后每隔_____min测读一次。

(4)在每级荷载作用下,桩顶的沉降量连续两次在每小时内不超过_____mm,可视为稳定。

(5)桩的沉降量突然增大,总沉降量超过_____mm,且本级荷载作用下的沉降量大于前一级荷载作用下沉降量的5倍,此时可终止试验。

4. 检测数据的分析及检测报告的编制

检测数据的评判常用方法的有_____和_____。

5. 小组讨论如何选择基桩竖向抗压承载力测试方法。

— 120 —

6. 小组讨论基桩静载试验加载反力装置种类以及如何选择。

7. 小组讨论基桩静载试验如何加载卸载。

8. 小组讨论基桩静载试验何时终止试验。

9. 小组讨论基桩静载试验前桩头如何处理。

10. 小组讨论如何确定基桩的容许荷载。

学习情境三 墩柱检测

情境概述

本学习情境主要讲授墩柱混凝土强度普查、混凝土缺陷的检测、混凝土钢筋位置及保护层厚度检测的方法、原理、步骤。根据岗位职业能力的要求,本情境共安排了3个工作任务。

一、职业能力分析

通过本情境的学习,期望达到下列目标。

1. 专业能力

(1)会用回弹法对墩柱混凝土进行现场强度普查;
(2)会用超声波法对墩柱混凝土的质量进行检测;
(3)熟练掌握回弹仪的维护及使用;
(4)会分析并处理回弹数据;
(5)熟练掌握超声波仪的使用;
(6)会利用声测数据分析混凝土的质量缺陷。

2. 社会能力

(1)通过分组活动,培养团队协作能力;
(2)通过规范文明操作,培养良好的职业道德和安全环保意识;
(3)通过小组讨论、上台演讲评述,培养与客户的沟通能力。

3. 方法能力

(1)通过查阅资料、文献,培养个人自学能力和获取信息能力;
(2)通过情境化的任务单元活动,掌握解决实际问题的能力;
(3)填写任务工作单,制订工作计划,培养工作方法能力;
(4)能独立使用各种媒体完成学习任务。

二、学习情境描述

针对各墩柱在施工中存在的问题,有目的地开展一次现场目测检查,记录存在的实际问题,以便有针对性地进行缺陷检测。

三、教学环境要求

学习情境要求在理实一体化专业教室和专业实训场所完成。要求配备墩柱检测相关检测仪器。同时提供相关检测仪器操作手册、使用说明书;可以用于资料查询的计算机、任务工作单、多媒体教学设备、课件和视频教学资料等。

学生分成四个小组,各组独立完成相关的工作任务,并在教学完成后提交任务工作单。

工作任务一　墩柱混凝土强度检测

 **任务概述**

本工作任务是需要了解墩柱混凝土强度检测的重要性,掌握墩柱混凝土强度检测的基本方法,了解墩柱混凝土强度检测的质量控制,正确完成给定的墩柱混凝土强度检测的任务。学习要求是认真研读教材内容,查阅某墩柱混凝土强度检测的相关资料,重视理论联系实际。

 相关知识

一、墩柱混凝土强度检测方法

墩柱混凝土强度的检测方法可分为无损检测、半破损检测和破损检测。破损法以不影响结构的承载力为前提,在结构或构件上直接进行局部破坏性试验,或在直接钻取芯样进行破坏试验。主要方法有:钻芯法、拔出法等。此类方法较直观可靠,测试结果易为人们接受,但会对混凝土结构造成局部破坏,不宜大范围检测且费用较高,因而受到种种限制。非破损法以混凝土强度与某些物理量之间的相关性为基础,检测时在不影响结构或构件混凝土任何性能的前提下测试这些物理量,然后根据相关关系推算被测混凝土的强度推定值。其主要方法有:回弹法、超声法、超声回弹综合法等。回弹法所用仪器简单,操作方便、费用低廉,同时便于大范围检测,在有严格的测强曲线的条件下,其测试精度较高,因而下面介绍回弹法测定混凝土的强度。

二、回弹法检测墩柱混凝土强度

回弹法在我国使用已达 50 余年,而且越用越广泛,这不仅是因为回弹法简便、灵活,同时也由于我国已解决了回弹法使用精度不高和不能普遍推广的一些关键问题。

(一)回弹法的基本原理

回弹法是采用回弹仪的弹簧驱动重锤,通过弹击杆弹击混凝土表面,并以重锤被反弹回来的距离(称回弹值指反弹距离与弹簧初始长度之比)作为强度相关指标来推算混凝土强度的一种方法。检测结果可作为试块强度的参考,不宜作为仲裁试验或工程验收的最终依据。但广泛应用于对结构混凝土强度的质量普查。

(二)回弹法检测混凝土强度的原则

回弹法检测混凝土强度是对常规检验的一种补充,当对构件产生怀疑时,例如,试件与结构中混凝土质量不一致,对试件的检验结果有怀疑或供检验用的试件数量不足时,可采用回弹法检测,并将检测结果作为处理混凝土质量问题的一个主要依据。

另外,施工阶段,如构件拆模、预应力张拉或移梁、吊装时,回弹法可作为评估混凝土强度的依据。回弹法的使用前提,是要求被测结构或构件混凝土的内外质量基本一致。因此,当混凝土表层与内部质量有明显差异,例如遭受化学腐蚀或火灾、硬化期间遭受冻伤等或内部存在缺陷时,不能用回弹法评定混凝土强度。

(三)混凝土回弹仪

1. 回弹仪的构造

回弹仪的类型有重型、中型、轻型和特轻型。一般工程使用最多的是中型回弹仪。根据读数形式的不同可划分为直读式、自计式、带计算机自动记录及处理数字功能回弹仪。其中以指针直读的直射锤击式仪器应用最广,回弹仪的构造如图3-1-1所示。

2. 对中型回弹仪的技术要求

(1)水平弹击时,弹击锤脱钩的瞬间,回弹仪的标准能量应为2.207J。

(2)弹击锤与弹击杆碰撞的瞬间,弹击锤起跳点应于指示刻度尺上0处。

(3)在洛氏硬度HRC为60±2的钢砧上,回弹仪的率定值为80±2。

(4)使用环境温度为-4~40℃。

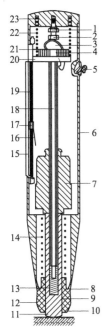

图3-1-1 回弹仪构造
1-紧固螺母;2-调零螺钉;3-挂钩;4-挂钩销子;5-按钮;6-机壳;7-弹击锤;8-拉簧座;9-卡环;10-密封毡圈;11-弹击杆;12-盖帽;13-缓冲压簧;14-弹击拉簧;15-刻度尺;16-指针片;17-指针块;18-中心导杆;19-指针轴;20-导向法兰;21-挂钩压簧;22-压簧;23-尾盖

3. 回弹仪的率定方法

回弹仪在工程检测前后,应在钢砧上做率定试验。并应符合下列要求。回弹仪率定试验宜在干燥、室温5~35℃的条件下进行。率定时,钢砧应稳固地平放在刚度大的物体上。测定回弹值时,取连续向下弹击三次的稳定回弹值的平均值。弹击杆应分四次旋转,每次旋转宜为90°。弹击杆每旋转一次的率定平均值应为80±2。

4. 回弹仪的校验

回弹仪具有下列情况之一时,应由法定部门按照国家现行标准《回弹仪检定规程》(JJG 817—2011)对回弹仪进行校验。

(1)新回弹仪启用前。

(2)超过检定有效期限(半年)。

(3)累计弹击次数超过6000次。

(4)经常规保养后钢砧率定值不合格。

(5)遭受严重撞击或其他损害。

5. 回弹仪的保养方法

当回弹仪的弹击次数超过2000次,或对检测值有怀疑以及在钢砧上的率定值不合格时,应对回弹仪进行保养。常规保养应符合下列规定:

(1)使弹击锤脱钩后取出机芯,然后卸下弹击杆,取出里面的缓冲压簧,并取出弹击锤、弹击拉簧和拉簧座;

(2)清洗机芯各零部件,重点清洗中心导杆、弹击锤和弹击杆的内孔和冲击面,清洗后应在中心导杆上薄薄涂抹钟表油,其他零部件均不得抹油;

(3)应清理机壳内壁,卸下刻度尺,并应检查指针,其摩擦力应为0.5~0.8N;

(4)不得旋转尾盖上已定位紧固的调零螺丝;

(5)不得自制或更换零部件;

(6)保养后应对回弹仪进行率定试验。回弹仪使用完毕后应使弹击杆伸出机壳,清除弹击杆、杆前端球面以及刻度尺表面和外壳上的污垢、尘土。回弹仪不用时,应将弹击杆压入仪器内,经弹击后方可按下按钮锁住机芯,将回弹仪装入仪器箱,平放在干燥阴凉处。

(四)检测方法

在正常情况下,混凝土强度的检验与评定应按现行国家标准《混凝土结构工程施工质量验收规范》(GB 50204—2002)(2010 年版)及《混凝土强度检验评定标准》(GB/T 50107—2010)执行。但是,当出现标准养护试件或同条件试件数量不足或未按规定制作试件时,当所制作的标准试件或同条件试件与所成型的构件在材料用量、配合比、水灰比等方面有较大差异,已不能代表构件的混凝土质量时,当标准试件或同条件试件的试压结果,不符合现行标准、规范规定的对结构或构件的强度合格要求,并且对该结果持有怀疑时,总之,当结构中混凝土实际强度有检测要求时,可以考虑采用回弹法来检测,检测结果可作为处理混凝土质量的一个依据。其一般检测步骤如下。

1. 收集基本技术资料

收集的基本技术资料包括:

(1)工程名称及设计、施工、监理(或监督)和建设单位名称。

(2)结构或构件名称、外形尺寸、数量及混凝土强度等级。

(3)水泥品种、强度等级、安定性、厂名;砂石种类、粒径;外加剂或掺和料品种、掺量;混凝土配合比等。

(4)施工时材料计量情况,模板、浇筑、养护情况及成型日期等。

(5)必要的设计图纸和施工记录。

(6)检测原因。

2. 抽样数量及适用范围

结构或构件混凝土强度检测可采用下列两种方式,其适用范围及结构或构件数量应符合下列规定:

(1)单个检测:适用于单个结构或构件的检测。

(2)批量检测:适用于在相同的生产工艺条件下,混凝土强度等级相同,原材料、配合比、成型工艺、养护条件基本一致且龄期相近的同类结构或构件。按批进行检测的构件,抽检数量不得少于同批构件总数的 30% 且构件数量不得少于 10 件。抽检构件时,应随机抽取并使所选构件具有代表性。

3. 选择符合下列规定的测区

(1)每一结构或构件测区数不应少于 10 个,对某一方向尺寸小于 4.5m 且另一方向尺寸小于 0.3m 的构件,其测区数量可适当减少,但不应少于 5 个。

(2)测区离构件端部或施工缝边缘的距离不宜大于 0.5m,且不宜小于 0.2m。

(3)测区应选在使回弹仪处于水平方向检测混凝土浇筑侧面。当不能满足这一要求时,可使回弹仪处于非水平方向检测混凝土构件的浇筑侧面、表面或底面。

(4)测区宜选在构件的两个对称可测面上,也可选在一个可测面上,且应均匀分布。在构件的重要部位及薄弱部位必须布置测区,并应避开预埋件。

(5)测区的面积不宜大于 $0.04m^2$。

(6)检测面应为原状混凝土表面,并应清洁、平整,不应有疏松层、浮浆、油垢、涂层以及蜂窝、麻面,必要时可用砂轮清除疏松层和杂物,且不应有残留的粉末和碎屑。

(7)对弹击时产生颤动的薄壁、小型构件应进行固定。

(8)结构或构件的测区应标有清晰的编号,必要时应在记录纸上描述测区布置示意图和外观质量。

4. 回弹值测量

(1)回弹仪的操作:将弹击杆顶住混凝土的表面,轻压仪器,松开按钮,弹击杆徐徐伸出。使仪器对混凝土表面缓慢均匀施压,待弹击锤脱钩冲击弹击杆后即回弹,带动指针向后移动并停留在某一位置上,即为回弹值。继续顶住混凝土表面并在读取和记录回弹值后,逐渐对仪器减压,使弹击杆自仪器内伸出,重复进行上述操作,即可测得被测构件或结构的回弹值。操作中注意仪器的轴线应始终垂直于混凝土构件的检测面,缓慢施压,准确读数,快速复位。

(2)测点宜在测区范围内均匀分布,相邻两测点的净距不宜小于20mm;测点距外露钢筋、预埋件的距离不宜小于30mm。测点不应在气孔或外露石子上,同一测点只应弹击一次。每一测区应记取16个回弹值,每一测点的回弹值读数估读至1。

5. 碳化深度值测量

(1)回弹值测量完毕后,应在有代表性的位置上测量碳化深度值,测点数不应少于构件测区数的30%,取其平均值为该构件每测区的碳化深度值。当碳化深度值大于2.0mm时,应在每一测区测量碳化深度值。

(2)采用合适的工具在测区表面形成直径约15mm的孔洞,其深度大于预估混凝土的碳化深度。除净孔洞中的粉末和碎屑,不得用水冲洗。立即用浓度为1%酚酞酒精溶液滴在孔洞内壁的边缘处,再用深度测量工具测量已碳化与未碳化混凝土交界面到混凝土表面的垂直距离,测量不少于3次,取其平均值。每次读数精确至0.5mm。

(五)回弹值计算和测区混凝土强度的确定

1. 计算测区平均回弹值

当回弹仪水平方向测试混凝土浇筑侧面时,应从每一测区的16个回弹值中删除其中3个最大值和3个最小值,取余下的10个回弹值的平均值作为该测区的平均回弹值,取一位小数,按式(3-1-1)计算。

$$\overline{N}_s = \frac{\sum_{i=1}^{n} N_i}{10} \tag{3-1-1}$$

式中:$\overline{N}_s$——测区平均回弹值,计算结果精确至0.1;

N_i——第i个测点的回弹值。

2. 测区回弹值修正

1)测试角度修正

当回弹仪非水平方向测试混凝土浇筑侧面时,应将测得的数据按式(3-1-2)进行测试角度修正。测试角度按图3-1-2所示选用。

$$\overline{N}_a = \overline{N}_s + \Delta N_a \tag{3-1-2}$$

式中:$\overline{N}_a$——经非水平测定修正后的测区平均回弹值;

$\overline{N}_s$——回弹仪实测的测区平均回弹值;

ΔN_a——不同测试角度的回弹值修正值,见表3-1-1。

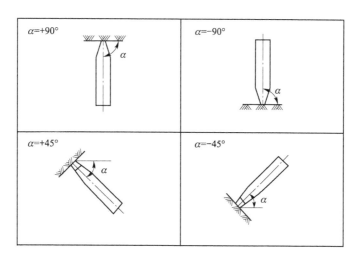

图 3-1-2　测试角度

非水平方向测定的修正回弹值　　　　　　　　　　　　　　表 3-1-1

$\overline{N}_s$	与水平方向所成的角度							
	+90°	+60°	+45°	+30°	-30°	-45°	-60°	-90°
20	-6.0	-5.0	-4.0	-3.0	+2.5	+3.0	+3.5	+4.0
30	-5.0	-4.0	-3.5	-2.5	+2.0	+2.5	+3.0	+3.5
40	-4.0	-3.5	-3.0	-2.0	+2.0	+2.0	+2.5	+3.0
50	-3.5	-3.0	-2.5	-1.5	+1.5	+1.5	+2.0	+2.5

注：表中未列入的值，可用内插法求得。

2）测试面修正

当回弹仪水平方向测试混凝土浇筑表面或底面时，应先进行角度的修正，然后进行浇筑面修正，按式（3-1-3）进行修正：

$$\overline{N}_{ma} = \overline{N}_a + \Delta N_m \tag{3-1-3}$$

式中：$\overline{N}_{ma}$——回弹仪测混凝土浇筑表面或底面时测区的平均回弹值；

ΔN_m——不同浇筑面的回弹值修正值，见表 3-1-2。

不同浇筑面的回弹值修正值　　　　　　　　　　　　　　表 3-1-2

$\overline{N}_s$	ΔN_m	
	浇筑表面修正值	浇筑底面修正值
20	+2.5	-3.0
25	+2.0	-2.5
30	+1.5	-2.0
35	+1.0	-1.5
40	+0.5	-1.0
45	0	-0.5
50	0	0

注：1. $\overline{N}_s$ 小于 20 或大于 50 时，均分别按 20 或 50 查表。

2. 表中有关混凝土浇筑表面的修正系数，是指一般原浆抹面的修正值。

3. 表中有关混凝土浇筑底面的修正系数，是指构件底面与侧面采用同一类模板在正常浇筑情况下的修正值。

4. 表中未列入的相应值，可用内插法求得。

3. 测区碳化深度的计算

每一测区的平均碳化深度值,按式(3-1-4)计算:

$$\bar{L} = \frac{\sum_{i=1}^{n} L_i}{n} \tag{3-1-4}$$

式中:$\bar{L}$——测区的平均碳化深度值(mm),计算至0.5mm;

L_i——第 i 次测量的碳化深度值(mm);

n——测区的碳化深度次数。

如平均碳化深度值小于或等于0.4mm时,按无碳化深度处理(即平均碳化深度为0);如大于或等于6mm,取6mm;对于新浇混凝土龄期不超过3个月者,可视为无碳化。

4. 测区混凝土强度值的确定

结构或构件第 i 个测区混凝土强度换算值,根据每一测区的回弹平均值及碳化深度值,查阅全国统一测强曲线[《回弹法检测混凝土抗压强度技术规程》(JGJ/T 23—2011)]得出,当有地区测强曲线或专用测强曲线时,混凝土强度换算值应按地区测强曲线或专用测强曲线换算得出。表中未列入的测区强度值可用内插法求得。对于泵送混凝土还应符合下列规定:

(1)当碳化深度值不大于2.0mm时,每一测区混凝土强度换算值应按表3-1-3修正。

泵送混凝土测区强度换算值的修正值 表3-1-3

碳化深度值(mm)	抗压强度值(MPa)				
0.0、0.5、1.0	f_{cu}^c(MPa)	≤40.0	45.0	50.0	55.0~60.0
	K(MPa)	+4.5	+3.0	+1.5	0.0
1.5、2.0	f_{cu}^c(MPa)	≤30.0	35.0	40.0~60.0	
	K(MPa)	+3.0	+1.5	0.0	

(2)当碳化深度值大于2.0mm时,可采用同条件试件或钻取混凝土芯样进行修正。

(六)结构或构件混凝土强度计算

(1)结构或构件测区混凝土强度平均值可根据各测区混凝土强度换算值计算。当测区数为10个及以上时,应计算强度标准差。平均值及标准差应按式(3-1-5)、式(3-1-6)计算:

$$m_{f_{cu,min}^c} = \frac{1}{n}\sum_{i=1}^{n} f_{cu,i}^c \tag{3-1-5}$$

$$S_{f_{cu}^c} = \sqrt{\frac{\sum_{i=1}^{n}(f_{cu,i}^c)^2 - n(m_{f_{cu}^c})^2}{n-1}} \tag{3-1-6}$$

式中:$m_{f_{cu,min}^c}$——结构或构件测区混凝土强度换算值的平均值(MPa),精确至0.1MPa;

$f_{cu,i}^c$——第 i 个测点混凝土强度换算值;

n——测区数,对于单个评定的结构或构件,取一个试件的测区数;对于抽样评定的结构或构件,取抽检试样测区数之和;

$S_{f_{cu}^c}$——构件混凝土强度标准差(MPa),精确至0.1MPa。

(2)结构或构件混凝土强度推定值($f_{cu,e}$)的确定。

①用回弹法检测的混凝土结构(或构件),多属重要结构。应用数理统计法进行评定。

a. 当该结构或构件的测区数 $n < 10$ 时,取 $f_{cu,e} = f_{cu,min}^c$,$f_{cu,min}^c$ 为构件中最小的测区混凝土换算值。

b. 当该结构或构件的测区混凝土强度值中出现小于 10.0 MPa 时,取 $f_{cu,e} < 10.0$ MPa。

c. 当该结构或构件测区数 $n \geq 10$ 或按批量检测时,应按式(3-1-7)计算:

$$f_{cu,e} = m_{f_{cu}^c} - 1.645 S_{f_{cu}^c} \tag{3-1-7}$$

②对批量检测的构件,当该批构件混凝土强度标准差出现下列情况之一时,则该批构件应全部按单个构件检测:

a. 当该批构件混凝土强度平均值小于 25MPa 时,取 $S_{f_{cu}^c} > 4.5$ MPa。

b. 当该批构件混凝土强度平均值大于或等于 25MPa 时,取 $S_{f_{cu}^c} > 5.5$ MPa。

(七)回弹法测强的误差范围和减小误差的方法

回弹法测强的影响因素比较多,如水泥品种、粗集料品种、成型方法、模板种类、养护方法、湿度、保护层厚度、混凝土龄期、测试时的大气温度、测试技术等均有不同的影响。对回弹法测强误差的估计,一般采用在试验室内通过试块测试制定测强相关曲线,然后按试验值进行最小二乘法回归分析时所得的标准差及离散系数,作为测定误差,或以验证实测试验误差作为测定误差。

减小误差的方法是:可采用同条件试块或钻取混凝土芯样进行修正,试块或钻取芯样数目不应少于6个。钻取芯样时每个部位应钻取一个芯样,计算时,测区混凝土强度换算值应乘以修正系数。

(1)当有同条件试块时,修正系数应按式(3-1-8)计算:

$$\eta = \frac{1}{n} \sum_{i=1}^{n} \frac{f_{cu,i}}{f_{cu,i}^c} \tag{3-1-8}$$

(2)当有钻取混凝土芯样时,修正系数应按式(3-1-9)计算:

$$\eta = \frac{1}{n} \sum_{i=1}^{n} \frac{f_{cor,i}}{f_{cu,i}^c} \tag{3-1-9}$$

式中:η——修正系数,精确至0.01;

$f_{cor,i}$——第 i 个混凝土芯样试件抗压强度值,精确至0.1MPa;

$f_{cu,i}^c$——对应于第 i 个试件或芯样部位回弹值和碳化深度值的混凝土强度换算值,可按《桥涵工程试验检测技术》中附录Ⅰ采用;

n——试件数。

(八)注意问题

(1)回弹法测强的误差比较大,因此对比较重要的构件或结构物强度检测必须慎重使用。

(2)符合下列条件混凝土才能采用全国统一测强曲线进行测区混凝土强度换算。

①混凝土采用的材料、拌和用水符合现行国家有关标准;

②不掺外加剂或仅掺非引气型外加剂;

③采用普通成型工艺;

④采用符合现行国家标准《混凝土结构工程施工质量验收规范》(GB 50204—2002)(2010年版)规定的钢模、木模及其他材料制作的模板;

⑤自然养护或蒸汽养护出池后经自然养护7d以上,且混凝土表层为干燥状态;

⑥龄期为 14~1000d;

⑦抗压强度为 10~60MPa。

(3)当有下列情况之一时,测区混凝土强度值不得按全国统一测强曲线进行测区混凝土强度换算,但可制定专用测强曲线或通过试验进行修正,专用测强曲线的制定方法见《回弹法检测混凝土抗压强度技术规程》(JGJ/T 23—2011)。

①粗集料最大粒径大于60mm;
②特种成型工艺制作的混凝土;
③检测部位曲率半径小于250mm;
④潮湿或浸水混凝土。

(4)当构件混凝土抗压强度大于60MPa时,可采用标准能量大于2.207J的混凝土回弹仪,并应另行制订检测方法及专用测强曲线进行检测。

(5)批量检测的条件是:在相同的生产工艺条件下,混凝土强度等级相同,原材料、配合比、成型工艺、养护条件基本一致且龄期相近的同类结构或构件。按批进行检测的构件,抽检数量不得少于同批构件总数的30%且构件数量不得少于10件。抽检构件时,应随机抽取并使所选构件具有代表性。

(九)检测报告

检测报告应包括测区混凝土平均回弹值,测强曲线、回弹值与抗压强度的关系、相关系数,各测区的抗压强度推定结果,推定的混凝土抗压强度平均值、标准差、变异系数。

任务实施

工作任务实施主要掌握墩柱混凝土强度普查的主要工序、基本方法和质量标准。

根据施工单位或业主的要求,接受检测任务。进行检测设备与资料的准备,进入施工现场,按照事先确定的检测方法,进行检测数据的采集,对检测数据进行分析与整理,编制检测报告。

现以某特大桥超声—回弹综合法检测混凝土强度为例,将任务实施简述如下:

一、任务概况

受某单位委托,我院检测中心于2005年4月8日至4月10日对某特大桥的5个构件(7号、13号系梁;7号墩2号柱、11号墩1号柱及6号盖梁)进行了超声—回弹综合法推定混凝土强度检测,检测时混凝土龄期大于28d,其中墩柱、盖梁设计混凝土强度等级均为C30,系梁设计混凝土强度等级均为C25。现场检测时监理工程师在场旁站。

检测原因:某特大桥7号、13号系梁;7号墩2号柱、11号墩1号柱及6号盖梁试块抗压强度均未达到设计要求,后经监理、施工单位研究,决定采用超声—回弹综合法检测,目的是进一步了解该5个构件的混凝土抗压强度。

二、检测依据

(1)《超声—回弹综合法检测混凝土强度技术规程》(CECS 02—2005)。
(2)《回弹法检测混凝土抗压强度技术规程》(JGJ/T 23—2011)。
(3)《普通混凝土力学性能试验方法标准》(GB/T 50081—2002)。

三、测区及测点布置

针对现场的实际情况及被测构件的实际尺寸,测区布置在构件混凝土浇筑方向的侧面,每个构件布置了 10 个相对测区,测区尺寸为 20cm×20cm。测试面清洁、平整、干燥且无接缝、浮浆,并避开了蜂窝、麻面部位。构件的每一测区,先进行回弹测试,后进行超声测试。每个相对测区共弹击了 16 个回弹值和测试了 3 个超声声时值,具体布置如图 3-1-3～图 3-1-7 所示。

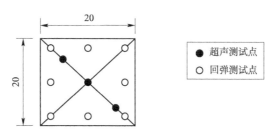

图 3-1-3　测区内测点布置示意图(尺寸单位:cm)

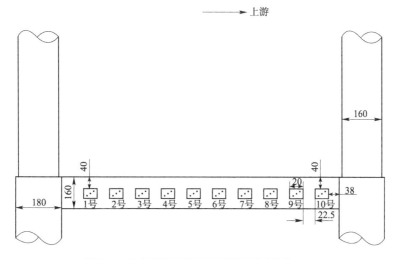

图 3-1-4　7 号系梁测区布置示意图(尺寸单位:cm)

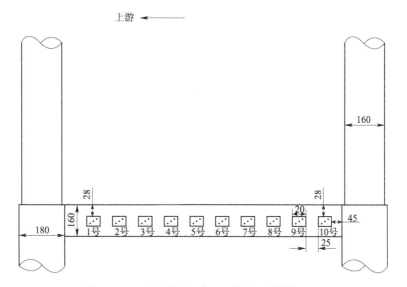

图 3-1-5　13 号系梁测区布置示意图(尺寸单位:cm)

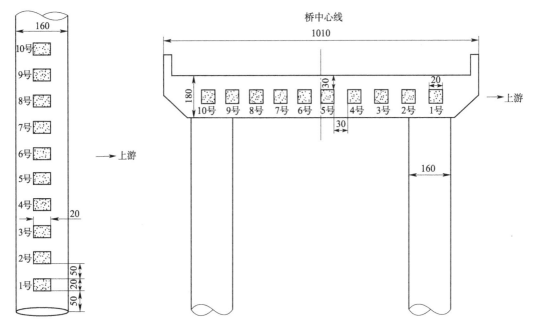

图 3-1-6　7号墩2号柱、11号墩1号柱测区布置示意图（尺寸单位：cm）

图 3-1-7　6号盖梁测点布置示意图（尺寸单位：cm）

四、现场测试与计算

(一)测区回弹值的检测与计算

1. 检测原理及测试

回弹值是采用回弹仪测试，基本原理是利用混凝土强度与构件表面硬度之间的关系，通过一定动能的重锤冲击混凝土表面，用表面的硬度值来推定混凝土强度。

测试时，使仪器处于水平状态，选择混凝土浇灌方向的侧面，对构件两个侧面上分别选择均匀分布的8个点进行弹击，每一测点的回弹值测读精确至1.0。测点在测区范围内均匀分布，不得布置在气孔或外露石子上相邻两测点的间距一般不小于30mm。

2. 计算

计算测区平均回弹值 R_m 时，应从该测区两个相对测试面的16个回弹值中，剔除3个最大值和最小值，然后将余下的10个回弹值按式(3-1-10)计算：

$$R_m = \frac{\sum_{i=1}^{10} R_i}{10} \tag{3-1-10}$$

式中：R_m——测区平均回弹值，计算至0.1；

R_i——第 i 个测点的回弹值。

(二)测区超声声速值的检测与计算

1. 现场测试

超声测点布置在回弹测试的同一测区，对构件声时测试，应保证换能器与混凝土耦合良好，超声测距的测量误差不应大于±1%。在每个测区内的相对测试面上，应各布置3个测点，采用对测法，且发射和接收换能器的轴线应在同一直线上。

2. 计算

测区声速应按式(3-1-11)计算：

$$v = \frac{l}{t_m}$$

$$t_m = \frac{t_1 + t_2 + t_3}{3} \tag{3-1-11}$$

式中：v——测区声速值，km/s；

t_m——测区平均声时值，μs；

l——超声测距，mm；

t_1、t_2、t_3——分别为测区中3个测点的声时值。

五、混凝土强度推定

构件第 i 个测区的混凝土强度换算值 $f_{cu,i}^c$，按式(3-1-12)计算。

当粗集料为碎石时：

$$f_{cu,i}^c = 0.008(v_{ai})^{1.72}(R_{ai})^{1.57} \tag{3-1-12}$$

式中：$f_{cu,i}^c$——第 i 个测区混凝土强度换算值，MPa，精确至0.1MPa；

v_{ai}——第 i 个测区修正后的超声声速值，km/s，精确至0.01km/s；

R_{ai}——第 i 个测区修正后的回弹值，精确至0.1。

当有混凝土芯样试件时，得到的测区混凝土强度换算值应乘以修正系数，修正系数可按式(3-1-13)计算：

$$\eta = \frac{1}{n}\sum_{i=1}^{n}\frac{f_{cor,i}}{f_{cu,i}^c} \tag{3-1-13}$$

式中：η——修正系数，精确至小数点后两位；

n——试件数；

$f_{cu,i}^c$——对应于第 i 个芯样试件的混凝土强度换算值，MPa，精确至0.1MPa；

$f_{cor,i}$——第 i 个混凝土芯样试件抗压强度值，MPa，精确至0.1MPa。

结构或构件的混凝土强度推定值 $f_{cu,e}$，可按下列条件确定：

当按单个构件检测时，单个构件的混凝土强度推定值 $f_{cu,e}$，取该构件各测区中最小的混凝土强度换算值 $f_{cu,\min}^c$。

六、检测成果

依据《超声—回弹综合法检测混凝土强度技术规程》(CECS 02:88)第5.0.3条要求，分别对7号、13号系梁；7号墩2号柱、11号墩1号柱进行了取芯检测，且对混凝土芯样试件做了抗压强度试验，得到芯样试件抗压强度值见表3-1-4。

通过芯样试件抗压强度值对构件测区数据进行计算整理、修正后，得各墩柱、盖梁及系梁混凝土换算强度推定值见表3-1-5。

混凝土芯样试件抗压强度值表　　　　　　　　　　　　　　　表3-1-4

构 件 名 称	7号系梁	13号系梁	7号墩2号柱	11号墩1号柱
芯样试件抗压强度值(MPa)	25.0	22.1	22.1	31.0

各墩柱、盖梁混凝土强度推定值表　　　　　表 3-1-5

构件名称 \ 测区编号	1 号	2 号	3 号	4 号	5 号	6 号	7 号	8 号	9 号	10 号	混凝土强度推定值(MPa)	设计混凝土强度等级
7 号墩 2 号柱	24.7	24.1	25.7	24.8	27.7	24.3	26.2	23.7	22.7	22.9	227	C30
11 号墩 1 号柱	28.6	25.8	30.3	28.2	29.0	27.1	28.2	24.1	25.1	28.5	24.1	C30
6 号盖梁	27.1	27.3	27.6	25.5	26.1	25.5	26.4	26.5	27.6	28.7	25.5	C30
7 号系梁	21.3	25.3	23.1	26.4	25.5	25.0	24.9	23.4	22.7	24.0	21.3	C25
13 号系梁	16.4	22.6	17.3	24.5	23.4	23.4	27.2	21.2	23.1	24.0	16.4	C25

七、结论

由以上构件混凝土强度推定值表中数据可以得出：

本次通过超声—回弹综合法检测的乔木湾乐安河特大桥 5 个构件，即 7 号墩 2 号柱、11 号墩 1 号柱及 6 号盖梁的混凝土强度推定值未达到设计强度等级 C30 的要求；7 号、13 号系梁的混凝土强度推定值未达到设计强度等级 C25 的要求。

   任务工作单

学习情境三：墩柱检查 工作任务一：墩柱混凝土强度检测	班级		
	姓名	学号	
	日期	评分	

一、填空题

1. 回弹法是用弹簧驱动的_____，通过弹击杆，弹击混凝土表面，并测出重锤被反弹回来的距离，以_____（反弹距离与弹簧初始长度之比）作为强度相关的指标来推算混凝土强度的一种方法。

2. 说出回弹仪构造（图 1）中指定部分的名称。

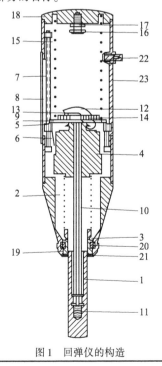

图 1　回弹仪的构造

说出图1中下列标注的含义:
1:_____ 4:_____ 7:_____
3. 回弹仪的使用环境温度为_____。
4. 中型回弹仪的标准能量应为_____。
5. 当回弹仪非水平方向测试混凝土浇筑侧面时,应将测得的数据先按_____进行修正。
6. 回弹法检测混凝土的强度结果可作为_____的参考,不宜作为_____或_____的最终依据。
7. 回弹仪在工程检测前后,应在钢砧上做_____。
8. 按单个构件测试时,应在构件上均匀布置测区,且不少于做_____。
9. 当对同批构件抽样检测时,构件抽样总数不小于同批构件的_____,且不少于_____件;每个构件测区数不少于_____个。

二、单项选择题
1. 回弹仪在洛氏硬度 HRC 为 60±2 的钢砧上,率定值应为( )。
   A. 40±2   B. 60±2   C. 80±2   D. 100±2
2. 回弹仪法检测混凝土构件,每一结构或构件测区数一般不应少于( )。
   A. 4   B. 6   C. 8   D. 10
3. 回弹仪法检测混凝土构件,相邻两测区的间距应控制在( )m 以内。
   A. 0.5   B. 1.0   C. 1.5   D. 2.0
4. 回弹仪法检测混凝土构件,测区距构件端部不宜小于( )m。
   A. 0.5   B. 0.1   C. 0.15   D. 0.2
5. 回弹仪法检测混凝土构件,测区面积不宜大于( )m²。
   A. 0.01   B. 0.02   C. 0.03   D. 0.04
6. 回弹仪法检测混凝土构件,测点宜在测区内均匀分布,相邻测点的净距不宜小于( )mm。
   A. 10   B. 15   C. 30   D. 40
7. 回弹仪法检测混凝土构件,回弹值测量完毕,应在有代表性的位置上测量碳化深度,测点数不少于构件测量数的( )。
   A. 10%   B. 20%   C. 30%   D. 40%
8. 回弹仪法检测混凝土构件,当碳化深度值大于( )mm 时,应在每一个测区量碳化深度。
   A. 0.5   B. 1   C. 2   D. 4
9. 检测混凝土碳化深度需用浓度为( )酚酞酒精溶液。
   A. 1%   B. 2%   C. 3%   D. 4%
10. 检测混凝土碳化深度,每个测区应记录( )个回弹值。
    A. 8   B. 16   C. 20   D. 32
11. 检测混凝土碳化深度,按批量检测的构件,混凝土强度平均值小于 C25,标准偏差大于( )MPa 时应按单个构件评定。
    A. 2.5   B. 3.0   C. 4.5   D. 5.5
12. 回弹法检测混凝土强度,全国测强曲线适用的龄期为( )d。
    A. 28~500   B. 28~1000   C. 14~500   D. 14~1000
13. 检测混凝土碳化深度,适用的强度等级为( )MPa。
    A. 5~50   B. 10~50   C. 5~60   D. 10~60
14. 回弹仪法检测混凝土碳化深度,按批量进行检测的构件,抽检数量不得少于同批构件总数的( ),且不得少于 10 件。
    A. 10%   B. 20%   C. 30%   D. 40%

135

三、简答题
1. 小组讨论回弹法的适用条件。

2. 简述回弹仪的率定方法。

3. 简述中型回弹仪的技术要求。

4. 回弹法测试混凝土强度的设备和材料有哪些?

5. 小组讨论测区布置的要求。

6. 小组讨论回弹法现场测试步骤及技术要求。

7. 小组讨论碳化深度现场测试步骤。

8. 小组讨论回弹法测试数据的处理过程。

工作任务二　墩柱混凝土缺陷检测

 **任务概述**

本工作任务是需要了解墩柱混凝土缺陷检测的重要性,掌握墩柱混凝土缺陷检测的基本方法,了解墩柱混凝土缺陷检测的质量控制,正确完成给定的墩柱混凝土缺陷检测任务。学习要求是认真研读教材内容,查阅某墩柱混凝土缺陷检测的相关资料,重视理论联系实际。

 相关知识

一、墩柱混凝土缺陷的原因

(一)墩柱混凝土缺陷产生的原因

在桥梁墩台施工及使用过程中,往往会造成一些缺陷和损伤,形成这些缺陷和损伤的原因是多种多样的。一般而言,主要有四方面的原因:其一是施工原因,例如振捣不足,钢筋网过密而集料最大粒径选择不当、模板漏浆等所造成的内部空洞、不密实区、蜂窝及保护层不足、钢筋外露等;其二是由于混凝土非外力作用形成的裂缝,例如在大体积混凝土中因水泥水化热积蓄过多,在凝固及散热过程中的不均匀收缩而造成的温度裂缝,混凝土干缩及碳化收缩所造成的裂缝;其三是长期在腐蚀介质或冻融作用下由表及里的层状疏松;其四是受外力作用所产生的裂缝。

这些缺陷和损伤往往会严重影响结构物的承载能力和耐久性,因此是事故处理、施工验收、旧有建筑物安全性鉴定、进行维修和补强设计时必须检测的项目。

(二)混凝土结构物缺陷的检测方法

混凝土缺陷的检测往往以无损检测的手段,确定混凝土内部缺陷的存在大小、位置。一般有超声脉冲法和射线法两大类,其中射线法因穿透能力有限,以及操作中需解决人体防护等问题,在我国使用较少。目前最有效的方法是超声波法。

二、超声波检测技术

超声检测法是混凝土无损检测技术中一项十分重要的检测方法,检测范围非常广泛,既可以检测混凝土的强度,又可以检测混凝土裂缝、混凝土均匀性、混凝土综合面质量、混凝土中不密实区和空洞、混凝土破坏层厚度和混凝土弹性参数等,其探测距离已达20m,是一种极具生命力的检测方法。

(一)超声波法的基本原理

利用超声波在技术条件相同(指混凝土原材料、配合比、龄期和测试距离一致)的混凝土中传播的时间(或速度)、接收波的振幅和频率等声学参数的变化,来判断混凝土的缺陷。因为超声脉冲波传播速度的快慢,与混凝土的密实程度有直接关系,对于技术条件相同的混凝土来说,声速高则混凝土密实,相反则混凝土不密实。当有空洞、裂缝等缺陷存在时,破坏了混凝土的整体性,由于空气的声阻抗率远小于混凝土的声阻抗率,超声波遇到蜂窝、空洞或裂缝等缺陷时,会在缺陷界面发生反射和散射,因此传播的路程会增大,测得的声时会延长,声速会降低。其次在缺陷界面超声波的声能被衰减,其中频率较高的部分衰减更快,因此接收信号的波幅明显降低,频率明显减小或频率谱中高频成分明显减少。再次,经缺陷反射或绕过缺陷传播的超声波信号与直达信号之间存在相位差,叠加后相互干扰,致使接收信号的波形发生畸变。根据上述原理,在实际测试中,可以利用混凝土声学参数测量值和相对变化综合分析,判别混凝土缺陷的位置和范围,或者估算缺陷的尺寸。

(二)超声波检测设备

1. 超声波仪

超声仪是超声检测的基本装置。它的作用是产生重复的电脉冲去激励发射换能器,发射换能器发射的超声波经耦合进入混凝土,在混凝土传播后被接收换能器所接收并转换成电信号,电信号被送至超声仪,经放大后显示在波屏上。超声仪除了产生电脉冲、接收、显示超声波外,还具有测量超声波有关参数,如声波传播时间、接收波振幅、频率等功能。

目前工程中应用的主要是智能型超声仪,其基本工作原理和组成总体框图如图3-2-1所示,主要由计算机(主机)、高压发射系统、程控放大系统、数据采集及传输系统、电源系统五大部分组成。其工作原理为:高压发射电路在主机控制下,产生高压脉冲,通过发射换能器转换为声波信号作自动增益调整达到设定状态,经数据采集转换为数字信号,并将其高速地送入主机系统,然后在主机系统控制下进行波形显示、声参量的判读和存储,或者对所存储的声参量进行分析处理等。

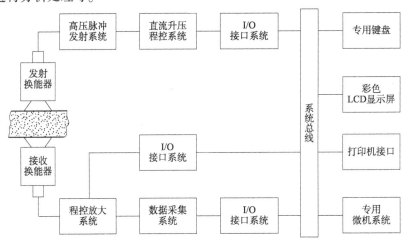

图 3-2-1 超声波仪组成总体框图

2. 换能器

超声换能器是混凝土超声检测设备的重要组成部分,因为超声波的产生与接收是通过它来实现的。超声换能器的原理是通过声能与电能的相互转换产生和接收超声波的。发射换能器是将电能转化成声能,即产生并发射超声波,超声波在混凝土中传播后,被接收换能器接收并将超声能量转换为电能,转换后的电信号送到主机进行处理,混凝土的超声换能器一般是应用压电体材料的压电效应实现与声能的相互转换,因此常称为压电换能器。

在混凝土超声检测中,应根据结构的尺寸及检测目的来选择换能器。平面换能器用于一般的表面对测和平测;径向换能器(增压式、圆环式、一发双收式)则用在需钻孔检测或灌注桩声测管中检测等场合及水下检测。由于超声波在混凝土中衰减较大,为了使其传播距离较远,混凝土超声检测时多使用频率在 200kHz 以下的低频率超声波。

三、墩柱混凝土检测前准备工作

(一)测前应掌握和取得以下有关结构情况的资料

(1)工程和结构名称;
(2)混凝土原材料品种和规格;
(3)混凝土浇筑和养护情况;
(4)结构尺寸和配筋施工图;
(5)结构外观资料及存在的问题;

(二)对检测面的要求

测取混凝土表面应清洁、平整、必要时可用砂轮磨平或用高强度等级快凝砂浆抹平。换能器应通过耦合剂与结构表面接触,耦合层中不得夹泥沙或空气。

(三)测点间距

普通的测点间距宜为 200～500mm(平测法例外),对出现可疑数据的区域,应加密布点进行细测。

(四)换能器频率选择

换能器频率选择可参照表 3-2-1。

换能器频率选择 表 3-2-1

测距(cm)	选用换能器频率(kHz)	最小截面尺寸(cm)	测距(cm)	选用换能器频率(kHz)	最小截面尺寸(cm)
10～20	200～500	10	300～500	30～50	30
20～100	200～500	20	>500	20	50
100～300	50	20			

(五)换能器的布置方法

接收换能器检测出最早到达的脉冲分量。这一分量通常是纵向振动的前缘。尽管所传播的最大能量的方向是垂直发射换能器的表面,但是可能在其他的一些方向检测到通过混凝土传播的脉冲。因此,可以按图 3-2-2 来布置两只换能器,以测量脉冲速度:

(1)直测法:两只换能器对面布置(直接传播)。

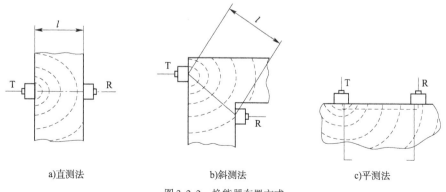

a)直测法　　　　b)斜测法　　　　c)平测法

图 3-2-2　换能器布置方式

(2)斜测法:两只换能在相邻面布置(半直接传播)。
(3)平测法:两只换能器布置在同一表面(间接传播或表面传播)。
(4)钻孔法:一对换能器分别置于两个对应钻孔中,采用孔中对测、孔中斜测和孔中平测。

四、墩柱混凝土相对均匀性检测

构件内部或各构件之间的混凝土不均匀性可引起脉冲速度的差异,这种差异又和质量的差别相连。脉冲速度的测量为研究匀质性提供了手段。

(一)适用要求

需要了解结构混凝土各部位的相对均匀性。

(二)检测要求

(1)被检测的部位具有相对平行的测试面。
(2)测点在被检测部位均匀布置,测点的间距一般为200~500mm。
(3)测点布置时,应避开与声波传播方向一致的主钢筋。

(三)检测方法

(1)在检测部位的测试面上画间距为200~500mm的网格并编号。
(2)用钢卷尺测量两个换能器之间的距离,误差不应大于±1%。
(3)逐点测量声时值t_1、t_2、t_3、$\cdots$、t_n。

(四)数据处理判定

(1)各测点的混凝土声速值应按式(3-2-1)计算:

$$v_i = \frac{l_i}{t_{ci}} \tag{3-2-1}$$

(2)各测点混凝土声速的平均值和离散系数按式(3-2-2)与式(3-2-3)分别计算:

$$m_v = \frac{1}{n}\sum_{i=1}^{n} v_i \tag{3-2-2}$$

$$c_v = \frac{s_v}{m_v} \tag{3-2-3}$$

(3)根据声速的标准差和离散系数的大小,可以相对比较相同测距的同类结构或各部位混凝土质量均匀性的优劣。

(五)注意问题

(1)构件上各点声速值波动变化反映了混凝土质量的波动变化,因此用声速统计的声速均方差及偏差系数也反映了均匀性。但是由于混凝土的声速与其强度之间并非线形关系,以声速统计的值和以强度统计的值标准不一致,因此只能作为混凝土均匀性的相对比较,而不能用于均匀性等级的评定。
(2)当具有超声测强曲线时,可先计算出测点混凝土强度值,然后再进行匀质性评价。

五、墩柱混凝土表面损伤层检测

冻害、高温或化学腐蚀会引起混凝土表面层损伤。检测表面损伤层厚度时,被测部位和测点的确定应满足下列要求:

(1)根据构件的损伤情况和外观质量选取有代表性的部位布置测位。
(2)构件被测部位表面应平整并处于自然干燥状态,且无接缝和饰面层。
(3)检测时,为保证检测结果的可靠性,宜做局部破损验证。

(一)测试方法

(1)用超声法检测混凝土表面损伤层厚度的方法大致有两种:一是单面平测法,二是逐层穿透法。

(2)单面平测法。此法可应用于仅有一个可测表面的结构,也可应用于损伤层位于两个对应面上的结构或构件。将发射换能器 T 置于测试面某一点保持不动,再将接收换能器 R 以测距 l_i = 30mm、60mm、90mm…依次置于各点,读取相应的声时值 t_i。每一测位的测点数不得少于 6 个,当损伤厚度较厚时,应适当增加测点数,当构件的损伤层厚度不均匀时,应适当增加测位数量。

(3)逐层穿透法。在损伤结构的一对平行表面上,分别钻出一对不同深度的测试孔,孔径为 50mm 左右,然后用直径小于 50mm 的平面式换能器,分别在不同深度的一对测孔中进行测试,读取声时值和测试距离,并计算其声速值,或者在结构同一位置先测一次声速,然后凿开一定深度的测孔,在孔中测一次声速,再将测孔增加一定深度,再测声速,直至两次测得的声速之差小于 2% 或接近于最大值时为止。

(4)表层损伤层评测法检测时,宜选用 30～50kHz 的低频厚度振动式换能器。

(二)数据处理及判断

(1)当采用单面平测时,将各测点的声时测值 t_i 和相应的测距值 l_i 绘制"时—距"坐标图。如图3-2-3所示,由图可求得声速改变所形成的转折点,该点前、后分别表示损伤和未损伤混凝土的 l 与 t 的相关直线,用回归分析方法分别求出损伤、未损伤混凝土 l 与 t 的回归直线方程:

损伤混凝土
$$l_f = a_1 + b_1 t_f \tag{3-2-4}$$

未损伤混凝土
$$l_a = a_2 + b_2 t_a \tag{3-2-5}$$

式中: l_f、t_f——拐点前各测点的距离(mm)和声时(μs);
l_a、t_a——拐点后各测点的距离(mm)和声时(μs);
a_1、b_1、a_2、b_2——回归系数,即损伤和未损伤混凝土直线的截距和斜率。

(2)采用单面平测法检测的损伤层厚度 h_f(mm)可按式(3-2-7)进行计算:

$$l_0 = \frac{a_1 b_2 - a_2 b_1}{b_2 - b_1} \tag{3-2-6}$$

$$h_f = \frac{l_0}{\frac{2(b_2 - b_1)}{(b_2 + b_1)}} \tag{3-2-7}$$

(3)当采用逐层穿透法检测时,可将每次测量的声速值(v_i)和测孔深度值(h_i)绘制"v-h"曲线,如图 3-2-4 所示,当声速趋于基本稳定的测孔深度,便是混凝土损伤层的厚度 h_f。

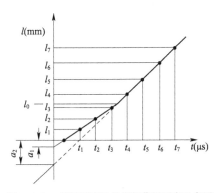

图 3-2-3 采用平测法检测损伤层厚度示意图

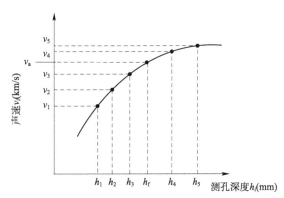

图 3-2-4 采用逐层穿透法检测损伤厚度的曲线

六、墩柱混凝土表面浅裂缝检测

(一)适用情况

当结构混凝土开裂深度小于或等于 500mm 时。

(二)检测要求

(1)需要检测的裂缝中,不得充水充泥浆。

(2)如有主钢筋穿过裂缝且与收发换能器的连线大致平行,布置测点时应使收发换能器连线至少与该钢筋轴线相距 1.5 倍的裂缝预计深度。

(三)检测方法

1. 平测法

当结构的裂缝部位只有一个可测表面,可采用平测法。平测时应在裂缝的被测部位以不同的测距同时按跨缝和不跨缝布置测点进行声时测量,其测试步骤应为:

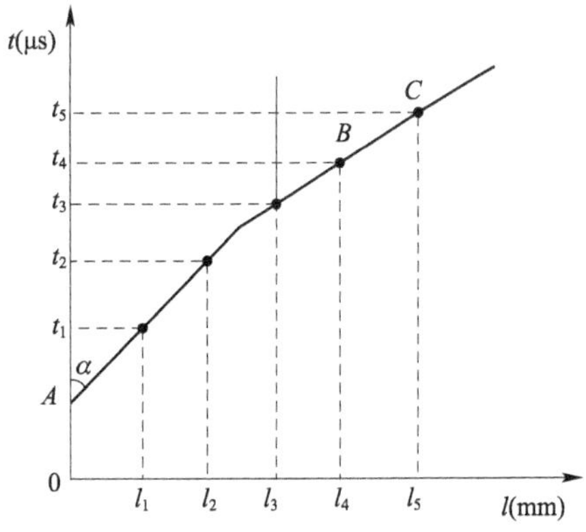

1)不跨缝声时测量

将换能器 T 和 R 置于裂缝同一侧,以两个换能器内边缘间距(l')等于 100mm、150mm、200mm、250mm、…分别读取声时值(t_i),绘制"时—距"坐标图如图 3-2-5 所示,用统计的方法求出两者的关系式。

图 3-2-5 平测法"时—距"图

测距与声时的理论关系为:

$$l'_i = a + bt_i \tag{3-2-8}$$

考虑仪器设备的声时修正,每测点超声实际传播的距离应为:

$$l_i = l'_i + |a| \tag{3-2-9}$$

式中:l_i——第 i 点的超声波实际传播距离(mm);

l'_i——第 i 点的换能器 R、T 内边缘间距(mm);

a——"时—距"图中 l' 轴的截距或回归直线方程得常数项(mm);

b——不跨缝平测的混凝土声速值,即为:

$$v = \frac{l'_n - l'_1}{t'_n - t'_1} (\text{km/s}) \tag{3-2-10}$$

$$v = b (\mathrm{km/s}) \tag{3-2-11}$$

l'_n、l'_1——第 n 点和第 1 点的距离(mm);

t'_n、t'_1——第 n 点和第 1 点的距离(μs)。

2)跨缝声时测量

如图 3-2-6 所示,将换能器 T 和 R 对称置于裂缝同一侧,两换能器中心连线垂直于裂缝走向,以两个换能器内边缘间距(l')等于 100mm、150mm、200mm、250mm、3000mm…分别读取声时值(t_i^0),同时观察首波相位的变化。

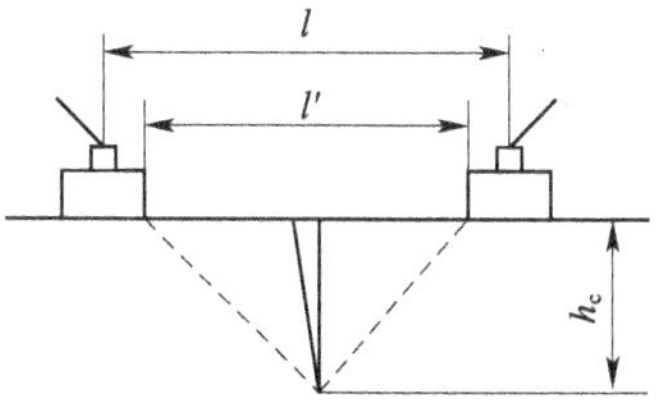

图 3-2-6 绕过裂缝示意图

3)平测法检测

裂缝深度按式(3-2-12)计算:

$$h_{ci} = \frac{l_i}{2} \sqrt{\left(\frac{t_i^0 v}{l_i}\right)^2 - 1} \tag{3-2-12}$$

$$m_{bc} = \frac{1}{n} \sum_{i=1}^{n} h_{ci} \tag{3-2-13}$$

式中:l_i——不跨缝平测时第 i 点的超声实际传播距离(mm);

h_{ci}——第 i 点的计算的裂缝深度值(mm);

t_i^0——第 i 点跨缝平测的声时值(μs);

m_{bc}——各测点计算裂缝深度的平均值(mm);

n——测点数。

4)裂缝深度的确定方法

(1)三点平均值法:跨缝测试在某测距发现首波反相时,用该测距及其相邻测距的声时测量值分别计算,取此三点的平均值作为该裂缝的深度。

(2)平均值加剔除法:当跨缝测量难以发现首波反相时,可先求出各测距计算深度的平均值 m_{bc},再将各测距 l_i 与 m_{bc} 比较,如 $l_i < m_{bc}$ 和 $l_i > 3 m_{bc}$,剔除其深度值,然后取余下 h_{ci} 的平均值,作为该裂缝的深度值(h_c)。

2. 双面斜测法

当结构的裂缝部位具有两个相互平行的测试表面时,可采用斜测法检测,如图 3-2-7 所示。将换能器 T、R 分别置于对应测点 1、2、3…的位置,读取相应声时值 t_i 和波幅值 A_i 及主频率值 f_i。

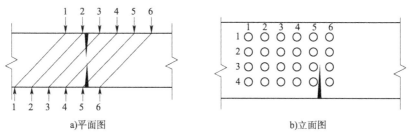

图 3-2-7 斜测裂缝测点布置示意图

如换能器 T、R 的连线通过裂缝,则接收信号的波幅和频率明显降低。根据波幅和频率的突变,可以判定裂缝深度及是否在平面方向贯通。

3. 注意问题

(1)当需要检测的裂缝中有水或泥浆时,上述检测方法不能使用。因为以声时推算浅裂缝深度,是假定裂缝中充满了气体,声波绕过裂缝末端传播。若裂缝有水或泥浆,则声波经水介质耦合穿过裂缝,首波到达时间不反映裂缝深度。

(2)采用斜测法时,必须保持换能器 T、R 的连线通过和不通过裂缝的测试距离相等,倾斜角一致的条件下,读取相应的声时、波幅和频率值。

七、墩柱混凝土表面深裂缝检测

(一)适用条件

对于大体积混凝土,当预计开裂深度大于 500mm 时。

(二)检测要求

(1)允许在裂缝两旁钻测试孔。
(2)裂缝中不得充水或泥浆。
(3)孔径应比换能器直径大 5~10mm。
(4)孔深应至少比裂缝预计深度深 700mm,经测试如浅于裂缝深度,则应加深钻孔。
(5)对应的两个测试孔,必须始终位于裂缝两侧,其轴线应保持平行。
(6)两个对应测试孔的间距宜为 2000mm,同一结构的各对应测孔间距应相同。
(7)如图 3-2-8 所示,宜在裂缝一侧多钻一个较浅的孔,测试无缝混凝土的声学参数,供对比判别之用。
(8)孔中粉末碎屑应清理干净。

(三)检测方法

(1)选用频率为 20~60kHz 的径向振动式换能器,并在其接线上作出等距离标志(一般间隔 100~500mm)。
(2)测试前应先向测试孔中注满清水,然后将换能器 T 和 R 分别置于裂缝两侧的对应孔中,以相同高程等间距从上至下同步移动,逐点读取声时、波幅和换能器所处的深度,如图 3-2-8 所示。

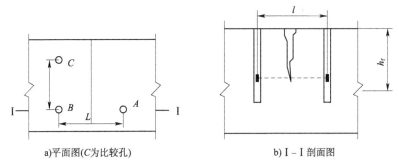

a)平面图(C 为比较孔)　　b)Ⅰ-Ⅰ剖面图

图 3-2-8　钻孔测裂缝深度示意图

(四)裂缝深度判断

以换能器所处深度(h)与对应的波幅值(A)绘制 h-A 坐标图,如图 3-2-9 所示。随着换能器的下移,波幅逐渐增大,当换能器下移至某一位置后,波幅达到最大值并基本稳定,该位置所对应的深度便是裂缝深度 h_c。

(五)注意的问题

(1)向测孔中灌的水必须是清水,无悬浮泥沙。

(2)测点间距宜 20cm 左右,深度大的裂缝测量间距可适当大一些,换能器上下移动到位后,使其处于钻孔中心,为此换能器应套上橡皮的"扶正器"再置于钻孔中使用。

(3)当放置换能器 T、R 的测孔之间混凝土质量不均匀或者存在不密实和空洞时,将使 h-A 曲线偏离原来趋向,此时应注意识别和判断,以免产生误判。

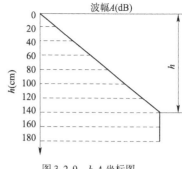

图 3-2-9 h-A 坐标图

(4)由于大体积混凝土本身存在较大的体积变形,当温度升高而膨胀时,其裂缝变窄甚至完全闭合。当结构混凝土在外力作用下,其受压区的裂缝也会产生类似变化。在这种情况下进行超声检测,难以正确判断裂缝宽度。因此,最好在气温较低的季节或结构卸荷状态下进行裂缝检测。

(5)当有主钢筋穿过裂缝且靠近一对测孔,换能器 T、R 又处于该钢筋的高度时,大部分超声波将沿钢筋传播到接收换能器,波幅测值难以反映裂缝的存在,检测时应注意判别。

(6)当裂缝中充满水时,绝大部分超声波经水穿过裂缝传播到接收换能器,使得有无裂缝的波幅值无明显差异,难于判断裂缝深度。因此,检测时被测裂缝中不应填充水或泥浆。

八、墩柱不密实区和孔洞检测

(一)适用情况

当墩柱混凝土因振捣不够、漏浆或十字架空等原因造成混凝土局部区域呈蜂窝状、空洞等缺陷时。

(二)检测要求

(1)被测部位应具有一对(或两对)相互平行的测试面。

(2)测区的范围应大于有怀疑的区域。

(3)在测区布置测点时,应避免换能器 T、R 的连线与附近的主钢筋轴线平行。

(三)检测方法

(1)根据被测结构实际情况,可按下列方法之一布置换能器:

①结构具有两对互相平行的测试面时可采用对测法。在测区的两对相互平行的测试面上,分别画间距为 200~300mm 的网络,并编号、确定对应的测点位置,如图 3-2-10 所示。

②采用斜测法。即在测区的两个相互平行的测试面上,分别画出交叉测试的两组结构中只有一对相互平行的测试面时可测点位置,如图 3-2-11 所示。

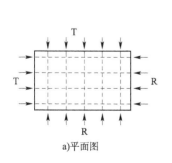

a)平面图

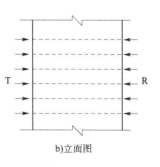

b)立面图

图 3-2-10 对测法换能器布置

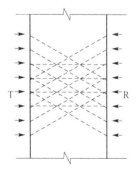

图 3-2-11 斜测法测缺陷

③当结构的测试距离较大时,为了提高测试灵敏度,可在测区适当位置钻出平行出侧面的测试孔,如图 3-2-12 所示。测孔直径宜比换能器直径大 5~10mm,预埋管或钻孔间距宜为 2~3mm,其深度视测试需要而定。检测时可用两个径向振动式换能器分别置于两测孔中进行测试,或用一个径向振动式换能器,分别置于测孔中和平行于测孔的侧面进行测试。结构侧面采用厚度振动换能器,用黄油耦合。测孔中有用径向振动式换能器,用水耦合。

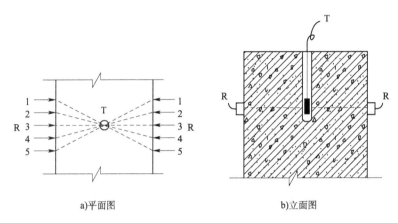

图 3-2-12 钻孔或预埋管测法换能器布置图

(2)按规定测量每一测点的声时、波幅、频率和测距。

(四)数据处理与判断

(1)测区混凝土声时(或声速)、波幅、频率测量值的平均值(m_x)和标准差(S_x)应按式(3-2-14)与式(3-2-15)计算:

$$m_x = \frac{1}{n}\sum_{i=1}^{n} X_i \tag{3-2-14}$$

$$S_x = \sqrt{\frac{\sum_{i=1}^{n} X_i^2 - nm_x^2}{n-1}} \tag{3-2-15}$$

式中:X_i——第 i 点的声时(或声速)、波幅、频率的测量值;

n——测区参与统计的测点数(个)。

(2)测区中的异常数据可按以下方法判别:

①将一测区各测点的声时值由小至大按顺序排列,即 $X_1 \geq X_2 \geq \cdots \geq X_n \geq X_{n+1} \cdots$ 将排在后面明显大的数据视为可疑,再将这些可疑数据中最小的一个(假定 x_n)连同其前面的数据计算出 m_x 及 S_x 值,并按式(3-2-16)算出异常情况的判断值(x_0)。

$$x_0 = m_x - \lambda_1 S_x \tag{3-2-16}$$

式中:λ_1——异常值判定系数,应按表 3-2-2 查得。

把 x_0 值与可疑数据中最大值(x_n)相比较,如 x_n 大于或等于 x_0,则 x_n 及排在其后的各声时值均为异常值;当 x_n 小于 x_0 时,应再将 x_{n+1} 放进去重新进行统计计算和判别。

②将一测区各测点的波幅、频率由大到小按顺序排列,即 $X_1 \geq X_2 \geq \cdots \geq X_n \geq X_{n+1} \cdots$ 将排在后面明显小的数据视为可疑数据,再将这些可疑数据中最大的一个(假定 x_n)连同其前面的数据计算出 m_x 及 S_x 值,并算出异常情况的判断值(x_0)。

统计数的个数 n 与对应的 λ_1、λ_2 和 λ_3 的值 表3-2-2

n	20	22	24	26	28	30	32	34	36	38
λ_1	1.65	1.69	1.73	1.77	1.80	1.83	1.86	1.89	1.92	1.94
λ_2	1.25	1.27	1.29	1.31	1.33	1.34	1.36	1.37	1.38	1.39
λ_3	1.05	1.07	1.09	1.11	1.12	1.14	1.16	1.17	1.18	1.19
n	40	42	44	46	48	50	52	54	56	58
λ_1	1.96	1.98	2.00	2.02	2.04	2.05	2.07	2.09	2.10	2.12
λ_2	1.41	4.42	1.43	1.44	1.45	1.46	1.47	1.48	1.49	1.49
λ_3	1.20	1.22	1.23	1.25	1.26	1.27	1.28	1.29	1.30	1.31

当测区中某些测点被判为异常值时,可结合异常测点的分布,按式(3-2-17)进一步判别其相邻测点是否异常:

$$x_0 = m_x - \lambda_2 S_x \text{ 或 } x_0 = m_x - \lambda_3 S_x \tag{3-2-17}$$

式中:λ_2、λ_3——按表3-2-2取值。当测点布置为网格状时取 λ_2,当单排布置测点时取 λ_3。

(3)当测区中某些测点的声时值(或声速值)、波幅值(或频率值)被判为异常值时,可结合异常测点的分布及波形状况确定混凝土内部存在不密实区和空洞的范围。

(五)空洞尺寸估算方法

当判定缺陷是空洞时,可按以下的方法估算其尺寸。

如图 3-2-13 所示,设检测距离为 l,空洞中心(在另一对测试面上,声时最长的测点位置)距一个测试面的垂直距离为 l_k,声波在空洞附近无缺陷混凝土中传播的时间平均值为 m_{ta},绕空洞传播的时间(空洞处的最大声时)为 t_h,空洞半径为 r。

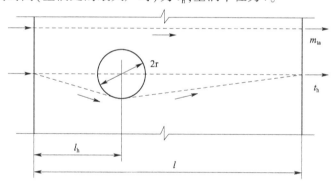

图 3-2-13 空洞尺寸估算原理

根据 l_h/l 值和 $(t_h - m_{ta})/m_t \times 100\%$ 值,查表3-2-3得空洞半径 r 与测距 l 的比值,再计算空洞大致尺寸 r。

空洞半径 r 与测距 l 的比值 表3-2-3

x \ z / y	0.05	0.08	0.10	0.12	0.14	0.16	0.18	0.20	0.22	0.24	0.26	0.28	0.30
0.10(0.9)	1.42	3.77	6.26	—	—	—	—	—	—	—	—	—	—
0.15(0.85)	1.00	2.56	4.06	5.97	8.39	—	—	—	—	—	—	—	—
0.20(0.8)	0.78	2.03	3.18	4.62	6.36	8.44	10.9	13.9	—	—	—	—	—
0.25(0.75)	0.67	1.72	2.69	3.90	5.34	7.03	8.98	11.2	13.8	16.8	—	—	—

续上表

x z y	0.05	0.08	0.10	0.12	0.14	0.16	0.18	0.20	0.22	0.24	0.26	0.28	0.30
0.3(0.7)	0.60	1.53	2.40	3.46	4.73	6.21	7.91	9.38	12.0	14.4	17.1	20.1	23.6
0.35(0.65)	0.55	1.41	2.21	3.19	4.35	5.70	7.25	9.00	10.9	13.1	15.5	18.1	21.0
0.4(0.6)	0.52	1.34	2.09	3.02	4.12	5.39	6.84	8.48	10.3	12.3	14.5	16.9	19.8
0.45(0.55)	0.50	1.30	2.03	2.92	3.99	5.22	6.62	8.20	9.95	11.9	14.0	16.3	18.8
0.5	0.50	1.28	2.02	2.89	3.94	5.16	6.55	8.11	9.84	11.8	13.3	16.1	18.6

如被测部位只有一对可供测试的表面，空洞尺寸可用式(3-2-18)计算：

$$r = \frac{1}{2}\sqrt{\left(\frac{t_h}{m_{ta}}\right)^2 - 1} \tag{3-2-18}$$

式中：r——空洞半径(mm)；

t_h——缺陷处的最大声时值(μs)；

m_{ta}——无缺陷区的平均声时值(μs)。

(六) 注意问题

(1) 一般情况下用波幅、频率和声时的差异来判别不密实和空洞等缺陷较为有效。

(2) 若耦合条件保证不了测幅稳定，则波幅值不能作为统计法的判据。

(3) 有时由于一个构件的整体性质量差，各测点的声速、波幅测量值的标准差较大，如按上述判据易产生漏判，此时，可利用一个同条件(混凝土的材料、龄期、配合比及配筋相同，测距一致)混凝土的声速、波幅的平均值和标准差来判别。

九、墩柱混凝土结合面质量检测

用超声法检测两次浇筑的混凝土结合面的质量时，应先查明结合面的位置及走向，明确被测部位及范围。若构件的被测部位具有声波垂直或斜穿结合面的测试条件，可采用对测法与斜测法进行检测。换能器的具体布置方法如图 3-2-14 所示。

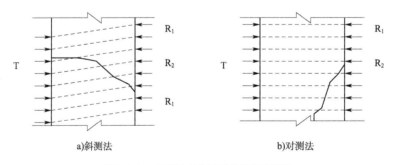

图 3-2-14 混凝土结合面质量检测示意图

(一) 测点布置

(1) 使测试范围覆盖全部结合面或有怀疑的部位。

(2) 各对 T-R_i(声波传播不经过结合面)和 T-R_2(声波传播经过结合面)换能器连线的倾斜角测距应相等。

(3) 测点间距应根据被测结构尺寸结合面的外观质量情况确定，一般为 100～300mm，间距过大易造成缺陷漏检。

(二)声时、波幅和主频率测量

按布置好的测点分别测出各点的声时、波幅和主频率。

(三)数据处理及判定

(1)将同一测位各点声速、波幅和主频道分别按数理统计进行计算。

(2)当测点数无法满足统计法判断时,可将 $T-R_2$ 的声速、波幅等声学参数与 $T-R_1$ 进行比较,若 $T-R_2$ 声学参数比 $T-R_1$ 显著低时,则该点可判为异常测点。

(3)当通过结合面的某些测点的数据被列为异常,并查明无其他因素影响时,可判定混凝土结合面在该部位结合不良。

任务实施

任务实施主要掌握墩柱混凝土缺陷检测的主要工序、基本方法和质量标准。

根据施工单位或业主的要求,接受检测任务。进行检测设备与资料的准备,进入施工现场,按照事先确定的检测方法,进行检测数据的采集,对检测数据进行分析与整理,编制检测报告。

现以某特大桥墩身混凝土外观缺陷修补为例,将任务实施简述如下:

一、任务概况

经对某特大桥已完施工的2号、12号墩墩身混凝土外观质量检查时,发现混凝土外观存在较大缺陷,主要表现在混凝土表面颜色不均匀(锈迹)、蜂窝麻面、砂线、局部错台超标、混凝土表面有刮伤,局部缺棱掉角的现象,整体外观质量较差。

二、修补方案

经项目部研究决定提出以下修补方案:

1. 表面颜色不均匀修补(包括表面锈蚀处理)

经分析,影响混凝土表面颜色不均匀的主要原因是混凝土的振捣情况、脱模剂的使用情况、模板的表面锈蚀等。

修补措施:对于颜色不均匀的混凝土表面首先用高压水冲洗混凝土表面,如黏附有隔离剂、尘埃或其他不洁物,则应用尼龙织布擦洗干净。紧接着用质量比1:3.5至1:5的黑白水泥组成的水泥稠浆(按照墩身原颜色进行配比),将混凝土全面披刮一遍,待面干发白时,用棉纱头擦除全部浮灰。再遵循上述方法进行两遍补浆,待达到干凝状态后,再对补浆面作第一次打磨,打磨后洒水养生。完成后的第二天,甚至第三天,再次重复上述程序方法对补浆面进行第二次、第三次补浆、磨平、擦灰,最后继续保养维护。

2. 错台、不平整部分修补

经分析,影响混凝土表面不平整的主要原因是模板拼缝错台、个别对拉杆螺栓未拧紧等。

修补措施:修补前,先将突出混凝土表面的部分凿平,将低凹部分凿毛并清洗干净,待清洗处无明水时,趁润湿状态时,采用与混凝土同配合比的无石子砂浆进行修补,再用蜂窝麻面的修补方式进行修补,修补后应注意养护。

3. 蜂窝麻面修补

经分析,产生蜂窝麻面原因是混凝土振捣不充分、施工中在模板接缝处或在连接螺栓孔处漏浆。

修补措施:在混凝土面上用粉笔圈划出不规则的蜂窝麻面实际面积,并沿其周边外延2~3cm列为修饰范围。使用小型锤斧工具,把修饰范围内的表皮混凝土剔掉,剔深2~3cm(至少消掉水泥皮),并挖除蜂窝麻面部分的表面浮浆。浇水湿润后进行打磨,最后对局部或连同大面范围,采用1:3.5至1:5的黑白水泥干灰(按照墩身原颜色进行配比),干擦一遍。

4. 表面破损修补

墩身直(圆)角处,混凝土局部掉落、损伤,不规整、棱角有缺陷等。修补措施是缺棱掉角较小时,用钢丝刷刷该处,清水冲刷充分湿润后,用1:2的水泥(按照墩身原颜色进行配比)砂浆抹补齐正。对较大缺角,将不实的混凝土凿除,用水冲刷干净湿透,然后支模用高一等级的细石混凝土补好,并加强养护。

三、墩身施工注意事项和控制措施

(1)在施工中加强对模板的保护,在模板倒运时应用吊车把模板放在平板车上运到该施工的方位,模板安装前除锈,打磨,涂刷脱模剂,应按照规范施工及模板上面的水泥浆也应处理干净。当模板打磨到位时,模板支立好后,为保证质量,要经测量进行配合自检;经质检员和监理对其模板几何尺寸及线性、模板的表面平整度、模板拼缝进行验收,包括模板脱模剂涂刷情况。结构内部、钢筋、模板的表面等要清洁无污诟,并经监理复核验收合格后才能进行混凝土浇筑。墩身混凝土浇筑前进行螺栓加固检查,浇筑过程中要安排专人检查模板垂直度、模板的稳固性。

在墩身混凝土施工时应保护好模板的表面,在下雨或者刮大风时应把墩身顶口遮盖,防止雨水或者杂质粘到模板上面、雨水和混凝土混合。

(2)在混凝土拆模后应对该墩的混凝土进行及时的养护,采用覆盖包膜洒水养护的方法进行养护;并安排专人进行负责,同时做好混凝土养护、测温记录,随时备查(特别是早期阶段,要始终保持混凝土表面的湿度和温度)。

(3)混凝土施工时应尽量避开高温时段,降低混凝土的入模温度。

(4)混凝土自高处自由倾落超过2m时,要设置至少2个导入串筒,以保证混凝土不致发生离析现象。串筒布置应适应浇筑面积、浇筑速度和摊平混凝土堆的能力,但其间距不得大于3m,布置方式为行列式。

(5)严格执行混凝土振捣工序,混凝土振捣作业,应根据现场情况进行,按照入模先后和深度进行振捣,振捣须设固定的有经验的振捣工进行施工,混凝土分层浇筑,分层厚度控制在30cm左右。振捣采用插入式振动器,振捣时严禁插别在钢筋和模板上进行振捣,不得过振和漏振;振动时要快插慢拔捣实均匀,不断上下移动振动棒,以便携带牵引混凝土内部气泡。振动棒插入下层混凝土中5~10cm,振捣点应梅花形布设,间距不超过振捣半径的1.5倍,与侧模保持5~10cm距离,对每一个振动部位,振动到该部位混凝土密实为止,即混凝土不再冒出气泡,表面出现平坦泛浆,也不能过振造成离析,一般控制在30s为宜;并不得将振动棒在混凝土中平拖,不得用振动棒驱赶混凝土。

考虑高性能混凝土粉煤灰参量较大,顶部的余浆需及时清理,同时施工完成后要加强顶面的二次振捣和表面收光处理,按照测量高程控制好表面平整度。

(6)根据施工现场应进一步的完善混凝土的配合比,当天气温度或者下雨时,应对砂的含水率进行早中晚测试,确保混凝土的和易性,防止混凝土泌水。

(7)严格控制拆模时混凝土的内外温差,满足不大于15℃的要求时才能组织模板的拆除;拆除后立即进行包裹保温、潮湿养护。

(8)为确保混凝土的质量,按设计混凝土的配合比要求进行搅拌,其投料程序、搅拌时间都要按照实验人员要求进行操作,对施工坍落度的要求,要根据配合比进行测定,严禁私自更改;正式进行搅拌生产前,要经过试验人员进行首盘调校,确保混凝土质量稳定后才能批量生产。

(9)模板拆除。

①采取自上而下逐层逐件分边拆除原则进行,吊车吊好模板后开始拆除。

②严禁大面积整体拆除和硬撬硬拉模板,模板连接镙杆完全松开后,确认无其他连接,工作人员和指挥员站在安全可靠地方,方可起吊。

③起吊前要扣好2根保险绳,防止模板转动碰坏成品混凝土的边角棱角。吊车作业要求稳起稳落,严禁人员随模板起吊,吊车吊物下方严禁站人。

④吊下的模板要放在指定位置平直堆放,对自稳性不好的要支撑牢固。

⑤6级以上大风或雷雨天气,禁止拆除、起吊作业。

任务工作单

学习情境三:墩柱检测	班级			
工作任务二:墩柱混凝土缺陷检测	姓名		学号	
	日期		评分	

一、填空题

1.超声仪在使用前可通过测量空气声速进行_____。

2.空气声速测量值 v_c 与空气声速计算 v_j 之间的相对误差,不得大于_____。

3.标定超声仪的空气计算声速时,换能器宜悬空相对放置,置于地板或桌面时,应在换能器下面垫以_____。

4.标定超声仪仪器零读数 t_0 的方法有_____、_____和_____。

5.普通换能器不防水,故不能在_____使用。

6.超声仪使用时应尽量避开干扰源,如_____、_____及其他_____。

7.超声仪使用环境温度不能太高或太低,一般控制在温度为_____范围。

8.波幅测量时,读数方法有_____和_____。

9.混凝土表面浅裂缝检测如有主钢筋穿过裂缝且与收发换能器的连线大致平行,布置测点时应使收发换能器连线至少与该钢筋轴线相距_____的裂缝预计深度。

10.混凝土表面深裂缝检测宜选用频率为_____的径向振动式换能器。

二、单选题

1.当混凝土预计裂缝深度小于500mm时,应采用( )检测。
　A.对测法　　　B.斜测法　　　C.平测法　　　D.钻孔法

2.当混凝土预计裂缝深度大于500mm时,应采用( )检测。
　A.对测法　　　B.斜测法　　　C.平测法　　　D.钻孔法

3.在诸多混凝土缺陷的无损检测方法中,应用最广泛的是( )。
　A.超声法　　　B.回弹法　　　C.钻芯法　　　D.拔出法

4. 当采用钻孔法检测深裂缝的深度时,需要向测孔中(　　)。
   A. 直接放入换能器进行检测即可　　B. 注入泥浆
   C. 注满清水　　　　　　　　　　D. 注入黄油
5. 目前工程中超声波法主要采用(　　)来判别混凝土缺陷。
   A. 波速　　　　B. 波形　　　　C. 频率　　　　D. 波幅
6. 调试超声波检测仪时,测得 $t_0 = 5\mu s$,已知某测点声距 $L = 40cm$,仪器显示声时为 $105\mu s$,测超声波在混凝土中传播的声速为(　　)m/s。
   A. 3636　　　　B. 3810　　　　C. 4000　　　　D. 4200
7. 所谓浅裂缝,系指局限于结构表层,开裂深度不大于(　　)mm 的裂缝。
   A. 500　　　　B. 600　　　　C. 700　　　　D. 800

三、简答题

1. 小组讨论超声仪在使用前的检验方法。

2. 小组讨论超声仪的零读数标定方法。

3. 小组讨论混凝土产生缺陷的原因。

4. 小组讨论超声波检测混凝土缺陷的原理。

5. 小组讨论超声波检测混凝土缺陷对检测面的要求。

6. 小组讨论超声波检测混凝土均匀性的方法。

7. 小组讨论超声波检测混凝土表面损伤层的方法。

8. 小组讨论超声波检测混凝土表面损伤层数据处理的方法。

9. 小组讨论超声波检测混凝土浅裂缝的方法。

10. 小组讨论超声波检测混凝土表面浅裂缝的数据处理方法。

11. 小组讨论超声波检测混凝土表面浅裂缝的注意事项。

12. 小组讨论超声波检测混凝土深裂缝的方法。

13. 小组讨论超声波检测混凝土深裂缝的注意事项。

14. 小组讨论超声波检测混凝土部密实区和空洞的数据处理方法。

15. 小组讨论超声波检测混凝土结合面的检测要求和方法。

工作任务三　墩柱混凝土钢筋位置及保护层厚度检测

 任务概述

本工作任务是了解墩柱混凝土钢筋位置及保护层厚度检测的重要性,掌握墩柱混凝土钢筋位置及保护层厚度检测的基本方法,了解墩柱混凝土钢筋位置及保护层厚度检测的质量控制,正确完成给定的墩柱混凝土钢筋位置及保护层厚度检测任务。学习要求是认真研读本工作任务的内容,查阅某墩柱混凝土钢筋位置及保护层厚度检测的相关资料,重视理论联系实际。

 相关知识

一、钢筋位置及保护层厚度检测目的及意义

钢筋绑扎是混凝土结构工程的"中间工序"、"隐蔽工程",《混凝土结构工程施工质量验收规范》(GB 50204—2002)(2010 年版)指出"钢筋的混凝土保护层厚度关系到结构的承载力、耐久性、防火等性能",必须抽取一定数量的梁、板类构件进行钢筋保护层厚度的测试作为结构实体检验的一个内容。

结构钢筋扫描技术主要有电磁感应法钢筋保护层厚度测试仪和混凝土雷达仪两大类,且均已收入住房和城乡建设部标准《混凝土中钢筋检测技术规程》(JGJ/T 152—2008)。

二、检测原理及仪器

(一) 电磁感应法

1. 定义

用电磁感应原理检测混凝土中钢筋位置、直径及混凝土保护层厚度的方法。

2. 检测原理

仪器的传感器产生交变电磁场,该电磁场作用于被测结构构件时,当遇到结构构件内部的金属介质,则产生较为强烈的感生电磁场,仪器传感器接收到感生电磁场并转化为电信号,从而可以判断钢筋的位置、保护层厚度和钢筋直径等。如图 3-3-1 所示。

当传感器位于钢筋正上方时接收信号最强,因此通过传感器在被测钢筋上方移动时接收信号的强弱,可以判断钢筋的位置。从检测技术考虑,信号峰值的判断只能在接收信号越过峰值后出现下降趋势的时候才能判断,所以钢筋位置的自动判定是在传感器越过了钢筋正上方后才能肯定,这种现象称之为"钢筋扫描的滞后效应"。

目前仪器实现变换检测模式的方法一般

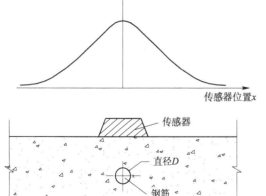

图 3-3-1　电磁感应法检测原理

有以下两种：一种是正交测量法，传感器置于被测钢筋上方，在与钢筋平行和垂直的方向上各测量一次，通过所测得的信号强弱差异，经分析得出钢筋直径。该方法因传感器需要改变位置，引入了两次的测量误差。另一种是内部切换法，当传感器置于钢筋正上方时，仪器自动切换传感器的测量状态，进行两次测量，得出钢筋直径。该方法不需要变换传感器位置，减少了人为操作所带来的测量误差，比较快捷方便。

(二) 雷达法

1. 定义

通过发射和接收到的毫微秒级电磁波来检测混凝土中钢筋位置、混凝土保护层厚度的方法。

2. 检测原理

雷达法检测原理如图 3-3-2 所示。

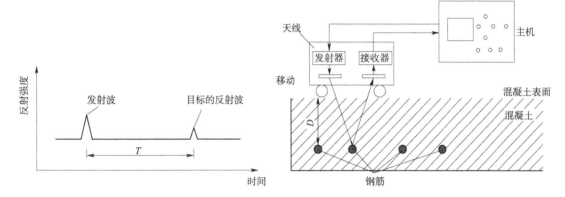

图 3-3-2 雷达法检测原理

雷达波检测具有如下的技术特点：

(1) 对混凝土有很强的穿透能力，可测较大深度。

(2) 可实现非接触探测，可作实时检测，探测速度快。

(3) 通过减小波长和增大频率宽度，实现高分辨力的探测。

三、检测技术

(一) 一般规定

(1) 不适用于含有铁磁性原材料的混凝土中钢筋的检测。

(2) 根据钢筋设计资料，确定检测区域钢筋的可能分布状况，选择适当的检测面。检测面应清洁、平整，并避开金属预埋件。

(3) 对于具有饰面层的构件，应清除饰面层后在混凝土面上进行检测。

(4) 钻孔、剔凿时不得损坏钢筋，实测采用游标卡尺，量测精度为 0.1mm。

(二) 仪器性能要求

检测前应采用校准试件进行校准，当混凝土保护层厚度为 10～50mm 时，混凝土保护层厚度检测的允许误差为 ±1mm，钢筋间距检测的允许误差为 ±3mm。

仪器应定期进行校准，正常情况下，仪器校准有效期为一年。发生下列情况之一时，应对仪器进行校准：

(1) 新仪器启用前。

(2) 检测数据异常，无法进行调整。

(3) 经过维修或更换主要零配件(如探头、天线等)。

(三) 影响测量准确度的因素

(1) 外加磁场的影响，应予避免。

(2) 混凝土若具有磁性，测量值需加以修正。

(3) 钢筋品种对测量值有一定影响，主要是高强钢筋需加以修正。

(4) 不同的布筋状况，钢筋间距影响测量值，当 $D/S<3$ 时需修正测量值。其中，D 为钢筋净间距(mm)，即钢筋边缘至边缘的间距；S 为保护层厚度，即钢筋边缘至保护层表面的最小距离。

(四) 电磁感应法

1. 钢筋位置检测

严格意义的"钢筋位置"应该是指由钢筋三维方向的坐标所确定的位置，包含了钢筋排列方式和保护层厚度。但一般意义上的钢筋位置检测仅指从混凝土构件表面经过仪器扫描检测确认钢筋排列方向、轴线位置。不包括保护层厚度，或者说对保护层厚度的精度要求不高。

对于一定深度的钢筋，当钢筋轴线与仪器传感器轴线平行且垂直距离最小时，传感器的响应信号最强。

对于混凝土结构构件中钢筋位置的检测，最好应具备一定的结构知识，并结合设计图纸等资料判断构件中钢筋的走向，尽可能使仪器传感器以平行于钢筋轴线的方向扫描。扫描中应尽可能避开垂直方向的钢筋以免干扰。

当对结构中钢筋排列方向不是很明确的时候，可以采用所谓的"旋转扫描法"：

首先沿直线匀速移动传感器，当仪器提示找到一根钢筋时，在附近位置左右旋转传感器，找到信号最大的位置，此时传感器轴线即与钢筋轴线平行；

然后保持传感器角度不变，平行移动传感器，找到信号最大的位置，即是钢筋的准确位置。旋转扫描法适用于不能判断钢筋大致布局和走向的特殊构件。

2. 保护层厚度检测

保护层厚度检测应该在钢筋准确定位的基础上进行，即按上述步骤，确定钢筋轴线位置后，将传感器平行放置于钢筋正上方，仪器即可显示保护层厚度值。仪器显示的保护层厚度值是钢筋深度和直径的函数，因此为准确测得保护层厚度，还应该在仪器上准确设置钢筋直径。保护层厚度的测量准确程度还受相邻钢筋、混凝土原材料(主要是集料)是否含铁磁性物质、钢筋材质等因素影响，其中相邻钢筋的影响最大。

3. 操作步骤

(1) 检测前，应对仪器进行预热和调零。检测过程中，应适时核查仪器的零点状态。

(2) 进行钢筋位置检测前，宜结合设计资料了解钢筋布置状况。检测时，应避开钢筋接头和绑扎丝，钢筋间距应满足仪器的要求。探头在检测面上移动，直到仪器保护层厚度示值最小，此时探头中心线与钢筋轴线应重合，在相应位置做好标记。按上述步骤将相邻的其他钢筋位置逐一标出。

(3)钢筋位置确定后进行保护层厚度的检测:

①设定仪器量程范围及钢筋直径,沿被测钢筋轴线选择相邻钢筋影响较小的位置,并应避开钢筋接头和绑扎丝,读取保护层厚度检测值。在每根钢筋的同一位置重复检测1次,读取数值。

②对同一处读取的2个保护层厚度值相差大于1mm时,该组检测数据无效,并应查明原因,在该处重新进行检测,如2个保护层厚度值相差仍大于1mm,则应该更换检测仪器或采用钻孔、剔凿的方法核实。

注:大多数仪器要求钢筋直径已知方能准确检测保护层厚度,此时仪器必须按照钢筋实际直径对应进行设置。

③当实际保护层厚度值小于仪器最小示值时,应采用在探头下附加垫块的方法进行检测。垫块对仪器检测结果不应产生干扰,表面应光滑平整,其各方向厚度值偏差不应大于0.1mm。所加垫块厚度 C_0 在计算保护层厚度时应予扣除。

(4)检测钢筋间距时,应将设计间距相同的连续相邻钢筋一一标出,不得遗漏,并不宜少于7根钢筋,然后量测所有相邻钢筋的间距 s_i,并记录其间隔数。

(5)遇到下列情况之一时,应选取不少于30%的已测钢筋且不应少于6处(当实际检测数量不到6处时应全部抽取),采用钻孔、剔凿等方法验证:

①认为相邻钢筋对检测结果有影响;
②钢筋实际直径未知或有异议;
③钢筋实际根数、位置与设计有较大偏差;
④构件饰面层未清除的情况下检测钢筋保护层厚度;
⑤钢筋以及混凝土材质与校准试件有显著差异。

(五)雷达法

检测的时候必须根据被测结构中钢筋的排列特点,使雷达仪天线垂直于被测钢筋移动,仪器天线将接收的信号转换成被测部位的断面图,直观地显示被测钢筋的影像,然后可以将检测结果打印出来或者利用仪器所配置的软件进行分析,可以得到被测部位断面中的钢筋间距、深度等参数。雷达法检测的操作步骤如下:

(1)根据被测结构或构件中钢筋的排列方向,雷达仪探头或天线沿垂直于被测钢筋轴线方向扫描,仪器采集并记录下被测部位的反射信号,经过适当处理后,仪器可显示被测部位的断面图像,根据钢筋的反射波位置来确定钢筋间距 s_i 和保护层厚度值。

(2)检测钢筋间距时,应将设计间距相同的连续相邻钢筋一一标出,不得遗漏,并不宜少于7根钢筋,然后量测所有相邻钢筋的间距 s_i,并记录其间隔数。

(3)遇到下列情况之一时,应选取不少于30%的已测钢筋且不应少于6处(当实际检测数量不到6处时应全部抽取),采用钻孔、剔凿等方法验证。

①认为相邻钢筋对检测结果有影响;
②钢筋实际根数、位置与设计有较大偏差或无资料可参考时;
③混凝土含水率较高;
④饰面层电磁性能与混凝土有较大差异;
⑤钢筋以及混凝土材质与校准试件有显著差异。

四、检测数据处理

(一)钢筋保护层厚度

1. 抽样方法

对梁类、板类构件,应各抽取构件数量的2%且不少于5个构件进行检验;当有悬挑构件时,抽取的构件中悬挑梁类、板类构件所占比例均不宜小于50%。

结构部位,应由监理(建设)、施工等各方根据结构构件的重要性共同选定。

2. 检测部位

对于梁类构件,应对全部纵向受力钢筋的保护层厚度进行检验;对于板类构件,应抽取不少于6根纵向受力钢筋的保护层厚度进行检验;对于每根钢筋,应在有代表性的部位测量1点。

3. 检测方法

可采用非破损或者局部破损的方法,也可采用非破损方法并用局部破损方法进行校准。检测误差不应大于1mm。

4. 指标要求

纵向受力钢筋的允许偏差,对梁类构件为 +10mm、-7mm,对板类构件为 +8mm、-5mm。

5. 结果评定

对梁类、板类构件纵向受力钢筋的保护层厚度应分别进行验收。符合下列要求可按合格验收:

(1)全部钢筋保护层厚度检验的合格点率不小于90%时,判定合格;

(2)全部钢筋保护层厚度检验的合格点率小于90%但不小于80%时,可再抽取同样数量的构件进行检验,同时两次抽样总和计算的合格点率必须不小于90%,才能判定为合格。

(3)每次抽样检验结果中不合格点的最大偏差均不应大于规范允许偏差的1.5倍。对于梁类构件,也就是说不能大于 +15mm、-10.5mm,对于板类构件,不能大于 +12mm、-7.5mm。

(二)钢筋位置检测

钢筋位置检测主要是为了了解其间距,如楼板中纵向受力钢筋间距是影响其承载能力的重要因素。钢筋间距的计算相对较为简单,可以根据一定长度内有几根钢筋(几个间隔)来计算平均间距,如钢筋分布不均匀,最好将所测部位的钢筋分布以绘图形式记录下来,并记录每根钢筋间距,以便整改。

任务实施

任务实施主要掌握钢筋位置及保护层厚度检测的主要工序、基本方法和质量标准。

根据施工单位或业主的要求,接受检测任务。进行检测设备与资料的准备,进入施工现场,按照事先确定的检测方法,进行检测数据的采集,对检测数据进行分析与整理,编制检测报告。

现以某渡改桥交工验收钢筋数量及保护层厚度检测为例,将任务实施简述如下:

一、任务概况

(一)概述

某渡改桥桥拟建于南门渡口上游 200m 处,项目全长 973.732m,其中该桥长 427.08m,引道长 546.652m,(西岸引道长 168.96m,东岸引道 377.692m)该桥为预应力简支 T 梁,桥面宽为净 9+2×1.5m(人行道),总宽为 12.5m。设计荷载为公路—Ⅱ级,全桥两端桥台各设有一道 80 型异型钢伸缩缝,中间设有 4 处为 GQF-MZL160 型伸缩缝。桥全景照如图 3-3-3 所示。

图 3-3-3 某渡改桥全景照

(二)试验目的

某渡改桥施工完成,为顺利完成交工验收,积累科学技术资料,受大桥建设工程项目管理部的委托,我院检测中心于 2011 年 4 月 29 日对该桥进行了现场调查及检测。经现场由各方人员确认,对桥梁钢筋数量及保护层厚度进行了抽检。

(三)技术标准

设计荷载:公路—Ⅱ级;

设计洪水频率:1/100;

设计速度:60km/h;

环境类别:Ⅰ类;

抗震设防烈度:Ⅵ度,简易设防。

二、检测依据

(1)《公路养护技术规范》(JTG H10—2009)。

(2)《公路工程技术标准》(JTG B01—2014)。

(3)《公路工程质量检验评定标准 第一册 土建工程》(JTG F80/1—2008)。

(4)《公路工程竣(交)工验收办法》(交通运输部)。

三、钢筋数量及保护层厚度检测

1. 钢筋位置及钢筋保护层厚度检测的原则和方法

钢筋位置及混凝土保护层厚度检测是用钢筋保护层厚度仪来进行的,通过将钢筋保护层厚度仪的探头平行于待测钢筋并沿构件横向移动,可以读取各根主筋的保护层厚度,并同时基本确认主筋数量。每一测点读取3次稳定读数,取其平均数,准确至1mm。结构构件检测断面,给出钢筋保护层厚度的实测值、平均值以及保护层厚度合格率。

2. 本次检测结果

钢筋间距及保护层厚度检测20处,有6处不满足规范要求,结果见表3-3-1、表3-3-2。

检测量测构件墩柱分别为:1-1号、1-2号、2-1号、2-2号、3-1号、3-2号、4-1号、4-2号、5-1号、5-2号。

检测量测构件梁板分别为:1-1号、1-2号、1-3号、1-4号、1-5号、14-1号、14-2号、14-3号、14-4号、14-5号。

检测部位钢筋间距及保护层厚度(单位:cm)　　　　表3-3-1

构件名称	平均钢筋间距	平均保护层厚度	设计主钢筋间距及保护层厚度
1-1号墩柱	10.9	6.1	设计主钢筋间距为10.5; 保护层厚度为5.6
1-2号墩柱	11.2	5.3	
2-1号墩柱	9.9	5.9	
2-2号墩柱	10.2	5.7	
3-1号墩柱	10.9	4.8	
3-2号墩柱	10.2	5.8	
4-1号墩柱	9.9	7.6	
4-2号墩柱	10.2	4.7	
5-1号墩柱	9.9	7.7	
5-2号墩柱	10.2	8.7	

保护层厚度(单位:cm)　　　　表3-3-2

构件名称	平均保护层厚度	设计主钢筋间距及保护层厚度
1-1号梁底	3.7	保护层厚度为3.8
1-2号梁底	3.7	
1-3号梁底	4.0	
1-4号梁底	3.8	
1-5号梁底	3.0	
14-1号梁底	3.7	
14-2号梁底	3.4	
14-3号梁底	2.6	
14-4号梁底	3.6	
14-5号梁底	2.7	

四、结论

抽检的钢筋间距及保护层厚度检测20处,有14处符合规范要求,合格率为70%。

学习情境三:墩柱检测	班级		
工作任务三:墩柱混凝土钢筋位置及保护层厚度检测	姓名		学号
	日期		评分

一、填空题

1. 混凝土表面浅裂缝检测如有主钢筋穿过裂缝且与收发换能器的连线大致平行,布置测点时应使收发换能器连线至少与该钢筋轴线相距_____的裂缝预计深度。

2. 混凝土表面深裂缝检测宜选用频率为_____的径向振动式换能器。

二、单选题

1. 当混凝土预计裂缝深度小于500mm时,应采用( )检测。
　A. 对测法　　　　B. 斜测法　　　　C. 平测法　　　　D. 钻孔法

2. 当混凝土预计裂缝深度大于500mm时,应采用( )检测。
　A. 对测法　　　　B. 斜测法　　　　C. 平测法　　　　D. 钻孔法

3. 当采用钻孔法检测深裂缝的深度时,需要向测孔中( )。
　A. 直接放入换能器进行检测即可　　　B. 注入泥浆
　C. 应注满清水　　　　　　　　　　　D. 注入黄油

4. 目前工程中超声波法主要采用( )来判别混凝土缺陷。
　A. 波速　　　　　B. 波形　　　　　C. 频率　　　　　D. 波幅

5. 调试超声波检测仪时,测得 $t_0=5\mu s$,已知某测点声距 $L=40cm$,仪器显示声时为 $105\mu s$,测超声波在混凝土中传播的声速为( )m/s。
　A. 3636　　　　　B. 3810　　　　　C. 4000　　　　　D. 4200

6. 所谓浅裂缝,系指局限于结构表层,开裂深度不大于( )mm的裂缝。
　A. 500　　　　　　B. 600　　　　　　C. 700　　　　　　D. 800

三、简答题

1. 小组讨论超声波检测混凝土浅裂缝的方法。

2. 小组讨论超声波检测混凝土表面浅裂缝的数据处理。

3. 小组讨论超声波检测混凝土表面浅裂缝的注意事项。

4. 小组讨论超声波检测混凝土深裂缝的方法。

5. 小组讨论超声波检测混凝土深裂缝的注意事项。

6. 小组讨论超声波检测混凝土部密实区和空洞的数据处理。

7. 小组讨论超声波检测混凝土结合面的检测要求和方法。

学习情境四　梁 板 检 测

情境概述

本学习情境主要讲授针对单片成品梁的实际承载能力,以及校核在设计荷载下梁的强度、刚度及抗裂性能,根据其理论极限状态的计算结果,对单梁进行加载试验,确定单梁的承载能力是否满足设计要求,从而确保整桥的承载能力。根据岗位职业能力的要求,本情境共安排了5个工作任务。

一、职业能力分析

通过本情境的学习,期望达到下列目标。

1. 专业能力

(1)熟练检测仪器设备的操作与调试;
(2)会进行应变测点、挠度测点、支座沉陷测点布置,会贴应变片;
(3)会各种加载实施方案;
(4)会分析测试结果并根据结果编写试验检测报告。

2. 社会能力

(1)通过分组活动,培养团队协作能力;
(2)通过规范文明操作,培养良好的职业道德和安全环保意识;
(3)通过小组讨论、上台演讲评述,培养与客户的沟通能力。

3. 方法能力

(1)通过查阅资料、文献,培养个人自学能力和获取信息能力;
(2)通过情境化的工作任务活动,掌握解决实际问题的能力;
(3)填写任务工作单,制订工作计划,培养工作方法能力;
(4)能独立使用各种媒体完成学习任务。

二、学习情境描述

检测机构接到施工单位成品梁板检验后,递交给学员一个检测任务,要求检查该成品梁质量,制订检测方案,现场对该成品梁进行检测。分析检测数据后,形成检测报告送达报检单位,得到报检单位认可后,提交一份检测报告并归档。

三、教学环境要求

学习情境要求在理实一体化专业教室和专业实训场所完成。要求配备梁板试验相关检测仪器。同时提供相关检测仪器操作手册、使用说明书;可以用于资料查询的计算机、任务工作单、多媒体教学设备、课件和视频教学资料等。

学生分成四个小组,各组独立完成相关的工作任务,并在教学完成后提交任务工作单。

工作任务一　试验梁的选择与设计施工资料收集

 **任务概述**

了解试验梁的选择与设计施工资料收集的重要性,掌握试验梁的选择与设计施工资料收集的基本方法,了解试验梁的选择与设计施工资料收集的质量控制,正确完成给定的试验梁的选择与设计施工资料收集的任务。学习要求是认真研读本工作任务的内容,查阅某试验梁的选择与设计施工资料收集的相关资料,重视理论联系实际。

 相关知识

一、试验梁的选择方法

1. 随意抽样法

随意抽样法适用于大批生产的梁(作鉴定性试验),抽样数量一般占每批产量的1%~5%。抽样是任意选择的,不能故意选择。这样抽样试验的结果,可以反映出梁的设计与施工中的普遍问题,具有较好的代表性。

2. 典型抽样法

典型抽样法适用于生产数量不多、施工质量差别较大的情况下一般选择质量最差的一片梁进行试验,若该片梁合格,则其余的梁就可以认为合格了。此外,对于存在某些重大缺陷的梁,在按规定进行补救后,也应进行试验以检验其承载能力。

二、试验梁设计施工资料的收集

1. 设计资料

设计资料主要包括设计标准、设计主要荷载类型、结构特点、桥梁设计图纸、桥梁计算书及设计原始资料等相关资料。

2. 施工资料

施工资料包括材料试验报告、钢筋骨架验收记录、阶段施工质量检查验收记录、竣工图纸及各项施工记录。

在收集和分析试验梁的各项资料的同时,还应对梁体的几何尺寸、材料状况、施工质量、表面缺陷等进行认真细致的检查。

 任务实施

任务实施主要掌握试验梁的选择与设计施工资料收集的主要工序、基本方法和质量标准。

根据施工单位或业主的要求,接受检测任务。进行检测设备与资料的准备,进入施工现场,按照事先确定的检测方法,进行检测数据的采集,对检测数据进行分析与整理,编制检测报告。

任务工作单

学习情境四:梁板检测	班级			
工作任务一:试验梁的选择与设计施工资料收集	姓名		学号	
	日期		评分	

1.梁板检测的目的

为了检验钢筋混凝土和预应力钢筋混凝土单片成品梁的_____,以及校核在设计荷载下梁的_____、_____及_____。针对理论极限状态的计算结果,对单梁进行_____,确定单梁的_____是否满足设计要求,从而确保整桥的承载能力。

2.试验梁的选择方法

(1)试验梁的选择方法有_____和_____。

(2)随意抽样法适用于_____(作鉴定性试验),抽样数量一般占每批产量的_____。抽样是_____的,不能故意选择。这样抽样试验的结果,可以反映出梁的设计与施工中的普遍问题,具有较好的_____。

(3)典型抽样法适用于_____、_____的情况下一般选择质量最差的一片梁进行试验,若该片梁_____,则其余的梁就可以认为合格了。此外,对于存在某些重大缺陷的梁,在按规定进行补救后,也应进行试验以检验其承载能力。

3.试验梁设计施工资料的收集

(1)试验梁设计施工资料的收集主要包括_____、_____、结构特点、_____、桥梁计算书及_____等相关资料。

(2)施工资料包括_____、_____、_____竣工图纸及各项施工记录。

(3)在收集和分析试验梁的各项资料的同时,还应对梁体的_____、材料状况、_____、_____等进行认真细致的检查。

4.小组讨论试验梁相关资料的收集。

工作任务二　梁板试验检测仪器操作与调试

本工作任务是需要了解梁板试验检测仪器操作与调试的重要性,掌握梁板试验检测仪器操作与调试的基本方法,了解梁板试验检测仪器操作与调试的质量控制,正确完成给定的梁板试验检测仪器操作与调试的任务。学习要求是认真研读本工作任务的内容,查阅某梁板试验检测仪器操作与调试的相关资料,重视理论联系实际。

一、检测仪器的分类与仪器的性能指标

1. 检测仪器的分类

(1)按仪器的工作原理分为机械式测试仪器、电测仪器、光学仪器、声学仪器、复合式仪器、伺服式仪器等。

(2)按仪器的用途分为测力计、应变计、位移计、倾角仪、测振仪等。

(3)按结果的显示与记录方式分为直读式、自动记录式、模拟式、数字式。

(4)按照仪器与结构的相对关系分为附着式、接触式、手持式、遥测式等。

2. 仪器的性能指标

(1)量程(测量范围):仪器的最大测量范围叫作量程。如百分表的量程一般有50mm和100mm,千分表的量程有3mm和5mm。

(2)最小分度值(最小刻度):仪器指示装置的每一最小刻度所代表的数值叫作最小刻度。百分表的最小刻度为0.01mm,千分表的最小刻度为0.001mm。

(3)灵敏度:被测结构的单位变化所引起仪器指示装置的变化数值叫作灵敏度。灵敏度与最小刻度互为倒数。

(4)准确度(精度):仪器指示的数值与被测对象的真实值相符合的程度叫作准确度。

(5)误差:仪器指示的数值与真实值之差叫作仪器的误差。

二、桥梁检测对仪器的要求

桥梁检测对仪器的要求包括以下几个方面:

(1)仪器的量程、准确度、灵敏度要根据检测的要求合理选用,对于野外检测仪器还应要求其工作性能稳定、抗干扰能力强。

(2)仪器使用方便,安装快捷,适应性强。

(3)仪器结构简单,经久耐用,无论是外包装还是仪器本身结构,都应具有良好的防护装置,便于运输,不易损坏。

(4)仪器轻巧,自重轻、体积小,便于野外桥梁检测时携带。

(5)仪器的多用途。所使用的仪器应具有多种用途。如应变仪,既可单点测量,也可多点测量,既可测应变,又可测位移。

(6)使用安全,包括仪器本身的安全,不易损坏,且不会危及操作人员的人身安全。

量测仪器的某些性能之间经常是互相矛盾的，如精度高的仪器，其量程较小；灵敏度高的仪器，其适应性较差。因此在选用仪器时，应避繁就简，根据试验的要求来选用合适的仪器，灵活运用。目前应用于结构试验中的仪器，以电测类仪器较多，机械式仪器仪表已不能满足多点量测和数据自动采集的要求，从发展的角度看，数字化和集成化量测仪器的应用日益广泛，将给量测和数据处理带来更大的方便。

三、梁板试验常用检测仪器

(一) 常用仪器

常用的量测仪器有百分表、千分表、位移计、应变计(应变片)、应变仪、精密水准仪、经纬仪、全站仪、倾角仪和刻度放大镜等。这些测试仪器按其工作原理可分为机械测试仪器、电测仪器、光测仪器等。机械式仪器具有安装与使用方便、迅速和读数可靠的优点，但需要搭设观测脚手架，而且需用试验人员较多，观测读数费时，不便于自动记录。电测仪表安装调试比较麻烦，影响测试精度的因素也较多，但测试和记录均较方便，便于数据自动采集记录。荷载试验应根据测试内容和量测值的大小选择仪器，试验前应对测试值进行理论分析估计，以便选择仪器的精度和量测范围。

1. 静态电阻应变测量系统（以 DH3815N 静态应变测量系统为例）

1) 概述

DH3815N 静态应变测量系统是全智能化的高速巡回数据采集系统。通过计算机完成自动平衡、采样控制、自动修正、数据存储、数据处理和分析，生成和打印试验报告。可自动、准确、可靠、快速测量大型结构、模型及材料应力试验中多点的静态应变应力值。广泛应用于机械制造、土木工程、桥梁建设、航空航天、国防工业、交通运输等领域。若配接适当的应变式传感器，也可对多点静态的力、压力、扭矩、位移等物理量进行测量。

2) 应用范围

根据测量方案，完成全桥、半桥、1/4 桥状态的静态应力应变的多点高速巡回检测；和各种桥式传感器配合，实现压力、力、荷重、位移等物理量的多点高速巡回检测；对输出电压小于 20mV 的电压信号进行高速巡回检测，分辨率可达 1μV。

3) 特点

系统中，独立化模块设计，每个数据采集模块可测量 16 个通道，每个系统可控制 16 个模块(256 个通道)，每台计算机可控制 16 个系统(每台计算机最多可控制 4096 个通道)。

多系统控制，每个系统统一供电。可多系统并行工作，如图 4-2-1 所示，也可单系统独立工作，如图 4-2-2 所示。所有 RS485 通信距离最远可达 100m。

采用进口高性能光隔离低接触电势固态继电器，通过特殊的电路设计，消除了开关切换时，接触电势的变化对测量结果的影响，所有指标均包含了切换开关的影响。

先进的隔离技术和合理的接地，使系统具有极强的抗干扰能力，适用于各种工程现场的检测。

数据采集箱通过 USB 和笔记本计算机通信，实现了便携式测量系统，更加适用于工程现场。

系统可以在 0.5s 内完成所有通道(最多 4096 通道)数据的采集、传送、存储和显示，进行静态测试。也可以在所有通道(最多 4096 通道)同时工作时，每通道以 2Hz 的采样速率连续采样(同步存储和显示)，进行准静态测试，有效捕捉缓慢变化信号的变化趋势。

中文视窗 2000/XP 操作系统下采用 C++ 编制的采样控制和分析软件,具有极强的实时性以及良好的可移植性、可扩充性和可升级性。

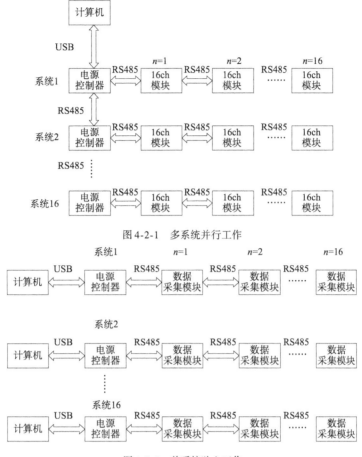

图 4-2-1　多系统并行工作

图 4-2-2　单系统独立工作

通用、可靠的通信方式,使系统实现了边采样、边传送、边存硬盘、边显示,利用计算机海量的存储硬盘,长时间实时、无间断记录所有通道信号。

内置 120Ω 标准电阻,用户可方便完成全桥、半桥、1/4 桥的状态设置。

系统在进行平衡操作后自动保存平衡结果数据,若认为此次平衡结果比较重要,可导出平衡数据存入相应文件。当发生突然断电或试验当天不能结束时,可在下次开机后,先查找机箱,再进行导入零点操作,可自动恢复工作机箱状态,保证试验继续进行。

4) 技术指标

测量点数:每个数据采集箱可测 16 个通道;每个测试系统可控制 16 个数据采集箱(即 256 个通道);每台计算机可控制 16 个测试系统(即 4096 个通道)。

采样速率(连续采样):2Hz/通道;

适用应变计电阻值:60~10000Ω 任意设定;

应变计灵敏度系数:1.0~3.0 自动修正;

供桥电压(DC):2V;

测量应变范围:±20000με;

最高分辨率:1με;

系统准确度：不大于 0.5% ±3με；

零漂：不大于 4με/4h（单次采样条件下测量）；

自动平衡范围：±15000με（应变计阻值的 ±1.5%）；

长导线电阻修正范围：0.0～100Ω；

DH3815N 电源/控制器电源：220V（1±10%），50Hz（1±2%），功率 120W；

数据采集模块电源由主机箱提供，电压为直流 65V；

外形尺寸：主机箱尺寸：300mm（长）×240mm（宽）×100mm（高）；数据采集模块尺寸：300mm（长）×240mm（宽）×95mm（高）。

仪器自重：主机箱约 2kg，数据采集箱约 1kg；

注：所有应变指标均在 $K=2$，$E_g=2V$ 状态下定义，参照中华人民共和国国家计量检定规程《电阻应变仪检定规程》（JJG 623—2005）的方法检定。

5) 工作原理

测量原理：以 1/4 桥、120Ω 桥臂电阻为例对测量原理加以说明。如图 4-2-3 所示。

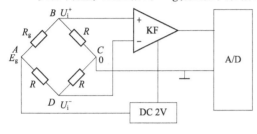

图 4-2-3　测量原理

图 4-2-3 中：R_g 为测量片电阻，R 为固定电阻，K_f 为低漂移差动放大器增益，因

$$V_i = 0.25 E_g K\varepsilon$$

即

$$V_0 = K_f V_i = 0.25 K_f E_g K\varepsilon$$

所以

$$\varepsilon = \frac{4V_0}{E_g K K_f} \tag{4-2-1}$$

式中：V_i——直流电桥的输出电压；

E_g——桥压（V）；

K——应变计灵敏度系数；

ε——输入应变量（με）；

V_0——低漂移仪表放大器的输出电压（μV）；

K_f——放大器的增益。

当 $E_g=2V$，$K=2$ 时

$$\varepsilon = \frac{V_0}{K_f}$$

对于 1/2 桥电路

$$\varepsilon = \frac{2V_0}{E_g K K_f}$$

对于全桥电路

$$\varepsilon = \frac{V_0}{E_g K K_f}$$

这样，测量结果由软件加以修正即可。

2. 电阻应变计

电阻应变计是一种用途广泛的高精度力学量传感元件，其基本任务就是把构件表面的变形量转变为电信号，输入相关的仪器仪表进行分析。在自然界中，除超导外的所有物体都有电阻，不同的物体导电能力不同。物体电阻的大小与物体的材料性能和几何形状有关，电阻应变计正是利用了导体电阻的这一特点。

电阻应变计主要由敏感栅、基底、覆盖层及引出线所组成,敏感栅用黏合剂黏在基底和覆盖层之间。一种丝绕式应变计的典型结构如图4-2-4所示。

电阻应变计的种类很多,分类的方法也很多。根据许用的工作温度范围可分为常温、中温、高温及低温应变计,具体如下。

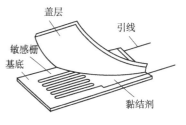

图4-2-4 电阻应变计结构

(1)高温应变计,350℃以上。
(2)中温应变计,60~350℃。
(3)常温应变计,-30~60℃。
(4)低温应变计,-30℃以下。

根据基底材料可分为:纸基、胶膜基底(缩醛胶基、酚醛基、环氧基、聚酯基、聚酰亚胺基等)、玻璃纤维增强基底、金属基底及临时基底等。

根据安装方式可分为:粘贴式、焊接式和喷涂式三类。

根据敏感栅材料可分为:金属、半导体及金属或金属氧化物浆料等三类。

(1)金属应变计,包括丝式(丝绕式、短接式)应变计、箔式应变计和薄膜应变计。
(2)半导体应变计,包括体型半导体应变计、扩散型半导体应变计和薄膜半导体应变计。
(3)金属或金属氧化物浆料主要是制作厚膜应变计。

3. 百分表

百分表是一种应用最广的机械量仪(指示式量仪),主要用于相对测量,可单独使用,也可将它安装在其他仪器中做测微表头使用。

百分表外形及传动如图4-2-5所示,当切有齿条的测量杆1上下移动时,带动与齿条相啮合的小齿轮2转动,此时与小齿轮固定在同一轴的扇形齿轮也跟着转动。通过扇形齿轮即可带动中间齿轮4及与中间齿轮固定在同一轴上的长针5。这样通过齿轮传动系统就可将测量杆的微小位移放大变成指针的偏转,并由指针在刻度盘上指出相应的数值。

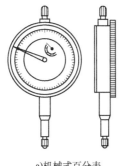
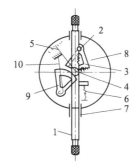

a)机械式百分表   b)百分表构造图

图4-2-5 百分表的基本构造

1-测杆;2-小齿轮;3、9-扇形齿轮;4-中间齿轮;5-长针;6-弹簧;7-轴颈;8-躯体;10-螺旋形弹簧

为了消除由齿轮传动系统中齿侧间隙引起的测量误差,在百分表内装有游丝,由游丝产生的扭矩作用在扇形齿轮9上,扇形齿轮9也和中间齿轮啮合,这样可以保证齿轮在正反转是都在齿的同一侧面啮合,因而可消除齿侧间隙的影响。扇形齿轮9的轴上装有小指针,以显示大指针的转数。

百分表的示值范围通常有0~3mm,0~5mm,0~10mm三种。百分表的测量杆移动

1mm,通过齿轮传动系统,使大指针沿着刻度盘转过一圈。刻度盘沿圆周刻有 100 个刻度,当指针转过一格时,表示所测量的尺寸变化为 1mm/100 = 0.01mm,所以百分表的分度值为 0.01mm。

4. 振弦式多点位移计

一般在梁板表面安装埋设多点位移计,测量结构物多部位的位移、沉降、应变、滑移等,并可同步测量埋设点的温度。当被测结构物发生变形时将会通过多点位移计的锚头带动测杆,测杆拉动位移计产生位移变形,变形传递给振弦式位移计转变成振弦应力的变化,从而改变振弦的振动频率。电磁线圈激振振弦并测量其振动频率,频率信号经电缆传输至读数装置,即可计算出被测结构物的变形量;并可同步测量埋设点的温度值。

振弦式多点位移计主要由位移传感器及护管、不锈钢测杆及 PVC 护管、安装基座、测杆护管连接座、锚头、护罩、信号传输电缆等组成,如图 4-2-6 所示。

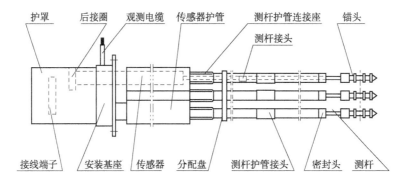

图 4-2-6 振弦式多点位移计构造

5. 精密水准仪、测微器

自动调平的水准仪(非电子的),适用于三等、四等水准测量,其读数的精确值为 1mm 级,估读值为 0.1mm;如果配对上测微器的话,就适用于一等、二等水准测量,其读数的精确值为 0.1mm 级,估读值为 0.01mm。其测微器的配对是仪器自身精度提高的一种有力的措施,其测微器的使用原理是将 1cm 的刻度通过光学折射进而扩大至 100 倍,细致到 0.1mm 的刻度,进而读取更精确的数值。

6. 裂缝宽度观测仪

裂缝宽度观测仪,如图 4-2-7 所示。采用电子成像技术,将被测物体表面裂缝原貌实时显示在 4.3 寸彩色屏幕上;裂缝宽度自动判读、手动判读,电子标尺人工判读三种模式,分辨率达 0.0025mm;校准功能,可用标准刻度板进行校准。存储空间可以存储 10000 张裂缝原貌图像,并可将图像传输至 U 盘存储;具有文件管理功能,可按构建名称进行管理;分析处理软件对裂缝进行分析,并生成检测报告。

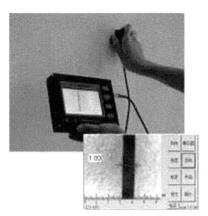

图 4-2-7 ZBL-F103 裂缝宽度观测仪

(二)仪器选择

梁板试验时,梁测仪表的精度要求应不大于预计量测值的 5%。机械式仪表具有安装使用方便、迅速、读数可靠的优点,但需要加设观测脚手架,而且需要的试验人员较多;电测仪表安装测试比较费事,影响测试精度的因素也很多,但测试、记录较方便、安全。应根据预计的量测值并考虑仪表的设置和观测条件来选择适用的仪表。

四、梁板试验常用检测仪器的操作与调试

(一)静态电阻应变测量系统的操作与调试

正确地操作和使用电阻应变仪,是获取准确试验数据的关键步骤,为此必须注意好下列工作。

1. 主机箱面板功能

面板如图 4-2-8 所示。

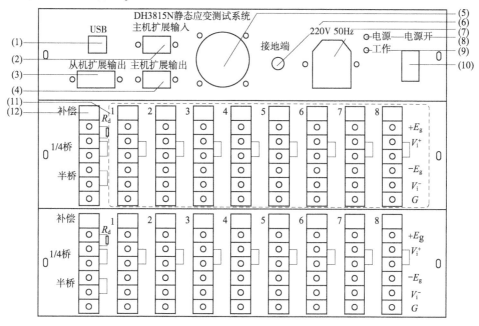

图 4-2-8 主机箱面板图

(1)USB 插座:与计算机通信用。

(2)主机扩展输入:当多个系统连接时,需用主机通信扩展线将多个电源/控制器连接使用,"主机扩展输出"连下一台电源/控制器的"主机扩展输入"。

(3)从机扩展输出:用从机通信扩展线连接至数据采集模块的"从机扩展输入"。

(4)主机扩展输出:当多个系统连接时,需用主机通信扩展线将多个电源/控制器连接使用,"主机扩展输出"连下一台电源/控制器的"主机扩展输入"。

(5)散热风扇。

(6)仪器外壳接地端。

(7)电源输入插座:220V 50Hz 输入端。

(8)电源指示灯。

(9)工作指示灯:当此灯亮时,表示处于采样状态。

(10)电源开关:总电源控制开关,接通电源、指示灯 H 亮,同时电源/控制、数据采集箱得电工作。

(11)应变片接线端子。

(12)补偿应变片接线端子。

2. 采集箱面板功能

面板如图 4-2-9 所示。

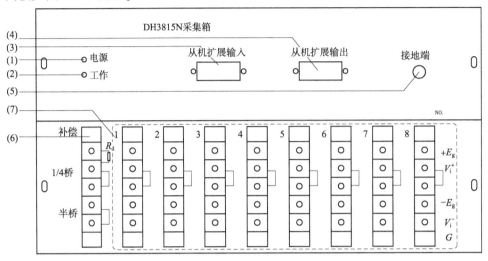

图 4-2-9　采集箱面板

(1)电源指示灯:指示灯亮表示本采集箱得电在工作。

(2)工作指示灯:当此灯绿色表示本采集箱处于采样状态,红色表示采集箱工作异常。

(3)从机扩展输入插座:由此口用从机通信扩展线连接至上一台采集箱或电源/控制器的"从机扩展输出"。

(4)从机扩展输出插座:由此口用从机通信扩展线连接至下一台采集箱的"从机扩展输入"口。

(5)外壳接地端。

(6)补偿应变片接线端子。

(7)应变片接线端子。

3. 系统的连接

1)单系统独立工作

用从机扩展线将 DH3815N 电源/控制器的"从机扩展输出"座与数据采集箱的"从机扩展输入"座相连,再用从机扩展线将数据采集箱的"从机扩展输出"座与下一台数据采集箱的"从机扩展输入"座相连,依次类推。接上仪器电源,最后用 USB 通信线将计算机与 DH3815N 电源/控制器相连。

2)多系统工作

首先按单系统独立工作的连线方法,将各电源/控制器与数据采集箱连接好,然后用主机通信扩展线将第一台电源/控制器的"主机扩展输出"与下一台电源/控制器的"主机扩展输入"座相连,依次类推,直至将所有的电源/控制器连接好。接上仪器电源,最后用 USB 通信线将计算机与 DH3815N 电源/控制器相连。

4. 桥路的连接

(1)与应变计的连接如表 4-2-1 ~ 表 4-2-3 所示。表 4-2-1 中为旧接线图,表 4-2-2 中为新接线图。当使用新接线方式时,每个通道只能接一种桥路,不能同时接几种桥路(如 1/4

桥和全桥不能混接),而旧接线方式中,每个通道可同时接 1/4 桥和全桥或同时接半桥和全桥。新接线图接法比旧接线图简单,无须焊接短路线,修正及计算新旧接线方式相同。如应变计为自补偿(即三根线),接法如表 4-2-3 中所示,桥路方式选"方式二"。

应变计的连接(旧)　　　　　　　　　　　　　　　　　　　　表 4-2-1

序号	用途	现场实例	与采集箱的连接	输入参数
方式一	1/4 桥(多通道共用补偿片),适用于测量简单拉伸压缩或弯曲应变			灵敏度系数 导线电阻 应变计电阻
方式二	半桥(1 片工作片,1 片补偿片),适用于测量简单拉伸压缩或弯曲应变,环境较恶劣			灵敏度系数 导线电阻 应变计电阻
方式三	半桥(2 片工作片),适用于测量简单拉伸压缩或弯曲应变,环境温度变化较大			灵敏度系数 导线电阻 应变计电阻 泊松比
方式四	半桥(2 片工作片),适用于只测量弯曲应变,消除了拉伸和压缩应变			灵敏度系数 导线电阻 应变计电阻
方式五	全桥(4 片工作片),适用于只测量拉伸压缩的应变			灵敏度系数 导线电阻 应变计电阻 泊松比
方式六	全桥(4 片工作片),适用于只测量弯曲应变			灵敏度系数 导线电阻 应变计电阻

应变计的连接(新) 表 4-2-2

序号	用途	现场实例	与采集箱的连接	输入参数
方式一	1/4桥(多通道共用补偿片),适用于测量简单拉伸压缩或弯曲应变	R_{g1}, R_{g2}, R_{g3}; R_d	补偿(R_d) 1(R_{g1}) … 8(R_{g8}),1/4桥,$+E_g$,V_i^+,$-E_g$,V_i^-	灵敏度系数 导线电阻 应变计电阻
方式二	半桥(1片工作片,1片补偿片),适用于测量简单拉伸压缩或弯曲应变,环境较恶劣	R_g;R_d	补偿 1(R_g,R_d) … 8(R_g,R_d),半桥,$+E_g$,V_i^+,$-E_g$,V_i^-	灵敏度系数 导线电阻 应变计电阻
方式三	半桥(2片工作片),适用于测量简单拉伸压缩或弯曲应变,环境温度变化较大	R_{g1},R_{g2}	补偿 1(R_{g1},R_{g2}) … 8(R_{g1},R_{g2}),半桥,$+E_g$,V_i^+,$-E_g$,V_i^-	灵敏度系数 导线电阻 应变计电阻 泊松比
方式四	半桥(2片工作片),适用于只测量弯曲应变,消除了拉伸和压缩应变	R_{g1},R_{g2}	补偿 1(R_{g1},R_{g2}) … 8(R_{g1},R_{g2}),半桥,$+E_g$,V_i^+,$-E_g$,V_i^-	灵敏度系数 导线电阻 应变计电阻

注:表4-2-2中的方式五、方式六与表4-2-1中的方式五、方式六相同,此处略。

自补偿应变计(三根线)的连接 表 4-2-3

序号	用途	现场实例	与采集箱的连接	输入参数
方式一	半桥(1片自补偿工作片),适用于测量简单拉伸压缩或弯曲应变,环境温度变化较大(注:旧接法)	R_g	补偿 1(R_{g1}) … 8(R_{g8}),$+E_g$,V_i^+,$-E_g$,V_i^-	灵敏度系数 导线电阻 应变计电阻
方式二	半桥(1片自补偿工作片),适用于测量简单拉伸压缩或弯曲应变,环境温度变化较大(注:新接法)	R_g	补偿 1(R_{g1}) … 8(R_{g8}),半桥,$+E_g$,V_i^+,$-E_g$,V_i^-	灵敏度系数 导线电阻 应变计电阻

(2)与桥式传感器的连接:桥式传感器内部桥路也包括全桥、半桥以及1/4桥。半桥连

接与表4-2-1中方式四相同,全桥连接与表4-2-1中方式六相同,参数设置时,桥路方式为方式一,导线电阻为0,灵敏度系数为2,桥臂电阻为120Ω,在参数设置的测点特性状态,将测点展开,首先设置被测物理量的单位,再在修正档内输入式(4-2-2)或式(4-2-3)计算值a。则采样后,直接显示被测物理量。

$$a = \frac{1}{\frac{1000 \times \mathrm{mV}}{\mathrm{unit}}} \tag{4-2-2}$$

式中:$\frac{\mathrm{mV}}{\mathrm{unit}}$——该测点传感器的灵敏度。

或

$$a = \frac{1}{\frac{\mu\varepsilon}{\mathrm{unit}}} \tag{4-2-3}$$

式中:$\frac{\mu\varepsilon}{\mathrm{unit}}$——该测点传感器的灵敏度。

(3)电压信号的输入:接线图如图4-2-10所示,参数设置时,桥路方式为方式一,导线电阻为0,灵敏度系数为2,桥臂电阻为120Ω,在参数设置的测点特性状态,将测点展开,将单位设置为mV,修正值0.001,则采样后,直接显示输入电压值(最大测量值为±20mV)(注:补偿端子的1/4桥和1/2桥短接片需断开)。

(4)热电偶换能器的连接:按图4-2-11连接线路,(测点1为系统零位)软件中已包括多种热电偶冷端补偿处理,软件输入热电偶类型和冷端温度,采样后直接显示被测温度。

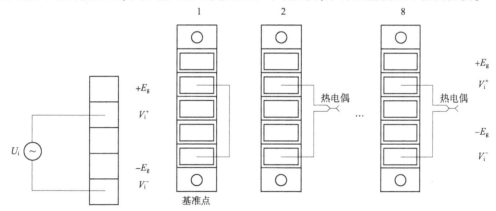

图4-2-10 电压信号的连接　　　　图4-2-11 与热电偶的连接

5. 操作流程

将随机所附光盘放入光驱;双击"我的电脑"图标,指到光驱图标并双击打开光盘目录;打开要安装的文件目录,双击"setup"图标;按屏幕提示安装至结束。

USB驱动安装方法见软件光盘中USB驱动安装说明(静态测试系统)文档。

安装完毕后,请重新启动计算机。

软件操作(从开始菜单程序中点击3815N静态应变测试系统):

(1)查找机箱。

(2)平衡操作:单击"平衡"按钮;软件提示是否确认要平衡,单击"确定"列表框中将会列出不平衡点和平衡点的平衡结果。

(3) 参数设置：参数重新设置后，必须先平衡操作再采样，否则易出错或造成死机。

(4) 采样操作：单次采样、定时采样和连续采样，根据实验要求选择一种。

(5) 显示结果。

(6) 数据处理：如需要可进行文本转换及打印数据。

6. 注意事项

(1) 所有通信扩展电缆的连接必须在计算机和数据采集箱断电状态下进行。

(2) USB通信线建议在仪器打开后插入相应的插座。

(3) 有关导线电阻的说明：方式一，导线电阻为两根导线之和；方式二、三、四，将两个应变计分别用四根导线接至数据采集箱，导线电阻为两根导线电阻之和。若将两个应变计的一端连接成公共线后再用三根引线至数据采集箱，导线电阻为单根导线电阻；方式五、六时导线电阻为两根导线电阻之和。自补偿应变计接法时，导线电阻为单根导线电阻。

(4) 所有连线必须牢固可靠，建议与端子连接用焊锡焊牢。

(5) 接通电源，系统就可正常工作，若精确测量，请预热30min。

(6) 系统必须良好接地，接地点为电源插座的接地端。系统接地不好，将产生一定的漂移，稳定度也将受到影响。

(7) 全桥连接时，交换 V_i^+ 和 V_i^- 的连接，可以改变输出信号的极性。

(8) 每通道各测点所有 R_g、R_d 及 R 的对外连接线均应尽量短，长度也应相等。

(9) 在Win9X环境下，平衡开始前，必须先查找机箱，计算机自动进行设备检测，出现相应的提示框。

(10) 湿度较大的环境下使用本仪器，零漂将明显增加。

(11) 应避免将仪器置于强电场中使用。

(12) 输入、输出电缆线应尽量避免靠近电力线、变压器及其他干扰源。

(13) 切勿在过高温度和湿度的条件下使用和存放仪器，切勿将仪器直接在阳光下曝晒。

(14) 采集箱必须放置在合适的位置上使用，切勿将其倾斜或倒置使用。

(15) 采样前应将其他在运行的程序关闭，采样过程中禁止启动其他应用程序，否则将引起丢数现象。

(16) 其他注意事项。系统的标定：系统已经按方式二、2V(DC)桥压、应变计电阻为120Ω、灵敏度系数为2，设置了满度值，当状态发生变化时，系统的输出应变量由计算机软件修正，因此，只要参数设置正确，计算机直接显示被测应变量。

(17) 等效应变源对系统的标定：

①等效应变源的技术指标：

输出应变量：0、100、300、1000、3000、10000($\mu\varepsilon$)六档分档切换；

精度：0.1%；

最大工作电压：5V(DC)。

②半桥检测时，参数设置为：桥路方式为方式二，灵敏度系数为2，应变计电阻为120Ω，导线电阻为0，修正系数为1。

(18) 因受A/D分辨限制，系统平衡后有一很小的直流电位，固实际使用时输入信号幅度应为满度的95%以内，计量时也必须按此条件计量。

(19) 因连续采样速率较高，如接地不良，会引起采样值不稳，故一般建议采用单次采样或定时采样,会获得较好的效果。

(20)本仪器在使用之前,应检查电源是否有保护接地,保证外壳接地良好,以免引起触电危险。

(二)百分表的操作与调试

使用时,百分表装在表座上(目前大都采用磁性表座,如图 4-2-12 所示),表架安装在临时专门搭设的支架上,支架应具有一定的刚度,并与被测结构物分开。

将测杆触头抵在测点上,借助弹簧的使用,使其接触紧密。当测点沿(或背向)测杆方向发生位移时,推动(或放松)测杆,使测杆的平齿带动小齿轮、小齿轮又和它同轴的大齿轮一起转动,最后使指针齿轮和指针旋转,经过一系列放大之后;便在表盘上指示出位移值。

图 4-2-12 百分表安装

(三)用位移计测挠度与变位

用位移计测挠度或某点的位移时,要注意位移的相对性,位移计的定点(表壳)和动点(测杆)必须分别和相对位移的两点连接。

位移计可装在各种表架上,通常用颈箍夹住表的轴颈,也可用其他方式将表壳或轴颈固定在某一个定点,测杆可直接顶住试件测点。

应用位移计量挠度与变位时,应注意下列问题:

(1)作为固定位移计的不动点支架必须有足够的刚性。采用磁性或万能百分表架时,表架连杆不可挑出太长。因为位移计测杆顶住测点时,有一定的反力压在连杆上,如果连杆或支架为柔性较大,就会在该压力作用下产生变形。这样,当结构变形时,仪表就不动或跳动,反映不出测点的真正位移值。

(2)位移计测杆与所量测的位移方向完全一致。测点表面需经一定处理,如在混凝土、木材等表面粘贴小块玻璃片或金属薄片等,以避免结构变形后,由于测点垂直于百分表测杆方向的位移,而使位移计产生误差。这种误差有时会很大。如果上述方式还不足以消除误差,则不应将位移测杆直接顶住测点,而须采用其他方式。

(3)位移计使用前后要仔细检查测杆上下活动是否灵活。由于灰尘落入或表架颈拧过紧等都会影响杆上下运动的灵活性。

(四)裂缝宽度观测仪

一般地,检查裂缝出现的方法是借助于放大镜用肉眼观察,裂缝出现后,裂缝宽度可采用读数显微镜量测。读数显微镜是由光学透镜与游标刻度玻片等组成的复合仪器。其最小刻度值要求不大于 0.05mm。其次也有用印刷有不同宽度线条的裂缝标准宽度板(裂缝卡)与裂缝对比量测;或用一组具有不同标准厚度的塞尺进行试插对比,刚好插入裂缝的塞尺厚度,即裂缝宽度。后两种方法比较粗略,但能满足一般测试要求。

任务实施

任务实施主要掌握仪器设备的选用与调试的主要工序、基本方法和质量标准。

根据施工单位或业主的要求,接受检测任务。进行检测设备与资料的准备,进入施工现场,按照事先确定的检测方法,进行检测数据的采集,对检测数据进行分析与整理,编制检测报告。

任务工作单

学习情境四:梁板检测	班级		
工作任务二:梁板试验检测仪器操作与调试	姓名	学号	
	日期	评分	

1. 检测仪器的分类与仪器的性能指标

(1)按仪器的工作原理分为机械式测试仪器、_____、_____、声学仪器、_____、伺服式仪器等。

(2)按仪器的用途分为_____、应变计、_____、倾角仪、_____等。

(3)按结果的显示与记录方式分为_____、自动记录式、_____、数字式。

(4)按照仪器与结构的相对关系分为_____、接触式、_____、遥测式等。

(5)仪器的性能指标有:量程(测量范围)、_____、准确度(精度)、_____、误差。

2. 桥梁检测对仪器的要求

小组分析讨论桥梁检测对仪器的要求包括哪几个方面?

3. 梁板检测常用检测仪器

(1)梁板检测需要量测的项目有结构的_____、位移、_____、沉降和_____等,应选择适当的仪器进行量测。常用量测仪器有_____、应变计(应变片)、_____、千分表、位移计、_____、测微器、全站仪和_____。

(2)梁板检测时,梁测仪表的精度要求应不大于预计量测值的_____。机械式仪表具有_____的优点,但需要加设观测脚手架,而且需要的试验人员较多;电测仪表_____,影响测试精度的因素也很多,但_____。应根据预计的量测值并考虑仪表的设置和观测条件来选择适用的仪表。

(3)试说出下面图1~图8检测仪器的名称和作用。

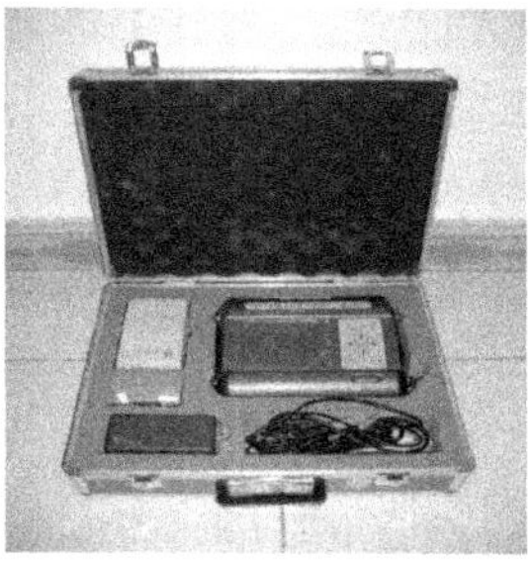

图 1

图 2

图 3

图 4

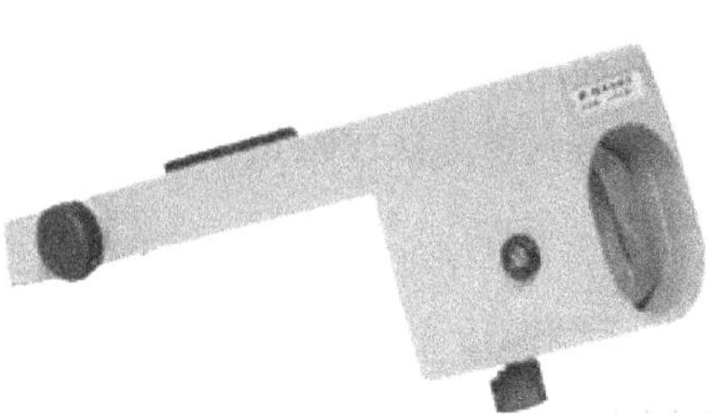

图 5

— 178 —

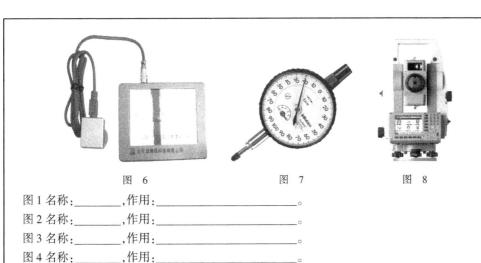

图 6　　　　　　　　　图 7　　　　　　　　　图 8

图1 名称：_____，作用：_____。
图2 名称：_____，作用：_____。
图3 名称：_____，作用：_____。
图4 名称：_____，作用：_____。
图5 名称：_____，作用：_____。
图6 名称：_____，作用：_____。
图7 名称：_____，作用：_____。
图8 名称：_____，作用：_____。

4.梁板检测常用检测仪器的操作与调试

(1)小组讨论电阻应变仪的操作步骤及使用前应如何调试。

(2)小组讨论百分表的使用方法及使用注意事项。

(3)小组讨论用位移计测挠度与变位时的注意事项。

(4)小组讨论裂缝宽度观测仪的使用方法。

工作任务三 梁板检测现场准备工作

本工作任务是需要了解梁板检测现场准备工作的重要性,掌握梁板检测现场准备工作的基本方法,了解梁板检测现场准备工作的质量控制,正确完成给定的梁板检测现场准备工作的任务。学习要求是认真研读本工作任务的内容,查阅某梁板检测现场准备工作的相关资料,重视理论联系实际。

一、现场准备工作

(一)试验梁的基本情况

了解试验梁的桥名、设计长度、梁号、混凝土设计强度等级,业主、施工单位、监理单位、设计单位,并记录。

(二)摆梁的加载装置

1. 龙门吊吊配载梁加载装置摆梁

对预制场采用龙门吊吊梁的桥,可用龙门吊吊配载梁加载,一片梁自重不够可用两片,在试验梁 $L/2$ 截面两侧横向对称放置两根分配梁,分配梁为钢轨,间距1.0m,其作用是使 $L/2$ 截面受纯弯矩作用,分配梁上沿梁纵向放置钢轨,在钢轨上放置千斤顶及荷载传感器,反顶配重梁。梁加载如图4-3-1所示。

需准备的辅助材料:短钢轨两根,2m长枕木6根,橡胶支座4块,支承刚性主梁的垫块若干。

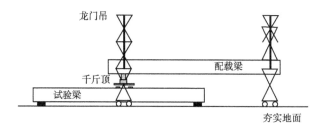

图4-3-1 用龙门吊吊配载梁加载装置示意图

2. 堆载法加载装置摆梁

在试验前准确称量堆载物重,在跨中左右各××m长范围内按××kN/m加载。具体堆载布置如图4-3-2所示。

注:(1)试验梁底板距地面约50cm;试验梁两端支座垫放位置与设计要求相同。

(2)加载主梁中点位于试验梁中点正上方,且与试验梁平行。

(3)次梁放在主梁上方,且与主梁垂直;堆载完成后主梁距试验梁顶的距离为70cm。

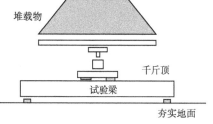

图4-3-2 堆载法加载装置示意图

3. 用预制梁配载加载装置摆梁

需准备的辅助材料:6m 长刚性钢梁 1 根(也可由 3 根 45 或 50 型钢轨组成),2m 长的枕木 8 根,橡胶支座 4 块。在试验梁跨中顶面放置方钢(或钢轨)做分配梁,再在分配梁上放置千斤顶及荷载传感器,反顶加载横主梁(由工字钢、钢轨或贝雷架等组成),并用钢丝绳拴住配载梁端吊钩(无吊钩可兜梁底),两片梁重量不够时可补堆其他重物,形成扁担式加载装置。本方法最好在预制场进行,不宜在已架好的桥梁上进行,加载装置如图 4-3-3 所示。

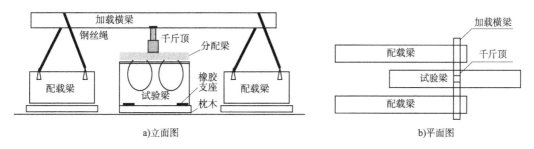

图 4-3-3 用预制梁配载加载装置示意图

注:(1)试验梁底板距地面约 50cm;试验梁两端支座垫放位置与设计要求相同。

(2)配载梁与试验梁间的距离 50~60cm。

(三)测点布置

1. 应变测点布置

在试验梁底 $L/2$ 截面处布置 2 个混凝土应变测点,在试验梁 $L/2$ 截面处腹板布置 6 个混凝土应变测点,共布置 8 个应变测点检测混凝土应变。

将测点打磨平整,用浸有丁酮或丙酮的脱脂棉球擦洗干净,再分别将应变片和护铜板粘贴在测点位置,然后将应变片和信号线焊接在护铜板上,最后将信号线另一头与电阻应变仪连接、编号。

2. 挠度测点布置

在试验梁 $L/2$ 截面、一侧 $L/4$ 截面各布置 2 根竖向测试标尺,利用精密水准仪,检测挠度,同时 $L/2$ 截面利用百分表进行核对。

3. 支座沉陷测点布置

在试验梁两端支座处,各布置 2 根竖向测试标尺,利用精密水准仪,检测支座沉陷。具体测点布置如图 4-3-4 所示。

二、电阻应变计的贴片技术

在电阻应变计的各种安装方法中,粘贴法应用最多。应变计粘贴质量的好坏,是决定应变测试成功与否的关键因素之一,因此,粘贴时必须严格按照粘贴的工艺流程进行操作。

应变计粘贴和防护的工艺流程如下:

(1)应变计选择→(2)胶黏剂选择→(3)构件打磨→(4)表面清洗→(5)画线定位→(6)应变计清洗→(7)涂敷底胶→(8)应变计粘贴→(9)加热固化→(10)贴片质量检查→(11)引线连接→(12)质量检查→(13)常温及温度性能补偿→(14)质量检查→(15)性能测试→(16)防护处理。

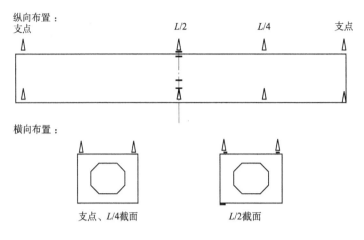

图 4-3-4 测点布置示意图

三、应变计粘贴工艺方法

使用不同黏结剂粘贴应变计的工艺是有差异的,这里我们只对其中的一些具有共性的内容加以介绍。

(一)应变计的准备

应变计的准备是指应变计的选择、应变计检查和应变计表面处理。应变计的选择我们在前面已经做了专门介绍,这里仅介绍其他两方面的内容。

(1)应变计检查:包括外观检查和阻值检查。

外观检查主要看基底和盖层有否破损,敏感栅有否锈斑,引线有无折断的危险,敏感栅排列是否整齐,有无短路、缺口、断栅、划伤和变形,基底是否有气泡、皱折、坑点存在。测量电阻应该精确到 0.1Ω。

(2)应变计表面处理。

应变计在使用前,要用脱脂棉浸无水乙醇擦洗,注意两面都要清洗,对没有盖层的应变计,要顺着敏感栅的方向轻轻擦洗,洗净后用红外线灯或其他烘干装置烘干备用。

(二)粘贴表面的处理

为了使应变计粘贴牢固,需要对粘贴表面进行机械、化学处理、处理范围约为应变计面积的 3~5 倍。

首先除去油污、锈斑、氧化膜、镀层、涂料等,根据试件材料选用粒度为 220~400 目的砂纸进行打磨,并打出与贴片方向呈 45°的交叉条纹,然后用浸有丁酮或丙酮的脱脂棉球清洗打磨部位,并用无水乙醇清洗至棉球上不见任何污渍为止。注意,擦洗时要沿单一方向进行,不要来回交替擦拭。清洗干净的表面要避免再次污染(如用嘴吹气)及手触摸,待溶剂挥发表面完全干燥后立刻贴片。

为保证应变计粘贴位置的准确,可用无油圆珠笔芯或划针在贴片部位轻轻画出定位线。画线时,线不能画到应变计贴片部位下面,避免对应变计产生损伤。经过画线的试件表面需用丙酮、无水乙醇、丁酮、三氯乙烷、异丙醇等溶剂对贴片试件表面单项清洗,并及时擦干或烘烤干,避免表面有油污残留或溶剂残留,对贴片质量产生致命性影响;贴片时,尽量保证应变计的位置准确,刷胶均匀性,胶量控制适量等;然后盖上聚四氟乙烯薄膜,用手指均匀挤压应变计,排除多余胶液和气泡,同时,轻轻拨动应变计,调整应变计位置,使其定位准确,真实反映测量点的应变。

(三)底胶处理

许多黏结剂要求涂底胶,并经适当的热固化处理。底胶面积约为应变计面积的1.5倍。

底胶一般采用与贴片胶相同的黏结剂,厚度应控制在 0.01~0.03mm,并按相应的固化参数进行充分固化。

在满足黏合和绝缘强度的前提下,黏结层(包括底胶)越薄越好,因为这样可以保持较强的传递应变能力,减少胶层的不均匀性,降低蠕变和灵敏系数分散。有些黏结剂不需要涂刷底胶,如 H-600、H-610 等,这些黏结剂的黏结力强,绝缘强度高,蠕变小,特别适合制造传感器和精密应力分析。

(四)应变计粘贴

应变计粘贴是整个贴片过程中最关键的步骤,对测试精度有绝对影响。粘贴前,对所需的工具、量具(如镊子、刀片、玻璃板)用丙酮清洗干净,戴上洁净的细纱手套,用化妆笔在试件表面贴片部位和应变计基底上分别涂刷黏结剂,稍稍晾干,待胶液略有发黏时,将应变计的中心线对准试件的定位线准确的贴上,盖上一层聚四氟乙烯膜,沿应变计轴线方向用手指滚压 3~4 次,排净气泡并挤出多余胶液,按所用黏结剂的要求自然干燥适当时间后,揭掉聚四氟乙烯薄膜。注意,带有引线的应变计要从无引线的一端开始揭起,用力方向尽量与粘贴表面平行,以防将应变计带起。

粘贴完毕后,要对应变计进行认真检查,发现基底有损坏,敏感栅有变形、断路、短路,贴片位置不正确、有气泡、局部没贴上、绝缘强度不够等问题,应及时排除,或铲除重贴。

(五)固化

目前国内外常用的黏结剂大多数都需要加热固化。温度、时间和压力是固化的三要素,这三者都应严格按黏结剂的相应固化工艺规范加以保证。

应变计的加压一般是在其上依次铺垫聚四氟乙烯薄膜、硅橡胶板,再用夹具或压块加压,对复杂型面,可用专门夹具加压,砂袋、捆扎加压也常常被采用。

为有效地消除内应力,一般在卸压后将温度升到高出加压固化温度 30℃左右,保温 1~2h 进行稳定化处理,具体的贴片固化参数可参考相应的贴片胶介绍,如 H-600,贴片工艺为:初固化,加压 0.1~0.3MPa,升温至 135℃,保温 2h,然后降温到室温卸压,再升温至 165℃,保温 2h,后降到室温即可。

(六)粘贴质量检查

加温固化后,对应变计的粘贴质量要作认真检查,检查项目有:
(1)应变计粘贴前后阻值的变化。
(2)绝缘电阻。
(3)片内是否有残余的气泡。
(4)贴片位置准确与否。

(5)有否断路、短路或敏感栅变形。

四、组桥或焊接

如果在应变计表面焊接,焊接前,应用水砂纸或含砂橡皮轻轻擦除焊端表面残留胶液和氧化物,并清洗干净,方便焊接,避免破坏焊端;焊接温度不能太高(常温应变计不能超过250℃),焊接时间不能太长,应迅速焊接,避免高温对应变计焊端产生损伤,降低绝缘强度等。焊接引线应采用柔软,材质不能太硬的线材,以免长时间受力时,线材损坏或脱落;尽量在应变计焊端和接线端子之间的连接线上留出应力释放环,避免试件或弹性体长期受力或温度发生较大范围变化时,在连接线上形成内应力集中,造成引线拉断,使桥路或电路断路。

焊接后,助焊剂应清洗干净,不能有残留,以免对应变计的绝缘强度和阻值产生影响。完毕后,应对其绝缘强度再次进行测量。

五、性能测试(主要针对传感器)

1. 加载性能测试

传感器装夹准确,无松动现象;加载点精准,无移位,最好是点对点加载;加载仪器自动加载,测试仪器采用自动巡检方式,减少人为因素的影响;线路连接完好,无接触不良、虚焊等现象。

2. 温度性能测试

模拟环境的温度设备控温精度要高,符合传感器测试要求,无温度梯度、瞬变等现象;根据传感器体积大小确定保温时间,必须使被测传感器内部温度均匀、恒定,达到要求的温度值,避免在传感器弹性体内部产生温度台阶;湿热条件下的测试,必须使周围环境的温度、湿度达到规定的要求。

3. 环境要求

室内环境条件必须达到国家标准要求,减少环境对传感器的影响。

六、防护处理

对已安装好的应变计采取可靠实用的防护措施,是保证应变计正常工作,提高测试精度的有效途径。应变计防护的根本途径,是利用一定的材料或介质将应变计连同其附件与恶劣环境隔开,所以首先在应变计安装和使用过程中,谨慎、细心地操作,保持不用手直接接触就是一种有效的防护措施;其次就是利用涂敷保护层来进行防护,应变计的防护一般可选用AZ-709胶,对裸露部分进行防护,要求涂刷均匀,然后覆盖南大703、704、D04等硅橡胶即可。

任务实施

任务实施主要掌握梁板检测检测现场准备工作的主要工序、基本方法和质量标准。

根据施工单位或业主的要求,接受检测任务。进行检测设备与资料的准备,进入施工现场,按照事先确定的检测方法,进行检测数据的采集,对检测数据进行分析与整理,编制检测报告。

任务工作单

学习情境四:梁板检测	班级		
工作任务三:梁板检测现场准备工作	姓名		学号
	日期		评分

1.现场准备工作

(1)了解试验梁的桥名、_____、梁号、_____、业主、施工单位、监理单位、_____,并记录。

(2)小组讨论如何用龙门吊吊配载梁加载装置摆梁、堆载法加载装置摆梁、用预制梁配载加载装置摆梁?

(3)应变测点布置:在试验梁底_____布置_____个混凝土应变测点,在试验梁_____腹板布置_____个混凝土应变测点,共布置_____个应变测点检测混凝土应变。

(4)挠度测点布置:在试验梁_____、一侧_____截面各布置_____根竖向测试标尺,利用精密水准仪,检测挠度,同时_____截面利用百分表进行核对。

(5)支座沉陷测点布置:在试验梁_____,各布置_____根竖向测试标尺,利用精密水准仪,检测支座沉陷。

2.电阻应变片的贴片技术

(1)电阻应变片的粘贴是应变电测技术中的一个关键环节,粘贴质量的好坏直接影响测量结果。贴片技术包括_____、_____、_____、焊接导线、质量检查等技术。

(2)应变片选择:用放大镜检查应变片有无_____和_____。同批试验选用灵敏系数和_____相同的应变片,采用兆欧表或万用表对其阻值进行测量,保证其误差不大于_____欧姆。

(3)试件表面处理:先初步画出贴片的位置,用砂布或打磨机将贴片位置打磨平整,混凝土表面_____、_____,必要时涂底胶(如66胶水做底胶),待固化后再次打磨。在打磨平整的部位准确画出测点的_____及_____。

(4)贴片:用砂纸以_____方向将打磨平整的部位再次进行打磨,然后用镊子夹脱脂棉球蘸取无水酒精(或丙酮)将贴片位置轻轻擦洗干净。用手握住应变片引出线,在其背面均匀涂抹一层502胶水,然后放在测点上,调整应变片的位置,使其准确定位。在应变片上覆盖小片玻璃纸,用手轻轻滚压,挤出多余的胶水和气泡。注意不要使应变片位置移动。用手指轻按_____min,待胶水初步固化后,即可松手。粘贴质量好的应变片,应是_____,位置准确。

(5)固化及防潮处理:_____才能固化,当气温较高,相对湿度较低的短期试验,可用_____,时间一般_____天。人工干燥_____后,用红外线灯烘烤,温度不要高于50℃,还要避免温度骤热,烘干到绝缘电阻符合要求时为止。

根据实际环境要求,应变片有时需要进行_____(例如可用703胶涂抹在应变片上,切勿将胶水粘到应变片引出线上)和_____。

(6)应变片与电阻应变仪的连接:在连接之前首先将信号线两端编号,然后将护铜板用502胶水粘贴到应变片引出线一侧,注意保持适当的距离,再用电烙铁分别将引出线和信号线一端焊接在护铜板上。焊接完毕后,将_____与_____连接,信号线与_____连接,调试_____及静态电阻预调平衡箱。

(7)电阻应变片优点包括(　　)。
  A.灵敏度高工 B.尺寸小 C.黏结牢固 D.质量小 E.适用条件好

(8)应变片在电桥中的接法一般有(　　)。
  A.单点测量 B.半桥测量 C.全桥测量 D.应变测量 E.应力测量

(9)应变仪测量电路有(　　)。
　　A.桥式电路　　　B.应变电路　　　C.电位计式电路　　　D.应力电路　　　E.剪力电路
(10)测混凝土用电阻应变片,标距一般为(　　)mm。
　　A.5~20　　　　B.10~20　　　　C.20~40　　　　D.40~150

3.小组讨论如何进行应变片的粘贴以及怎样才能达到试验要求。

4.小组讨论电阻应变片测应变的原理。

5.什么是电阻应变测量的温度效应?温度效应的应变值如何组成?如何处理?

工作任务四　梁板加载与试验测试

本工作任务是需要了解梁板加载与试验测试的重要性,掌握梁板加载与试验测试的基本方法,了解梁板加载与试验测试的质量控制,正确完成给定的梁板加载与试验测试的任务。学习要求是认真研读本工作任务的内容,查阅某梁板加载与试验测试的相关资料,重视理论联系实际。

一、试验荷载

试验荷载的确定,包括荷载图式、荷载大小和加载程序三个方面。

1. 荷载图式

试验荷载图式最好能与设计计算的荷载图式相同。这样就可以使试验梁的工作情况与设计相符。但在试验中荷载量较大时,为了简化试验装置及便于试验进行,有时也采用与设计不同的荷载图式。但这种荷载图式必须与设计荷载图式等效,才能保证不会因荷载图式的改变,而影响梁的工作和试验结果的分析。

2. 荷载大小

荷载的大小,应根据试验目的来确定。非破坏性试验的荷载量,可按控制设计的弯矩值推算。若需进行超载试验时,可乘以适当的超载系数。对于预应力混凝土梁,还要考虑试验时尚未完成的预应力损失对梁体构成的抵抗力矩的作用。若进行破坏性试验时,则在加载量达到设计吨位后,仍应继续加载到梁体破坏或不能再使用时为止。

3. 加载程序

加载程序时指试验中荷载与时间的关系。如加载速度、间歇时间、分级荷载量的大小及加卸载循环次数等。只有正确地确定荷载程序,才能正确反映梁的承载能力与变形性质。

由于混凝土在首次受力时的变形与荷载关系是不稳定的,所以在正式试验前,必须通过预载使结构进入正常工作状态。同时通过预载还可对整个实验装置进行检验,以保证实验的正常进行。预载的最大加载量可与设计加载量相同。

一般试验中加卸载分级进行。加载时每级量可取总加载量的20%~30%,卸载时每级量可取50%,也可一次卸载。每级荷载间应有足够的间歇时间,以便正确测定梁在各级荷载下的变形情况。钢筋混凝土梁的荷载间歇时间,一般不少于10min。在保持恒载比较困难的情况下,为避免仪器指针不稳定,间歇时间可以缩短,但不宜少于3~5min。当加载量达到设计加载量后,应有足够的满载时间,一般不少于30min。若达到规定满载间歇时间时,梁的变形仍有较显著的发展,则应延长满载间歇时间至变形稳定为止。若在三倍的满载间歇时间后,变形仍有较明显的发展,则认为该梁不合格。为了正确测定梁的残余变形,卸荷后应有足够的零载时间,然后观测残余变形。零载时间可取1.5倍的满载间歇时间,为了解变形的恢复情况在零载时间内也应经常观测读数。

综上所述,加载可分三个阶段进行:

（1）预载阶段加载程序为：$0\to 10\text{kN}\to 0.5P\to P\to 0$。

（2）设计荷载阶段加载程序为：$0\to 10\text{kN}\to 0.2P\to 0.4P\to 0.6P\to 0.8P\to P\to 0.5P\to 0$ 循环次数少于两次。

（3）开裂荷载阶段加载程序为：$0\to 10\text{kN}\to 0.25P\to 0.5P\to 0.75P\to P\to (P_{\text{裂}}-30\text{ kN})\to P_{\text{裂}}\to P\to 0.5P\to 0$。

第二次循环为：$0\to 10\text{kN}\to P\to P_{\text{裂}}\to 0$，以后每级增加 $0.2P$ 直至出现裂缝为止。

二、观测项目及量测仪器

预应力混凝土简支梁单片梁荷载试验的观测项目主要有：

1. 挠度

梁在各级荷载下的挠度，不仅可以反映出梁的刚度，反映出梁的弹性和非弹性变形，而且还能反映出梁体在荷载下整体工作状况。挠度观测是梁的静载试验的主要测量项目。在缺乏必要的测量仪器的情况下，梁的静载试验也可仅取挠度观测这一项。

梁的挠度可用精密水准仪和百分表测定。测点一般可设置在跨中、支点和四分点处，对较大跨径的梁在八分点处应增设测点。

试验时，应量测构件跨中位移和支座沉陷。对宽度较大的构件，应在每一测截面的两边或两肋布置测点，并取其量测结果的平均值为该处的位移。

2. 跨中断面沿梁高混凝土应变的测定

在荷载作用下，简支梁跨中断面沿梁高混凝土正应变的分布情况，是验证设计计算的合理性与正确性的重要指标。测点可沿梁高等距离布置，也可布置成外密里疏，以便比较准确地测定较大的应变力。

沿梁高混凝土应变的测点数，一般为 5~7 个点。如梁的高度比较大时，测点还应增加。因为有了较多的测点，就能准确的测定出中性轴的位置。

3. 裂缝出现的观测

梁体混凝土在荷载的作用下出现的裂缝纹能直接反映出梁的抗裂性能。将第一条裂纹出现的开裂荷载与设计的抗裂荷载加以比较，就可以知道梁的抗裂安全度的大小。因此，及时发现受拉区出现的第一条裂纹时的开裂荷载是十分重要的。

如在试验过程中，某处应变计的示值跳跃式的增长，表示梁体混凝土在该处开裂；与此同时，相邻的应变计示值往往会下降。

观察裂缝出现可采用放大镜。若试验中未能及时观察到正截面裂缝的出现，也可取荷载一挠度上的转折点（区曲线第一弯段两端点切线的交点）的荷载值作为梁体的开裂荷载实测值。

4. 裂缝宽度的观测

裂缝宽度可采用精度为 0.05mm 的刻度放大镜等仪器进行观测，裂缝的测量一般只需几条严重的裂缝尺寸。对正截面裂缝，应量测受拉主筋处的最大裂缝宽度；对斜截面裂缝，应量测腹部裂缝的最大裂缝宽度。当确定受拉主筋处的裂缝宽度时，应在梁的侧面量测。

三、加载实施

试验前，填好电阻应变仪应变观测记录表及挠度观测记录表，画出示意图。试验时，检查试验梁是否有裂缝并用智能裂缝宽度观测仪进行量测和记录，然后进行 80% 加载量的预压消除塑性变形,使梁内材料协同工作,试验加载分四级(50%、80%、90%、100%),卸载分两级(50%、0%)进行。逐级加载,观测应变值、挠度值,读数稳定后,记录应变、挠度值。

在每级荷载下出现的裂缝或原有裂缝的开展,都要在结构上标明,用软铅笔在离裂缝1～3mm处平行的描绘出裂缝的走向、长度和宽度,并注明荷载吨位,试验结束时,根据结构上的裂缝绘出裂缝开展图。

加载过程中应对结构控制点位移(或应变)、结构整体行为或薄弱部位破损实行监控,随时向指挥人员汇报,随时将控制点实测数值与计算结果比较,如实测值超过计算值较多,应暂停加载,查明原因后再决定是否继续加载。

在发生下列情况时终止加载:

(1)控制测点应力值已达到或超过用弹性理论按规范安全条件反算的控制应力值。

(2)控制测点位移或挠度超过规范允许值时。

(3)由于加载,使结构裂缝的长度、宽度急剧增加,新裂缝大量出现,缝宽超过允许值的裂缝大量增多,对结构使用寿命造成较大的影响时。

(4)拱桥加载时沿跨长方向的实测挠度曲线分布规律与计算值相差过大或实测挠度超过计算值过多时。

(5)发生其他损坏,影响桥梁的承载力或正常使用时。

在每一级加载试验过程中及时拍照,收集影像资料。试验结束,检查、整理和收集仪器设备。

 任务实施

任务实施主要掌握梁板加载与试验测试的主要工序、基本方法和质量标准。

根据施工单位或业主的要求,接受检测任务。进行检测设备与资料的准备,进入施工现场,按照事先确定的检测方法,进行检测数据的采集,对检测数据进行分析与整理,编制检测报告。

 任务工作单

学习情境四:梁板检测 工作任务四:梁板加载与试验测试	班级			
	姓名		学号	
	日期		评分	

1. 试验荷载

(1)试验荷载的确定,包括_____、_____和_____三个方面。

(2)试验荷载图式最好能与_____的荷载图式相同。这样就可以使试验梁的工作情况与设计相符。但在试验中荷载量较大时,为了简化试验装置及便于试验进行,有时也采用与设计不同的荷载图式。但这种荷载图式必须与_____等效,才能保证不会因荷载图式的改变,而影响梁的_____结果的分析。

(3)荷载的大小,应根据_____来确定。非破坏性试验的荷载量,可按控制设计的_____推算。若需进行超载试验时,可乘以适当的_____。对于预应力混凝土梁,还要考虑试验时尚未完成的_____对梁体构成的抵抗力矩的作用。若进行破坏性试验时,则在加载量达到_____后,仍应继续加载到_____或不能再使用时为止。

(4)加载程序时指试验中_____的关系。如加载速度、_____、分级荷载量的大小及加卸载循环次数等。只有正确地确定荷载程序,才能正确反映梁的承载能力与变形性质。由于混凝土在首次受力时的变形与荷载关系是不稳定的,所以在正式试验前,必须通过_____使结构进入正常工作状态。同时通过预载还可对整个实验装置进行检验,以保证实验的正常进行。预载的最大加载量可与_____相同。

(5)单片梁静载试验如何加载?

2. 观测项目及量测仪器
(1)预应力混凝土简支梁单片梁荷载试验的观测项目主要有哪些?

(2)小组讨论挠度测试的步骤。

(3)小组讨论跨中断面沿梁高混凝土应变的测定问题。

(4)小组讨论如何进行裂缝出现的观测。

(5)小组讨论如何进行裂缝宽度的观测。

3. 加载装置
(1)小组讨论如何进行梁板加载装置设计。

(2)说出下面图1~图3加载方式的名称、每种加载方式的优缺点及加载注意事项。

图 1

图 2

图 3

图1名称:＿＿＿＿＿＿;加载方式优缺点:＿＿＿＿＿＿＿;加载注意事项＿＿＿＿＿＿。
图2名称:＿＿＿＿＿＿;加载方式优缺点:＿＿＿＿＿＿＿;加载注意事项＿＿＿＿＿＿。
图3名称:＿＿＿＿＿＿;加载方式优缺点:＿＿＿＿＿＿＿;加载注意事项＿＿＿＿＿＿。

4.加载实施

(1)试验前,填好＿＿＿＿观测记录表及＿＿＿＿观测记录表,画出示意图。试验时,检查试验梁是否有裂缝并用＿＿＿＿进行量测和记录,然后进行＿＿＿＿加载量的预压消除塑性变形,使梁内材料协同工作,试验加载分四级(50%、80%、90%、100%),卸载分两级(50%、0%)进行。逐级加载,观测应变值、挠度值,读数稳定后,记录应变、挠度值。

(2)在每级荷载下出现的裂缝或原有裂缝的开展,都要在结构上标明,用软铅笔在离裂缝1~3mm处平行的描绘出裂缝的＿＿＿＿、＿＿＿＿和＿＿＿＿,并注明荷载吨位,试验结束时,根据结构上的裂缝绘出裂缝开展图。

(3)小组讨论在什么情况下终止加载。

工作任务五　试验结果分析与检测报告的编写

本工作任务是需要了解试验结果分析与检测报告的编写的重要性,掌握试验结果分析与检测报告的编写的基本方法,了解试验结果分析与检测报告的编写的质量控制,正确完成给定的试验结果分析与检测报告的编写的任务。学习要求是认真研读本工作任务的内容,查阅某试验结果分析与检测报告的编写的相关资料,重视理论联系实际。

一、试验资料的整理和试验结果处理

(1)根据原始记录整理或计算出观测项目的各相应值。
(2)找出各项观测项目的有代表性的数值。
(3)将上述有代表性的数值,用图或表的形式列出,并与理论值进行比较。
①设计荷载作用下,各梁跨中测点实测挠度与计算挠度的比较。
②根据跨中实测挠度值,推算出混凝土实际弹性模量。
③几次加载后,将梁的残余挠度值列出,并在备注中说明梁的弹性恢复性能。
④绘制梁的挠度—荷载关系曲线。

参照梁的挠度—荷载关系曲线图,就可以推断梁在各级荷载作用下的工作状况。通过梁的实测最大挠度与跨径的比值,就可以鉴定出梁的刚度是能否满足设计要求。

⑤绘制梁在各加载阶段跨中断面的荷载—混凝土正应变关系曲线。找出梁截面实测中性轴位置分析梁的工作状况,并通过实测各点应变与计算应力换算应变的比较,说明梁的强度是否满足设计要求。

⑥试验过程中,将观测到的梁在各荷载作用下各测点的挠度连成曲线,得出梁在各级荷载作用下的挠度曲线。

⑦在裂缝观测记录中,找出梁的实测开裂荷载(第一条裂缝出现时的荷载),并计算出实际抗裂弯矩 $M_{抗裂}$。梁体的实测抗裂安全度用式(4-5-1)计算:

$$K_{实测} = \frac{M_{抗裂}}{M_{设计}} \tag{4-5-1}$$

式中:$K_{实测}$——梁体实测抗裂安全度;
$M_{抗裂}$——梁的实测抗裂弯矩;
$M_{设计}$——梁的设计抗裂弯矩。

梁的实测安全度若大于或等于设计安全度时,说明梁的抗裂安全度满足设计要求;反之则不安全。

⑧对允许出现裂缝的构件,其裂缝宽度的检验结果应符合规范的要求。

二、试验报告的编写

试验报告的内容包括试验的原因与目的、梁在试验前的状况、试验方法、梁在试验后的状况、试验结果及其整理分析、技术结论和附录(包括试验方案和全部试验资料,原始记录等)。

任务实施主要掌握试验结果分析与检测报告的编写的主要工序、基本方法和质量标准。

根据施工单位或业主的要求,接受检测任务。进行检测设备与资料的准备,进入施工现场,按照事先确定的检测方法,进行检测数据的采集,对检测数据进行分析与整理,编制检测报告。

现以某高速公路预制梁(板)静载试验检测为例,将任务实施简述如下。

一、概述

受某标项目经理部的委托,我院检测中心于2012年8月3日对K117+300预制场某中桥的1片预制梁(板)进行了静载试验。

试验梁(板)由现场监理工程师指定。抽检梁(板)编号为:某中桥1-17号梁(跨径为13m、交角为0°、预应力空心板梁);设计荷载为公路—Ⅰ级。

二、试验目的和内容

静载试验是对结构工作状态进行直接测试的一种鉴定手段。结构在试验荷载作用下,通过测试控制截面的静应变、静挠度,并与理论计算结果对比,从而判断结构的工作状态和受力性能。

本次试验的目的主要是通过对预制梁板在设计使用荷载下的受力性能进行测试,了解单梁的实际受力性能,从而积累科学技术资料,为设计提供试验资料。

三、试验技术标准及依据

(1)《大跨径混凝土桥梁的试验方法》(经1982年10月在柏林举行的专题第五次专家会议通过),交通运输部公路科学研究所、交通运输部公路局技术处、交通运输部公路规划设计院,1982年10月,北京(以下简称《试验方法》)。

(2)《公路工程质量检验评定标准 第一册 土建工程》(JTG F80/1—2004)。

(3)《公路桥涵设计通用规范》(JTG D60—2004)。

(4)《公路钢筋混凝土及预应力混凝土桥涵设计规范》(JTG D62—2004)。

(5)《公路桥梁承载能力检测评定规程(征求意见稿)》(交通运输部公路科学研究所)。

(6)《某新建工程二阶段施图设计》,某设计院。

(7)《公路工程技术标准》(JTG B01—2004)。

(8)《桥梁工程检测手册》,人民交通出版社。

四、测试项目

(1)测试混凝土应变:目的是通过测试混凝土应变,判断设计和施工质量情况,合格情况下跨中梁底混凝土应变(应力)校验系数应满足《试验方法》中要求。

(2)测试跨中挠度:目的是测试结构的刚度,合格情况下跨中挠度校验系数应满足《试验方法》中要求。

(3)测试支座变形(沉陷):测定支座沉陷量目的是消除其对跨中挠度的影响。

(4)测定残余值:试验荷载卸载后,测定残余挠度值及残余应变值,目的是测试结构变形恢复能力,要求 $S_{残余值}/S_{实测值} \leq 0.20$。

(5)裂缝观测:试验前和试验过程中,对梁结构是否出现结构受力裂缝进行观测,拟了解梁施工质量和利于试验数据分析,以保证满足梁结构的正常使用要求。

五、测点布置

(1)应变测点布置:在试验梁顶、底板 $L/2$ 截面处各布置 2 个混凝土应变测点,在试验梁 $L/2$ 截面腹板处两侧各布置 2 个混凝土应变测点,$L/4$ 截面处顶板、底板各布置 2 个混凝土应变测点,共布置 12 个应变测点检测混凝土应变。

(2)挠度测点布置:在试验梁 $L/2$ 截面、一侧 $L/4$ 截面各布置 2 根竖向测试标尺,利用精密水准仪,检测挠度。

(3)支座沉陷测点布置:在试验梁两端支座处,各布置 2 根竖向测试标尺,利用精密水准仪,检测支座沉陷。

具体测点布置如图 4-5-1 所示。

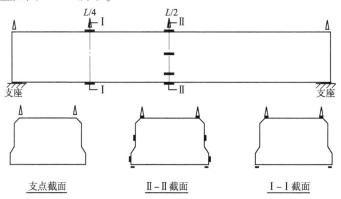

图示:— 应变测点　△ 精密水准仪测点

图 4-5-1　测点布置示意图

六、理论计算原理

理论计算考虑了桥梁实际施工过程对单梁受力性能的影响,根据桥梁实际施工顺序和设计荷载计算出梁底产生的应力,反算出裸单梁承受的荷载,进而得到试验等效荷载。

七、荷载加载方法

本次试验荷载效率达到100%,试验加载分四级(50%、80%、90%、100%),卸载分两级(50%、0%)进行。试验前先对试验梁施加最大试验荷载80%的荷载进行预压(预压过程中按10%递增,同步对试验梁进行裂缝观测),以消除塑性变形,检测测试系统工作性能。每级加载,观测应变值读数稳定后,记录应变、挠度值,同步对试验梁是否出现裂缝及裂缝发展情况进行观察。

加载前在试验梁 $L/2$ 截面对称放置荷载分配梁,跨度 1.0m,其作用是使 $L/2$ 截面受纯弯矩作用,在分配梁上放置千斤顶及荷载传感器,反顶加载横主梁(由钢轨组成),并用钢丝绳拴住配载梁吊勾,形成扁担自锚式加载装置。

加载装置如图4-5-2所示。

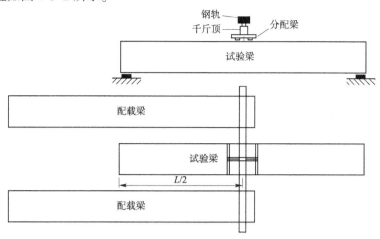

图4-5-2 试验加载装置示意图

八、测试成果分析

（1）试验荷载作用下，实测梁底受拉混凝土应力变化和挠度变化数据经整理，结果见表4-5-1和图4-5-3、图4-5-4所示。

实测各级荷载作用下梁的挠度变化及应力变化结果表　　表4-5-1

试验跨中弯矩 （kN·m）	175.58	280.93	316.04	351.16	试验跨中弯矩 （kN·m）	175.58	280.93	316.04	351.16
荷载效率（%）	50	80	90	100	荷载效率（%）	50	80	90	100
实测挠度（mm）	-3.70	-5.97	-6.78	-7.59	实测应力（MPa）	1.48	2.42	2.75	3.11
理论挠度（mm）	-4.33	-6.92	-7.79	-8.65	理论应力（MPa）	2.49	3.98	4.48	4.98
校验系数	0.86	0.86	0.87	0.88	校验系数	0.60	0.61	0.61	0.62

注：拉应力为"+"，压应力为"-"；上挠为"+"，下挠为"-"。

从图4-5-3及图4-5-4可以看出，实测各级荷载—挠度及荷载—应力数据线性相关性均较好。

（2）试验荷载作用下，试验梁跨中截面挠度变化及梁底混凝土应力变化最不利结果汇总评定情况见表4-5-2。

试验荷载作用下试验梁跨中截面实测最不利结果汇总评定表　　表4-5-2

项　目		数　值	效率（验）系数 η	规范容许值
跨中弯矩（kN·m）	试验值	351.16	1.00	$0.8 \leqslant \eta \leqslant 1.0$
	理论值	351.16		
跨中梁底混凝土 应力（MPa）	实测值	3.11	0.62	$\eta \leqslant 1.05$
	理论值	4.98		
跨中挠度（mm）	实测值	-7.59	0.88	$\eta \leqslant 1.05$
	理论值	-8.65		
残余挠度（mm）	残余挠度与实测最大挠度的比值 S_{dy}	-0.49	0.065	$S_{dy} \leqslant 0.20$

注：拉应力为"+"，压应力为"-"；上挠为"+"，下挠为"-"。

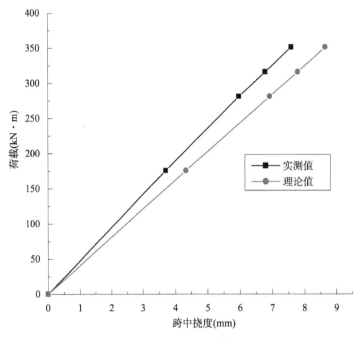

图 4-5-3 荷载—挠度曲线图

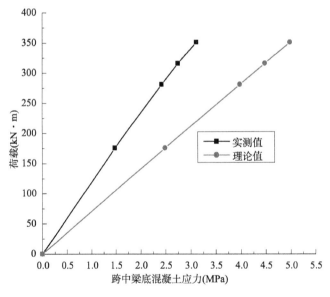

图 4-5-4 荷载—应力曲线图

静载试验荷载:设计荷载公路—Ⅰ级和二期恒载叠加为试验控制荷载。试验梁跨中截面试验荷载效率达到 100%。

试验结果得到跨中截面梁底混凝土应力校验系数为 0.62,跨中截面挠度校验系数为 0.88,均满足《试验方法》中评定值 $\eta \leqslant 1.05$ 的要求。

卸载后残余挠度值与实测最大挠度值的比值为 0.065,满足《试验方法》中评定值 $S_{dy} \leqslant 0.20$ 的要求。

试验前及试验过程中,对试验梁梁体进行观察,未发现肉眼能看到的结构受力裂缝,符合预应力混凝土结构的使用要求。

任务工作单

学习情境四:<u>梁板检测</u> 工作任务五:<u>试验结果分析与检测报告的编写</u>	班级			
	姓名		学号	
	日期		评分	

1.试验资料的整理和试验结果处理

(1)根据原始记录整理或计算出_____的各相应值。

(2)找出各项观测项目的_____的数值。

(3)绘制梁的挠度—荷载关系曲线,参照梁的_____、荷载关系曲线图,就可以推断梁在各级荷载作用下的_____。通过梁的实测_____与_____的比值,就可以鉴定出梁的_____是否能满足设计要求。

(4)绘制梁在各加载阶段跨中断面的荷载—混凝土正应变关系曲线。找出梁截面实测分析梁的工作状况,并通过实测各点_____与_____换算应变的比较,说明梁的强度是否满足设计要求。

(5)试验过程中,将观测到的梁在各荷载作用下各测点的_____连成曲线,得出梁在各级荷载作用下的_____。

2.试验报告编写的内容有哪些?

学习情境五 全桥检测

情境概述

本学习情境主要讲授如何选择、检查电阻应变片,如何检查、调试动静态应变测试分析系统的技术状况及性能,粘贴应变片并焊接测量电路,进行温度补偿和测读仪器仪表。如何进行全桥静载试验、全桥动载试验和桥梁全桥检查(测)。根据岗位职业能力的要求,本情境共安排了两个真实的工作任务。

一、职业能力分析

通过本情境的学习,期望达到下列目标。

1. 专业能力

(1)会选择、检查电阻应变片;
(2)会检查、调试动静态应变测试分析系统的技术状况及性能;
(3)熟练粘贴应变片并焊接测量电路;
(4)会进行温度补偿和测读仪器仪表。

2. 社会能力

(1)通过分组活动,培养团队协作能力;
(2)通过规范文明操作,培养良好的职业道德和安全环保意识。;
(3)通过小组讨论、上台演讲评述,培养与客户的沟通能力。

3. 方法能力

(1)通过查阅资料、文献,培养个人自学能力和获取信息能力;
(2)通过情境化的工作任务活动,掌握解决实际问题的能力;
(3)填写任务工作单,制订工作计划,培养工作方法能力;
(4)能独立使用各种媒体完成学习任务。

二、学习情境描述

在接受一座桥梁的荷载试验任务之后,学员根据加载和量测方案选用仪器设备并进行检查,利用工作脚手架进行测点放样和表面处理,在处理妥善的测点布置测试元件并连接好相关仪器,在加载过程中,及时准确地测读仪器仪表并进行记录。

三、教学环境要求

学习情境要求在理实一体化专业教室和专业实训场所完成。要求配备桥梁静动载试验相关检测仪器。同时提供相关检测仪器操作手册、使用说明书;可以用于资料查询的计算机、任务工作单、多媒体教学设备、课件和视频教学资料等。

学生分成四个小组,各组独立完成相关的工作任务,并在教学完成后提交任务工作单。

工作任务一　桥梁静载试验

本工作任务是需要了解桥梁静载试验的重要性,掌握桥梁静载试验的基本方法,了解桥梁静载试验的质量控制,正确完成给定的桥梁静载试验。学习要求是认真研读本工作任务的内容,查阅某桥梁静载试验项目的相关资料,重视理论联系实际。

一、荷载试验的目的

1. 新建桥梁

(1)检验桥梁设计施工质量。

(2)判定桥梁结构的实际承载力。

(3)验证桥梁结构的设计理论和设计方法。

2. 旧桥

(1)确定桥梁结构的承载能力及运营条件。

(2)分析桥梁病害原因及其变化规律。

3. 桥梁静载试验主要解决问题

(1)检验桥梁结构的设计与施工质量,验证结构的安全性与可靠性。对于大、中跨度桥梁,都要求在竣工之后,通过试验来具体鉴定其工程质量的可靠性,并将试验报告作为评定工程质量优劣的主要依据之一。

(2)验证桥梁结构的设计理论与计算方法,充实与完善桥梁结构的计算理论与施工技术,积累科学技术资料。随着交通事业的不断发展,采用新结构、新材料、新工艺的桥梁结构日益增多,这些桥梁在设计、施工中必然会遇到一些新问题,其设计计算理论或设计参数需要通过桥梁试验予以验证或确定,在大量试验检测数据积累的基础上,逐步建立或完善这类桥梁的设计理论与计算方法。

(3)掌握桥梁结构的工作性能,判断桥梁结构的实际承载能力。目前,我国已建成了数十万座各种形式的桥梁,在使用过程中,有些已不能满足通行荷载的要求,有些由于各种原因而产生不同程度的损伤与破坏,有些由于设计或施工的问题本来就存在各种缺陷。对于这些桥梁,通常要采用试验的方法,来确定其承载能力和使用性能,并由此确定限载方案或加固改造方案,特别是对于那些原始设计施工资料不全的既有桥梁,为了确定其承载能力与使用条件,静载试验是必不可少的。

二、静载试验仪器设备及选择(详见学习情境四)

三、静载试验方法及过程

桥梁静载试验在具体实施前应充分做好荷载试验计划,其主要内容包括准备工作、试验目的、加载方案与实施、测点布置与观测和加载控制与安全措施等方面。

(一)准备工作

桥梁结构的考察与试验准备阶段是桥梁检测顺利进行的必要前提。桥梁结构检测与桥梁结构的设计。施工和理论计算的关系十分密切,现代桥梁的发展对于结构试验技术、试验组织与准备工作提出了更高的要求。荷载试验正式进行之前的准备工作主要包括以下几方面。

1. 试验孔(或墩)的选择

对多孔桥梁中跨径相同的桥孔(或墩)可选1~3孔具有代表性的桥孔(或墩)进行加载试验。选择时应综合考虑以下因素:

(1)该孔(或墩)计算受力最不利;

(2)该孔(或墩)施工质量较差、缺陷较多或病害较严重;

(3)该孔(或墩)便于搭设脚手架,便于设置测点或便于实施加载。

选择试验孔的工作与制订计划前的调查工作结合进行。

2. 搭设脚手架和测试支架

脚手架和测试支架应分开搭设互不影响,脚手架和测试支架应有足够的强度、刚度和稳定性。脚手架要保证工作人员的安全、方便操作。测试支架要满足仪表安装的需要,不因自身变形影响测试的精度,同时还应保证试验时不受车辆和行人的干扰。脚手架和测试支架的设置要因地制宜,就地取材,便于搭设和拆卸,一般采用木支架或建筑钢管支架,当桥下净空较大不便搭设固定脚手架时,可考虑采用轻便活动吊架,如图5-1-1~图5-1-3所示。

图5-1-1 固定脚手架

图5-1-2 移动式支架

晴天或多云天气下进行加载试验时,阳光直射下的应变测点应设置遮挡阳光的设备,以减小温度变化造成的观测误差,雨季进行加载试验时,则应准备仪器、设备等的防雨设施,以备不时之需。

桥下或桥头用活动房或帐篷搭设临时实验室安放数据采集仪等仪器,并供测试人员临时办公和看管设备之用。

3. 试验加载位置的放样和卸载位置的安排

静载试验前应在桥面上对加载位置进行放样,以便于加载试验的顺利进行。如加载工况较少,时间允许,可在每次工况加载前临时放样。如加载工况较多则应预先放样,且用不同颜色的标志区别不同加载工况时的荷载

图5-1-3 水面船只支架

位置。

静载试验荷载卸载的安放位置应预先安排。卸载位置的选择既要考虑加卸载方便,离加载位置近一些,又要使安放的荷载不影响试验孔(或墩)的受力,一般可将荷载安放在桥台后一定距离处,对于多孔桥,如有必要将荷载停放在桥孔上,一般应停放在距试验孔较远处以不影响试验观测为准。

4. 其他准备工作

加载试验的安全设施、供电照明设施、通信设施、桥面交通管制等工作应根据荷载试验的需要进行准备。

(二)静载试验加载方案与实施

1. 加载试验项目的确定

为了满足鉴定桥梁承载力的要求,试验荷载工况的选择应反映桥梁结构的最不利受力状态,简单结构可选 1~2 个工况,复杂结构可适当多选几个工况,但不宜过多。在进行各荷载工况布置时,可参照截面内力(或变形)影响线进行,一般设两三个主要荷载工况,同时可根据试验桥梁结构体系的具体情况再设若干个附加荷载工况,但主要荷载工况必须予以保证。表 5-1-1 列出了常见桥型的试验荷载工况。

常见桥型的试验荷载工况　　　　　　　表 5-1-1

序号	桥　　型		内力或位移控制截面
1	简支梁桥	主要	(1)跨中截面最大正弯矩和挠度; (2)支点截面最大剪力
		附加	(1)$L/4$ 截面最大正弯矩和挠度; (2)墩台最大垂直力
2	连续梁桥、连续刚构	主要	(1)跨中最大正弯矩和挠度; (2)内支点截面最大负弯矩; (3)$L/4$ 截面最大正弯矩和挠度
		附加	(1)端支点截面的最大剪力; (2)$L/4$ 截面最大剪力; (3)墩台最大垂直力; (4)连续刚构固结墩墩身控制截面的最大弯矩
3	悬臂梁桥、T 形刚构	主要	(1)锚固跨跨中最大正弯矩和挠度; (2)支点最大负弯矩; (3)挂梁跨中最大正弯矩和挠度
		附加	(1)支点最大剪力; (2)挂梁支点截面或悬臂端截面最大剪力
4	拱桥	主要	(1)拱顶截面最大正弯矩和挠度、拱脚截面最大负弯矩; (2)刚架拱上弦杆跨中最大正弯矩
		附加	(1)拱脚最大水平推力; (2)$L/4$ 截面最大正、负弯矩及其最大正、负挠度绝对值之和; (3)刚构拱斜腿根部截面最大负弯矩

续上表

序号	桥　　型		内力或位移控制截面
5	刚架桥(包括框架、斜腿刚构和刚架——拱式组合体系)	主要	(1)跨中截面最大正弯矩和挠度; (2)结点截面的最大负弯矩
		附加	柱脚截面最大负弯矩、最大水平推力
6	钢桁架	主要	(1)跨中、支点截面的主桁杆件最大内力; (2)跨中截面的挠度
		附加	(1)$L/4$截面的主桁杆件最大内力和挠度; (2)桥面系结构构件控制截面的最大内力和变位; (3)墩台最大垂直力
7	斜拉桥与悬索桥	主要	(1)主梁最大挠度; (2)主梁控制截面最大内力; (3)索塔塔顶水平变位; (4)主缆最大拉力,斜拉索最大拉力
		附加	(1)主梁最大纵向漂移; (2)主塔控制截面最大内力; (3)吊索最大索力

此外,对桥梁施工中的薄弱截面或缺陷修补后的截面,或者旧桥结构损坏部位、比较薄弱的桥面结构,可以专门进行荷载工况设计,以检验该部位或截面对结构整体性能的影响。

使用车辆加载而又未安排动载试验项目时,可在静载试验项目结束后,将加载车辆(多辆车则相应地进行排列)沿桥长慢速行驶一趟,以全面了解荷载作用于桥面不同部位时结构的承载状况。

2. 加载时截面内力的控制

1) 控制荷载的确定

为了保证荷载试验的效果,必须先确定试验的控制荷载。桥梁需要鉴定承载能力的荷载主要有以下几种:汽车和人群(标准设计荷载);挂车或履带车(标准设计荷载);需通行的特殊重型车辆。分别计算以上几种荷载对结构控制截面产生的内力(或变形)的最不利值,进行比较,取其中最不利者对应的荷载作为控制荷载。因为挂车和履带车不计冲击力,所以动载试验以汽车荷载作为控制荷载。荷载试验应尽量采用与控制荷载相同的荷载,而组成控制荷载(标准设计荷载)的车辆是由运营车辆统计而得的概率模型。由于客观条件的限制,实际采用的试验荷载与控制荷载有差别,为了保证静载试验效果,在选择试验荷载的大小和加载位置时采用静载试验效率 η_q 进行控制。按理论计算或检测的控制截面的最不利工作条件布置荷载,使控制截面达到最大试验效率。

2) 静载试验效率

静载试验荷载效率定义为:试验荷载作用下被检测部位的内力(或变形的计算值)与包括动力扩大效应在内的标准设计荷载作用下,同一部位的内力(或变形计算值)的比值,以 η_q 表示荷载效率。其取值可采用0.8~1.05,当桥梁的调查、检算工作比较完善而又受加载设备能力所限时,η_q 值可采用低限;当桥梁的调查、检算工作不充分,尤其是缺乏桥梁计算资料时,η_q 值应采用高限;总之应根据前期工作的具体情况来确定。一般情

况下 η_q 值不宜小于 0.95。

荷载试验宜选择温度稳定的季节和天气进行。当温度变化对桥梁结构内力影响较大时，应选择温度内力较不利的季节进行荷载试验，否则应考虑用适当增大静载试验效率 η_q 来弥补温度影响对结构控制截面产生的不利内力。

当控制荷载为挂车或履带车而采用汽车荷载加载时，考虑到汽车荷载的横向应力增大系数较小，为了使截面的最大应力与控制荷载作用下截面最大应力相等，可适当增大静载试验效率。

3) 加载分级与控制

为了加载安全和了解结构应变和变位随试验荷载增加的变化关系，对桥梁荷载试验中各主要荷载工况的加载应分级进行，而且一般安排在开始的几个加载程序中执行，附加工况一般只设置最大内力加载程序。

分级控制原则：一是当加载分级较为方便时，可按最大控制截面内力荷载工况将荷载均分为 4~5 级；二是当使用超重车加载，车辆称重有困难时也可分成 3 级加载；三是当桥梁的调查和验算工作不充分，或桥况较差，应尽量增多加载分级。如限于条件，加载分级较少时，应注意每级加载时，车辆荷载应逐辆缓缓驶入预定加载位置，必要时可在加载车辆未到达预定加载位置前分次对控制测点进行读数监控，以确保试验安全；四是在安排加载分级时，应注意加载过程中其他截面内力也应逐渐增加，且最大内力不应超过控制荷载作用下的最不利内力；五是根据具体条件决定分组加载的方法，最好每级加载后卸载，也可逐级加载，当达到最大荷载后再逐级卸载。

车辆荷载加载分级的方法：一是逐渐增加加载车数量，二是先上轻车后上重车，三是加载车位于内力影响线的不同部位，四是加载车分次装载重物。

加载稳定时间控制：为控制加卸载稳定时间，应选择一个控制观测点，每级加载（或卸载）后立即测读一次，计算其与加载（或卸载）前测读值之差值 S_g，然后每隔 2min 测读一次，计算 2min 前后读数的差，并按下式计算相对读数差值 m：

$$m = \frac{\Delta S}{S_g} \tag{5-1-1}$$

当 m 值小于 1% 或小于量测仪器的最小分辨值时即认为结构基本稳定，可进行各测点读数。主要控制截面最大应力荷载工况对应的荷载在桥上稳定时间不少于 5min，对尚未投入运营的新桥应适当延长加载稳定时间。

加卸载的时间选择：为了减少温度变化对试验造成的影响，加载试验时间以晚 22:00 ~ 晨 6:00 为宜。尤其是采用重物直接加载，加卸载周期比较长的情况下只能在夜间进行试验。对于采用车辆等加卸载迅速的试验方式，如夜间试验照明等有困难时也可安排在白天进行试验，但在晴天或多云的天气下，进行加载试验时每个加卸载周期所花费的时间不宜超过 20min。

加载分级的计算：根据各荷载工况的加载分级，按弹性阶段计算结构各测点在不同荷载等级下的计算变位（或应变），以便对加载试验过程进行分析和控制。计算采用的材料弹性模量，如已做材料试验的用实测值，未做材料试验的可按规范规定取值。

4) 加载设备的选择

静载试验加载设备可根据加载要求及具体条件选用，一般有可行式车辆（图 5-1-4）和重物直接加载两种加载方式。

(1)可行式车辆:可选用装载重物的汽车或平板车,也可就近利用施工机械车辆。选择装载的重物时,要考虑车厢能否容纳得下,装载是否方便。装载的重物应置放稳妥,以避免车辆行驶时因摇晃而改变重物的位置。采用车辆加载优点很多,如便于调运和加载布置、加卸载迅速等。采用汽车荷载既能做静载试验又能做动载试验,这是目前较常采用的一种方法。

(2)重物直接加载:一般可按控制荷载的着地轮迹先搭设承载架,再在承载架上堆放重物或设置水箱进行加载。如加载仅为满足控制截面内力要求,也可采取直接在桥面堆放重物(图5-1-5为重物实现均布荷载的加载方式)或设置水箱的方法加载。承载架的设置和加载物的堆放应安全、合理,能按要求分布加载质量,并不使加载设备与桥梁结构共同承载而形成"卸载"现象。重物直接加载准备工作量大,加卸载所需周期一般较长,交通中断时间也较长,且试验时温度变化对测点的影响较大,因此宜安排在夜间,如图5-1-6所示。

此外,其他一些加载方式也可根据加载要求因地制宜采用。

图 5-1-4　可行式车辆加载

图 5-1-5　重物加载示意图

图 5-1-6　堆载重物加载

5)加载重物的称量

加载重物的称量一般有称量法、体积法和综合法三种。

(1)称量法:当采用重物直接在桥上加载时,可将重物化整为零称重后按逐级加载要求分堆置放,以便加载取用。当采用车辆加载时,可将车辆逐辆驶上称重台进行称重。如没有现成可供利用的称重台,可自制专用称重台进行称重。

(2)体积法:如采用水箱加载,可通过测量储水的体积来换算储水的重力。

(3)综合法:根据车辆出厂规格确定空车轴重(注意考虑车辆零配件的更换和添减,汽油、水、乘员重力的变化)。再根据装载重物的重力及其重心将其分配至各轴。装载物最好采用规则外形的物体整齐码放或采用松散均匀材料(如砂子等)在车箱内摊铺平整,以便准确确定其重心位置。

可根据不同的加载方法和具体条件选用以上几种方法对所加重物进行称量,但无论采用何种确定加载物重力的方法,均应做到称重准确可靠,其称量误差最大不得超过5%。最好能采用两种称重方法互相校核。

(三)测点布置与观测

1. 测点布设的原则

(1)满足条件的前提下,各试验项目的测点数量和布置必须是充分和足够的;同时测点宜少不宜多,不要盲目设置测点,这样可以不浪费人力和仪器设备,还会使试验目的突出。

(2)测点位置要具有代表性,以便于分析和计算。

(3)为保证量测数据的可靠性,应该布置一定数量的校核性测点。

(4)测点的布置应有利于试验时操作和测读,安全和方便。安装在结构上的附着式仪表在荷载达到正常使用荷载的1.2~1.5倍时应该拆除,以免结构突然破坏,而使仪表受损。

2. 测点布设

1)挠度测点的布置

一般情况下,对挠度测点的布设要求能够测量结构的竖向挠度、侧向位移和扭转变形,应能给出受检跨及相邻跨的挠度曲线和最大挠度。每跨一般需布设3~5个测点,如图5-1-7所示。挠度测试结果应需考虑支点下沉修正,应观测支座下沉量、墩台的沉降、水平位移与转角、连拱桥多个墩台的水平位移等。有时为了验证计算理论,需要实测控制截面挠度的纵向和横向影响线。对较宽的桥梁或偏载应取上下游平均值或分析扭转效应。

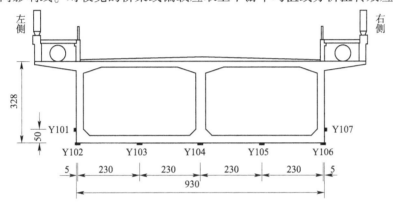

图5-1-7 挠度测点布置示意图(尺寸单位:mm)

2)结构应变测点的布设

应力应变测点的布设应能测出内力控制截面沿竖向、横向的应力分布状态。对组合构件应测出组合构件的结合面上下缘应变。梁的每个截面的竖向测点沿截面高度应不少于5个测点,包括上、下缘和截面突变处,应能说明平截面假定是否成立,如图5-1-8所示。横向截面抗弯应变测点应布设在截面横桥向应力可能分布较大的部位,沿截面上下缘布设,横桥向设置一般不少于3处,以控制最大应力的分布,宽翼缘构件应能给出剪力滞效应的大小。对于箱形断面,顶板和底板测点应布设"十"字应变花,而腹板测点应布设45°应变花,T形断面下翼缘可用单向应变片。对于公路钢桥,如是钢板梁结构则应全断面布置测点,测点数量以能测出应力分布为原则;钢桁梁应给出构件轴向力和次应力等。此外,一般还应实测控制断面的横向应力增大系数;当结构横向联系构件质量较差,连接较弱时,则必须测定控制断面的横向应力增大系数。简支梁跨中截面横向应力增大系数的测定,既可采用观测跨中沿桥宽方向应变变化的方法,也可采用观测跨中沿桥宽方向挠度变化的方法来进行计算或用两种方法互相校验。

3)混凝土结构应变测点的布设

对于预应力混凝土结构,应变测点可用长标距(5×150mm)应变片构成应变花贴在混凝土表面,而对部分预应力或钢筋混凝土结构,受拉区则应测受拉钢筋的拉应变,可凿开混凝土保护层直接在钢筋上设置拉应力测点,但在试验完后必须修复保护层。当采用测定混凝土表面应变的方法来确定钢筋混凝土结构中钢筋承受的拉力时,考虑到混凝土表面已经有可能产生的裂缝对观测的影响,可用测定与钢筋同高度的混凝土表面上一定间距的两点间的平均应变来确定钢筋的拉应力。选择这两点的位置时,应使其标距大致等于裂缝的间距或裂缝间距的倍数,可以根据结构受力后如下三种情况进行选择。

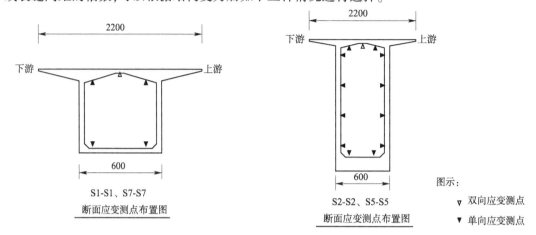

图 5-1-8　结构应变测点布设示意图(尺寸单位:cm)

(1)预计混凝土加载后不会产生裂缝情况时,可以任意选择测定位置及标距,但标距不应小于4倍混凝土最大粒径。

(2)加载前未产生裂缝,加载后可能产生裂缝的情况时,可选择相连的20cm、30cm两个标距。当加载后产生裂缝时可分别选用20cm、30cm或(20+30)cm标距的测点读数来适应裂缝间距。

(3)加载前已经产生裂缝,为避免加载后产生新裂缝的影响,可根据裂缝间距选择测点位置及标距。为提高测试精度,也可增大标距,跨越两条以上的裂缝,但测点在裂缝间的相对位置仍应不变。

4)剪切应变测点的布设

对于剪切应变测点一般采取设置应变花的方法进行观测。为了方便,对于梁桥的剪应力也可在截面中性轴处主应力方向设置单一应变测点来进行观测。梁桥的实际最大剪应力截面应设置在支座附近而不是支座上,具体设置位置如下:从梁底支座中心起向跨中作与水平线成45°的斜线,此斜线与截面中性轴高度线相交的交点即为梁最大剪应力位置。可在这一点沿最大压应力或最大拉应力方向设置应变测点,距支座最近的加载点则应设置在45°斜线与桥面的交点上。

5)温度测点的布设

选择与大多数测点较接近的部位设置1~2处气温观测点,此外可根据需要在桥梁主要测点部位设置一些构件表面温度测点,尤其对于温度敏感的大跨径索支承体系桥梁,宜沿跨径长度方向多设置一些温度测点。

6)常用桥梁的主要测点布置

主要测点的布置不宜过多,但要保证观测质量,一般情况下,对主要测点的布置应能控制结构的最大应力(或应变)和最大挠度(或位移)。

(1)简支梁桥:跨中挠度,支点沉降,跨中截面应变;

(2)连续梁桥:跨中挠度,支点沉降,跨中和支点截面应变;

(3)悬臂拱桥:悬臂端部挠度,支点沉降,支点截面应变;

(4)拱桥:跨中与$l/4$处挠度,拱顶、$l/4$和拱脚截面应变;

(5)斜拉桥:主梁中孔跨中挠度,支点沉降,跨中截面应变;塔顶纵桥向最大水平位移,塔脚截面应变;

(6)悬索桥:加劲梁跨中与$l/8$和$3l/8$处挠度,支点沉降,跨中与$l/8$和$3l/8$处截面应变;塔顶纵桥向最大水平位移,塔脚截面应变;

(7)组合体系桥:根据组合体系所呈现的主要力学特征,结合上述各类桥梁的主要测点布置综合确定测点位置。

3. 基本观测内容

(1)结构的最大挠度和扭转变位,包括桥梁上、下游两侧的挠度差及水平位移等;

(2)结构控制截面最大应力(应变),包括混凝土表面应力和最外缘钢筋应力等;

(3)支点沉降,墩台位移与转角,活动支座的变位等;

(4)桁架结构支点附近杆件及其他细长杆件的稳定性;

(5)裂缝的出现和扩展,包括初始裂缝的出现,裂缝的宽度、长度、间距、位置、方向和性状,以及卸载后的闭合状况;

(6)温度变化对结构控制截面测点应力和变位的影响;

(7)根据桥梁调查和检算的深度,综合考虑结构特点和桥梁技术现状等,可适当增加以下观测内容:

①桥跨结构挠度沿桥长或沿控制截面桥宽的分布;

②结构构件控制截面应变分布图,要求沿截面高度分布不少于5个应变测试点,包括最边缘和截面突变处的测点;

③控制截面的挠度、应力(或应变)的纵向和横向影响线;

④行车道板跨中和支点截面挠度或应变影响面;

⑤组合构件的结合面上、下缘应变;

⑥支点附近结构斜截面的主拉应力;

⑦控制断面的横向应力增大系数。

(四)加载控制与安全措施

试验指挥人员在加载试验过程中应随时掌握各方面情况,对加载进行控制。既要取得良好的试验效果,又要确保人员、仪表设备及桥梁的安全,避免不应有的损失。

1. 加载的控制

应严格按设计的加载程序进行加载,荷载的大小、截面内力的大小都应由小到大逐渐增加,并随时做好停止加载和卸载的准备。

2. 测点的观测

对加载试验的控制点应随时观测,随时计算并将计算结果报告试验指挥人员,如实测值超过计算值较多,则应暂停加载,待查明原因再决定是否继续加载。试验人员如发现其他测点的测值有较大的反常变化也应查找原因,并及时向试验指挥人员报告。

3. 加载过程的观察

加载过程中应指定人员随时观察结构各部位可能产生的新裂缝,注意观察构件薄弱部位是否有开裂、破损,组合构件的结合面是否有开裂错位,支座附近混凝土是否开裂,横隔板的接头是否拉裂,结构是否产生不正常的响声,加载时墩台是否发生摇晃现象等。如发生这些情况应报告试验指挥人员,以便采取相应的措施。

4. 终止加载控制条件

发生下列情况应中途终止加载：

（1）控制测点应力值已达到或超过用弹性理论按规范安全条件反算的控制应力值时；

（2）控制测点变位（或挠度）超过规范允许值时；

（3）由于加载使结构裂缝的长度、宽度急剧增加，新裂缝大量出现，缝宽超过允许值的裂缝大量增多，对结构使用寿命造成较大的影响时；

（4）拱桥加载时，沿跨长方向的实测挠度曲线分布规律与计算值相差过大或实测挠度超过计算值过多时；

（5）发生其他损坏，影响桥梁承载能力或正常使用时。

试验荷载加载控制分析是一项相当严肃的重要工作，试验人员务必认真对待，仔细观测并对比分析，严格按照加载控制条件实施。

四、试验数据分析

（一）理论分析与计算

在确定了桥梁静载试验方案后，应该进行桥梁全桥跨的理论分析与计算。理论分析计算是加载方案、观测方案及试验桥跨性能评价的基础。因此，理论分析计算应采用先进的计算手段和工具，以使计算结果准确可靠。一般地，理论分析计算包括试验桥跨的设计内力验算和试验荷载效应计算两个方面。

设计内力验算是按照试验桥梁的设计图纸与设计荷载，选取合理的计算图式，按照设计规范，运用结构分析方法，采用专用桥梁计算软件或通用分析软件，计算出桥梁结构的设计内力。一般地，由于恒载已作用在桥梁结构上，设计内力验算是指活载内力计算，即按照"桥规"计算出汽车、挂车、人群荷载所产生的各控制截面最不利活载内力，或按照《城市桥梁设计荷载标准》（CJJ 11—2011）计算由城市—A级荷载、城市—B级荷载所产生的各控制截面最不利活载内力。控制截面最不利活载内力计算的一般方法是先求出该截面的内力影响线或影响面，利用影响线或影响面，并根据加载车道数、冲击系数及车道折减系数计算出该截面的最不利活载内力。此外，对于存在病害或缺陷的桥梁，还应按照《城市桥梁设计荷载标准》（CJJ 11—2011）进行内力组合，根据规范方法验算控制截面的荷载反应强度，以确保试验时桥梁结构的安全。控制截面的荷载效应是试验观测的主要部位，把握住控制截面，就可以较为确切地了解试验桥梁承载能力和工作性能。

试验荷载效应的计算是在设计内力验算结果的基础上，确定加载位置、加载等级以及在试验荷载作用下的结构反应。试验荷载效应的计算主要以荷载横向分布理论为基础，将空间结构的分析转化为纵横两个正交方向的平面问题分析，这种分析方法称为荷载横向分布法。通常，桥梁是由若干根沿横向并列的主梁组成的，这些横梁之间以一定的方式互相连接。当桥面上某处受到荷载作用时，荷载通过主梁之间的连接也会使其他各主梁产生效应。或者说，荷载以不同的比例沿桥梁的横向分布在各个主梁上。在某种荷载下，我们把荷载沿横向某个主梁的分布程度用"横向分布系数 m"来表示，很显然，此时该主梁所分担的荷载部分就可以表示为 m 与荷载的乘积，知道了该主梁受到的荷载大小，进而就可求解该主梁单片梁的内力。这种方法具有概念明确、计算简便的优点，但其分析精度取决于所采用的横向分布理论的适用性和准确性，适合于结构简单桥型，如简支梁桥等。对于结构复杂的大跨径桥梁，如斜拉桥、悬索桥等，就必须采用空间模型来模拟实际的空间桥梁结构，并且在得到影面后直接进行空间加载。

(二)试验数据的整理与分析

1. 试验资料的修正

1）测值修正

根据各类仪表的标定结果进行测试数据的修正,如考虑机械式仪表校正系数、电测仪表率定系数、灵敏系数、电阻应变观测的导线电阻影响等。当这类因素对测值的影响小于1%时可不予修正。

2）温度影响修正

温度对测试的影响比较复杂。结构构件的各部位不同的温度变化、结构的受力特性、测试仪表或元件的温度变化、电测元件的温度敏感性、自补性等均对测试精度造成一定的影响,对这些影响进行逐项分析是困难的。一般可采用综合分析的方法来进行温度影响修正,即利用加载试验前进行的温度稳定观测数据,建立温度变化（测点处构件表面温度或空气温度）和测点测值（应变和挠度）变化的线性关系,然后按下式进行温度修正计算：

$$S = S' - \Delta t \cdot K_t \tag{5-1-2}$$

式中：S——温度修正后的测点加载测值变化；

S'——温度修正前的测点加载测值变化；

Δt——相应于 S' 观测时间段内的温度变化量（℃）；

K_t——空载时温度上升1℃时测点测值变化量。

$$K_t = \frac{\Delta S}{\Delta t_1} \tag{5-1-3}$$

式中：ΔS——空载时某一时间区段内的测点测值变化量；

Δt_1——相应于 ΔS 同一时间区段内的温度变化量。

温度变化量的观测对应变宜采用构件表面温度,对挠度宜采用气温。温度修正系数 K 应采用多次观测的平均值,如测值变化与温度变化关系不明显时则不能采用。

由于温度影响修正比较困难,一般不进行这项工作,而采取缩短加载时间、选择温度稳定性较好的时间进行试验等办法,尽量减小温度对测试精度的影响。

3）支点沉降影响的修正

当支点沉降量较大时,应修正其对挠度值的影响,修正量 C 可按下式计算：

$$C = \frac{l-x}{l}a + \frac{x}{l}b \tag{5-1-4}$$

式中：C——测点的支点沉降影响修正量；

l——A 支点到 B 支点的距离；

x——挠度测点到 A 支点的距离；

a——A 支点沉降量；

b——B 支点沉降量。

2. 各测点变位与应变的计算

根据量测数据计算如下。

总变位（或总应变）：

$$S_t = S_1 - S_i \tag{5-1-5}$$

弹性变位（或弹性应变）：

$$S_e = S_l - S_u \tag{5-1-6}$$

残余变位(或残余应变):
$$S_p = S_t - S_e = S_u - S_i \tag{5-1-7}$$

式中:S_i——加载前的测值;

S_l——加载达到稳定时的测值;

S_u——卸载后达到稳定时的测值。

引入相对残余变位(或应变)的概念描述结构整体或局部进入塑性工作状态的程度。

相对残余变位(或应变)按下式计算:
$$S'_p = \frac{S_p}{S_l} \times 100\% \tag{5-1-8}$$

式中:S'_p——相对残余变位(或应变);

S_p、S_l 意义同前。

3. 应力计算

根据测量到的测点应变,当结构处于线弹性工作状态时,可以利用应力应变关系计算测点的应力。

1)单向应力状态
$$\sigma = E\varepsilon \tag{5-1-9}$$

2)平面应力状态

(1)当主应力方向已知时:
$$\sigma_1 = \frac{E}{1-\nu^2}(\varepsilon_1 + \nu\varepsilon_2) \tag{5-1-10}$$

$$\sigma_2 = \frac{E}{1-\nu^2}(\varepsilon_2 + \nu\varepsilon_1) \tag{5-1-11}$$

式中:E——构件材料弹性模量;

ν——构件材料泊松比;

ε_1、ε_2——方向相互垂直的主应变;

σ_1、σ_2——方向相互垂直的主应力。

(2)主应力方向未知时需用应变花测量其应变计算主应力。应变花的常见形式为直角形[图5-1-9a)]或等边形[图5-1-9c)],由三个应变片组成;也可以增加校核片布置为扇形[图5-1-9d)]和伞形[图5-1-9e)]。采用图5-1-9中的五种应变花时测点主应力可以表示为:

$$\sigma_1 = \frac{E}{1-\nu} \cdot A + \frac{E}{1-\nu} \cdot \sqrt{B^2 + C^2} \tag{5-1-12}$$

$$\sigma_2 = \frac{E}{1-\nu} \cdot A - \frac{E}{1-\nu} \cdot \sqrt{B^2 + C^2} \tag{5-1-13}$$

$$\tau_{max} = \frac{E}{1+\nu} \cdot \sqrt{B^2 + C^2} \tag{5-1-14}$$

$$\varphi_0 = \frac{1}{2}\tan^{-1}\frac{C}{B} \tag{5-1-15}$$

其中:参数 A、B、C 由应变花的形式而定,上面五种形式应变花的参数见表5-1-2。

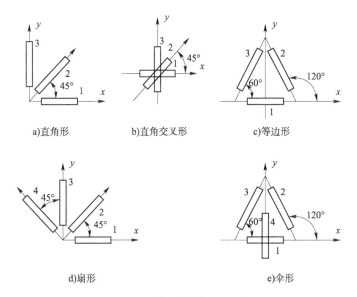

图 5-1-9 常用的应变花的形式

应 变 花 参 数 表 5-1-2

测量平面上点主应变时应变计的布置		A	B	C
应变花名称	应变化形式			
45°直角应变花	图 5-1-9a)	$\dfrac{\varepsilon_0 + \varepsilon_{90}}{2}$	$\dfrac{\varepsilon_0 - \varepsilon_{90}}{2}$	$\dfrac{2\varepsilon_{45} - \varepsilon_0 - \varepsilon_{90}}{2}$
60°等边三角形应变花	图 5-1-9b)	$\dfrac{\varepsilon_0 + \varepsilon_{60} + \varepsilon_{120}}{3}$	$\varepsilon_0 - \dfrac{\varepsilon_0 + \varepsilon_{60} + \varepsilon_{120}}{3}$	$\dfrac{\varepsilon_{60} - \varepsilon_{120}}{\sqrt{3}}$
伞形应变花	图 5-1-9c)	$\dfrac{\varepsilon_0 + \varepsilon_{90}}{2}$	$\dfrac{\varepsilon_0 - \varepsilon_{90}}{2}$	$\dfrac{\varepsilon_{60} - \varepsilon_{120}}{\sqrt{3}}$
扇形应变花	图 5-1-9d)	$\dfrac{\varepsilon_0 + \varepsilon_{45} + \varepsilon_{90} + \varepsilon_{135}}{4}$	$\dfrac{\varepsilon_0 - \varepsilon_{90}}{2}$	$\dfrac{\varepsilon_{135} - \varepsilon_{45}}{2}$

五、荷载试验成果分析与承载力评定

为了评定结构整体受力性能,需对桥梁荷载试验结果与理论分析值进行比较,以检验新建桥梁是否达到设计要求的荷载标准,或判断旧桥的承载能力。比较时可以将结构位移、应变等试验值与理论计算值列表进行比较,对结构在最不利荷载工况作用下主要控制测点的位移、应力的实测值与理论分析值,要分别绘出荷载位移(P-Δ)曲线、荷载应力(P-σ)曲线,并绘出最不利荷载工况作用下位移沿结构(纵、横向)分布曲线和控制截面应变(沿高度)分布图,绘制结构裂缝分布图(对裂缝编号注明长度、宽度、初裂荷载以及裂缝发展情况)。

(一)结构工作状况评定分析

1. 结构校验系数

为了量化,以及描述试验值与理论分析值比较的结果,此处引入结构校验系数:

$$\eta = \frac{S_e}{S_s} \qquad (5\text{-}1\text{-}16)$$

式中:S_e——试验荷载作用下量测的弹性变位(或应变)值;

S_s——试验荷载作用下的理论计算变位(或应变)值。

S_e 与 S_s 的比较可用实测的横截面平均值与计算值比较,也可考虑荷载横向不均匀分布而选用实测最大值与考虑横向增大系数的计算值进行比较。横向增大系数最好采用实测值,如无实测值也可采用理论计算值。

校验系数是评定结构工作状况,确定桥梁承载能力的一个重要指标。不同结构形式的桥梁其 η 值常不相同,η 值常见的范围见表 5-1-3。

桥梁校验系数常值表　　　　表 5-1-3

梁别	项目	结构校验系数
钢筋混凝土板桥	混凝土应力	0.20～0.40
	挠度	0.20～0.90
钢筋混凝土梁桥	混凝土应力	0.40～0.80
	挠度	0.50～0.90
	钢筋应力	0.55～0.65
预应力混凝土桥	混凝土应力	0.60～0.90
	挠度	0.70～1.00
圬工拱桥	应力	0.70～1.00
	挠度	0.80～1.00

一般要求 $\eta \leq 1$,η 值越小说明结构的安全储备越大,但 η 值不宜过大或过小,如 η 值过大可能说明组成结构的材料强度较低,结构各部分连接性能较差,刚度较低等。η 值过小可能说明组成结构材料的实际强度及弹性模量较大,梁桥的混凝土铺装及人行道等与主梁共同受力,支座摩擦力对结构受力的有利影响,以及计算理论或简化的计算图式偏于安全等。另外,试验加载物的称量误差、仪表的观测误差等对 η 值也有一定的影响。

2. 横向增大系数

横向增大系数一般由实测的变位(或应变)最大值与横向各测点平均值之比求得,即:

$$\xi = \frac{S_{emax}}{S_e} \tag{5-1-17}$$

式中:S_{emax}——试验荷载作用下量测的最大弹性变位(或应变)值;

S_e——试验荷载作用下横桥向各测点的弹性变位(或应变)值的平均值。

主要测点在控制荷载工况下的横向增大系数 ξ,反映了桥梁结构荷载横向不均匀分布的程度及横向连接的工作状况。ξ 值越小,说明荷载横向分布越均匀,横向连接构造越可靠;ξ 值越大,说明荷载横向分布越不均匀,横向连接越薄弱,结构受力越不利。

3. 实测值与理论值的关系曲线

由于理论的变位(或应变)一般系按线性关系计算,所以如测点实测弹性变位(或应变)与理论计算值呈正比,其关系曲线接近于直线,说明结构处于良好的弹性工作状况。

4. 相对残余变位(或应变)

测点在控制加载程序时的相对残余变位(或应变)S_p/S_t 越小,说明结构越接近弹性工作状况,一般要求 S_p/S_t 值不大于 20%,当 S_p/S_t 大于 20% 时,应查明原因,如确系桥梁强度不足,应在评定时,酌情降低桥梁的承载能力。

(二)结构的强度及稳定性

当荷载试验项目比较全面时,可采用荷载试验主要挠度测点的校验系数 η 来评定结构的强度和稳定性。

对于一般新建桥梁,在荷载试验后尚无桥梁检算系数可供查用。为了评定的需要,可借用《公路桥梁承载能力检测评定规程》(JTG/T J21—2011)中荷载试验后的旧桥检算系数 Z_2,按式(5-1-18)或式(5-1-19)对桥梁结构抗力效应予以提高或折减后检算。

对于旧桥,根据《公路桥梁承载能力检测评定规程》(JTG/T J21—2011)采用 Z_1 值检算不符合要求,但采用 Z_2 值根据式(5-1-18)或式(5-1-19)检算符合要求时,可评定桥梁承载能力满足检算荷载要求。

砖石和混凝土桥:

$$S_d(\gamma_{s0}\Psi\sum\gamma_{s1}Q) \leq R_d\left(\frac{R^i}{\gamma_m},\alpha_k\right) \times Z_2 \quad (5\text{-}1\text{-}18)$$

$$S_d(\gamma_g G;\gamma_q\sum Q) \leq \gamma_b R_d\left(\frac{R_c}{\gamma_c};\frac{R_s}{\gamma_s}\right) \times Z_2 \quad (5\text{-}1\text{-}19)$$

式中,各参数的物理意义详见《公路桥梁承载能力检测评定规程》(JTG/T J21—2011)。

根据 η 值由表5-1-4查取 Z_2 的取值范围,再根据下列条件确定 Z_2 值。符合下列条件时,Z_2 值可取高限,否则应酌减,直至取低限:

(1)加载内力与总内力(加载内力+恒载内力)的比值较大,荷载试验效果较好。
(2)实测值与理论值线性关系较好,相对残余变位(或应变)较小。
(3)桥梁结构各部位无损伤、风化、锈蚀、裂缝等较轻微。

经过荷载试验的桥梁检算系数 Z_2 值 表5-1-4

η	Z_2	η	Z_2
0.4 及以下	1.20 ~ 1.30	0.8	1.00 ~ 1.10
0.5	1.15 ~ 1.25	0.9	0.97 ~ 1.07
0.6	1.10 ~ 1.20	1.0	0.95 ~ 1.05
0.7	1.05 ~ 1.15		

注:1. η 值应经校核确保计算及实测无误。
2. η 值在表列之间时可内插。
3. 当 η 值大于1时应查明原因,如确系结构本身强度不够,应适当降低检算承载能力。

η 值应取控制截面内力最不利荷载工况时最大挠度测点进行计算。对梁桥,可采用跨中最大正弯矩荷载工况的跨中挠度;对拱桥检算拱顶截面时,可采用拱顶最大正弯矩荷载工况时的跨中挠度;检算拱脚截面时,可采用拱脚最大负弯矩荷载工况时 $l/4$ 截面处挠度;检算 $l/4$ 截面时则可用上述两者平均值;如已安排 $l/4$ 截面最大正、负弯矩荷载工况,则可采用该荷载工况时 $l/4$ 截面挠度。但拱桥在采用 η 值根据表5-1-4进行检算时,应不再另行考虑拱上建筑的联合作用。

(三)结构刚度

试验荷载作用下,主要测点挠度校验系数 η 应不大于1。各点的挠度不超过《公路圬工桥涵设计规范》(JTJ D61—2005)、《公路钢筋混凝土及预应力混凝土桥涵设计规范》(JTG

D62—2004)和《公路桥涵钢结构及木结构设计规范》(JTJ 025—1986)规定的允许值。

(1)如控制荷载为标准计算荷载,则不计冲击力的挠度允许值分别如表 5-1-5 所示。

标准计算活载作用下桥跨结构的挠度限值表 表 5-1-5

桥梁类型	计算活载挠度限值	
圬工拱桥	一个桥跨范围内正、负挠度的最大绝对值之和不大于 $L/1000$	
钢筋混凝土与预应力混凝土桥	梁桥主跨跨中	$L/600$
	梁桥主跨悬臂端	$L_1/300$
	桁架、拱	$L/800$
	斜拉桥预应力混凝土主梁	$L/500$
	悬索桥预应力混凝土加劲梁	$L/500$
钢桥	简支或连续桁架	$L/800$
	简支或连续板梁	$L/600$
	斜拉桥钢主梁	$L/400$
	悬索桥钢加劲梁	$L/400$
备注	(1)L 分别为简支梁的计算跨径,桁架、拱的计算跨径,斜拉桥的中跨计算跨径,悬索桥的中跨计算跨径;L_1 为悬臂端长度。 (2)试验荷载下如一个桥跨范围内有正负挠度,则上述允许值为正、负挠度的最大绝对值之和的限值	

(2)如控制荷载为标准验算荷载,则上述允许值可提高 20%。

(四)裂缝及扩展情况的评定分析

(1)在试验荷载作用下,绝大部分裂缝的高度不应超过设计计算值,裂缝间距接近或大于设计计算值,裂缝扩展很快趋于稳定,不允许出现典型受力临界裂缝。

(2)在试验荷载作用下裂缝扩展宽度不应超过设计标准的许可值,并且卸载后其扩展宽度应闭合到设计标准许可值的 1/3。

(3)在试验荷载作用下绝大部分裂缝宽度不应大于表 5-1-6 规定的允许值,试验荷载卸除后,所有裂缝宽度不应大于表 5-1-6 规定的允许值。

裂缝限值表 表 5-1-6

结构类型	裂缝部位	允许最大缝宽(mm)	其他要求
钢筋混凝土梁	主筋附近竖向裂缝	0.25	
	腹板斜向裂缝	0.30	
	组合梁结合面	0.50	不允许贯通结合面
	横隔板与梁体端部	0.30	
	支座垫石	0.50	

续上表

结构类型	裂缝部位		允许最大缝宽(mm)	其他要求
预应力混凝土梁	梁体竖向裂缝		不允许	
	梁体纵向裂缝		0.20	
砖、石、混凝土拱	拱圈横向		0.30	裂缝高度小于界面高一半
	拱圈纵向		0.50	裂缝长度小于跨径的1/8
	拱波与拱肋结合处		0.20	
墩台	墩台帽		0.30	不允许贯通墩身截面一半
	墩台身 经常受浸蚀性水影响	有筋	0.20	
		无筋	0.30	
	墩台身 常年有水,但无浸蚀性水影响	有筋	0.25	
		无筋	0.35	
	干沟或季节性有水河流		0.40	
	有冻结作用部分		0.20	

注:表中所列除特指外适用于一般条件;对于潮湿环境和空气中含有较强腐蚀性气体条件下的缝宽限制应要求严格一些;预应力混凝土梁指全预应力或部分预应力 A 类结构。

(五)地基与基础

当试验荷载作用下墩台沉降、水平位移及倾角均较小,符合上部结构检算要求,卸载后变位基本恢复时,认为地基与基础在检算荷载作用下能正常工作。

当试验荷载作用下墩台沉降、水平位移、倾角较大或不稳定,卸载后变位不能回复时,应进一步对地基、基础进行探查、检算,必要时应对地基基础进行加固处理。

六、静载试验报告的编制

在全部试验资料整理与分析的基础上编写桥梁结构静载试验报告,其主要内容应该包括下列各项。

1. 桥梁概况

简要介绍被试验桥梁的结构形式、构造特点、施工概况。若为旧桥,则说明旧桥的外观状况等,对于鉴定性试验,要说明在设计与施工中存在的技术问题,及其对桥梁使用的影响等。对于科研性试验,还要说明设计中需要解决的计算理论问题等。文中要附上必要的结构简图。

2. 试验目的

根据试验对象的特点,要针对性地说明结构静载试验所要到达的目的和要求。

3. 试验方案设计

根据荷载试验目的,在试验方案设计中要说明以下主要内容:

(1)确定测试项目和测试方法、测点布置和仪器配备情况,并附以简图。

(2)试验荷载的形成情况(是标准车列或汽车荷载,还是模拟的等代荷载)。

(3)根据桥梁结构专用分析程序(或结构力学方法)在测试项目中的控制截面(内力、挠度、变形)影响线或影响面上,分别布置标准设计荷载和试验荷载,从而确定试验荷载效率η_q,并通过调整试验荷载的布置(如载重车重量、车辆间距等),来满足η_q在0.8~1.05之间的要求。

(4)确定试验荷载工况种类,并分别以简图示出。

4. 试验日期和过程

说明具体组织桥梁静载试验的起讫日期,试验准备阶段的情况,整个试验阶段的特殊问题及其解决办法,试验加载控制情况等。

5. 各项试验达到的精度

将本次试验中使用的各种仪器、仪表的类型、精度(最小读数)列表说明,同时还要说明试验中可能用的夹具对试验精度的影响程度。

6. 试验资料整理与分析

资料分析时,将理论计算值、实测值以及有关的参考限值进行对比,说明理论与实践两者的符合程度,从中得出试验桥梁所具有的实际承载能力、抗裂性及使用的安全度,以及从试验中所发现的新问题。从现场检查的综合情况,说明试验桥梁的施工质量。对于一些科研性试验,还要从综合分析中说明设计计算理论的正确性和实用性,以及尚存在未解决的问题。如果资料丰富,还可能经综合分析,提出简化计算公式等。

7. 试验记录摘录

将试验中所得的实测控制数据以列表或以曲线的形式表达出来。

8. 技术结论

根据综合分析的结果,得出最后的技术结论,对试验桥梁作出科学的评价。同时根据存在的问题,对新建桥梁提出改进设计或加强养护方面的建议,对旧桥提出加固方案或维修养护方面的建议。

9. 经验总结

从桥梁荷载试验的角度,对本次试验的计划、程序、测试方法指出存在的不足,并提出改进意见。

10. 图表信息

在报告的最后一般要附上有关具有代表性的图表、照片等。

 任务实施

任务实施主要掌握桥梁静载试验的主要工序、基本方法和质量标准。

根据施工单位或业主的要求,接受检测任务。进行检测设备与资料的准备,进入施工现场,按照事先确定的检测方法,进行检测数据的采集,对检测数据进行分析与整理,编制检测报告。

任务工作单

学习情境五:全桥检测	班级			
工作任务一:桥梁静载试验	姓名		学号	
	日期		评分	

1. 仪器设备的选择

(1)选择仪器时,要根据试验方案所提供的客观条件,密切结合_____来确定。

(2)位移测量的仪器主要有_____和_____两类。

(3)应变测试中常用的仪器、仪表有:_____、_____、_____、_____。

2. 仪器设备的检查

(1)使用万用表检测应变片电阻值大小,并检测基底和电阻丝的绝缘电阻应当不小于_____。

(2)千分表检查前应_____。先使测头与基准面接触,压测头使大指针旋转大于一圈,转动刻度盘使_____与大指针对齐,然后把测杆上端提起1~2mm再放手使其落下,反复_____次后检查指针是否仍与0线对齐,如不齐则重调。

3. 小组讨论仪器设备选用的原则。

4. 小组讨论仪器设备检查的注意事项。

— 217 —

工作任务二 桥梁动载试验

 **任务概述**

本工作任务是需要了解桥梁动载试验的重要性,掌握桥梁动载试验的基本方法,了解桥梁动载试验的质量控制,正确完成给定的桥梁动载试验任务。学习要求是认真研读本工作任务的内容,查阅某桥梁动载试验的相关资料,重视理论联系实际。

 相关知识

桥梁结构是承受以自重和各种车辆为主要荷载的结构物。桥梁的振动主要是由于车辆荷载以一定速度在桥上通过而产生的,同时,车辆驶过桥梁时,由于桥面起伏不平或发动机的振动等原因会使桥梁振动加剧。此外,人群荷载、风力、地震力、漂浮物或其他物体的撞击作用也会引起桥梁的振动。

桥梁的振动问题,影响因素复杂,只靠理论分析不易得到实用的结果。一般需采用与试验相结合的研究方法,而振动测试正是解决桥梁工程振动问题必不可少的手段。

桥梁的动载试验是利用某种激振方法激起桥梁结构的振动,测定桥梁结构的固有频率、阻尼比、振型、动力冲击系数、动力响应(加速度、动挠度)等参数的试验项目,从而宏观判断桥梁结构的整体刚度、运营性能。

但桥梁的动载试验与静载试验相比具有其特殊性。首先,引起结构产生振动的振源(又称输入,例如车辆、人群、阵风或地震力等)和结构的振动响应(又称输出),都是随时间而变化的,而且结构在动荷载作用下的响应与结构本身的动力特性有密切关系。动荷载产生的动力效应一般大于相应的静力效应;有时,甚至在一个不大的动力作用下,也可能使结构受到严重的损坏。因此用动载试验来确定桥梁在车辆荷载下的动力效应以及使用条件,从而进一步对桥梁做出评价是十分重要的。

一、动载试验的目的

桥梁动载试验目的与静载试验目的基本一致,主要表现以下几个方面:

1. 检验桥梁设计与施工的质量(新建桥)

施工中从事施工监控和监测,成桥后进行现场荷载试验,竣工验收中提供重要资料。

2. 判断桥梁结构的实际承载能力(旧桥)

为超龄、超载、有损伤旧桥加固改造提供依据。

3. 验证桥梁结构设计理论和方法(新桥型)

为新桥型和桥梁中的新结构、新材料和新工艺创新发展提供实测数据。

二、动载试验仪器设备及选择

动载试验量测动应变可采用动态电阻应变仪并配以记录仪器,量测振动可选用低频拾振器并配低频测振放大器及记录仪器,量测动挠度可选用电阻应变位移计配动态电阻应变仪及记录仪器。动载试验常用的仪器仪表的使用精度和测量范围见表5-2-1。

动力荷载试验的测试系统,一般可采用电磁式测试系统、压电式测试系统、电阻应变式测试系统或光电测试系统。在选择测试系统时,应注意选择测振仪器的技术指标,使传感器、放大器、记录装置组成的测试系统的灵敏度、动态范围、幅频特性和幅值范围等技术指标满足被测结构动力特性范围的要求。测试仪表应不大于预计测量值的10%。

试验前,应对测试系统进行灵敏度、幅频特性、相频特性线性度等进行标定。标定测振仪的方法较多,常用的方法有分部标定法和系统标定法等。

分部标定法是按传感器、放大器、记录器三部分分别标定其灵敏度 K_S、K_F、K_R,则测试系统总的灵敏度 K 可按下式计算:

$$K = K_S K_F K_R \qquad (5\text{-}2\text{-}1)$$

分部标定工作比较麻烦,但使用较灵活,标定时应注意各级仪器之间的匹配,否则会增大误差。

动载试验常用仪器及技术参数　　　　表 5-2-1

测量内容	测量系数		数据采集分析系统		备注
	仪器名称	适用范围	仪器名称	技术参数	
应变	电阻应变计及动态应变仪	测量范围:±10000με; 频率响应:0~10kHz; 可用于行车试验、跳车试验	（1）由计算机与相应软件构成的年采集系数; （2）磁带记录仪	（1）输入电压范围:0~±5(10)V; （2）频率响应:0~5kHz; （3）采集频率不低于1kHz; （4）可监视信号质量	可预埋或后装
应变	光纤应变计及调制解调器	测量范围:±10000με; 频率响应:0~10kHz; 可用于行车试验、跳车试验			可预埋或后装
位移	电阻应变式位移计及动态应变仪	测量范围:±10000με; 频率响应:0~10kHz; 可用于行车试验、跳车试验			接触式测量,需要表架
位移	光电位移测量装置	测量距离:500m; 测量范围:±2.5m(当最大测距时); 频率响应:20Hz; 可用于行车试验、跳车试验			非接触式测量
动力特性参数	磁电式拾振器及放大器	测量范围:位移±20mm; 加速度:±0.5g; 频率响应:0.3~20Hz; 可用于行车试验、跳车、脉动试验			
动力特性参数	应变式加速度计及动态应变仪	测量范围:±0.5g; 频率响应:0~100Hz; 可用于行车试验、跳车试验			
动力特性参数	压电式加速度计及电荷放大器	测量范围:±0.5g; 频率响应:0.5~1kHz; 可用于行车试验、跳车试验,高灵敏度的也可用于脉动试验			
动力特性参数	伺服式加速度计及放大器	测量范围:±0.5g; 频率响应:0~100Hz; 可用于行车试验、跳车、脉动试验			

系统标定把传感器、放大器、记录仪看成是一个整体,标定输入振动量与输出电量或记录值的关系,得到整套仪器的灵敏度和频率特性关系等,一般在振动台上进行。系统标定工作简单,结果可靠,误差小。但一旦标定好,传感器、放大器、记录仪的对应关系不能改变,所以使用时不够灵活。

在动载试验中安装和使用仪器设备时应注意以下几点。

(1)动态测试仪器,由于存在频响、阻抗匹配及相位等问题,应至少保证一年整机标定一次。在振动台等条件具备的情况下,最好是在测试前后各标定一次,以便取得准确的响应值,标定内容至少应做频响特性、幅值线性两项试验,并绘成图形。

(2)每次动态测试前应进行现场的灵敏度比对和相位一致性试验。

(3)振动测量应尽量测定位移(动位移)值和加速度值。前者反应刚度,后者反应动荷载。因此尽量采用位移传感器和加速度传感器,尽量少用微积分线路(尤其避免二次微积分),以提高测定值精度。

(4)振动测量应包括三维空间值,即桥轴水平向、横桥水平向和横桥垂直向。在记录与分析中也应明确标明,工况记录要详细准确。

(5)在正式测试之前,项目负责人应检查无载状态下应变仪各测点的零状态是否良好,其变化不超过 $\pm 5\mu\varepsilon$。

三、动载试验方法及过程

(一)准备工作

动载试验前,首先应按照试验方案进行准备工作,其内容包括:

(1)搜集与试验桥梁有关的设计资料和图纸,详细研究,慎重选择或确定试验荷载。

(2)现场调查桥上和桥两端线路状态、线路容许速度、车辆和列车实际过桥速度和其他激振措施状态。

(3)了解有关试验部位情况,以确定测试脚手架搭设位置、导线的布设方法及仪器安放位置的确定。

(4)对拟测试的项目和测试断面,应按实际荷载和截面尺寸预先算出应力、位移、结构内振频率等,以便及时与实测值进行比较。

(二)动载试验加载方案与实施

桥梁动载试验的激振方法应根据桥梁的结构形式和刚度,选择效果好、易实施的方法。桥梁常用的激振方法主要有:

(1)自振法(瞬态激振法)。自振法是使桥梁产生有阻尼的自由衰减振动,记录到的振动图形是桥梁的衰减振动曲线。

(2)共振法(强迫振动法)。共振法是利用激振器对结构施加激振力,使结构产生强迫振动,改变激振力的频率而使结构产生共振现象,并借助共振现象来确定结构的动力特性。

(3)脉动法。脉动法是利用附近车辆或机器等的振动而引起结构产生微小而不规则振动的方法。脉动能够明显地反映出结构的固有频率,常用于大跨径悬吊结构、索塔以及具有分离式拱肋的大跨径下承式或中承式拱桥。

1. 动载试验内容

桥梁动载试验一般包括跑车试验、跳车试验、制动试验和脉动试验。试验时,宜从动力响应小的测试项目做起,即先进行脉动试验,然后进行跑车试验,再进行跳车试验,有需要时再进行制动试验。以下详细介绍这四种测试方法。

1) 跑车试验(无障碍行车试验)

行车试验的试验荷载,采用接近于标准荷载的单辆载重汽车来充当(图 5-2-1)。试验时,让单辆载重汽车分偏载和中载两种情形,以不同车速匀速通过桥跨结构,测定桥跨结构主要控制截面测点的动应力和动挠度时间历程响应曲线。

动载试验一般安排标准汽车车列(对小跨径桥也可用单排车)在不同车速时的跑车试验,跑车速度一般定为在最高设计车速下的若干等级,比如

图 5-2-1 跑车试验现场

5km/h、10km/h、20km/h、30km/h、40km/h、50km/h、60km/h 等。当车在桥上时为车桥联合振动,当车跨出桥后为自由衰减振功。应测量不同行驶速度下控制断面(一般取跨中或支点处)的动应变和动挠度,记录时间一般以波形完全衰减为止。测试时需记录轴重、车速,并在时程曲线上标出首车进桥和尾车出桥的对应时间。动载测试一般应试验 3 组,在临界速度时可增跑几趟。全面记录动应变和动位移。

进行跑车试验时,要较准确地控制试验车辆的车速,并根据测试传感器的布置,确定试验车辆行驶途中进行数据采集的起止位置,以免测试数据产生遗漏。

2) 跳车试验(有障碍行车)

在预定激振位置设置一块 15cm 高的直角三角木,斜边朝向汽车。一辆满载重车以不同速度行驶,后轮越过三角木由直角边落下后,立即停车。此时桥跨结构的振动是带有一辆满载重车附加质量的衰减振动。在数据处理时,附加质量的影响应给以修正。跳车的动力效应与车速和三角木放置的位置有关。随车速的增加,桥跨结构的动位移、动应力会增加,从而冲击系数也会加大,跳车记录时间与跑车相同。

3) 制动试验

按实际情况,有时需进行制动试验,测定桥梁结构在制动力作用下的响应,以了解桥梁承受活载水平力的性能。制动试验是以行进车辆突然停止作为激振源,可以以不同车速停在预定位置。制动可以顺桥向和横桥向进行。一般横桥向由于桥面较窄,难以加速到预定车速。制动试验数据同样需要进行附加质量影响的修正。制动的位移时程曲线可读取自振特性和阻尼特性数据。不过此时是有车的质量参与衰减振动,阻尼也非单纯桥跨结构的阻尼。制动记录项目与跑车相同,对记录的信号(包括振幅、应变或挠度等)进行频谱分析,可以得到相应的强迫振动频率等一系列参数。在进行制动试验时,对车辆荷载的行驶速度及制动位置等均应作专门的考虑。

4) 脉动试验

脉动试验是在桥面无任何交通荷载以及桥址附近无规则振源的情况下,测定桥跨结构由于桥址处风荷载、地脉动、水流等随机荷载激振而引起桥跨结构的微幅振动响应,测得结构的自振频率、振型和阻尼比等动力学特征。

脉动试验是使用高灵敏度的传感器和放大器测量结构在环境振动作用下的振动,然后对其进行谱分析,求出结构自振特性的一种方法,其记录时间一般不宜少于 40min。环境振动是随机的,多种振动的叠加,它输出的能量在相当宽的频段是差不多相等的,而结构在环

境(如风、水流、机动车、人的活动等引起的振动)的激励下振动时,由于相位的原因,使得和结构自振频率相同或接近的振动被放大,所以对记录到的数据进行多次平均谱分析,即可得到结构的自振频率及振型。

为了尽可能测出高阶频率,应当先估算结构振型,以便在结构的敏感点布置拾振器。为了进行动力分析或风、地震响应分析,对不同桥型,测量自振频率的阶数可以不同:斜拉桥、悬索桥不少于15阶,简支梁、连续梁、刚构和拱桥不少于9阶。

2. 加载时截面内力的控制

动载试验的效率为:

$$\eta_d = \frac{S_d}{S} \tag{5-2-2}$$

式中:S_d——动载试验荷载作用下控制截面最大计算内力值;

S——标准汽车荷载作用下控制截面最大计算内力值(不计入汽车荷载冲击系数)。

η_d 值一般采用1,动载试验的效率不仅取决于试验车型及车重,而且取决于实际跑车时的车间距。因此在动载试验跑车时应注意保持试验车辆之间的车间距,并应实际测定跑车时的车间距以作为修正动载试验效率 η_d 的计算依据。

(三)测点布置与观测

在桥梁结构动载试验中,应根据现有仪器设备和试验人员的实践经验,按照动载试验的要求和目的及桥梁结构具体形式综合确定。在变位和应变较大的部位应布置测点,用于测记结构振动响应测点应尽可能避开振型的节点。

动应变测点一般应布置在结构产生最大拉应变的截面处,并注意温度补偿。具体布置原则与静应变测点布置相同,只是动应变测点数较静应变少。

测定桥梁结构振型时可采用以下两种方法的一种布设拾振器:

(1)在所要测定桥梁结构振型的峰、谷点上布设测振传感器(拾振器),用放大特性相同的多路放大器和记录特性相同的多路记录仪,同时测记各测点的振动响应信号。

(2)将结构分成若干段,选择某一分界点作为参考点,在参考点和各分界点分别布置测振传感器(拾振器),用放大特性相同的多路放大器和记录特性相同的多路记录仪,同时测记各测点的振动响应信号。

四、试验数据分析

桥梁结构的动力特性常用的分析处理方法可以分为时域分析和频域分析两种。时域分析是直接对时程曲线进行分析,可以得到阻尼比、振型、冲击系数等参数;频域分析是把时域信号通过傅立叶变换进行数学处理后,从而确定结构的频率和频率分布特性。

(一)荷载效率

行车试验的动力试验荷载效率可按式(5-2-3)计算:

$$\eta_{dyn} = \frac{S_{dyn}}{S} \tag{5-2-3}$$

式中:S_{dyn}——动力试验荷载作用下控制截面最大内力或变位计算值;

S——标准汽车荷载作用下控制截面最大内力或变位计算值(不计汽车荷载冲击系数)。

(二)动力增大系数

实测的活载动力增大系数$(1+\mu)$,可根据记录的测点动挠度或动应变时间历程曲线进

行整理分析,按式(5-2-4)计算:

$$1 + \mu = \frac{S_{max}}{S_{mean}} \tag{5-2-4}$$

式中:S_{max}——在动力荷载作用下该测点最大挠度(或应变)值;
S_{mean}——相应的静载作用下该测点最大挠度(或应变)值;

$$S_{mean} = \frac{1}{2}(S_{max} + S_{min}) \tag{5-2-5}$$

S_{min}——与S_{max}相应的最小挠度值(或应变值)。

(三)冲击系数

实测的活载冲击系数可按式(5-2-6)计算:

$$\mu = \frac{S_{max} - S_{min}}{S_{mean} + S_{min}} \tag{5-2-6}$$

式中:S_{min}、S_{max}意义同前。

根据不同车速的活载冲击系数或动力增大系数,绘制活载冲击系数或动力增大系数与车速的关系曲线,并求出活载冲击系数的最大值。

(四)自振频率

(1)结构自振频率,可根据桥梁跳车激振试验测记的测点余振响应信号分析而得,也可根据脉动试验测记的测点随机振动响应信号分析而得,还可根据行车试验测记的测点动挠度或动应变余振曲线分析而得。

(2)对跳车激振试验,当激振荷载对结构振动具有附加质量影响时,可按式(5-2-7)计算结构自振频率:

$$f_0 = f\sqrt{\frac{M_0 + M}{M_0}} \tag{5-2-7}$$

式中:f_0——结构的自振频率;
　f——有附加质量影响的实测自振频率;
　M_0——结构在激振处的换算质量;
　M——附加质量。

(五)阻尼比

(1)桥梁结构的阻尼比,可根据跳车激振试验或行车试验测记的测点余振相应信号(振动衰减曲线),按式(5-2-8)进行计算:

$$D_r = \frac{1}{2m\pi}\ln\frac{A_i}{A_{i+m}} \tag{5-2-8}$$

式中:D_r——测点阻尼比;
　m——在振动衰减曲线上量取的波形数;
　A_i——在振动衰减曲线上量取的第i个波形的幅值;
　A_{i+m}——在振动衰减曲线上量取的第$i+m$个波形的幅值。

(2)桥梁结构阻尼比也可根据频谱分析得出的测点自功率谱图,用半功率点宽带按式(5-2-9)计算:

$$D_r = \frac{B_i}{2f_i} \tag{5-2-9}$$

式中：B_i——第 i 阶自振频率相应的半功率点宽带，即 0.707 倍功率谱峰值所对应的频率差；

　　　f_i——第 i 阶自振频率。

(六)振型

结构的振型是结构相应于各阶固有频率的振动形式，一个振动系统振型的数目与其自由度数目相等。桥梁结构是一个具有连续分布质量的体系，也就是说，是一个无限多自由度体系，因此，其固有频率及相应的振型也有无限多个。但是对于一般的桥梁结构，第一固有频率即基频对结构的动力分析才是重要的。对于较复杂的动力分析问题，也仅需前面几个固有频率。

五、荷载试验成果分析

(1)当动载试验的效率 η_d 接近 1 时，不同车速下实测的冲击系数最大值可用于结构的强度和稳定性检算。

(2)实测的活载冲击系数应满足式(5-2-10)的条件：

$$\mu_t \eta_{dyn} \leqslant \mu_c \quad (5\text{-}2\text{-}10)$$

式中：μ_c——设计采用的冲击系数；

　　　μ_t——行车试验实测的最大冲击系数；

　　　η_{dyn}——动力试验荷载效率。

(3)行车试验实测的桥跨结构最大变位控制测点的垂直振幅标准值 A_{ct} (等于局部离差平方的二次根)宜小于表 5-2-2 所列限值。

桥跨结构振幅标准值限值表　　　　　　　　表 5-2-2

桥 型 及 跨 度	允许振幅标准值(mm)
跨径 20m 以下的钢筋混凝土梁桥	0.3
跨径 20～45m 的预应力混凝土梁桥	1.0
跨径 60～70m 的连续梁桥和 T 形刚构	3.0～5.0
跨径 30～125m 的钢梁桥和组合梁桥	2.0～3.0

(4)结构的自振频率，活载强迫振动频率及阻尼系数等对桥梁承载能力的影响可参考其他有关资料进行分析。实测的简支梁桥桥跨结构的一阶竖弯自振频率一般不应大于 3.0Hz，否则认为桥跨总体刚度较差。

六、动载试验报告的编制

一般情况下。桥梁荷载试验报告应同时包括静载试验与动载试验两部分内容。在静载试验报告内容的基础上，另外增加动载试验内容，从而形成完整的荷载试验报告。

在全部动载试验资料整理与分析处理的基础上，编写桥梁结构动载试验部分报告。其主要内容应该包括下列各项。

1. 试验目的

根据试验对象的特点，要有针对性地说明结构动载试验所要达到的目的和要求。

2. 试验依据

说明结构动载试验所依据的相关规范、规程或技术文件。

3. 试验方案

根据动载试验目的，在试验方案设计中要说明以下主要内容。

(1)测试项目和测试方法、测点布置和仪器配备情况,并附以简图。

(2)试验荷载的形式(标准车列或汽车荷载)以及选择何种激振方法(试验汽车跳车,其他激振形式)。

(3)根据桥梁结构动力分析专用程序计算动力试验荷载效率 η_d,并通过调整动力试验荷载的布置(如载车质量、车辆间距等),满足 $\eta_d \approx 1.0$ 的要求。

4. 试验过程说明

按照试验计划大纲的内容,简要介绍试验实施概况。说明具体组织桥梁动载试验的起讫日期、试验准备阶段的情况、整个试验阶段的特殊问题及其解决办法。

5. 各项试验达到的精度

将试验中使用的各种仪器、仪表的类型、参数、检定证书、测量精度(最小读数)、标定情况等列表说明,同时还要说明试验中可能使用的夹具、传感器等对试验精度的影响程度。

6. 试验成果与分析

依据桥梁结构动载试验项目,对试验成果进行分析与评定,将理论计算值与实测值进行对比,说明理论与实践两者的符合程度,从中得出试验桥梁所具有的实际结构动力特性及桥梁运营状况,以及从试验中所发现的问题。绘制结构振型图、冲击系数与不同车速的关系分析图等。

7. 试验记录摘录

将试验中所实测的控制数据以列表或曲线的形式表达出来。

8. 技术结论

根据综合分析的结果,得出最后的技术结论,对试验桥梁作出科学的评价,同时根据存在的问题,对新建桥提出改进设计或加强养护方面的建议;对旧桥提出加固方案或维修养护,甚至拆除重建方面的建议。

9. 图表信息

在报告的最后,一般应附上具有代表性的动载记录图表。

 任务实施

任务实施主要掌握桥梁动载试验的主要工序、基本方法和质量标准。

根据施工单位或业主的要求,接受检测任务。进行检测设备与资料的准备,进入施工现场,按照事先确定的检测方法,进行检测数据的采集,对检测数据进行分析与整理,编制检测报告。

现以某大桥静动载试验为例,将任务实施叙述如下:

一、任务概况

某大桥,是某市城市交通的重要通道,全长 2780m,包括东引道、西引道、东引桥、西引桥、主桥等五部分。此桥主桥上部结构为 13 跨单箱单室等高度变截面预应力钢筋混凝土连续梁,悬臂施工,桥面宽 23m,箱高 4.5m,桥式为 56m + 11×80m + 56m,主桥全长 992m。东引桥上部结构为 11 跨跨径为 20m 的预制先张预应力钢筋混凝土空心板,板高 0.9m。西引桥上部结构为 15 跨 48m 单箱预应力钢筋混凝土连续梁。主桥采用悬浇施工,西引桥部分其中 3 孔采用悬浇施工,其余 12 孔为顶推法施工。桥梁立面布置见图 5-2-2。

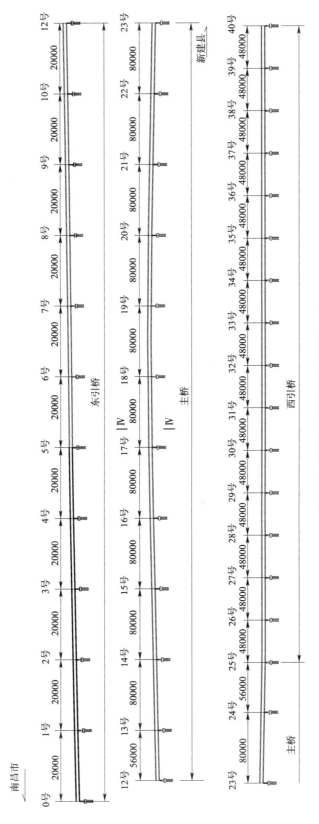

图 5-2-2 某大桥立面布置图（尺寸单位：mm）

(一)该桥主要技术指标

设计等级:双向六车道;

设计荷载:公路—Ⅰ级(原设计荷载为:汽车—超20级);

混凝土强度等级:C45;

计算行车速度:50km/h;

人群荷载:$3.5\ kN/m^2$。

(二)桥梁主要病害

1994年1月建成通车距今已有十多年,经过长期的运营,发现桥梁局部已显现病害。2005年12月该大桥管理处委托某单位对大桥技术状况进行了普检和荷载试验。为保证病害诊治对症,在2010年初又对大桥病害位置进行了一次普查,2010年的调查中该桥存在的主要病害为:

1. 主桥、西引桥病害

1)梁体

主桥与西引桥梁体病害相似:箱梁内顶板的横梁及梁跨四分点两侧的腹板出现裂缝。其中:箱梁内顶板横梁裂缝呈竖向,几乎每道横梁存在裂缝,且裂缝宽度多在0.2mm以上,最大裂缝宽度达到0.85mm;梁跨四分点区段腹板内侧裂缝呈斜向,宽度多在0.2mm以上。

主桥23号~24号桥跨、24号~25号桥跨除在箱梁内侧四分点区段存在裂缝外,腹板外侧亦存在斜裂缝,宽度多在0.2mm以上,且裂缝数量较多。同时,荷载试验结果表明:23号~24号桥跨、24号~26号桥跨挠度实测值大于计算值,应力实测值大于计算值。

2)上层桥面系

桥面铺装、检修道道面及栏杆均出现破损;伸缩缝出现起拱,跳车现象严重。

3)下层桥面系

桥面铺装、人行道道面及栏杆均出现破损。

4)支座

主桥、西引桥支座出现病害。大部分支座滑动面干涩、防尘装置损坏、有锈蚀现象。25号桥墩支座除防尘装置损坏、有锈蚀现象外,还有偏位。

2. 东引桥病害

部分桥墩及盖梁出现裂缝;部分板式橡胶支座出现损坏;桥面系破损。

3. 东、西引道病害

路面沥青铺装层出现龟裂破损;检修道道面及栏杆出现破损。

(三)维修加固情况

针对该桥的实际病害情况,于2010年对其进行了维修加固:

1. 修复结构缺陷、恢复其完整性

(1)对全桥梁体、桥墩裂缝进行压浆或密封处理,恢复其结构完整性。

(2)对梁体、桥墩存在的麻面及小孔洞采用环氧砂浆或环氧混凝土修补;蜂窝及大孔洞采用环氧混凝土进行修补。

2. 增强结构抗力

(1)在梁体支座附近腹板内侧粘贴斜向钢板补强,增加截面抗剪强度。

由于每个桥跨梁体内侧腹板斜裂缝分布的区域长度不一,在内侧腹板斜裂缝分布的区

域粘贴斜向钢板条,钢板条厚度为6mm,宽度为25cm,间距50cm。

(2)23号~25号桥跨梁体,除采取上述方式补强外,在梁体外侧腹板支点至1/4桥跨区段粘贴斜向碳纤维布,碳纤维幅宽为30cm,间距5cm。

(3)在修复完整的箱梁内顶板横梁底部粘贴两层纵向碳纤维布,增加横梁抗弯强度。

二、试验检测评估目的和依据

(一)检测评估目的

2010年6月至2010年8月,由某工程局有限公司对该桥进行了主体加固维修施工。在加固维修施工完成后,为检验加固维修效果,确保桥梁今后运营安全,某城市建设投资发展(集团)有限公司特委托某工程检测有限公司对该桥进行静动载试验。

接受委托后,该工程检测有限公司有关技术人员于采用大型有限元软件程序对该桥进行仿真分析,判断桥梁各工况下的最不利受力状态,确定桥梁荷载试验方案,并于2010年8月5日~8月12日对大桥进行了静动载试验。

(1)通过现场试验检测评定桥梁的实际承载能力和结构安全性,从而分析桥梁结构的安全承载能力、评价桥梁的运营质量,为桥梁的使用保养以及维修加固提供必要的依据。

(2)通过现场试验检测建立和积累必要的技术资料,为桥梁养护管理提供技术资料,为桥梁监控系统建立初始数据。

(3)通过全面的试验检测,有助于发现在常规检查中难以发现的隐蔽病害。

(4)通过试验检测和安全性评估,可为发展桥梁设计理论和提高施工工艺水平,不断积累技术数据并提供科学依据。

(二)检测评估依据

(1)《公路桥涵设计通用规范》(JTG D60—2004);

(2)《大跨径混凝土桥梁的试验方法》(1982年柏林专家会议通过的"用试验荷载试验桥梁及桥梁量测的统一化第15分题");

(3)《公路桥涵养护规范》(JTG H11—2004);

(4)《公路钢筋混凝土及预应力混凝土桥涵设计规范》(JTG D62—2004);

(5)《公路桥梁承载能力检测评定规程》(JTG/T J21—2011);

(6)此大桥相关检测报告:《某大桥静动载试验报告》;

(7)此大桥维修加固工程施工图设计(某桥梁科学研究院有限公司,2010年3月)。

三、静载试验

(一)加载断面确定

此大桥主桥为56m+11×80m+56m,西引桥上部结构为15跨48m单箱预应力混凝土连续梁。根据本桥结构特点、加固设计以及利用结构对称性特点,本次试验孔跨为:主桥选择23号~24号桥跨、24号~25号桥跨进行;西引桥选择38号~39号桥跨、39号~40号桥跨进行。

根据桥跨结构试验检测的目的,并考虑测试控制、数据采集、布点、布线工作的方便,利用结构的对称性,并考虑本桥的受力特点,选择的如下典型截面作为检测截面,截面具体位置如图5-2-3所示。

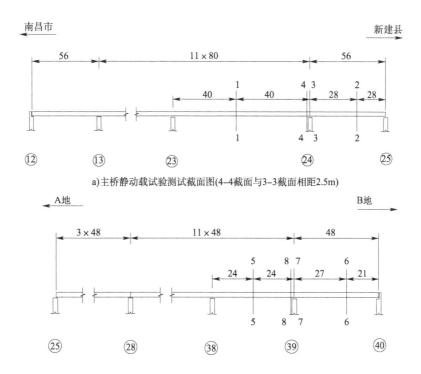

a) 主桥静动载试验测试截面图(4-4截面与3-3截面相距2.5m)

b) 西引桥静动载试验测试截面图(8-8截面与7-7截面相距2.5m)

图 5-2-3　检测截面位置图(尺寸单位:m)

选取以下工况进行荷载试验。

1. 主桥

工况1：对1-1断面最大正弯矩对称加载,测试主梁挠度、各测试断面混凝土应变力。

工况2：对1-1断面最大正弯矩偏载加载,测试主梁挠度、各测试断面混凝土应力。

工况3：对2-2断面最大正弯矩对称加载,测试主梁挠度、各测试断面混凝土应力。

工况4：对2-2断面最大正弯矩偏载加载,测试主梁挠度、各测试断面混凝土应力。

工况5：对3-3断面最大负弯矩对称加载,测试各测试断面混凝土应力。

工况6：对4-4断面最大剪力对称加载,测试各测试断面混凝土应力。

2. 西引桥

工况7：对5-5断面最大正弯矩对称加载,测试主梁挠度、各测试断面混凝土应变力。

工况8：对5-5断面最大正弯矩偏载加载,测试主梁挠度、各测试断面混凝土应力。

工况9：对6-6断面最大正弯矩对称加载,测试主梁挠度、各测试断面混凝土应力。

工况10：对6-6断面最大正弯矩偏载加载,测试主梁挠度、各测试断面混凝土应力。

工况11：对7-7断面最大负弯矩对称加载,测试各测试断面混凝土应力。

工况12：对8-8断面最大剪力对称加载,测试各测试断面混凝土应力。

(二)试验观测项目

(1)挠度观测;

(2)应力观测;

(3)墩的沉降和水平位移观测;

(4)裂缝观测;

(5)残余变形(残余应变)观测。

(三)测点布置

1. 挠度观测

挠度观测为跨中、四分点和支点截面,用精密水准仪观测。各工况下挠度/位移观测点见表5-2-3和如图5-2-4所示。

某大桥各工况下所对应的挠度/位移观测截面及观测方法　　　　表5-2-3

工况	挠度/位移观测点	观测方法
1-6	23号~25号跨墩支点、四分点、跨中点(上下游共计9测点)	精密水准仪
7-12	38号~40号跨墩支点、四分点、跨中点(上下游共计9测点)	精密水准仪
1-6	24号墩沉降和水平位移	全站仪
7-12	39号墩沉降和水平位移	全站仪

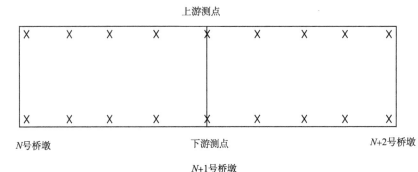

图5-2-4　某大桥位移测点布置图

2. 应力观测

对应图5-2-3桥梁加载1-8号断面,跨中最大正弯矩应力观测截面为主跨中截面(观测元件布置在主梁底板上)、支点最大负弯矩应力观测截面为墩支点截面(观测元件布置在支点截面纵梁侧面上部),见图5-2-5和图5-2-6。

静态应变片采用BX120-100AA酚醛基箔式电阻应变计,先对待用应变片进行检测,保证应变片外观无缺馅与破损,然后用万用表检测拟用于同一座桥梁的应变片电阻值及灵敏度系数;对贴片部位打磨平整,采用环氧树脂胶粘贴应变计,并对导线进行了安全定位,保证无断点、无虚焊,保证数据的采集;应变仪使用前读数仪检查校核,确保应变仪完好方可用胶粘贴到打磨平整的测试部位。

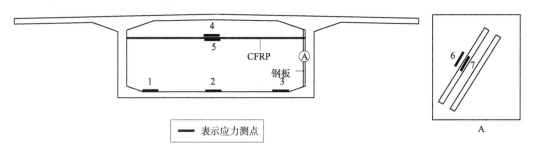

图5-2-5　1-1、2-2、5-5、6-6断面电阻应变片测点布置图
注:横梁距跨中横隔梁1.8m。

3. 试验荷载作用下的裂缝观测

裂缝观测的重点是结构受拉力较大部位,在加载过程中观测裂缝长度及宽度的变化情

况,直接在混凝土表面进行描绘并记录。加载至最大量级及卸载后对结构裂缝进行全面检查,同时要仔细检查是否产生新的裂缝,并将最后检查情况填入裂缝观测记录表。裂缝长度用钢尺量测,裂缝宽度用裂缝测宽仪观测。

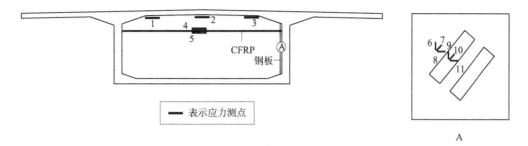

图 5-2-6　3-3、4-4、7-7、8-8 断面电阻应变片测点布置图
注:横梁距支座中心线 3.3m。

4. 相对残余变形(残余应变)观测

残余变形(残余应变)观测:在各个工况下,卸载后变形稳定时控制测点的测量值和加载前测量值的差值。

按下式计算残余变形(或残余应变):

$$S_p = S_u - S_i \tag{5-2-11}$$

式中:S_p——残余变形(或残余应变);

S_u——卸载后达到稳定时测值;

S_i——加载前测值。

对加载试验的主要测点(即控制测点或加载试验效率最大部位测点),按下式计算其相对残余变形(或应变):

$$S_{p'} = \frac{S_p}{S_t} \times 100\% \tag{5-2-12}$$

式中:$S_{p'}$——相对残余变形(或应变);

S_p——残余变形(或残余应变);

S_t——总变形(或总应变);

$$S_t = S_I - S_i$$

S_I——加载达到稳定时测值;

S_i——加载前测值。

(四)试验模型

采用有限元软件分析计算,多人平行独立计算、相互校核,确保分析准确。桥梁有限元模型如图 5-2-7 所示。

(五)静载试验荷载确定原则、试验荷载及各工况加载方式

静载试验方法是检验桥梁结构的当前状态、分析桥梁既有缺陷(病害)对结构承载能力和耐久性的影响、评估结构使用的安全性、检验桥梁的使用性能、推断提高桥梁通行能力可靠性的有效手段。准确可靠地实现上述目标的前提是静载试验荷载的有效性。根据交通运输部公路科学研究所、交通运输部公路局技术处和交通运输部公路规划设计院编写的《大跨径混凝土桥梁的试验方法》的建议和现场的实际条件,试验荷载选汽车荷载,为准确评定结构行为,静力试验荷载产生的内力效应与设计荷载产生的内力效应的比值(静载试验效率 η_q,主桥静载试验效率系数见表 5-2-4,引桥静载试验效率系数见表 5-2-5)应满足如下范围：

$$0.8 \leqslant \eta_q \leqslant 1.05 \qquad (5\text{-}2\text{-}13)$$

式中：η_q——静载试验效率($\eta_q = S_j/S_s$)；

S_j——试验荷载作用下检测部位位移/内力计算值；

S_s——设计标准荷载作用下检测部位位移/内力计算值(考虑空间作用与动力系数)。

a)主桥模型的部分截图

b)引桥模型的部分截图

图 5-2-7 某大桥有限元模型平面图

试验荷载采用单台重为 358kN 的后八轮载重汽车加载(前轴重 78kN、后轴重 280kN),车辆规格相同,共 14 辆车。车辆平面尺寸如图 5-2-8 所示。

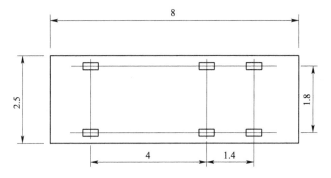

图 5-2-8 加载用车平面尺寸(尺寸单位:m)

主桥静载试验效率系数 η_q　　表 5-2-4

工况	边跨最大正弯矩 (kN·m)	次边跨最大正弯矩 (kN·m)	支座处最大负弯矩 (kN·m)	边跨最大剪力 (kN)
公路—Ⅰ级①	30100	37300	33300	3330
试验值②	28300	33100	30700	2810
η_q=②/①	0.940	0.887	0.922	0.844

引桥静载试验效率系数 η_q　　表 5-2-5

工况	边跨最大正弯矩 (kN·m)	次边跨最大正弯矩 (kN·m)	支座处最大负弯矩 (kN·m)	边跨最大剪力 (kN)
公路—Ⅰ级①	22400	18300	17600	2740
试验值②	19600	16400	16800	2550
η_q=②/①	0.875	0.896	0.955	0.931

各工况下加载汽车的布置和加载次序、级数详见图 5-2-9～图 5-2-20。

(1)工况1:主桥次边跨跨中加载——使次边跨跨中达到最大正弯矩。

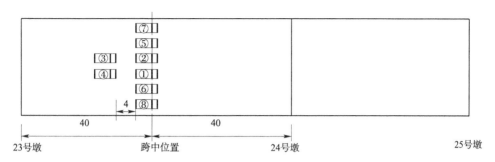

图 5-2-9　次边跨加载图(尺寸单位:m)

注:7、8 号车距路缘石 0.5m,每列车间距约 1.0m。

加载顺序:

第一级:1、2、3、4;

第二级:5、6;

第三级:7、8;

第四级:一次卸载。

(2)工况2:主桥次边跨跨中偏心加载——检验次边跨加载的空间受力性能。

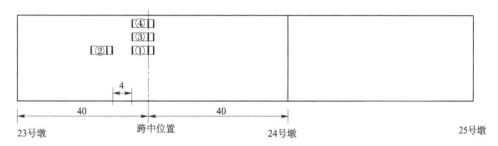

图 5-2-10　次边跨加载图(尺寸单位:m)

注:7 号车距路缘石 0.5m,每列车间距约 1.0m。

加载顺序:

第一级:1、2;

第二级:3、4;

第三级:一次卸载。

(3)工况3:主桥边跨跨中加载——使边跨跨中达到最大正弯矩。

加载顺序:

第一级:1、2、3、4;

第二级:5、6;

第三级:7、8;

第四级:一次卸载。

(4)工况4:主桥边跨跨中偏心加载——检验边跨加载时的空间受力性能。

加载顺序:

第一级:1、2;

第二级:3、4;

第三级:一次卸载。

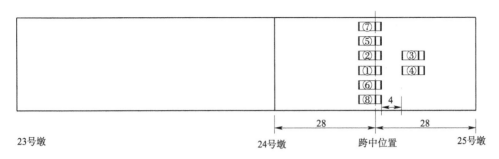

图 5-2-11 边跨加载图(尺寸单位:m)

注:7、8 号车距路缘石 0.5m,每列车间距约 1.0m。

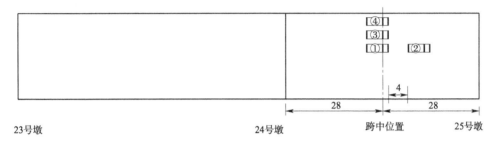

图 5-2-12 边跨加载图(尺寸单位:m)

注:4 号车距路缘石 0.5m,每列车间距约 1.0m。

(5)工况 5:主桥支座负弯矩加载——使支座截面达到最大负弯矩。

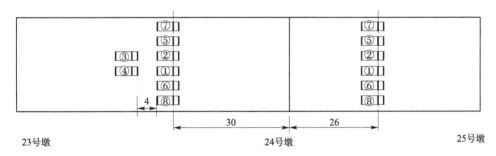

图 5-2-13 支座负弯矩加载图(尺寸单位:m)

注:7、8 号车距路缘石 0.5m,每列车间距约 1.0m。

加载顺序:

第一级:1、2、3、4(共 6 台);

第二级:5、6(共 4 台);

第三级:7、8(共 4 台);

第四级:一次卸载。

(6)工况 6:主桥 24 号墩支点最大剪力加载——使支座截面达到最大剪力。

加载顺序:

第一级:1、2、3、4;

第二级:5、6;

第三级:7、8;

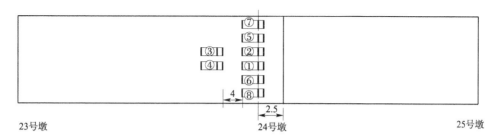

图 5-2-14　24 号墩支点最大剪力加载图(尺寸单位:m)

注:7、8 号车距路缘石 0.5m,每列车间距约 1.0m。

第四级:一次卸载。

(7)工况 7:引桥次边跨跨中加载——使次边跨跨中达到最大正弯矩。

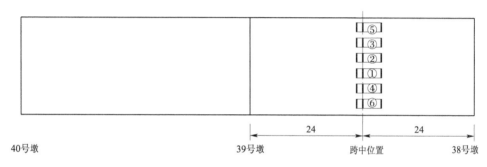

图 5-2-15　次边跨加载图(尺寸单位:m)

注:5、6 号车距路缘石 0.5m,每列车间距约 1.0m。

加载顺序:

第一级:1、2;

第二级:3、4;

第三级:5、6;

第四级:一次卸载。

(8)工况 8:引桥次边跨跨中偏心加载——检验次边跨加载时的空间受力性能。

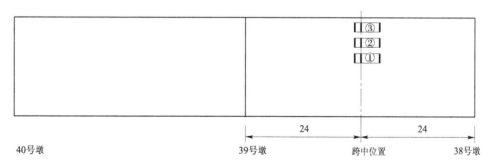

图 5-2-16　次边跨加载图(尺寸单位:m)

注:3 号车距路缘石 0.5m,每列车间距约 1.0m。

加载顺序:

第一级:1、2;

第二级:3;

第三级:一次卸载。

(9)工况9:引桥边跨跨中加载——使边跨跨中达到最大正弯矩。

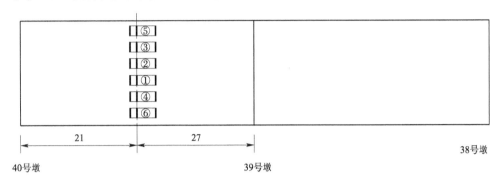

图5-2-17 边跨加载图(尺寸单位:m)

注:5、6号车距路缘石0.5m,每列车间距约1.0m。

加载顺序:

第一级:1、2;

第二级:3、4;

第三级:5、6;

第四级:一次卸载。

(10)工况10:引桥边跨跨中偏心加载——检验边跨加载时的空间受力性能。

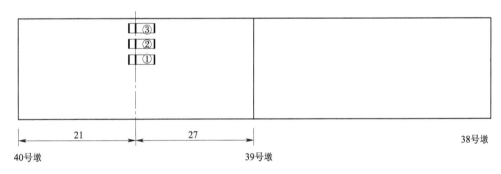

图5-2-18 边跨加载图(尺寸单位:m)

注:3号车距路缘石0.5m,每列车间距约1.0m。

加载顺序:

第一级:1、2;

第二级:3;

第三级:一次卸载。

(11)工况11:引桥支座负弯矩加载——使支座截面达到最大负弯矩。

加载顺序:

第一级:1、2;

第二级:3、4;

第三级:5、6;

第四级:一次卸载。

(12)工况12:引桥39号墩支点最大剪力加载——使支座截面达到最大剪力。

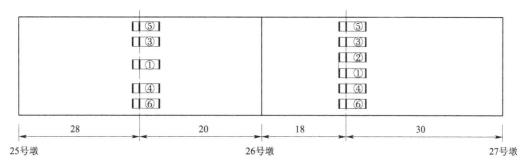

图 5-2-19　支座负弯矩加载图(尺寸单位:m)

注:5、6 号车距路缘石 0.5m,每列车间距约 1.0m。

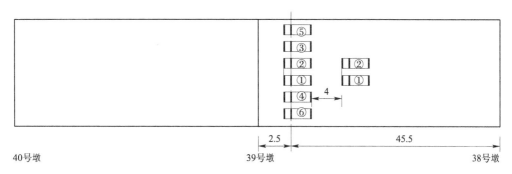

图 5-2-20　39 号墩支点最大剪力加载图(尺寸单位:m)

注:5、6 号车距路缘石 0.5m,每列车间距约 1.0m。

加载顺序:

第一级:1、2;

第二级:3、4;

第三级:5、6;

第四级:一次卸载。

(六)试验方法

(1)在试验前,将加载汽车按计算的试验荷载重量装载,称重,记录车辆的型号、轴载距、轴重力等参数。

(2)仪器安装完毕后,一般在加载试验之前应对各测点进行一段时间的温度稳定观测,中间可每隔 10min 读数一次。观测时间应尽可能选择与加载试验相同的外界气候条件或选择加载试验前夕。这一观测成果用于衡量加载试验时外界气候条件对观测造成的误差的影响范围,或用于测点的温度修正。

(3)在正式试验之前,一般对结构进行 2~3 次预加荷载,通过预加载使结构进入正常工作状态,消除结构的非弹性变形。若干次预加荷载后,荷载位移关系趋于稳定,呈较好的线性。预加荷载同时可以检查测试设备工作是否正常,性能是否可靠;人员是否组织完善,操作是否熟练。预加荷载值不大于标准荷载和开裂荷载。一般分 2~3 级加至标准设计荷载或更小。预加荷载循环次数,需根据结构弹性工作的实际情况而定,若线性及回零很好,预载 1~2 次便可正式进入试验。

(4)试验荷载分 2~3 级逐级加载。在正式加载前、各量测仪表调零或初读数;然后分级加载,每一级荷载加载完毕,等待结构变形稳定后,各量测仪表读数;读完数后,再加下一级荷载,当全部荷载加载完成并读数后,按一次全部卸载,等待30min,各量测仪表测读结构的残余变形。

加载稳定时间取决于结构变位达到稳定所需的时间。同一级荷载内,结构最大变位测点在最后5min内的变位增量小于前一个5min变位增量的15%,或小于量测仪表的最小分辨值时,则认为结构变位达到相对稳定。

(七)加载的控制与安全措施

(1)试验指挥人员在加载过程中应随时掌握各方面情况,对加载进行控制。既要取得良好的试验效果,又要确保人员、仪表设备及桥梁的安全,避免不应有的损失。按设计的加载程序进行加载,荷载的大小,截面内力的大小都应由小到大逐渐增加,并随时作好停止加载和卸载的准备。

(2)记录者对所有测点的量测值变化情况进行检查,看其变化是否符合规律,尤其着重检查第一次加载时量测值的变化情况。对工作反常的测点检查仪表安装是否正确,并分析其他可能影响其正常工作的原因,及时排除故障。对于控制测点在故障排除后,重复一次加载测试项目。若实测值超过计算值较多,则暂停加载,待查明原因后再继续加载。

(3)加载过程中指定人员随时观察结构各部位可能产生的新裂缝,注意观察构件薄弱部位是否有开裂、破损,组合构件的结合面是否有开裂错位,支座附近混凝土是否有开裂,横隔板的接头是否拉裂,结构是否产生不正常的响声,加载时墩台是否发生摇晃现象等。如有以上这些情况应报告试验指挥人员,以便采取相应的措施。

(4)发生以下情况应中途停止加载:
①控制测点应力已达到或超过理论计算的控制应力值时;
②控制测点挠度超过规范允许值时;
③由于加载,使结构裂缝的长度、宽度急剧增加,新裂缝大量出现,缝宽超过允许值的裂缝大量增多,对结构使用寿命造成较大的影响时;
④发生其他损坏,影响桥梁承载能力或正常使用时。

(八)试验结果

根据《某大桥静动载试验报告》(某桥梁科学研究院有限公司2006年6月),梁体混凝土的弹性模量为3.4×10^4 MPa,理论混凝土应变值是按此弹性模量换算而得。

根据《某大桥维修加固工程施工图设计》(某桥梁科学研究院有限公司2010年3月),取CFRP布的弹性模量为2.3×10^5 MPa;Q235B热轧钢的弹性模量为2.0×10^5 MPa。

理论分析时箱梁只考虑腹板抗剪,应变花的计算主应变的公式为:

$$\varepsilon = \frac{\varepsilon_0 + \varepsilon_{90}}{2} \pm \frac{1}{2}\sqrt{(\varepsilon_0 - \varepsilon_{45})^2 + (\varepsilon_{45} - \varepsilon_{90})^2} \tag{5-2-14}$$

以下试验结果表中的实测剪应变将根据应变花的测试结果应用式(5-2-14)直接计算出主应变。

1. 工况1(主桥23号~24号跨中正弯矩加载)

1)挠度测试结果

(1)各级荷载作用下挠度理论值和测试值以及残余值见表5-2-6、表5-2-7,表中挠度值向下为正,向上为负。

工况1荷载作用下23号~24号跨实测挠度与理论计算挠度　　　表5-2-6

加载级别	测 点		实测值 S_e（mm）	理论值 S_{stat}（mm）	容许值（$L/600$）（mm）
第1级	1/4断面	上游测点	1.8	2.0	133
		下游测点	1.6		
	1/2断面	上游测点	2.8	2.9	
		下游测点	2.5		
	3/4断面	上游测点	1.5	1.7	
		下游测点	1.2		
第2级	1/4断面	上游测点	2.8	3.0	
		下游测点	2.3		
	1/2断面	上游测点	4.1	4.5	
		下游测点	3.7		
	3/4断面	上游测点	2.5	2.7	
		下游测点	2.1		
第3级	1/4断面	上游测点	3.7	4.0	
		下游测点	3.4		
	1/2断面	上游测点	5.5	6.0	
		下游测点	5.1		
	3/4断面	上游测点	3.2	3.6	
		下游测点	3.0		

对加载试验效率最大部位（3级加载1/2断面上、下游测点）计算校验系数为：$\zeta = S_e / S_{stat} = 5.5/6.0 = 0.92$；$\zeta' = 5.1/6.0 = 0.85$。

满足《大跨径混凝土桥梁的试验方法》中规定的校验系数常值0.7~1.0的要求。

工况1卸载后挠度残余值　　　表5-2-7

测 点			总变形 S_{tot}（mm）	残余变形 S_p（mm）	相对残余变形 $\frac{S_p}{S_{tot}}$（%）	容许相对残余变形 $\frac{S_p}{S_{tot}}$（%）
23号~24号跨	1/4断面	上游测点	3.7	0.2	5.4	20
		下游测点	3.4	0.1	2.9	
	1/2断面	上游测点	5.5	0.3	5.5	
		下游测点	5.1	0.1	2.0	
	3/4断面	上游测点	3.2	0.3	9.4	
		下游测点	3.0	0.2	6.7	

(2)各级荷载作用下纵桥向挠度实测值与计算值的比较:如图 5-2-21 所示。

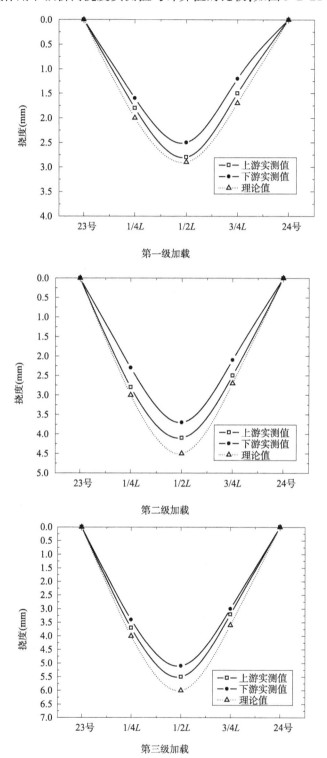

图 5-2-21 某大桥工况 1 加载实测挠度与计算挠度对比图

2)应变测试结果

应变测试结果见表 5-2-8,加载弯矩—应力关系曲线如图 5-2-22 所示,残余应变测试结果见表 5-2-9。

工况 1 各级荷载作用下应变测试值（με）　　　　　　　　　表 5-2-8

加载级别	测点号：23 号~24 号跨跨中	实测值 ε_e	理论值 ε_{stat}	校验系数
第 1 级	1-1	14	15.9	0.88
	1-2	13		0.82
	1-3	13		0.82
	1-4	2	3.0	0.67
	1-5	2		0.67
	1-6	2	2.2	0.91
	1-7	2		0.91
第 2 级	1-1	23	25.3	0.91
	1-2	23		0.91
	1-3	19		0.75
	1-4	3	4.8	0.63
	1-5	4		0.83
	1-6	2	2.7	0.74
	1-7	2		0.74
第 3 级	1-1	30	34.6	0.87
	1-2	31		0.90
	1-3	27		0.78
	1-4	4	6.5	0.62
	1-5	5		0.77
	1-6	3	3.2	0.94
	1-7	2		0.63

满足《大跨径混凝土桥梁的试验方法》中规定的校验系数常值 0.6~0.9 的要求。

从表 5-2-8 中可以看出，加固 CFRP 筋与相邻的混凝土应变基本相同，加固钢板的应变与相邻的混凝土应变基本相同，符合应变协调条件。

工况 1 卸载后应变残余值（με）　　　　　　　　　表 5-2-9

	测点号：23 号~24 号跨跨中	实测值 ε_{tot}	残余应变 ε_p	相对残余应变 $\frac{\varepsilon_p}{\varepsilon_{tot}}(\%)$	容许相对残余应变 $\frac{\varepsilon_p}{\varepsilon_{tot}}(\%)$
卸载	1-1	30	3	10	20
	1-2	31	2	6	
	1-3	27	2	7	
	1-4	4	0	0	
	1-5	5	0	0	
	1-6	3	0	0	
	1-7	2	0	0	

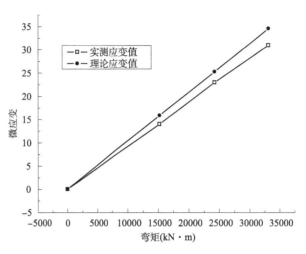

图 5-2-22　某大桥工况 1 加载弯矩—应变曲线图

2. 工况 2（主桥 23 号 ~24 号跨中正弯矩偏心加载）

1）挠度测试结果

各级荷载作用下挠度理论值和测试值以及残余值见表 5-2-10、表 5-2-11，表中挠度值向下为正，向上为负。

工况 2 荷载作用下 23 号 ~24 号跨实测挠度与理论计算挠度　　　表 5-2-10

加载级别	测　　点		实测值 S_e（mm）	理论值 S_{stat}（mm）	容许值（$L/600$）（mm）
第 1 级	1/4 断面	上游测点	0.3	0.4	93
		下游测点	0.1		
	1/2 断面	上游测点	0.5	0.7	
		下游测点	0.2		
	3/4 断面	上游测点	0.5	0.6	
		下游测点	0.3		
第 2 级	1/4 断面	上游测点	0.8	0.9	
		下游测点	0.3		
	1/2 断面	上游测点	1.2	1.5	
		下游测点	0.6		
	3/4 断面	上游测点	0.8	1.1	
		下游测点	0.5		

工况 2 卸载后挠度残余值　　　表 5-2-11

测　　点			总变形 S_{tot}（mm）	残余变形 S_p（mm）	相对残余变形 $\dfrac{S_p}{S_{tot}}$（%）	容许相对残余变形 $\dfrac{S_p}{S_{tot}}$（%）
24 号 ~25 号跨	1/4 断面	上游测点	0.8	0.1	13	20
		下游测点	0.3	0.0	0	
	1/2 断面	上游测点	1.2	0.2	17	
		下游测点	0.6	0.1	17	
	3/4 断面	上游测点	0.8	0.1	13	
		下游测点	0.5	0.0	0	

2)应变测试结果

应变测试结果见表5-2-12,残余应变测试结果见表5-2-13。

工况 2 各级荷载作用下应变测试值($\mu\varepsilon$)　　　　表 5-2-12

加载级别	测点号: 23 号~24 号跨跨中	实测值 ε_e	理论值 ε_{stat}
第 1 级	1-1	4	6.8
	1-2	6	
	1-3	1	
	1-4	1	1.3
	1-5	1	
	1-6	1	0.8
	1-7	1	
第 2 级	1-1	12	14.8
	1-2	9	
	1-3	4	
	1-4	2	2.8
	1-5	2	
	1-6	1	0.9
	1-7	1	

工况 2 卸载后应变残余值($\mu\varepsilon$)　　　　表 5-2-13

	测点号: 23 号~24 号跨跨中	实测值 ε_{tot}	残余应变 ε_p	相对残余应变 $\frac{\varepsilon_p}{\varepsilon_{tot}}$ (%)	容许相对残余应变 $\frac{\varepsilon_p}{\varepsilon_{tot}}$ (%)
卸载	1-1	12	2	17	20
	1-2	9	1	11	
	1-3	4	0	0	
	1-4	2	0	0	
	1-5	2	0	0	
	1-6	1	0	0	
	1-7	1	0	0	

3. 工况 3(主桥 24 号~25 号跨中正弯矩加载)

1)挠度测试结果

(1)各级荷载作用下挠度理论值和测试值以及残余值见表5-2-14、表5-2-15,表中挠度值向下为正,向上为负。

工况3荷载作用下24号~25号跨实测挠度与理论计算挠度　　　表 5-2-14

加载级别	测　　点		实测值 S_e（mm）	理论值 S_{stat}（mm）	容许值（$L/600$）（mm）
第1级	1/4 断面	上游测点	0.7	0.8	93
		下游测点	0.6		
	1/2 断面	上游测点	1.4	1.5	
		下游测点	1.1		
	3/4 断面	上游测点	0.9	1.1	
		下游测点	0.7		
第2级	1/4 断面	上游测点	1.1	1.3	
		下游测点	0.8		
	1/2 断面	上游测点	1.9	2.2	
		下游测点	1.7		
	3/4 断面	上游测点	1.6	1.7	
		下游测点	1.4		
第3级	1/4 断面	上游测点	1.6	1.8	
		下游测点	1.5		
	1/2 断面	上游测点	2.7	3.0	
		下游测点	2.4		
	3/4 断面	上游测点	2.0	2.2	
		下游测点	1.8		

对加载试验效率最大部位(3级加载1/2断面上、下游测点)计算校验系数如下：$\zeta = S_e/S_{stat} = 2.7/3.0 = 0.90$；$\zeta' = S_e/S_{stat} = 2.4/3.0 = 0.80$。

满足《大跨径混凝土桥梁的试验方法》中规定的校验系数常值 0.7~1.0 的要求。

工况3卸载后挠度残余值　　　表 5-2-15

测　　点			总变形 S_{tot}（mm）	残余变形 S_p（mm）	相对残余变形 $\dfrac{S_p}{S_{tot}}$(%)	容许相对残余变形 $\dfrac{S_p}{S_{tot}}$(%)
24号~25号跨	1/4 断面	上游测点	1.6	0.2	13	20
		下游测点	1.5	0.1	7	
	1/2 断面	上游测点	2.7	0.1	4	
		下游测点	2.4	0.2	8	
	3/4 断面	上游测点	2.0	0.2	10	
		下游测点	1.8	0.1	6	

（2）各级荷载作用下纵桥向挠度实测值与计算值的比较：如图 5-2-23 所示。

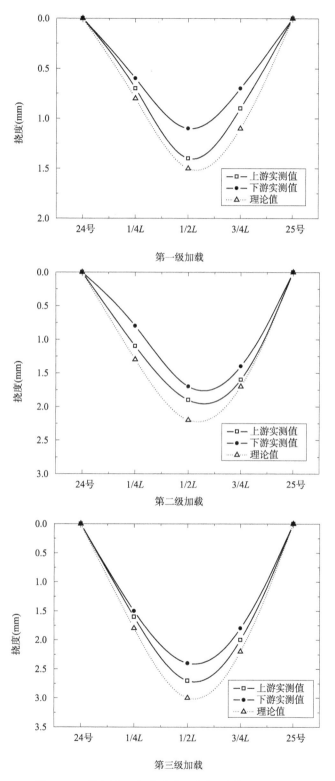

图 5-2-23　某大桥工况 3 加载实测挠度与计算挠度对比图

2)应变测试结果

应变测试结果见表 5-2-16,加载弯矩—应力关系曲线如图 5-2-24 所示,残余应变测试结果见表 5-2-17。

工况 3 各级荷载作用下应变测试值($\mu\varepsilon$)　　　　表 5-2-16

加载级别	测点号: 24号~25号跨跨中	实测值 ε_e	理论值 ε_{stat}	校验系数
第1级	2-1	9	13.6	0.66
	2-2	11		0.81
	2-3	9		0.66
	2-4	2	2.6	0.77
	2-5	2		0.77
	2-6	1	1.5	0.67
	2-7	1		0.67
第2级	2-1	18	21.6	0.83
	2-2	19		0.88
	2-3	16		0.74
	2-4	3	4.1	0.73
	2-5	4		0.98
	2-6	1	1.7	0.60
	2-7	1		0.60
第3级	2-1	25	29.6	0.84
	2-2	26		0.88
	2-3	23		0.78
	2-4	4	5.6	0.71
	2-5	4		0.71
	2-6	2	1.9	1.05
	2-7	2		1.05

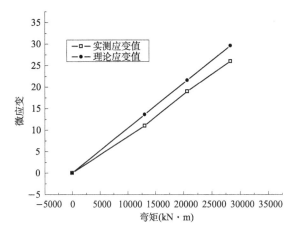

图 5-2-24　某大桥工况 3 加载弯矩—应变曲线图

基本满足《大跨径混凝土桥梁的试验方法》中规定的校验系数常值0.6~0.9的要求。

从表5-2-16中可以看出,加固CFRP筋与相邻的混凝土应变基本相同,加固钢板的应变与相邻的混凝土应变基本相同,符合应变协调条件。

工况3卸载后应变残余值($\mu\varepsilon$)　　　　　　　　　　　　　　　　　　　　表5-2-17

	测点号: 23号~24号跨跨中	实测值 ε_{tot}	残余应变 ε_p	相对残余应变 $\frac{\varepsilon_p}{\varepsilon_{tot}}$(%)	容许相对残余应变 $\frac{\varepsilon_p}{\varepsilon_{tot}}$(%)
卸载	2-1	25	2	8	20
	2-2	26	3	12	
	2-3	23	1	4	
	2-4	4	0	0	
	2-5	4	0	0	
	2-6	2	0	0	
	2-7	2	0	0	

4. 工况4(主桥24号~25号跨中正弯矩偏心加载)

1)挠度测试结果

各级荷载作用下挠度理论值和测试值以及残余值见表5-2-18、表5-2-19,表中挠度值向下为正,向上为负。

工况4荷载作用下24号~25号跨实测挠度与理论计算挠度　　　　　　表5-2-18

加载级别	测点		实测值S_e (mm)	理论值S_{stat} (mm)	容许值($L/600$) (mm)
第1级	1/4断面	上游测点	0.3	0.4	93
		下游测点	0.0		
	1/2断面	上游测点	0.6	0.8	
		下游测点	0.1		
	3/4断面	上游测点	0.5	0.6	
		下游测点	0.1		
第2级	1/4断面	上游测点	0.7	0.9	
		下游测点	0.4		
	1/2断面	上游测点	1.2	1.5	
		下游测点	0.5		
	3/4断面	上游测点	0.9	1.1	
		下游测点	0.4		

工况4卸载后挠度残余值　　　　　　　　　　　　　　　　　　　　表5-2-19

测点			总变形S_{tot} (mm)	残余变形S_p (mm)	相对残余变形 $\frac{S_p}{S_{tot}}$(%)	容许相对残余变形 $\frac{S_p}{S_{tot}}$(%)
24号~25号跨	1/4断面	上游测点	0.7	0.1	14	20
		下游测点	0.4	0.0	0	
	1/2断面	上游测点	1.2	0.2	17	
		下游测点	0.5	0.1	20	
	3/4断面	上游测点	0.9	0.1	11	
		下游测点	0.4	0.0	0	

2）应变测试结果

应变测试结果见表 5-2-20，残余应变测试结果见表 5-2-21。

工况 4 各级荷载作用下应变测试值（με）　　表 5-2-20

加载级别	测点号:24 号~25 号跨跨中	实测值 ε_e	理论值 ε_{stat}
第 1 级	2-1	2	6.8
	2-2	5	
	2-3	4	
	2-4	1	1.3
	2-5	1	
	2-6	1	0.7
	2-7	1	
第 2 级	2-1	12	14.8
	2-2	11	
	2-3	7	
	2-4	2	2.8
	2-5	2	
	2-6	1	0.9
	2-7	1	

工况 4 卸载后应变残余值（με）　　表 5-2-21

	测点号：24号~25号跨跨中	实测值 ε_{tot}	残余应变 ε_p	相对残余应变 $\frac{\varepsilon_p}{\varepsilon_{tot}}(\%)$	容许相对残余应变 $\frac{\varepsilon_p}{\varepsilon_{tot}}(\%)$
卸载	2-1	12	2	17	20
	2-2	11	1	9	
	2-3	7	1	14	
	2-4	2	0	0	
	2-5	2	0	0	
	2-6	1	0	0	
	2-7	1	0	0	

5. 工况 5（主桥 24 号支座负弯矩加载）

1）挠度测试结果

（1）各级荷载作用下挠度理论值和测试值以及残余值见表 5-2-22、表 5-2-23，表中挠度值向下为正，向上为负。

对加载试验挠度最大部位（3 级加载 23 号~24 号跨的 1/2 断面、24 号~25 号跨的 1/2 断面）计算挠度校验系数如下。

23 号~24 号跨上、下游测点：

$\zeta_1 = S_e/S_{stat} = 4.1/4.5 = 0.91$；$\zeta'_1 = S_e/S_{stat} = 3.8/4.5 = 0.84$。

24 号~25 号跨上、下游测点：

$\zeta_2 = S_e/S_{stat} = 0.5/0.6 = 0.83$；$\zeta'_2 = S_e/S_{stat} = 0.5/0.6 = 0.83$。

工况 5 荷载作用下 23 号~24 号跨、24 号~25 号跨实测挠度与计算挠度　　表 5-2-22

加载级别	测　　点			实测值 S_e（mm）	理论值 S_{stat}（mm）	容许值（$L/600$）（mm）
第 1 级	23 号~24 号跨	1/4 断面	上游测点	1.2	1.6	133
			下游测点	1.0		
		1/2 断面	上游测点	2.2	2.5	
			下游测点	1.8		
		3/4 断面	上游测点	1.3	1.5	
			下游测点	1.1		
	24 号~25 号跨	1/4 断面	上游测点	0.1	0.2	93
			下游测点	0.1		
		1/2 断面	上游测点	0.0	0.05	
			下游测点	0.0		
		3/4 断面	上游测点	0.0	0.02	
			下游测点	0.0		
第 2 级	23 号~24 号跨	1/4 断面	上游测点	1.9	2.3	133
			下游测点	1.7		
		1/2 断面	上游测点	3.3	3.8	
			下游测点	2.9		
		3/4 断面	上游测点	2.0	2.3	
			下游测点	1.7		
	24 号~25 号跨	1/4 断面	上游测点	0.1	0.1	93
			下游测点	0.1		
		1/2 断面	上游测点	0.2	0.2	
			下游测点	0.1		
		3/4 断面	上游测点	0.1	0.2	
			下游测点	0.2		
第 3 级	23 号~24 号跨	1/4 断面	上游测点	2.4	2.7	133
			下游测点	2.0		
		1/2 断面	上游测点	4.1	4.5	
			下游测点	3.8		
		3/4 断面	上游测点	2.4	2.7	
			下游测点	2.0		
	24 号~25 号跨	1/4 断面	上游测点	0.2	0.3	93
			下游测点	0.2		
		1/2 断面	上游测点	0.5	0.6	
			下游测点	0.5		
		3/4 断面	上游测点	0.5	0.5	
			下游测点	0.4		

满足《大跨径混凝土桥梁的试验方法》中规定的校验系数常值 0.7～1.0 的要求。

工况 5 卸载后挠度残余值　　　　　　　　　　　　　　　　　　　　表 5-2-23

测　　点			总变形 S_{tot}（mm）	残余变形 S_p（mm）	相对残余变形 $\dfrac{S_p}{S_{tot}}$（%）	容许相对残余变形 $\dfrac{S_p}{S_{tot}}$（%）
23 号～24 号跨	1/4 断面	上游测点	2.4	0.2	8	20
		下游测点	2.0	0.2	10	
	1/2 断面	上游测点	4.1	0.2	5	
		下游测点	3.8	0.1	3	
	3/4 断面	上游测点	2.4	0.2	8	
		下游测点	2.0	0.3	15	
24 号～25 号跨	1/4 断面	上游测点	0.2	0.0	0	
		下游测点	0.2	0.0	0	
	1/2 断面	上游测点	0.5	0.1	20	
		下游测点	0.5	0.1	20	
	3/4 断面	上游测点	0.5	0.0	0	
		下游测点	0.4	0.0	0	

(2) 各级荷载作用下挠度实测值与计算值的比较，如图 5-2-25 所示。

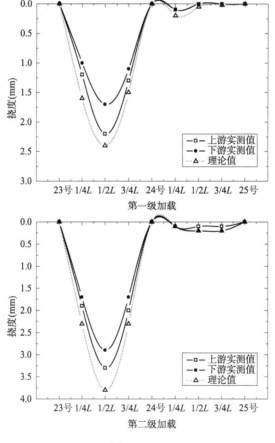

图 5-2-25

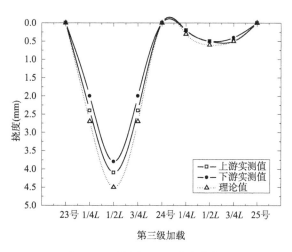

图 5-2-25　某大桥工况 5 挠度曲线图

2）应变测试结果

应变测试结果见表 5-2-24，加载弯矩—应力关系曲线如图 5-2-26 所示，残余应变测试结果见表 5-2-25。

工况 5 各级荷载作用下应变测试值（$\mu\varepsilon$）　　　　　表 5-2-24

加载级别	测点号：24 号支座	实测值 ε_e	理论值 ε_{stat}	校验系数
第 1 级	3 – 1	5	7	0.71
	3 – 2	6		0.86
	3 – 3	5		0.71
	4 – 4	2	2.7	0.74
	4 – 5	2		0.74
	4 – 6	3	4	0.75
	4 – 7			
	4 – 8			
	4 – 9	3		0.75
	4 – 10			
	4 – 11			
第 2 级	3 – 1	9	12	0.75
	3 – 2	10		0.83
	3 – 3	8		0.67
	4 – 4	4	4.6	0.87
	4 – 5	3		0.87
	4 – 6	8	9.8	0.82
	4 – 7			
	4 – 8			
	4 – 9	7		0.71
	4 – 10			
	4 – 11			

续上表

加载级别	测点号:24号支座	实测值 ε_e	理论值 ε_{stat}	校验系数
第3级	3-1	13	15.8	0.82
	3-2	14		0.89
	3-3	12		0.76
	4-4	5	6.1	0.82
	4-5	4		0.67
	4-6	8	11	0.73
	4-7			
	4-8			
	4-9	9		0.82
	4-10			
	4-11			

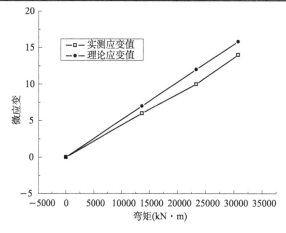

图 5-2-26 某大桥工况 5 加载弯矩—应变曲线图

工况 5 卸载后应变残余值（$\mu\varepsilon$） 表 5-2-25

	测点号:24号支座	实测值 ε_{tot}	残余应变 ε_p	相对残余应变 $\dfrac{\varepsilon_p}{\varepsilon_{tot}}(\%)$	容许相对残余应变 $\dfrac{\varepsilon_p}{\varepsilon_{tot}}(\%)$
卸载	3-1	13	1	8	20
	3-2	14	2	14	
	3-3	12	2	17	
	3-4	5	1	20	
	3-5	6	1	17	
	4-6	8	1	12	
	4-7				
	4-8				
	4-9	9	1	11	
	4-10				
	4-11				

满足《大跨径混凝土桥梁的试验方法》中规定的校验系数常值0.6~0.9的要求。

从表5-2-24中可以看出,加固CFRP筋与相邻的混凝土应变基本相同,加固钢板的应变与相邻的混凝土应变基本相同,符合应变协调条件。

6. 工况6[主桥24号支座附近(距24号墩2.5m)最大剪力加载]

1)挠度测试结果

(1)各级荷载作用下挠度理论值和测试值以及残余值见表5-2-26、表5-2-27,表中挠度值向下为正,向上为负。

工况6荷载作用下23号~24号跨、24号~25号跨实测挠度与计算挠度　　表5-2-26

加载级别	测点			实测值 S_e (mm)	理论值 S_{stat} (mm)	容许值($L/600$) (mm)
第1级	23号~24号跨	1/4断面	上游测点	0.2	0.3	133
			下游测点	0.2		
		1/2断面	上游测点	0.6	0.7	
			下游测点	0.5		
		3/4断面	上游测点	0.5	0.6	
			下游测点	0.5		
	24号~25号跨	1/4断面	上游测点	-0.2	-0.3	93
			下游测点	-0.2		
		1/2断面	上游测点	-0.3	-0.4	
			下游测点	-0.2		
		3/4断面	上游测点	-0.1	-0.2	
			下游测点	-0.1		
第2级	23号~24号跨	1/4断面	上游测点	0.3	0.4	133
			下游测点	0.3		
		1/2断面	上游测点	0.7	0.8	
			下游测点	0.6		
		3/4断面	上游测点	0.5	0.7	
			下游测点	0.4		
	24号~25号跨	1/4断面	上游测点	-0.3	-0.4	93
			下游测点	-0.2		
		1/2断面	上游测点	-0.3	-0.4	
			下游测点	-0.2		
		3/4断面	上游测点	-0.2	-0.28	
			下游测点	-0.2		

续上表

加载级别	测 点			实测值 S_e (mm)	理论值 S_{stat} (mm)	容许值 ($L/600$) (mm)
第3级	23号~24号跨	1/4断面	上游测点	0.4	0.5	133
			下游测点	0.4		
		1/2断面	上游测点	0.8	0.9	
			下游测点	0.7		
		3/4断面	上游测点	0.7	0.8	
			下游测点	0.7		
	24号~25号跨	1/4断面	上游测点	-0.3	-0.4	93
			下游测点	-0.3		
		1/2断面	上游测点	-0.4	-0.5	
			下游测点	-0.4		
		3/4断面	上游测点	-0.2	-0.3	
			下游测点	-0.2		

工况6卸载后挠度残余值 表5-2-27

测 点			总变形 S_{tot} (mm)	残余变形 S_p (mm)	相对残余变形 $\dfrac{S_p}{S_{tot}}$ (%)	容许相对残余变形 $\dfrac{S_p}{S_{tot}}$ (%)
23号~24号跨	1/4断面	上游测点	0.4	0.0	0	20
		下游测点	0.4	0.0	0	
	1/2断面	上游测点	0.8	0.1	13	
		下游测点	0.7	0.1	14	
	3/4断面	上游测点	0.7	0.0	0	
		下游测点	0.7	0.1	14	
24号~25号跨	1/4断面	上游测点	-0.3	0.0	0	
		下游测点	-0.3	0.0	0	
	1/2断面	上游测点	-0.4	0.0	0	
		下游测点	-0.4	0.0	0	
	3/4断面	上游测点	-0.2	0.0	0	
		下游测点	-0.2	0.0	0	

对加载试验挠度最大部位(3级加载23号~24号跨的1/2断面、24号~25号跨的1/2断面)计算挠度校验系数如下。

23号~24号跨上、下游测点：

$\zeta_1 = S_e/S_{stat} = 0.8/0.9 = 0.88$；$\zeta'_1 = S_e/S_{stat} = 0.7/0.9 = 0.78$。

24号~25号跨上、下游测点：

$\zeta_2 = S_e/S_{stat} = -0.4/(-0.5) = 0.80$；$\zeta'_2 = S_e/S_{stat} = -0.4/(-0.5) = 0.80$。

满足《大跨径混凝土桥梁的试验方法》中规定的校验系数常值0.7~1.0的要求。

(2)各级荷载作用下挠度实测值与计算值的比较:如图 5-2-27 所示。

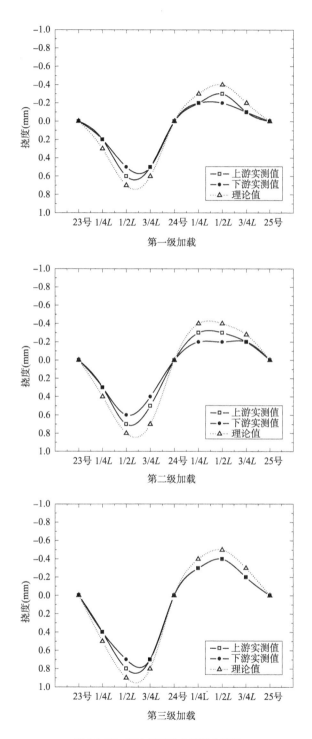

图 5-2-27　某大桥工况 6 挠度曲线图

2)应变测试结果

应变测试结果见表 5-2-28,加载弯矩—应力关系曲线如图 5-2-28 所示,残余应变测试结果见表 5-2-29。

工况6 各级荷载作用下应变测试值（με）　　表 5-2-28

加载级别	测点号：24 号支座	实测值 ε_e	理论值 ε_{stat}	校验系数
第1级	3-1	18	23	0.78
	3-2	20		0.87
	3-3	17		0.74
	4-4	7	8.9	0.79
	4-5	8		0.90
	4-6	8	8.7	0.92
	4-7			
	4-8			
	4-9	7		0.80
	4-10			
	4-11			
第2级	3-1	23	28	0.82
	3-2	25		0.89
	3-3	22		0.79
	4-4	9	10.8	0.83
	4-5	8		0.74
	4-6	11	13.2	0.83
	4-7			
	4-8			
	4-9	12		0.91
	4-10			
	4-11			
第3级	3-1	27	33	0.82
	3-2	29		0.88
	3-3	27		0.82
	4-4	11	12.7	0.87
	4-5	10		0.79
	4-6	15	17.8	0.84
	4-7			
	4-8			
	4-9	15		0.84
	4-10			
	4-11			

满足《大跨径混凝土桥梁的试验方法》中规定的校验系数常值 0.6~0.9 的要求。

从表 5-2-28 中可以看出，加固 CFRP 筋与相邻的混凝土应变基本相同，加固钢板的应变与相邻的混凝土应变基本相同，符合应变协调条件。

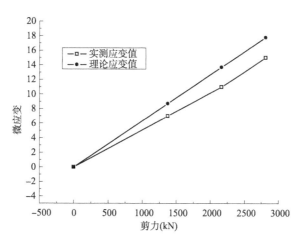

图 5-2-28 某大桥工况 6 加载剪力—剪应变曲线图

工况 6 卸载后应变残余值（$\mu\varepsilon$）　　　表 5-2-29

	测点号：24 号支座	实测值 ε_{tot}	残余应变 ε_p	相对残余应变 $\dfrac{\varepsilon_p}{\varepsilon_{\text{tot}}}$（%）	容许相对残余应变 $\dfrac{\varepsilon_p}{\varepsilon_{\text{tot}}}$（%）
卸载	3 - 1	27	2	7	20
	3 - 2	29	3	10	
	3 - 3	27	2	7	
	4 - 4	11	0	0	
	4 - 5	10	1	10	
	4 - 6				
	4 - 7	15	2	13	
	4 - 8				
	4 - 9				
	4 - 10	15	1	7	
	4 - 11				

7. 工况 7（西引桥 38 号～39 号跨中正弯矩加载）

1）挠度测试结果

（1）各级荷载作用下挠度理论值和测试值以及残余值见表 5-2-30、表 5-2-31，表中挠度值向下为正，向上为负。

工况 7 荷载作用下 38 号～39 号跨实测挠度与理论计算挠度　　　表 5-2-30

加载级别	测　　点		实测值 S_e（mm）	理论值 S_{stat}（mm）	容许值（$L/600$）（mm）
第 1 级	1/4 断面	上游测点	0.2	0.23	80
		下游测点	0.2		
	1/2 断面	上游测点	0.3	0.37	
		下游测点	0.2		
	3/4 断面	上游测点	0.2	0.23	
		下游测点	0.2		

续上表

加载级别	测 点		实测值 S_e (mm)	理论值 S_{stat} (mm)	容许值($L/600$) (mm)
第2级	1/4断面	上游测点	0.4	0.45	80
		下游测点	0.3		
	1/2断面	上游测点	0.6	0.73	
		下游测点	0.5		
	3/4断面	上游测点	0.4	0.45	
		下游测点	0.3		
第3级	1/4断面	上游测点	0.5	0.68	
		下游测点	0.5		
	1/2断面	上游测点	0.9	1.1	
		下游测点	0.8		
	3/4断面	上游测点	0.5	0.68	
		下游测点	0.4		

对加载试验效率最大部位(3级加载1/2断面上、下游测点)计算校验系数如下：

$\zeta = S_e/S_{stat} = 0.9/1.1 = 0.82$；$\zeta' = S_e/S_{stat} = 0.8/1.1 = 0.73$。满足《大跨径混凝土桥梁的试验方法》中规定的校验系数常值0.7~1.0的要求。

工况7 卸载后挠度残余值　　　表5-2-31

测 点			总变形 S_{tot} (mm)	残余变形 S_p (mm)	相对残余变形 $\frac{S_p}{S_{tot}}$(%)	容许相对残余变形 $\frac{S_p}{S_{tot}}$(%)
38号~39号跨	1/4断面	上游测点	0.5	0.1	20	20
		下游测点	0.5	0.0	0	
	1/2断面	上游测点	0.9	0.1	11	
		下游测点	0.8	0.1	13	
	3/4断面	上游测点	0.5	0.1	20	
		下游测点	0.4	0.0	0	

(2)各级荷载作用下纵桥向挠度实测值与计算值的比较:如图5-2-29所示。

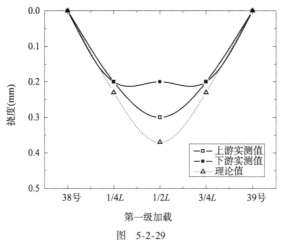

图 5-2-29

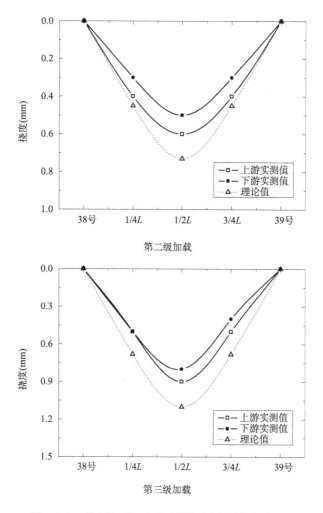

图 5-2-29 某大桥工况 7 加载实测挠度与计算挠度对比图

2) 应变测试结果

应变测试结果见表 5-2-32,加载弯矩—应力关系曲线如图 5-2-30 所示,残余应变测试结果见表 5-2-33。

工况 7 各级荷载作用下应变测试值（$\mu\varepsilon$） 表 5-2-32

加载级别	测点号： 38 号~39 号跨跨中	实测值 ε_e	理论值 ε_{stat}	校验系数
第 1 级	5-1	3	5.7	0.53
	5-2	4		0.70
	5-3	4		0.70
	5-4	1	1.1	0.91
	5-5	1		0.91
	5-6	0	0.5	—
	5-7	0		—

— 259 —

续上表

加载级别	测点号: 38号~39号跨跨中	实测值 ε_e	理论值 ε_{stat}	校验系数
第2级	5-1	9	11.4	0.79
	5-2	10		0.88
	5-3	8		0.70
	5-4	2	2.2	0.91
	5-5	2		0.91
	5-6	1	1	0.91
	5-7	1		0.91
第3级	5-1	13	17.1	0.76
	5-2	15		0.88
	5-3	12		0.70
	5-4	2	3.2	0.63
	5-5	2		0.63
	5-6	1	1.4	0.71
	5-7	1		0.71

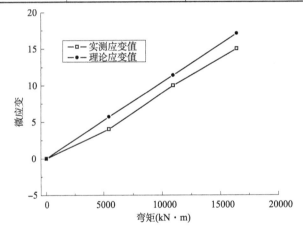

图 5-2-30 某大桥工况 7 加载弯矩—应变曲线图

工况 7 卸载后应变残余值（$\mu\varepsilon$） 表 5-2-33

	测点号: 38号~39号跨跨中	实测值 ε_{tot}	残余应变 ε_p	相对残余应变 $\frac{\varepsilon_p}{\varepsilon_{tot}}(\%)$	容许相对残余应变 $\frac{\varepsilon_p}{\varepsilon_{tot}}(\%)$
卸载	5-1	13	2	15	20
	5-2	15	3	20	
	5-3	12	1	8	
	5-4	2	0	0	
	5-5	2	0	0	
	5-6	1	0	0	
	5-7	1	0	0	

满足《大跨径混凝土桥梁的试验方法》中规定的校验系数常值0.6~0.9的要求。

从表5-2-32中可以看出,加固CFRP筋与相邻的混凝土应变基本相同,加固钢板的应变与相邻的混凝土应变基本相同,符合应变协调条件。

8. 工况8(西引桥38号~39号跨中正弯矩偏心加载)

1)挠度测试结果

各级荷载作用下挠度理论值和测试值以及残余值见表5-2-34、表5-2-35,表中挠度值向下为正,向上为负。

工况8荷载作用下38号~39号跨实测挠度与理论计算挠度　　　表5-2-34

加载级别	测点		实测值 S_e (mm)	理论值 S_{stat} (mm)	容许值($L/600$) (mm)
第1级	1/4断面	上游测点	0.1	0.22	80
		下游测点	0.1		
	1/2断面	上游测点	0.2	0.37	
		下游测点	0.1		
	3/4断面	上游测点	0.1	0.22	
		下游测点	0.1		
第2级	1/4断面	上游测点	0.3	0.34	
		下游测点	0.1		
	1/2断面	上游测点	0.5	0.55	
		下游测点	0.2		
	3/4断面	上游测点	0.3	0.34	
		下游测点	0.1		

工况8卸载后挠度残余值　　　表5-2-35

测点			总变形 S_{tot} (mm)	残余变形 S_p (mm)	相对残余变形 $\frac{S_p}{S_{tot}}$(%)	容许相对残余变形 $\frac{S_p}{S_{tot}}$(%)
24号~25号跨	1/4断面	上游测点	0.3	0.0	0	20
		下游测点	0.1	0.0	0	
	1/2断面	上游测点	0.5	0.1	20	
		下游测点	0.2	0.0	0	
	3/4断面	上游测点	0.3	0.0	0	
		下游测点	0.1	0.0	0	

2)应变测试结果

应变测试结果见表5-2-36,残余应变测试结果见表5-2-37。

工况 8 各级荷载作用下应变测试值(με)　　表 5-2-36

加载级别	测点号: 38 号~39 号跨跨中	实测值 ε_e	理论值 ε_{stat}
第 1 级	5 – 1	2	5.7
	5 – 2	3	
	5 – 3	2	
	5 – 4	1	1.1
	5 – 5	1	
	5 – 6	0	0.5
	5 – 7	0	
第 2 级	5 – 1	5	8.6
	5 – 2	6	
	5 – 3	5	
	5 – 4	1	1.6
	5 – 5	1	
	5 – 6	0	0.7
	5 – 7	0	

工况 8 卸载后应变残余值(με)　　表 5-2-37

	测点号: 38 号~39 号跨跨中	实测值 ε_{tot}	残余应变 ε_p	相对残余应变 $\frac{\varepsilon_p}{\varepsilon_{tot}}(\%)$	容许相对残余应变 $\frac{\varepsilon_p}{\varepsilon_{tot}}(\%)$
卸载	5 – 1	5	0	0	20
	5 – 2	6	1	17	
	5 – 3	5	0	0	
	5 – 4	1	0	0	
	5 – 5	1	0	0	
	5 – 6	0	0	—	
	5 – 7	0	0	—	

9. 工况 9(主桥 39 号~40 号跨中正弯矩加载)

1)挠度测试结果

(1)各级荷载作用下挠度理论值和测试值以及残余值见表 5-2-38、表 5-2-39,表中挠度值向下为正,向上为负。

对加载试验效率最大部位(3 级加载 1/2 断面上、下游测点)计算校验系数如下:

$\zeta = S_e/S_{stat} = 1.2/1.4 = 0.86; \zeta' = S_e/S_{stat} = 1.0/1.4 = 0.71$。

满足《大跨径混凝土桥梁的试验方法》中规定的校验系数常值 0.7~1.0 的要求。

工况 9 荷载作用下 39 号~40 号跨实测挠度与理论计算挠度　　　　表 5-2-38

加载级别	测　　点		实测值 S_e（mm）	理论值 S_{stat}（mm）	容许值（$L/600$）（mm）
第 1 级	1/4 断面	上游测点	0.2	0.3	
		下游测点	0.1		
	1/2 断面	上游测点	0.4	0.5	
		下游测点	0.3		
	3/4 断面	上游测点	0.3	0.4	
		下游测点	0.3		
第 2 级	1/4 断面	上游测点	0.4	0.5	80
		下游测点	0.3		
	1/2 断面	上游测点	0.8	1.0	
		下游测点	0.6		
	3/4 断面	上游测点	0.7	0.9	
		下游测点	0.6		
第 3 级	1/4 断面	上游测点	0.7	0.8	
		下游测点	0.5		
	1/2 断面	上游测点	1.2	1.4	
		下游测点	1.0		
	3/4 断面	上游测点	0.9	1.1	
		下游测点	0.7		

工况 9 卸载后挠度残余值　　　　表 5-2-39

测　　点			总变形 S_{tot}（mm）	残余变形 S_p（mm）	相对残余变形 $\dfrac{S_p}{S_{tot}}$（%）	容许相对残余变形 $\dfrac{S_p}{S_{tot}}$（%）
39 号~40 号跨	1/4 断面	上游测点	0.7	0.1	14	
		下游测点	0.5	0.1	20	
	1/2 断面	上游测点	1.2	0.2	17	20
		下游测点	1.0	0.0	0	
	3/4 断面	上游测点	0.9	0.1	11	
		下游测点	0.7	0.1	14	

（2）各级荷载作用下纵桥向挠度实测值与计算值的比较，如图 5-2-31 所示。

2）应变测试结果

应变测试结果见表 5-2-40，加载弯矩—应力关系曲线如图 5-2-32 所示，残余应变测试结果见表 5-2-41。

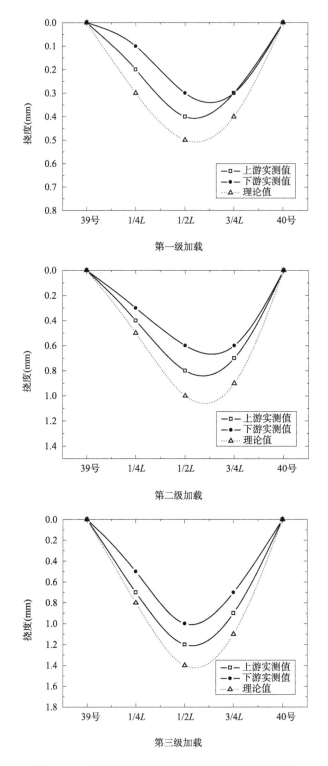

图 5-2-31 某大桥工况 9 加载实测挠度与计算挠度对比图

基本满足《大跨径混凝土桥梁的试验方法》中规定的校验系数常值 0.6~0.9 的要求。

从表 5-2-40 中可以看出,加固 CFRP 筋与相邻的混凝土应变基本相同,加固钢板的应变与相邻的混凝土应变基本相同,符合应变协调条件。

工况 9 各级荷载作用下应变测试值（με） 表 5-2-40

加载级别	测点号：39号~40号跨跨中	实测值 ε_e	理论值 ε_{stat}	校验系数
第1级	6-1	5	6.8	0.74
	6-2	5		0.74
	6-3	5		0.74
	6-4	1	1.3	0.77
	6-5	1		0.77
	6-6	1	1.4	0.71
	6-7	1		0.71
第2级	6-1	9	13.6	0.66
	6-2	11		0.81
	6-3	9		0.66
	6-4	2	2.6	0.77
	6-5	2		0.77
	6-6	2	2.8	0.71
	6-7	2		0.71
第3级	6-1	16	20.5	0.78
	6-2	18		0.88
	6-3	15		0.73
	6-4	3	3.9	0.77
	6-5	3		0.77
	6-6	3	4.2	0.71
	6-7	3		0.71

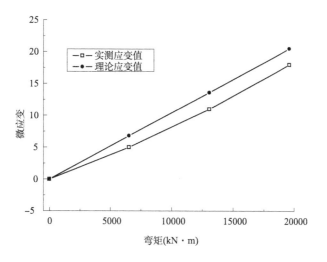

图 5-2-32 某大桥工况 9 加载弯矩—应变曲线图

工况 9 卸载后应变残余值（με） 表 5-2-41

	测点号：39号~40号跨跨中	实测值 ε_{tot}	残余应变 ε_p	相对残余应变 $\dfrac{\varepsilon_p}{\varepsilon_{tot}}(\%)$	容许相对残余应变 $\dfrac{\varepsilon_p}{\varepsilon_{tot}}(\%)$
卸载	6-1	16	2	13	20
	6-2	18	2	11	
	6-3	15	1	7	
	6-4	3	0	0	
	6-5	3	0	0	
	6-6	3	0	0	
	6-7	3	0	0	

10. 工况 10（西引桥 39 号~40 号跨中正弯矩偏心加载）

1）挠度测试结果

各级荷载作用下挠度理论值和测试值以及残余值见表 5-2-42、表 5-2-43，表中挠度值向下为正，向上为负。

工况 10 荷载作用下 39 号~40 号跨实测挠度与理论计算挠度 表 5-2-42

加载级别	测 点		实测值 S_e（mm）	理论值 S_{stat}（mm）	容许值（$L/600$）（mm）
第1级	1/4 断面	上游测点	0.1	0.2	80
		下游测点	0.0		
	1/2 断面	上游测点	0.4	0.5	
		下游测点	0.1		
	3/4 断面	上游测点	0.3	0.4	
		下游测点	0.0		
第2级	1/4 断面	上游测点	0.3	0.4	
		下游测点	0.1		
	1/2 断面	上游测点	0.5	0.7	
		下游测点	0.1		
	3/4 断面	上游测点	0.4	0.6	
		下游测点	0.1		

工况 10 卸载后挠度残余值 表 5-2-43

测 点			总变形 S_{tot}（mm）	残余变形 S_p（mm）	相对残余变形 $\dfrac{S_p}{S_{tot}}(\%)$	容许相对残余变形 $\dfrac{S_p}{S_{tot}}(\%)$
39号~40号跨	1/4 断面	上游测点	0.3	0.0	0	20
		下游测点	0.1	0.0	0	
	1/2 断面	上游测点	0.5	0.1	20	
		下游测点	0.1	0.0	0	
	3/4 断面	上游测点	0.4	0.1	0	
		下游测点	0.1	0.0	0	

2)应变测试结果

应变测试结果见表 5-2-44,残余应变测试结果见表 5-2-45。

工况 10 各级荷载作用下应变测试值($\mu\varepsilon$)　　　　表 5-2-44

加载级别	测点号:39 号~40 号跨跨中	实测值 ε_e	理论值 ε_{stat}
第 1 级	6-1	3	6.8
	6-2	4	
	6-3	1	
	6-4	1	1.2
	6-5	1	
	6-6	1	1.4
	6-7	1	
第 2 级	6-1	7	10.2
	6-2	8	
	6-3	4	
	6-4	1	1.9
	6-5	1	
	6-6	1	2.1
	6-7	1	

工况 10 卸载后应变残余值($\mu\varepsilon$)　　　　表 5-2-45

	测点号:39 号~40 号跨跨中	实测值 ε_{tot}	残余应变 ε_p	相对残余应变 $\dfrac{\varepsilon_p}{\varepsilon_{tot}}(\%)$	容许相对残余应变 $\dfrac{\varepsilon_p}{\varepsilon_{tot}}(\%)$
卸载	6-1	7	1	14	20
	6-2	8	1	13	
	6-3	4	0	0	
	6-4	1	0	0	
	6-5	1	0	0	
	6-6	1	0	0	
	6-7	1	0	0	

11. 工况 11(西引桥 39 号支座负弯矩加载)

1)挠度测试结果

(1)各级荷载作用下挠度理论值和测试值以及残余值见表 5-2-46、表 5-2-47,表中挠度值向下为正,向上为负。

对加载试验挠度最大部位(3 级加载 38 号~39 号跨的 1/2 断面、39 号~40 号跨的 1/2 断面)计算挠度校验系数如下。

38 号~39 号跨上、下游测点:

$\zeta_1 = S_e/S_{stat} = 0.5/0.6 = 0.83$;$\zeta'_1 = S_e/S_{stat} = 0.4/0.5 = 0.80$。

39 号~40 号跨上、下游测点:

$\zeta_2 = S_e/S_{stat} = 0.4/0.5 = 0.80$;$\zeta'_2 = S_e/S_{stat} = 0.4/0.5 = 0.80$。

工况 11 荷载作用下 38 号~39 号跨、39 号~40 号跨实测挠度与计算挠度　　表 5-2-46

加载级别	测	点		实测值 S_e（mm）	理论值 S_{stat}（mm）	容许值（$L/600$）（mm）
第1级	38 号~39 号跨	1/4 断面	上游测点	0.1	0.15	
			下游测点	0.1		
		1/2 断面	上游测点	0.2	0.25	
			下游测点	0.1		
		3/4 断面	上游测点	0.1	0.16	
			下游测点	0.1		
	39 号~40 号跨	1/4 断面	上游测点	0.0	0.03	
			下游测点	0.0		
		1/2 断面	上游测点	0.0	0.06	
			下游测点	0.0		
		3/4 断面	上游测点	0.0	0.05	
			下游测点	0.0		
第2级	38 号~39 号跨	1/4 断面	上游测点	0.2	0.3	80
			下游测点	0.1		
		1/2 断面	上游测点	0.3	0.4	
			下游测点	0.2		
		3/4 断面	上游测点	0.2	0.25	
			下游测点	0.1		
	39 号~40 号跨	1/4 断面	上游测点	0.1	0.15	
			下游测点	0.1		
		1/2 断面	上游测点	0.2	0.3	
			下游测点	0.2		
		3/4 断面	上游测点	0.1	0.2	
			下游测点	0.1		
第3级	38 号~39 号跨	1/4 断面	上游测点	0.3	0.4	
			下游测点	0.2		
		1/2 断面	上游测点	0.5	0.6	
			下游测点	0.4		
		3/4 断面	上游测点	0.2	0.3	
			下游测点	0.1		
	39 号~40 号跨	1/4 断面	上游测点	0.2	0.3	
			下游测点	0.1		
		1/2 断面	上游测点	0.4	0.5	
			下游测点	0.4		
		3/4 断面	上游测点	0.3	0.4	
			下游测点	0.2		

满足《大跨径混凝土桥梁的试验方法》中规定的校验系数常值0.7~1.0的要求。

工况11 卸载后挠度残余值　　　　　　　　　　　　　　　表 5-2-47

测　　点		总变形 S_{tot}（mm）	残余变形 S_p（mm）	相对残余变形 $\dfrac{S_p}{S_{tot}}$(%)	容许相对残余变形 $\dfrac{S_p}{S_{tot}}$(%)
38号~39号跨	1/4断面 上游测点	0.3	0.0	0	20
	1/4断面 下游测点	0.2	0.0	0	
	1/2断面 上游测点	0.4	0.0	0	
	1/2断面 下游测点	0.3	0.0	0	
	3/4断面 上游测点	0.2	0.0	0	
	3/4断面 下游测点	0.1	0.0	0	
39号~40号跨	1/4断面 上游测点	0.2	0.0	0	
	1/4断面 下游测点	0.1	0.0	0	
	1/2断面 上游测点	0.5	0.1	0.2	
	1/2断面 下游测点	0.4	0.0	0	
	3/4断面 上游测点	0.3	0.0	0	
	3/4断面 下游测点	0.2	0.0	0	

(2)各级荷载作用下挠度实测值与计算值的比较:如图 5-2-33 所示。

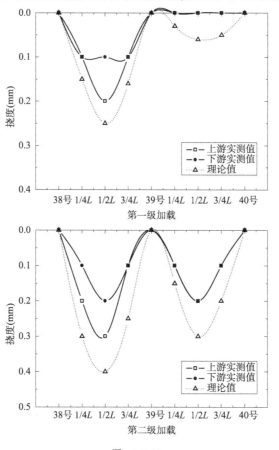

图 5-2-33

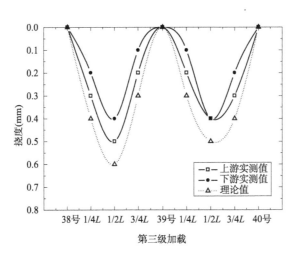

图 5-2-33 某大桥工况 11 挠度曲线图

2)应变测试结果

应变测试结果见表 5-2-48,加载弯矩—应力关系曲线如图 5-2-34 所示,残余应变测试结果见表 5-2-49。

工况 11 各级荷载作用下应变测试值（$\mu\varepsilon$） 表 5-2-48

加载级别	测点号:39 号支座	实测值 ε_e	理论值 ε_{stat}	校验系数
第1级	7-1	1	2.3	0.43
	7-2	2		0.87
	7-3	1		0.43
	8-4	1	1.0	1.00
	8-5	1		1.00
	8-6	3	3.3	0.91
	8-7			
	8-8			
	8-9	2		0.61
	8-10			
	8-11			
第2级	7-1	4	5.5	0.73
	7-2	5		0.91
	7-3	4		0.73
	8-4	2	2.1	0.95
	8-5	2		0.95
	8-6	5	6.9	0.72
	8-7			
	8-8			
	8-9	5		0.72
	8-10			
	8-11			

续上表

加载级别	测点号:39号支座	实测值 ε_e	理论值 ε_{stat}	校验系数
第3级	7-1	6	8.6	0.70
	7-2	8		0.93
	7-3	6		0.70
	8-4	3	3.3	0.91
	8-5	3		0.91
	8-6		10.5	
	8-7	8		0.76
	8-8			
	8-9			
	8-10	9		0.86
	8-11			

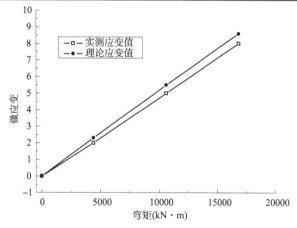

图 5-2-34 某大桥工况11载弯矩—应变曲线图

工况11卸载后应变残余值（$\mu\varepsilon$） 表 5-2-49

	测点号：39号支座	实测值 ε_{tot}	残余应变 ε_p	相对残余应变 $\frac{\varepsilon_p}{\varepsilon_{tot}}(\%)$	容许相对残余应变 $\frac{\varepsilon_p}{\varepsilon_{tot}}(\%)$
卸载	7-1	6	1	17	20
	7-2	8	1	13	
	7-3	6	1	17	
	8-4	3	1	0	
	8-5	3	1	0	
	8-6				
	8-7	8	1	13	
	8-8				
	8-9				
	8-10	9	1	11	
	8-11				

满足《大跨径混凝土桥梁的试验方法》中规定的校验系数常值 0.6~0.9 的要求。

从表 5-2-48 中可以看出,加固 CFRP 筋与相邻的混凝土应变基本相同,加固钢板的应变与相邻的混凝土应变基本相同,符合应变协调条件。

12. 工况 12[西引桥 39 号支座附近(距 39 号墩 2.5m)最大剪力加载]

1)挠度测试结果

(1)各级荷载作用下挠度理论值和测试值以及残余值见表 5-2-50、表 5-2-51,表中挠度值向下为正,向上为负。

工况 12 荷载作用下 38 号~39 号跨、39 号~40 号跨实测挠度与计算挠度　表 5-2-50

加载级别	测　点			实测值 S_e（mm）	理论值 S_{stat}（mm）	容许值（$L/600$）（mm）
第 1 级	38 号~39 号跨	1/4 断面	上游测点	0.1	0.15	80
			下游测点	0.0		
		1/2 断面	上游测点	0.1	0.28	
			下游测点	0.1		
		3/4 断面	上游测点	0.2	0.24	
			下游测点	0.1		
	39 号~40 号跨	1/4 断面	上游测点	−0.1	−0.16	
			下游测点	0.0		
		1/2 断面	上游测点	−0.1	−0.18	
			下游测点	0.0		
		3/4 断面	上游测点	0.0	−0.11	
			下游测点	0.0		
第 2 级	38 号~39 号跨	1/4 断面	上游测点	0.1	0.18	
			下游测点	0.1		
		1/2 断面	上游测点	0.2	0.32	
			下游测点	0.1		
		3/4 断面	上游测点	0.2	0.28	
			下游测点	0.2		
	39 号~40 号跨	1/4 断面	上游测点	−0.2	−0.20	
			下游测点	−0.1		
		1/2 断面	上游测点	−0.2	−0.23	
			下游测点	−0.1		
		3/4 断面	上游测点	−0.1	−0.14	
			下游测点	−0.1		

续上表

加载级别	测 点		实测值 S_e (mm)	理论值 S_{stat} (mm)	容许值($L/600$) (mm)
第3级	38号~39号跨	1/4断面 上游测点	0.2	0.21	80
		1/4断面 下游测点	0.2		
		1/2断面 上游测点	0.3	0.37	
		1/2断面 下游测点	0.3		
		3/4断面 上游测点	0.2	0.33	
		3/4断面 下游测点	0.2		
	39号~40号跨	1/4断面 上游测点	-0.2	-0.22	
		1/4断面 下游测点	-0.1		
		1/2断面 上游测点	-0.2	-0.27	
		1/2断面 下游测点	-0.2		
		3/4断面 上游测点	-0.1	-0.17	
		3/4断面 下游测点	-0.1		

对加载试验挠度最大部位(3级加载38号~39号跨的1/2断面、39号~40号跨的1/2断面)计算挠度校验系数如下。

38号~39号跨上、下游测点：

$\zeta_1 = S_e/S_{stat} = 0.3/0.37 = 0.81$；$\zeta'_1 = S_e/S_{stat} = 0.3/0.37 = 0.81$。

39号~40号跨上、下游测点：

$\zeta_2 = S_e/S_{stat} = -0.2/(-0.27) = 0.74$；$\zeta'_2 = S_e/S_{stat} = -0.2/(-0.27) = 0.74$。

满足《大跨径混凝土桥梁的试验方法》中规定的校验系数常值0.7~1.0的要求。

工况12 卸载后挠度残余值　　　　　　　　　　　　　　表5-2-51

测 点			总变形 S_{tot} (mm)	残余变形 S_p (mm)	相对残余变形 $\frac{S_p}{S_{tot}}$(%)	容许相对残余变形 $\frac{S_p}{S_{tot}}$(%)
38号~39号跨	1/4断面	上游测点	0.2	0.0	0.0	20
		下游测点	0.2	0.0	0.0	
	1/2断面	上游测点	0.3	0.0	0.0	
		下游测点	0.3	0.0	0.0	
	3/4断面	上游测点	0.2	0.0	0.0	
		下游测点	0.2	0.0	0.0	
39号~40号跨	1/4断面	上游测点	-0.2	0.0	0.0	
		下游测点	-0.1	0.0	0.0	
	1/2断面	上游测点	-0.2	0.0	0.0	
		下游测点	-0.2	0.0	0.0	
	3/4断面	上游测点	-0.1	0.0	0.0	
		下游测点	-0.1	0.0	0.0	

(2)各级荷载作用下挠度实测值与计算值的比较,如图 5-2-35 所示。

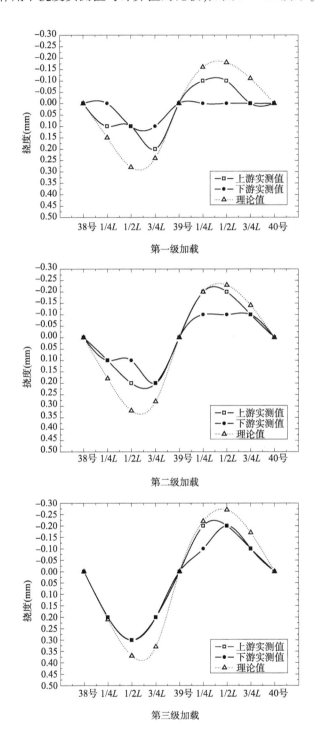

图 5-2-35　某大桥工况 12 挠度曲线图

2)应变测试结果

应变测试结果见表 5-2-52,加载弯矩—应力关系曲线如图 5-2-36 所示,残余应变测试结果见表 5-2-53。

工况 12 各级荷载作用下应变测试值($\mu\varepsilon$)　　　　表 5-2-52

加载级别	测点号：39 号支座	实测值 ε_e	理论值 ε_{stat}	校验系数
第1级	7-1	1	1.6	0.63
	7-2	1		0.63
	7-3	1		0.63
	8-4	0	0.6	—
	8-5	0		—
	8-6			
	8-7	6	8.0	0.87
	8-8			
	8-9			
	8-10	6		0.75
	8-11			
第2级	7-1	2	2	1
	7-2	2		1
	7-3	1		0.5
	8-4	1	0.8	1.25
	8-5	1		1.25
	8-6			
	8-7	10	12.5	0.8
	8-8			
	8-9			
	8-10	9		0.72
	8-11			
第3级	7-1	2	2.4	0.83
	7-2	2		0.83
	7-3	2		0.83
	8-4	1	1.0	1
	8-5	1		1
	8-6			
	8-7	14	16.9	0.82
	8-8			
	8-9			
	8-10	14		0.82
	8-11			

除个别点外,满足《大跨径混凝土桥梁的试验方法》中规定的校验系数常值 0.6~0.9 的要求。

从表 5-2-52 中可以看出,加固 CFRP 筋与相邻的混凝土应变基本相同,加固钢板的应变与相邻的混凝土应变基本相同,符合应变协调条件。

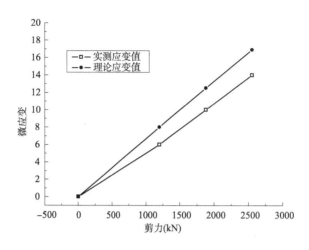

图 5-2-36　某大桥工况 12 加载剪力—剪应变曲线图

工况 12 卸载后应变残余值（$\mu\varepsilon$）　　　　表 5-2-53

	测点号： 39 号支座	实测值 ε_{tot}	残余应变 ε_p	相对残余应变 $\dfrac{\varepsilon_p}{\varepsilon_{tot}}(\%)$	容许相对残余应变 $\dfrac{\varepsilon_p}{\varepsilon_{tot}}(\%)$
卸载	7-1	2	0	0	20
	7-2	2	0	0	
	7-3	2	0	0	
	8-4	1	0	0	
	8-5	1	0	0	
	8-6				
	8-7	14	2	14	
	8-8				
	8-9				
	8-10	14	1	7	
	8-11				

（九）墩的沉降和水平位移观测

在主桥静载试验过程中，采用全站仪对 23 号和 24 号进行了观测，未发现墩有沉降变形，且 23 号和 24 号间没有相对水平位移。

在西引桥静载试验过程中，采用全站仪对 38 号和 39 号进行了观测，未发现墩有沉降变形，且 38 号和 39 号间没有相对水平位移。

（十）裂缝观测

在试验加载前和最大加载完成后，检测人员对加载控制截面区域进行了详细察看，未观察到加劲梁板底部和侧面、腹板裂缝开展情况。

（十一）静载试验小结

(1) 本次试验共选取八个断面进行加载试验，静载试验效率分别位于 0.844～0.955 之间,满足要求。

(2)从各工况桥面挠度的测试结果可以看到,桥面挠度的实测值与计算值基本符合,而且一般小于计算值,挠度实测值与荷载之间基本接近线性关系,卸载后变形恢复良好,残余变形极小,表明结构在所施加荷载下尚处于线弹性范围内工作。

(3)从应变的测试结果可以看到,结构内各测点的应力及应变与荷载之间基本保持线性关系,而且卸载后残余应力很小,表明结构在所施加荷载的作用下尚处于线弹性范围工作,结构受力性能良好。

(4)该桥在各级试验荷载作用下,试验桥孔在荷载试验前后均未发现裂缝扩展迹象。

(5)在试验荷载作用下墩未发生明显位移,这说明桥梁墩与地基基础处于正常工作状态,满足设计要求。

(6)加固CFRP筋与相邻的混凝土应变基本相同,加固钢板的应变与相邻的混凝土应变基本相同,符合应变协调条件,表明加固效果较好。

四、动载试验

(一)试验目的

桥梁结构是一个多变量的复杂系统,当结构的物理特性发生变化时(如开裂、尺寸变化、材料力学性能变化时),不但静力特性(变形、应力、裂缝等)发生变化,而且动力特性也发生变化,这一变化对于桥梁现状评估有重要意义。

通过动力荷载试验以及结构固有模态参数的实桥测试,了解桥跨结构的动力特性(自振频率、振型和阻尼系数)以及各控制部位在使用荷载下的动力性能(振幅、速度、加速度及冲击系数等),除了可用来分析结构在动荷载作用下的受力状态外,还可验证或修改理论计算值,并作为结构设计的依据,为大桥以后的运营养护管理提供必要的数据和资料。

(二)测试项目

选取某大桥的主桥和西引桥进行动力测试,测试内容如下:

(1)模态试验——主桥结构的自振频率及阻尼系数。

(2)跳车和刹车试验——相应的时程响应曲线(结构频率和阻尼)。

(3)跑车试验——桥梁结构随车速和行车位置而变化的冲击系数。

(三)试验元件及测试仪器

(1)应变片采用箔基应变片。

(2)静应变测试仪器采用江苏靖江东华仪器厂生产的DH3816应变巡测仪。

(3)动应变以及自振特性测试仪器采用江苏靖江东华仪器厂生产的DH3817动态应变仪及测量系统。利用941B超低频加速度传感器,在桥梁适当位置布置测点并采样,在时域和频域分析的基础上得到结构的频率、振型和阻尼特性。

(四)动力计算分析

为把握某大桥的整体结构特性,采用空间有限元法对大桥的动力特性进行分析,在图5-2-37和图5-2-38中示出了主桥和西引桥前5阶的计算振型和频率。

(五)试验项目及方法

分模态试验、跳车试验、刹车试验、跑车试验共四个试验内容。

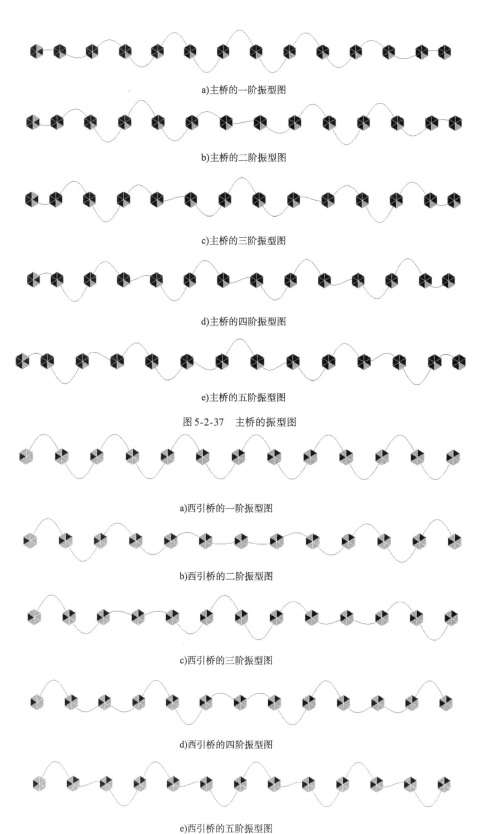

a)主桥的一阶振型图

b)主桥的二阶振型图

c)主桥的三阶振型图

d)主桥的四阶振型图

e)主桥的五阶振型图

图 5-2-37　主桥的振型图

a)西引桥的一阶振型图

b)西引桥的二阶振型图

c)西引桥的三阶振型图

d)西引桥的四阶振型图

e)西引桥的五阶振型图

图 5-2-38　西引桥的振型图

1. 模态试验——自振频率测试

桥梁结构的自振特性取决于结构的质量和刚度分布,它是大跨度桥梁成桥试验的核心内容之一,也是桥梁结构动力反应分析及抗风抗震研究的基础,可作为检验桥梁施工质量、反映施工与设计一致性的有效手段。本试验采用 DH3817 数据采集和分析系统和 941B 超低频加速度传感器,通过在桥梁适当位置布置测点并采样,在时域和频域分析的基础上得到结构的频率、振型和阻尼特性。

1)测试系统

测试系统框图如图 5-2-39 所示。

图 5-2-39 自振特性测试系统框图

2)测点布置

本试验采用 DH3817 动静态应变测试系统进行数据采集与分析,九个低频加速度传感器作为拾振设备,西引桥以及主桥顺桥向各取 2 跨进行振动测试,每跨分为 4 等份,每次测试共 9 个测点,测点布置如图 5-2-40 所示,横向与竖向测点位置一致。

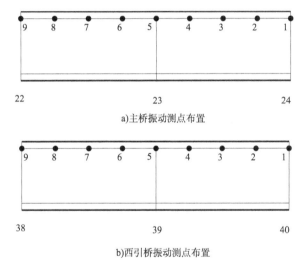

图 5-2-40 某大桥测点布置图

3)测试方法

利用环境测试的随机子空间方法,进行桥梁在环境激励下的工作模态分析,利用地脉动作为环境干扰。测试时,采样频率为 50Hz。

2. 跳车、刹车试验——自振频率及阻尼系数测试

跳车、刹车试验是在桥面无任何障碍的情况下,用 1 辆试验车以 20km/h 的车速驶至主跨跨中附近进行跳车试验和紧急刹车试验,激发桥梁水平振动和垂直振动,测量桥梁结构的振动响应,并通过采用高灵敏度的拾振器和放大器测量结构在激励下的振动,测量桥梁结构的振动响应,最后进行谱分析,求出结构自振特性。通过对拾振器拾取的响应信号进行谱分析,可确定桥梁的自振频率和振型,再将功率谱进行细化处理,利用半功率点带宽法求得桥梁的阻尼比。

1)测试系统

同脉动试验。

2)测点布置

跳车和刹车试验的传感器测点布置如图 5-2-40 所示。

3)测试方法

(1)刹车试验:1 辆 350kN 试验车以 20km/h 匀速行驶至主跨跨中附近紧急刹车,通过水平传感器测试结构响应。

(2)跳车试验:跳车试验的目的是用强迫振动法测试桥梁的模态参数,比如频率和振型。用 1 辆 300kN 试验车行驶至主跨跨中附近布置的三角块(三角块:长 × 宽 × 高 = 1.0m × 1.0m × 0.10m)上,然后后轮落下,以便对桥梁产生一个冲击力,测量桥梁结构引起的振动响应,通过竖向传感器测试结构响应。

3. 跑车试验——测试冲击系数

动力荷载作用于结构上,会在结构上产生应变与挠度,相应地可用测试仪器采集控制断面的动应变或动挠度,动应变(挠度)一般较同样的静荷载所产生的相应静应变(挠度)大。动应变(挠度)与静应变(挠度)的比值称为活荷载的冲击系数。由于应变(挠度)反映了桥跨结构在荷载作用下的受力情况,是衡量结构性能的主要依据,因此活载冲击系数综合地反映了动力荷载对桥梁结构的动力作用,它与结构形式、车辆运行速度和桥面的平整度等有关。

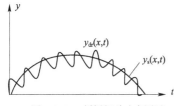

图 5-2-41 桥梁振动响应图示

如图 5-2-41 所示,在车辆荷载作用下,桥梁振动是随机的,即实际振动响应是由静荷载引起的 $y_s(x,t)$ 和动荷载引起的 $y_{dr}(x,t)$ 合成。冲击系数可通过静动荷载引起的最大响应 $y_{smax}(x,t)$ 和 $y_{dmax}(x,t)$ 来获取,即:

$$\mu = \frac{y_{dmax}(x,t)}{y_{smax}(x,t)} - 1 \qquad (5\text{-}2\text{-}15)$$

1)动应变测试

根据某大桥结构特点,选用的动应变测试控制截面为主桥 23 号~24 号墩、西引桥 38 号~39 号跨的跨中截面。动应变测试用应变片粘贴于箱梁上顶板面跨中位置。

2)测试方法

试验采用 2 辆 350kN 载重汽车,分别以 20km/h、40km/h、60km/h 三个不同车速沿桥中心线匀速行驶过桥,测量跨中截面的动应变响应。测试时实施交通管制,仪器采样频率 100Hz。动应变测试系统框图如图 5-2-42 所示。

图 5-2-42 动应变测试系统框图

(六)主要测试结果

1. 主桥测试结果

1)主桥模态测试结果

7 号测点的时域脉动信号、频谱如图 5-2-43 所示,前 5 阶频率与对应的阻尼系数见表 5-2-54。

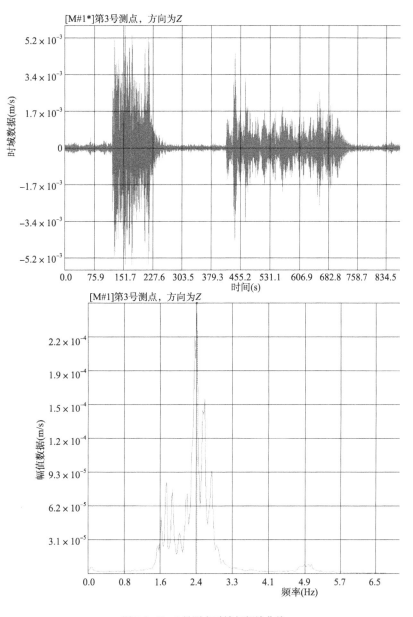

图 5-2-43　7号测点时域与频域曲线

对上述采样数据及信号进行频域分析,可得主桥的脉动实测频率和阻尼值见表5-2-54。

模态频率和阻尼　　　　　　　　　　　　　　　　　　　　　　　　表5-2-54

阶数	实测频率(Hz)	阻尼(%)	计算频率(Hz)	振型
1	1.66	1.556	1.55	竖向对称弯曲
2	1.76	1.703	1.66	竖向对称弯曲
3	1.91	1.910	1.78	竖向对称弯曲
4	2.15	1.211	1.95	竖向反对称弯曲
5	2.44	0.998	2.12	竖向反对称弯曲

从上述分析可知,主桥该跨的第一阶自振频率为1.66Hz,振型为竖向对称弯曲,采用半功率法通过分析可得对应的阻尼为1.556%。该试验跨的第一阶自振频率的计算值为1.55Hz。实测值较计算值大,说明结构实际刚度优于设计值。

2) 跳车、刹车测试结果

主桥在跳车作用下的加速时程及频域分析如图5-2-44所示。

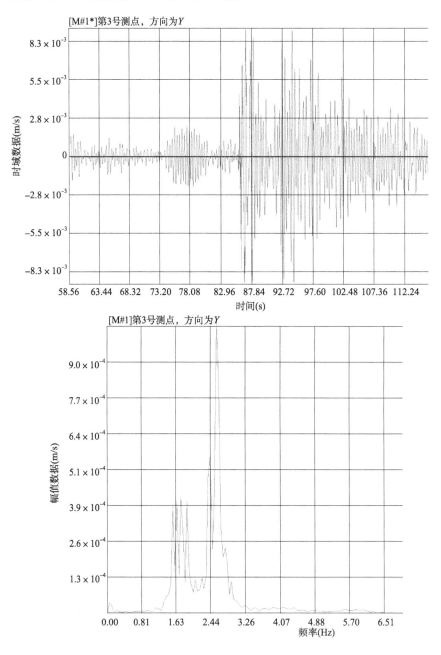

图5-2-44 跨中截面跳车竖向速度反应时域及频谱曲线

主桥在刹车作用下的响应及频域分析如图5-2-45所示。

图5-2-44是加载车以20km/h速度运行在跨中跳车时数据采集系统记录到的竖向速度反应时域及频谱曲线,图5-2-45是加载车以20km/h速度运行在跨中刹车时数据采集系统

记录到的竖向速度反应时域及频谱曲线。从图5-2-44和图5-2-45可见,在跳车荷载的作用下桥梁结构反应平稳,无异常现象发生,表明所测试结构的动力性能良好。

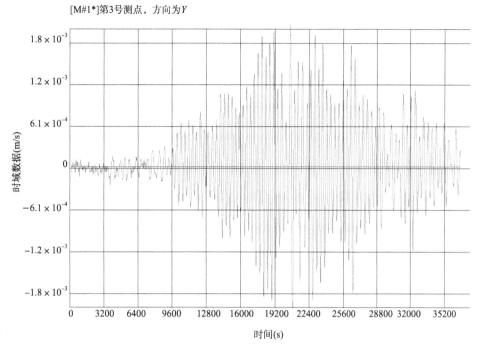

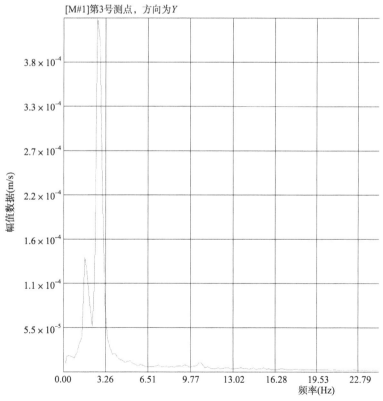

图 5-2-45 跨中截面刹车竖向速度反应时域及频谱曲线

3）跑车测试结果

图 5-2-46 为跑车试验时竖向速度反应时域及频谱曲线。

图 5-2-47 为跑车试验时动应变采样信号时程图。表 5-2-55 为主桥跑车试验的实测冲击系数值。

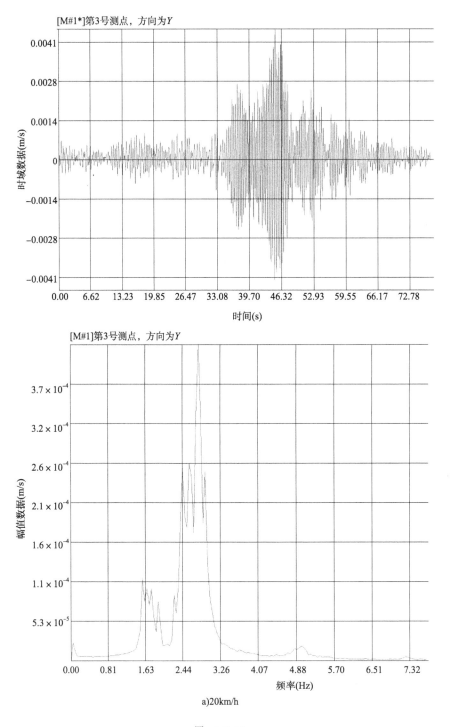

图 5-2-46

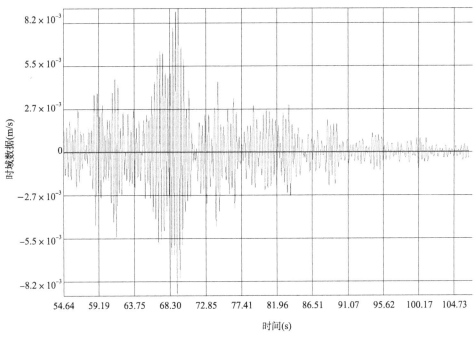

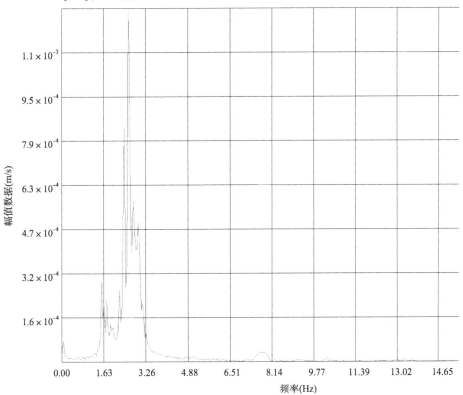

b) 40km/h

图 5-2-46

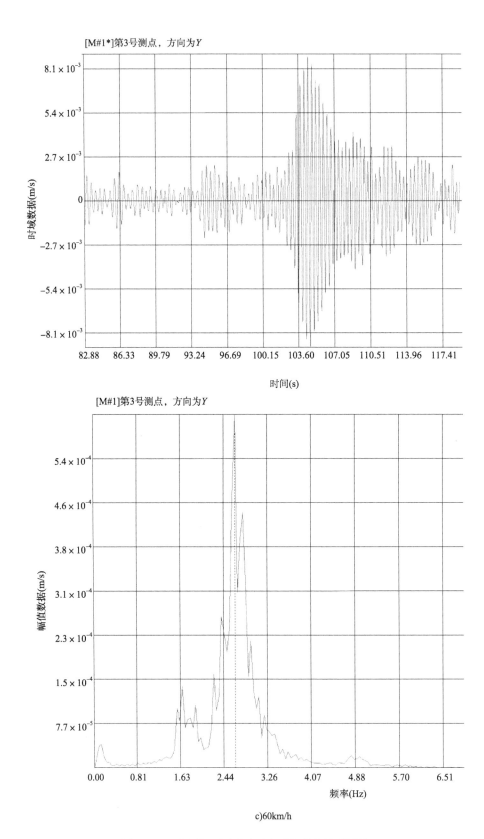

c)60km/h

图 5-2-46 跨中截面跑车竖向速度反应时域及频谱曲线

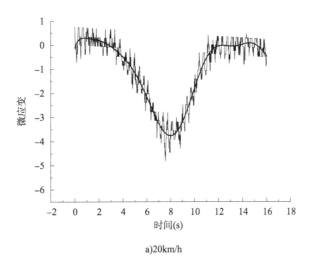

a) 20km/h

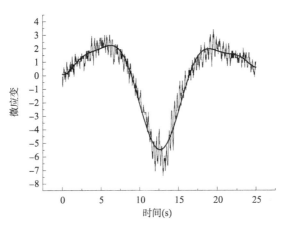

b) 40km/h

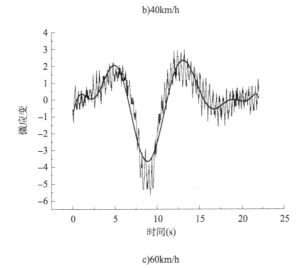

c) 60km/h

图 5-2-47 跨中截面跑车时动应变采样信号时程图

主桥跑车试验的实测冲击系数值 表 5-2-55

车速(km/h)	20	40	60	平均值	最大值
冲击系数	0.11	0.13	0.15	0.13	0.15

动荷载作用下车辆行驶较平稳,某大桥主桥加固后的冲击系数均值为 0.13,大于按实测一阶自振频率(1.66Hz)计算出的冲击系数值 0.07,但小于"某大桥静动载试验报告"(某桥梁科学研究院有限公司 2006 年 4 月)中测得的最大冲击系数 0.21,表明加固后结构的冲击系数有所降低。

2. 西引桥测试结果

1) 西引桥模态测试结果

3 号测点的时域脉动信号、频谱如图 5-2-48 所示,前 5 阶频率与对应的阻尼系数见表 5-2-56。

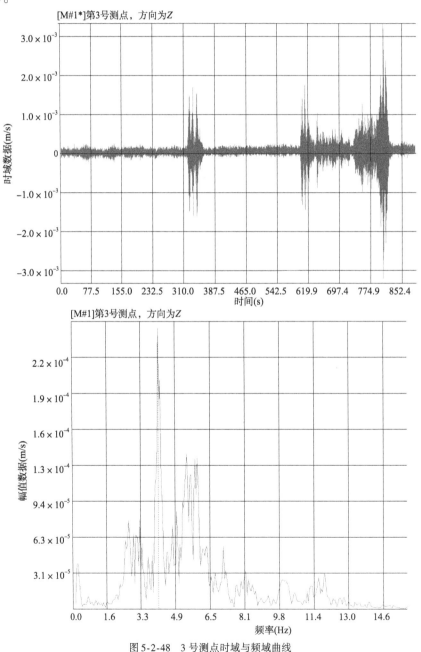

图 5-2-48　3 号测点时域与频域曲线

对上述采样数据及信号进行频域分析,可得西引桥的脉动实测频率和阻尼值见表 5-2-56。

模态频率和阻尼　　　　　　　　表 5-2-56

阶数	实测频率(Hz)	阻尼(%)	计算频率(Hz)	振　型
1	2.59	1.223	2.38	竖向对称弯曲
2	2.83	1.296	2.74	竖向对称弯曲
3	3.13	1.352	2.94	竖向对称弯曲
4	3.52	1.122	3.25	竖向反对称弯曲
5	4.01	0.995	3.84	竖向反对称弯曲

从上述分析可知,西引桥该跨的第一阶自振频率为2.59Hz,振型为竖向对称弯曲,采用半功率法通过分析可得对应的阻尼为1.223%。该试验跨的第一阶自振频率的计算值为2.38Hz。实测值较计算值大,说明结构实际刚度优于设计值。

2) 跳车、刹车测试结果

西引桥在跳车作用下的加速时程及频域分析如图 5-2-49 所示。

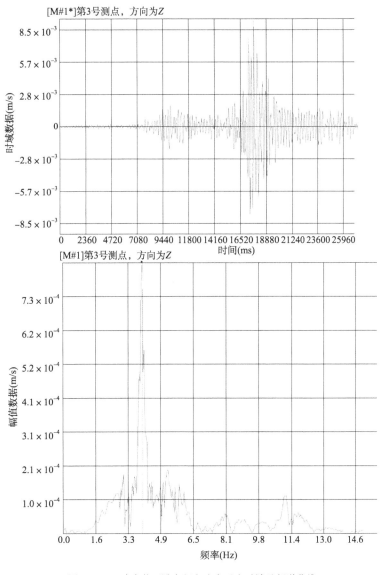

图 5-2-49　跨中截面跳车竖向速度反应时域及频谱曲线

西引桥在刹车作用下的响应及频域分析如图 5-2-50 所示。

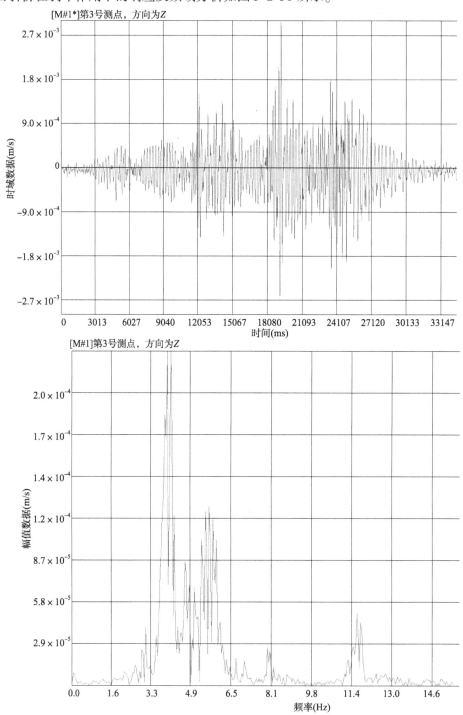

图 5-2-50 跨中截面刹车竖向速度反应时域及频谱曲线

图 5-2-49 是加载车以 20km/h 速度运行在跨中跳车时数据采集系统记录到的竖向速度反应时域及频谱曲线,图 5-2-50 是加载车以 20km/h 速度运行在跨中刹车时数据采集系统记录到的竖向速度反应时域及频谱曲线。从图 5-2-49 和 5-2-50 可见,在跳车荷载的作用下桥梁结构反应平稳,无异常现象发生,表明所测试结构的动力性能良好。

3）跑车测试结果

图 5-2-51 为跑车试验时竖向速度反应时域及频谱曲线。

图 5-2-52 为跑车试验时动应变采样信号时程图。

表 5-2-57 为西引桥跑车试验的实测冲击系数值。

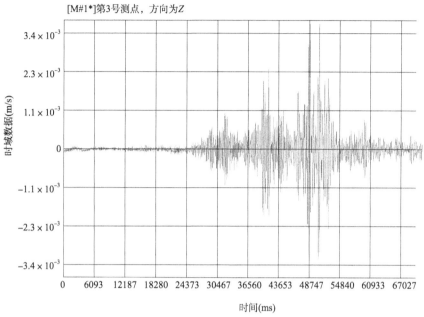

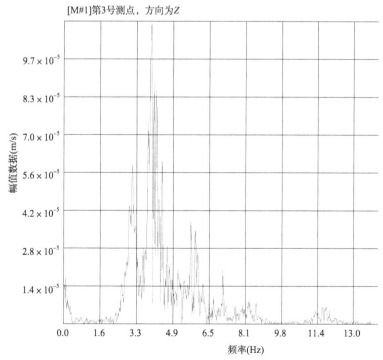

a) 20km/h

图 5-2-51

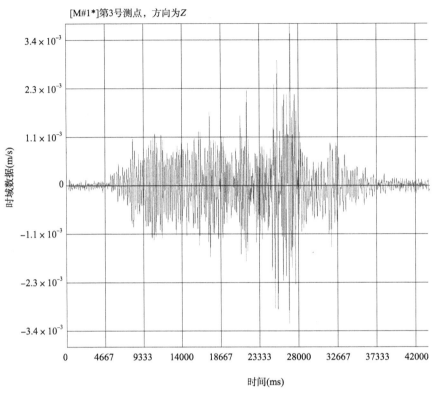

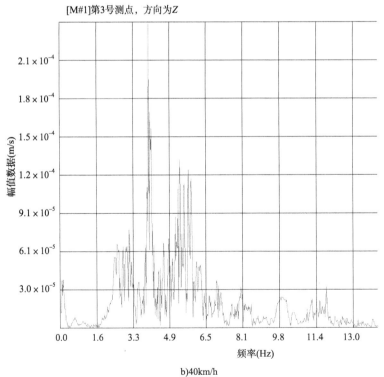

b) 40km/h

图 5-2-51

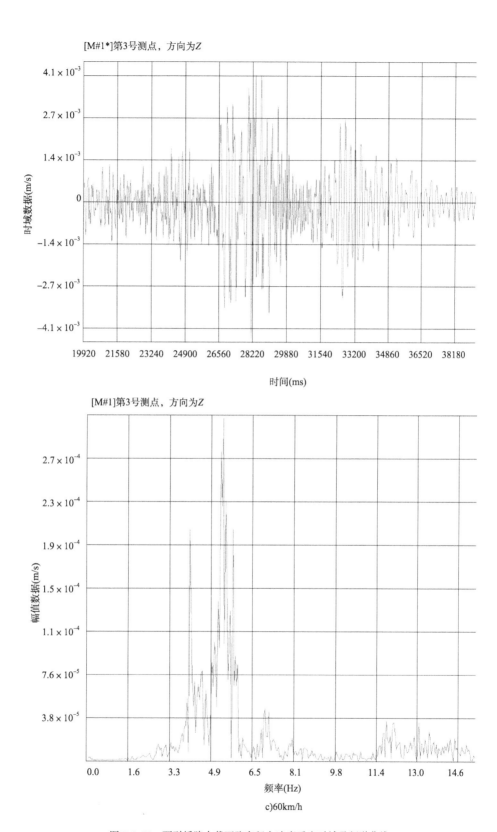

图 5-2-51 西引桥跨中截面跑车竖向速度反应时域及频谱曲线

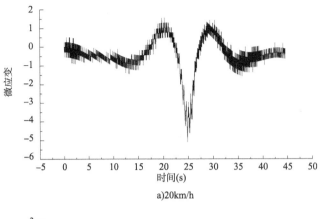

a) 20km/h

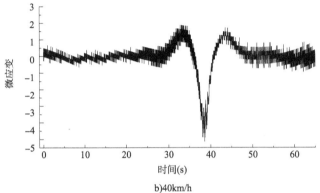

b) 40km/h

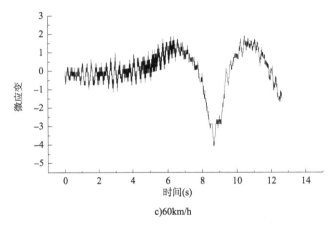

c) 60km/h

图 5-2-52 跨中截面跑车时动应变采样信号时程图

西引桥跑车试验的实测冲击系数值 表 5-2-57

车速(km/h)	20	40	60	平均值	最大值
冲击系数	0.16	0.17	0.19	0.17	0.19

动荷载作用下车辆行驶较平稳，某大桥西引桥加固后的冲击系数均值为 0.17，略大于按实测一阶自振频率(2.59Hz)计算出的冲击系数值 0.15。

(七) 动载试验结果评定

(1) 某大桥加固前、后的动力测试结果见表 5-2-58，表中"加固前"结果详见"某大桥静动载试验报告"(某桥梁科学研究院有限公司 2006 年 4 月)。从表中对比可以看出，某大桥主桥加固前后的结构前三阶振动频率变化不大、后两阶略有增大,说明主梁局部加固后,结构的整体刚度变化不大。

某大桥主桥加固前、后竖向振动频率比较　　　　表 5-2-58

主桥实测频率(Hz)			
加固前	加固后	加固前	加固后
1.65	1.66	2.08	2.25
1.77	1.76	2.24	2.24
1.92	1.91		

(2) 某大桥主桥和西引桥实测基频为 1.66、2.59,实测的结构固有频率与理论计算值基本接近,且实测值略大于计算值,表明大桥的动力性能和整体刚度满足设计荷载要求。

(3) 某大桥主桥和西引桥实测竖向基频阻尼分别为 1.556%、1.223%,基本上处于合理范围内。

(4) 主桥跑车试验表明:动荷载作用下车辆行驶较平稳,2 台试验车在某大桥主桥加固后的冲击系数均值为 0.13,大于按实测一阶自振频率(1.66Hz)计算出的冲击系数值 0.07,但小于"某大桥静动载试验报告"(某桥梁科学研究院有限公司 2006 年 4 月)中测得的最大冲击系数 0.21,表明加固后结构的冲击系数有所降低。西引桥在动荷载作用下车辆行驶较平稳,加固后的冲击系数均值为 0.17,略大于按实测一阶自振频率(2.59Hz)计算出的冲击系数值 0.15。

由于采用动应变测得的冲击系数实际为动荷系数,与规范中规定的冲击系数(位移之比)不同,这也是造成实测冲击系数与规范计算结果有差别的原因。

鉴于主桥荷西引桥在 20km/h、40km/h、60km/h 时速下结构的动态反应极为相近,表明结构在车辆行驶荷载作用下具有良好的受力和使用性能。

(5) 在跳车荷载的作用下桥梁结构反应平稳,无异常现象发生,表明所测试结构的动力性能良好。

五、静动载试验评定结论

对某大桥成桥结构的受力性能进行了比较系统的测试,获得了翔实且足以表征结构整体受力性能的测试数据,在对有关数据进行分析后,可以得出以下结论:

(一)静载试验

(1) 本次试验共选取 8 个断面进行加载试验,静载试验效率分别位于 0.844~0.955 之间,满足要求。

(2) 从各工况桥面挠度的测试结果可以看到,桥面挠度的实测值与计算值基本符合,而且一般小于计算值,挠度实测值与荷载之间基本接近线性关系,卸载后变形恢复良好,残余变形极小,表明结构在所施加荷载下尚处于线弹性范围内工作。

(3) 从应变的测试结果可以看到,结构内各测点的应力及应变与荷载之间基本保持线性关系,而且卸载后残余应力很小,表明结构在所施加荷载的作用下尚处于线弹性范围工作,结构受力性能良好。

(4) 该桥在各级试验荷载作用下,试验桥孔在荷载试验前后均未发现裂缝扩展迹象。

(5) 在试验荷载作用下桥墩未发生明显位移,这说明桥墩与地基基础处于正常工作状态,满足设计要求。

(6)加固 CFRP 筋与相邻的混凝土应变基本相同,加固钢板的应变与相邻的混凝土应变基本相同,符合应变协调条件,表明加固效果较好。

(二)动载试验

(1)某大桥主桥和西引桥实测基频为 1.66、2.59,实测的结构固有频率与理论计算值基本接近,且实测值略大于计算值,表明大桥的动力性能和整体刚度满足设计荷载要求。

(2)某大桥主桥和西引桥实测竖向基频阻尼分别为 1.556%、1.223%,基本上处于合理范围内。

(3)跑车试验表明动荷载作用下车辆行驶较平稳,20km/h、40km/h、60km/h 的时速下结构的动态反应极为相近,表明结构在车辆行驶荷载作用下具有良好的受力和使用性能。

(4)在跳车荷载的作用下桥梁结构反应平稳,无异常现象发生,表明所测试结构的动力性能良好。

综上所述,所测结构整体受力性能良好,已达到设计及相应的规范或规程的要求。由于试验荷载已经接近甚至超过设计荷载的 90%,因此可以认为该桥跨现有结构能够满足正常使用荷载的要求,现有结构整体在运营荷载作用下将具有足够的安全性能和良好的使用性能。

任务工作单

学习情境五:全桥检测 工作任务二:桥梁动载试验	班级			
	姓名		学号	
	日期		评分	
1. 概述 (1)荷载试验中试验车辆的横向布置一般取_____和_____两个工况进行。 (2)在荷载试验中,根据桥梁试验的需要确定荷载,分别计算荷载对控制截面产生的_____。 2. 简支板桥荷载试验测点布设 (1)简支板桥的荷载试验主要测试内容有_____、_____、_____和_____等。 (2)简直板桥跨中截面(最大正应力)沿竖向测点应布置在_____和_____,沿横向测点应布设在_____。 (3)控制桥梁试验的荷载有_____、_____、_____。 3. 简支梁桥荷载试验测点布设 (1)简支梁桥在跨中时受到的_____最大,支点处承受的_____最大。 (2)简支梁桥的荷载试验主要测试内容有_____、_____、_____、_____和_____等。 (3)对于较大跨径的简支梁,一般还应计算_____截面的弯矩和剪力。 (4)对简支梁桥,每个桥跨内布置不少于_____个挠度观测点,沿截面高度布置不少于_____个应变测点。 4. 连续梁桥荷载试验测点布设 (1)一般连续梁的最大负弯矩出现在_____,最大正弯矩有可能出现在_____。 (2)连续梁桥静载试验测试内容有:_____、_____、_____、_____和_____。 (3)连续梁桥动载试验测试内容有_____、_____和_____。 5. 悬臂梁桥荷载试验测点布设 (1)钢筋混凝土悬臂梁桥受力的最大特点是_____。				

(2)基桩完整性类别分_____、_____、_____和_____。
(3)连续梁桥荷载试验测试内容有:_____、_____、_____、_____、_____和_____。
(4)悬臂梁桥挠度测点主要有_____、_____和_____。
(5)悬臂梁桥动载试验测点主要有_____、_____和_____。

6. 小组讨论主要桥型的受力特点与测点布设要点。

7. 小组讨论测点表面处理的要点。

8. 小组讨论试验方案对于测试截面与测点布设的影响。

9. 小组讨论各测试量测试截面选择与测点布设的区别。

10. 小组讨论试验控制荷载及横向布设方法。

11. 小组讨论不同工况下测点布设的区别。

12. 分别在图1～图3上标示静载试验应力和挠度测点布设位置。

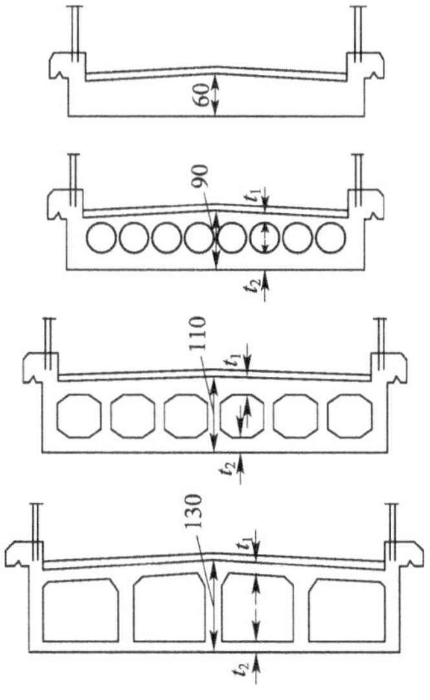

图1　板截面 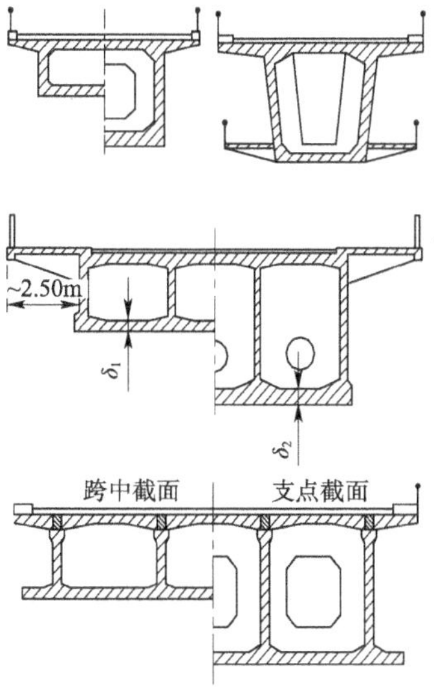　　　　图2　箱形截面 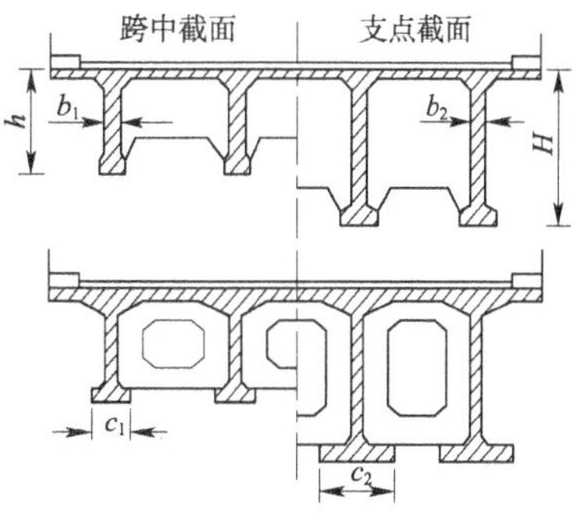　　　　图3　底部加强的T形截面

工作任务三 桥梁全桥检查(测)

任务概述

本工作任务是需要了解桥梁全桥检查(测)的重要性,掌握桥梁全桥检查(测)的基本方法,了解桥梁全桥检查(测)的质量控制,正确完成给定的桥梁全桥检查(测)的任务。学习要求是认真研读本工作任务的内容,查阅某桥梁全桥检查(测)的相关资料,重视理论联系实际。

相关知识

一、概述

(一)桥梁全桥检查的目的及意义

随着交通事业的飞速发展,公路交通作为我国经济建设中重点投资建设的行业,正以前所未有的规模和速度向前发展。在加快公路桥梁建设的同时,桥梁工程质量成为必须高度重视的重大问题,为了保证桥梁工程的质量,除了加强对勘察、设计和施工的管理外,对竣工桥梁实行全桥检查是最为直接有效的方法。

另外,大量的在役桥梁状况各异,有的已经接近或达到设计使用年限,有的结构性能发生了巨大变化,有的桥梁出现了不同程度的损伤,有的承载能力已大大降低而演变成险桥、危桥,在役桥梁能否继续使用也已成为公路管理决策部门的一件大事。为了给这类桥梁进行综合评定,为桥梁养护、维修加固及拆除改建提供决策支持,对桥梁进行全桥检查是必不可少的工作。

所以,无论对于新建桥梁还是在役桥梁,对其进行检查检测评价都具有十分重要的意义。总之,全桥检查对推动我国桥梁建设水平,确保桥梁工程施工质量,提高建设投资效益,保障人民生命财产安全,都具有十分重要的意义。

(二)全桥检查的内容

公路全桥检查一般包含桥梁调查、桥梁一般检查、桥梁详细检查和桥梁荷载试验四方面的内容。

(三)全桥检查工作程序

全桥检查工作应按规定程序进行,其一般程序如图5-3-1所示。

二、桥梁一般检查

(一)桥梁调查

(1)对需要鉴定的桥梁应进行实地考察,以初步了解桥梁的技术状况和主要存在的问题。

(2)应全面收集有关桥梁设计、施工、监理和运营、养护、试验检测以及维修加固等方面的技术资料。

(3)应向相关人员调查了解桥梁病害史、使用中的特别事件、限重限速原因、交通状况、今后改扩建计划、水文、气候、环境等方面情况。

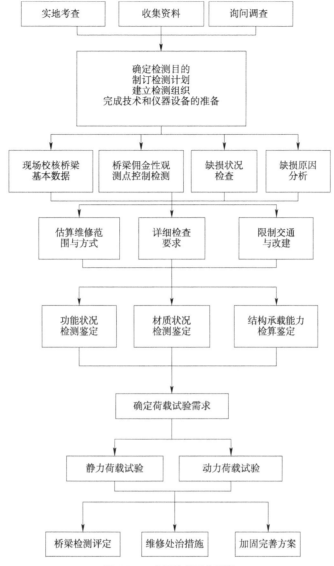

图 5-3-1 全桥检查工作程序

(二)桥梁一般检查

桥梁一般检查,又称桥梁普查,是对结构及其附属设施的所有构件或部位进行彻底系统的检查,记录所缺损的部位、范围和程度。

1. 桥梁一般检查的目的

桥梁一般检查以目测观察为主,辅以测量仪器,必须按照规范程序接近各部件,仔细检查其缺损情况,并完成以下工作:

(1)现场校核桥梁基本数据。
(2)记录各部件缺损状况并作出技术状况评分。
(3)判断缺损原因,估定维修范围及方式。
(4)难以判断损坏原因和程度的部件,提出详细检查(特殊检查)的要求。
(5)对损坏严重、危机安全运行的桥梁,提出限制交通或改建的建议。
(6)根据桥梁的技术状况,确定下次检查时间。

在进行大中型桥梁的一般检查时,应设立永久性观测点进行控制检测。大中型桥梁控制检测的项目及永久性观测点见表 5-3-1。

桥梁永久性控制点和检测项目　　　　　　　　　　　　　　　　表 5-3-1

	检测项目	检测点	备注
1	墩、台身索塔锚碇的高程	墩、台身(距地面或常水位 0.5~2m)、桥台侧墙尾部、顶面和锚碇的上、下游各 1~2 点	
2	墩、台身、索塔倾斜度	墩、台身(距地面或常水位 0.5~2m)、上、下游两侧各 1~2 点	
3	桥面高程	沿行车道两边(靠缘石处),按每孔跨中、$L/4$、支点等不少于 5 个位置(10 个点)。测点应固着于桥面板上	
4	拱桥桥台、吊桥锚碇水平位移	在拱座、锚碇的上、下游两侧各一点	
5	吊桥索卡滑移	在索卡处设 1 点	
说明	①上下行分离式桥按两座桥分别设点; ②倾斜度测点应用上下相距 0.5~1 m 的两点标记检测; ③永久性测点宜用统一规格的圆头锚钉和在铝板上用钢印编号,或靠地固着于被测部位上; ④所有测点的位置和编号,以及检测数据必须在桥梁总体图和数据表中注明,并归档		

2. 桥梁一般检查的内容与要点

1) 桥面系构造的检查

(1) 桥面铺装层纵横坡是否顺适,有无严重的裂缝(龟裂、纵横裂缝)、坑槽、波浪、桥头跳车、防水层漏水。

(2) 伸缩缝是否有异常变形、破损、脱落、漏水,是否造成明显的跳车。

(3) 人行道构件、栏杆、护栏有无撞坏、断裂、错位、缺件、剥落、锈蚀等。

(4) 桥面排水是否顺畅,泄水管是否完好、畅通,桥头排水沟功能是否完好,锥坡有无冲蚀、塌陷。

(5) 桥上交通信号、标志、标线、照明设施是否腐蚀、老化、失效,是否需要更换,是否适用。

(6) 检查桥上避雷装置是否完善,检测避雷系统性能是否良好。

(7) 桥上航空灯、航道灯是否完好,能否保证经常照明。结构物内供养护检修的照明系统是否完好。

(8) 桥上的通信、供电线路及设备是否完好。

2) 钢筋混凝土和预应力混凝土桥的检查

(1) 梁端头、底面是否清洁,是否生长苔藓、杂草等植物,箱形梁的腹腔内是否有积水,通风是否良好。

(2) 混凝土有无裂缝、挂白、表面风化、剥落、露筋和钢筋锈蚀,有无活性集料硅碱反应引起的整体龟裂现象。

(3) 预应力钢束锚固区段混凝土有无开裂,沿预应力筋的混凝土表面有无纵向裂缝,有无严重碳化。

(4) 梁(板)式结构主要检查梁(板)跨中、支点、变截面处、悬臂端牛腿或中间铰部位;刚构和桁架结构主要检查刚构固结处和桁架节点部位的混凝土开裂和钢筋锈蚀等缺损状况。

(5) 装配式梁桥应注意连接部位的缺损状况。

①组合梁的桥面板与梁的结合部位,以及桥面板之间的接头处混凝土有无开裂、渗水;

②梁(板)接缝、跨中、支点、变截面处、悬臂端牛腿或中间铰部混凝土有无开裂和钢筋锈蚀;

③横向连接构件是否开裂,连接钢板的焊缝有无锈蚀、断裂,边梁有否横移或向外倾斜。

3)拱桥的检查

(1)主拱圈的拱板或拱肋是否开裂。钢筋混凝土拱有无露筋、钢筋锈蚀等缺损状况。圬工拱桥砌块有无压碎,局部掉块,砌缝有无脱离或脱落、渗水,表面有无苔藓、草木滋生,拱铰工作是否正常。空腹拱的小拱有无变形、开裂、错位,立墙或立柱有无倾斜、开裂。

(2)拱上立柱(或立墙)上下端、盖梁和横系梁的混凝土有无开裂、剥落、露筋和锈蚀。中、下承式拱桥的吊杆上下锚固区的混凝土有无开裂、渗水,吊杆锚头附近有无锈蚀现象,外罩是否有裂纹,锚头夹片、楔头是否发生滑移,吊杆钢索有无断丝。用型钢或钢管混凝土芯的劲性骨架拱桥还要检查混凝土是否沿骨架出现纵向或横向裂缝。

(3)拱的侧墙与主拱圈间有无脱落,侧墙有无鼓突变形、开裂,实腹拱拱上填料有无沉陷。肋拱桥的肋间是否有横向连接开裂、表面剥落、钢筋外露、锈蚀等缺损。

(4)双曲拱桥还应注意检查拱肋间横向连接拉杆是否松动或断裂,拱波与拱肋结合处是否开裂、脱开,拱波之间砂浆是否松散脱落,拱波顶是否开裂、渗水等。

(5)薄壳拱桥应检查壳体纵、横向及斜向裂缝、系杆裂缝等。

(6)系杆拱还应检查系杆是否开裂,无混凝土包裹的系杆是否有锈蚀。

(7)钢管混凝土拱桥裸露部分的钢管及构件检查参见钢桥检查有关内容,同时还应检查混凝土是否填充密实,通常可用敲击法,以手锤敲击四周依次延及全拱,判断管内混凝土是否填充密实、黏附良好。

4)钢桥的检查

(1)构件(特别是受压构件)是否扭曲变形、局部损伤。

(2)铆钉和螺栓有无松动、脱落或断裂,节点是否滑动错裂。

(3)焊缝边缘(热影响区)有无裂纹或脱开。

(4)油漆层有否裂纹、起皮、脱落,构件有无腐蚀生锈。

(5)钢箱梁腹腔等封闭环境的湿度是否符合要求,除湿设施是否正常工作。

5)跨线桥与高架桥的检查

跨线桥、高架桥的结构检查同其他一般公路桥梁。跨线桥还应检查通道内有无积水,机械排水的泵站是否完好,排水系统是否畅通,高架桥还应检查防抛网、隔音墙是否完好。跨线桥和高架桥下的道路面是否完好,有无非法占用情况等。

6)支座的检查

(1)支座组件是否完好、清洁、断裂、错位、脱空。

(2)活动支座是否灵活,实际位移量是否正常,固定支座的锚销是否完好。

(3)支承垫石是否有裂缝。

(4)简易支座的油毡是否老化、破裂或失效,垫层厚度是否满足位移要求。

(5)橡胶支座是否老化、开裂,有无过火的剪切变形和压缩变形,各层加力钢板之间的丰胶层外凸是否均匀。

(6)四氟板支座是否脏污、老化,四氟乙烯板是否完好,橡胶块是否滑出钢板。

(7)盆式橡胶支座的固定螺栓是否剪断,螺母是否松动,钢盆外露部分是否锈蚀,防尘罩是否完好。

(8)组合式钢支座是否干涩、锈蚀,固定支座板的锚栓是否紧固,销板或销钉是否完好。

(9)摆柱支座各组件相对位置是否准确,受力是否均匀;辊轴支座的辊轴是否出现不允许的爬动、歪斜;摇轴支座的辊轴是否倾斜。

(10)钢筋混凝土摆柱支座的柱体有无混凝土脱皮、开裂、露筋,钢筋及钢板有无锈蚀。

7)墩台与基础的检查

(1)有否滑动、倾斜、下沉或冻胀。

(2)台背填土有无沉降、裂缝或挤压隆起。

(3)混凝土墩台及帽梁有无冻胀、风化、腐蚀、开裂、剥落、露筋等。

(4)石砌墩台有无砌块断裂、通缝脱开、变形,砌体泄水孔是否堵塞,防水层是否损坏。

(5)墩台顶面是否清洁,有无泥土杂物堆积、滋生草木,伸缩缝处是否漏水。

(6)基础下是否发生不许可的冲刷或掏空现象。扩大基础的地基有无侵蚀;桩基顶段在水位涨落、干湿交替变化处有无冲刷磨损、颈缩、露筋,有无环状冻裂现象,有无受到污水、咸水或生物的腐蚀。必要时,对大桥、特大桥的深水基础应派潜水员潜水检查。

8)调治构造物的检查

包括结构是否完好,功能是否适用,桥位段河床是否有明显的冲淤及漂浮物堵塞现象。

桥梁检查中常见的各种缺损均应在现场用油漆等将其范围及日期标记清楚。发现三类以上桥梁和有严重缺损和难以判断损坏原因和程度的桥梁,应做影像记录,并附病害状况说明。

3. 桥梁一般检查后应提交的文件

(1)典型缺损和病害的影像记录及说明。缺损状况的描述应采用专业标准术语,说明缺损的部位、类型、性质、范围、数量和程度等。

(2)两张总体照片。一张桥面正面照片,一张桥梁上游侧立面照片。桥梁改建后应重新照一次。如果桥梁拓宽改造后,上、下游桥梁结构不一致,还要有下游侧立面照片。

(3)一般检查报告。该报告应包括下列内容:

①桥梁的小修保养情况;

②桥梁的表观缺损情况与主要存在问题;

③需要大中修或改建的桥梁计划,说明修理的项目,拟用的修理方案,估计费用和实施时间;

④详细检查(特殊检查)的需求,说明检验的项目和理由;

⑤需限制桥梁交通的建议报告。

(三)混凝土旧桥常见病害

各种桥梁在制造及运营期间都可能产生不同的缺损(也称缺陷)。普通钢筋混凝土及预应力钢筋混凝土是桥梁结构中常用的材料,在制造和运营期间可能产生裂缝、保护层剥落、露筋、蜂窝、麻面、防水层及伸缩缝失效等。它们的危害程度与缺损的类型、发展性质及出现的部位有关,有时对结构的耐久性及载重等级影响较大。了解混凝土的病害特征,加强日常养护、维修,有利于提高桥梁耐久性。现将混凝土旧桥的常见病害归纳如下:

1. 裂缝

裂缝是钢筋混凝土桥梁及圬工拱桥中普遍存在的一种缺陷和主要病害。一般裂缝有两种类型:一种是由于桥梁结构承载力或刚度不足,在荷载作用下产生的裂缝,通常有纵向裂缝和横向裂缝两种;另一种是施工时由于质量缺陷而出现的裂缝,这种裂缝通常产生在钢筋混凝土桥梁中及石拱桥的灰缝部位。由于裂缝是桥梁的重大病害之一,因此,不管是哪一种裂缝,只要裂缝的宽度和数量超出规范允许的范围和限度,都会导致结构恶化,影响到桥梁的承载能力和使用寿命,应该引起高度重视,及时进行修补。

1)裂缝成因

分析裂缝的成因,可为裂缝的危害性评定及裂缝修复提供依据。混凝土开裂的原因很多,但归纳起来基本上是以下四个方面的原因:设计考虑不周、材料使用不当、施工质量达不到要求及外界环境的不良影响。为了提高混凝土结构的质量,在表 5-3-2 中,列出了混凝土结构裂缝形成的主要原因,以便从各方面努力,减少裂缝的产生。

混凝土结构裂缝形成的主要原因 表 5-3-2

类 别			序号	原 因
荷载及计算	荷载	永久荷载	1	超过设计荷载
		可变荷载	2	载货量增大,超载
	构造、设计、计算		3	结构形式或桥形布置不合理
			4	断面急变,各部分比例不当
			5	使用计程序或输入数据不妥,计算有误
材料施工使用环境	水泥		6	水泥质量不好、凝结、膨胀不正常
			7	大体积混凝土水化热高
	集料		8	材料不合格或级配不良
			9	含泥量过高,清洗不充分
			10	碱集料反应
	混凝土		11	混凝土中的外加剂不当或过量
			12	混凝土的质量不好,有沉缩或泌水现象
			13	混凝土的收缩
	混凝土	拌和	14	拌料拌和不均匀
		运输	15	混凝土运输时间过长、水分蒸发过多
		浇筑	16	浇筑顺序不当
			17	浇筑速度过快
		振捣	18	振捣不密实、不均匀
			19	硬化前受振动或过早受力
		养护	20	养护初期急剧干燥、失水
			21	养护初期受冻
		接头	22	接头处理不当
	钢筋		23	钢筋质量欠佳或数量不够
			24	保护层厚度不足或厚度过大
	模板		25	模板刚度不足,变形过大
			26	漏浆或渗水
			27	过早拆模
	支架		28	支架间距过大或产生不均匀沉降
	湿度与温度		29	温度或湿度急剧变化
			30	构件两面温湿度相差过大,内外温差过大
	化学作用		31	酸或盐类的化学作用
			32	碳化引起的钢筋锈蚀
			33	氯化物引起的钢筋锈蚀

2)梁式桥的常见裂缝

桥梁裂缝是桥梁缺陷的集中表现,也是桥梁中最常见的病害。大量的工程实践和理论分析表明,钢筋混凝土构件基本上都是带缝工作的。在桥梁结构中,当受拉区的应力超过混凝土或砂浆的实际抗拉强度时,必然会出现裂缝。只是一般的裂缝很细很短,对结构的使用没有大的危害,混凝土有了细小裂缝,钢筋才能发挥作用。裂缝宽度的限值应满足《公路桥涵养护规范》(JTG H11—2004)的相关要求,裂缝限值见表5-1-6。

当裂缝宽度在限定值以内时,大气中的湿气、水分一般难于大量渗透到钢筋上,因而钢筋不会遭到严重锈蚀,结构的耐久性也不会因此而受到明显影响。当裂缝超过规范要求时应进行修补,以保证结构的耐久性。

在预应力混凝土梁中,裂缝的危害性更大,湿气、水分渗透到钢丝上,引起钢丝锈蚀。由于钢丝的直径比钢筋的直径小得多,因而锈蚀对钢丝的影响比钢筋厉害得多。因而在预应力混凝土梁中对裂缝控制更加严格。对于潮湿的空气中含有较多腐蚀性气体时,缝宽的限制也应要求严格一些;由于裂缝的影响而降低结构的承载能力,在桥梁实践中是司空见惯的事。

梁式桥中能出现的裂缝很多,下面主要通过钢筋混凝土简支梁(板)桥,介绍梁式桥常见的裂缝。

(1)梁(板)受拉区的竖向裂缝

简支梁(板)的竖向裂缝,是由正弯矩引起的,一般在梁(板)的跨中附近,从梁(板)的受拉区边缘,大致与主筋垂直的方向向上延伸。缝宽度一般在0.03~0.2mm之间,裂缝之间的最小间距为0.05~0.2mm。

对于连续梁,除了跨中附近有自下而上的竖向裂缝外,中间支点附近会出现自上而下的由负弯矩引起的竖向裂缝。

上述裂缝主要是梁(板)受荷载作用产生的弯曲裂缝。根据桥梁荷载试验的实际观察,在较大的加载下,原来延伸较长的裂缝,长度和宽度都有缓慢的增加。卸载之后,这些裂缝的长度基本上可以恢复到原来的状态。

竖向裂缝,是钢筋混凝土梁式桥中不可避免的。一般认为,只要这类裂缝在梁(板)侧面的延伸长度达不到计算截面的中性轴,而其最大宽度又在0.2mm的范围内,当属正常裂缝。对于正弯矩裂缝,一般可不进行处理,但对负弯矩裂缝,因易受雨水的影响,即使裂缝小于0.2mm,也应采取防水措施,避免因雨水侵蚀而加速钢筋锈蚀。当桥台沉陷时,连续梁中墩顶部的负弯矩裂缝,更应给予足够的重视。

(2)斜裂缝

梁式桥中的斜裂缝有两种:一种是由主拉应力引起的梁腹板上的斜裂缝;另一种是由于斜截面抗弯能力较弱所引起的斜裂缝。

第一种斜裂缝多发生在梁支点附近的腹板上,主要是主拉应力过大而产生的。裂缝一般从端横隔板内侧开始,沿45°~60°方向的斜线向上攀升。裂缝的宽度是两头小而中间大,在到达梁的上下缘之前就消失了。因为梁的上下缘一般都有较多的纵向主筋(或纵向钢束),它有抑制斜裂缝的作用,因而斜裂缝在到达这些主筋或钢束之前,一般都会消失。

上述裂缝产生的原因是:在车辆荷载作用下,在靠近支点的腹板上,剪力大而弯矩小,由于产生的主拉应力超过了混凝土的抗拉强度,则在梁的腹板中出现斜裂缝,这类裂缝在预应力钢筋混凝土梁中特别危险,可以明显降低梁的承载能力。

造成斜裂缝宽度较大的主要原因是斜筋（或箍筋）不足，对于预应力钢筋混凝土梁，则往往是斜向钢束起弯过早，梁端缺少斜向钢束所致。在前一个时期，有一些预应力梁（主要是连续梁），梁端出现了比较严重的斜裂缝，给修复加固造成了较大的困难，今后必须予以重视。

第二种斜裂缝，又称弯剪斜裂缝，是由于斜截面抗弯能力较弱所引起的。它与主拉应力产生的斜裂缝有明显的不同，弯剪斜裂缝与由梁中正弯矩产生的竖向裂缝相似，裂缝是由梁底向腹板延伸，裂缝的宽度是下面大、上面小，而不像主拉应力所产生的斜裂缝是中间大、两头小。

（3）钢筋锈蚀引起的顺筋裂缝

由于混凝土质量较差或保护层厚度不足，二氧化碳侵蚀碳化至钢筋表面，使钢筋周围混凝土碱度降低，或由于氯化物侵入，钢筋周同氯离子含量较高，均可引起钢筋表面氧化膜破坏，钢筋中铁离子与侵入到混凝土中的氧气和水分发生腐蚀反应，其锈蚀物氢氧化铁体积比原来增长2~4倍，导致保护层混凝土开裂，沿钢筋纵向产生裂缝，其最大延伸长度可达到梁跨度的一半，裂缝宽度可达4mm，危害极大。钢筋引起的顺筋裂缝。

3）拱式桥的常见裂缝

拱式桥的形式很多，但裂缝较多而又有代表性的，当数双曲拱桥。拱桥中有共性的裂缝，双曲拱桥基本上都有，而双曲拱桥中的有些裂缝其他拱桥就没有。下面以双曲拱桥为例，介绍拱式桥中常见的裂缝。

（1）拱桥的径向裂缝拱桥径向裂缝经常发生在拱脚和拱顶两个部位，其方向与拱轴线垂直。

拱脚附近的径向裂缝是由负弯矩引起的。上宽下窄，垂直于拱轴线向下延伸。当拱背布置有纵向钢筋时，从拱脚截面上缘开始，可出现几条大致平行的裂缝。裂缝宽度最大的一条在拱脚，向1/4跨方向逐渐减小。如裂缝宽度超过0.25mm时，应视为不正常裂缝。当拱背无钢筋时，裂缝的宽度往往较大，但缝数较少。

拱顶附近的径向裂缝是由正弯矩引起的。裂缝下宽上窄，沿竖直方向向上延伸。裂缝宽度拱顶较大，向1/4跨方向逐渐减小以至消失。这种裂缝还会引起拱顶下沉。

拱圈的径向裂缝是拱桥中最常见的裂缝。建造拱桥时，应提高质量，采取有效措施，避免产生裂缝。但在已建成的拱桥中，拱脚、拱顶出现了径向裂缝时，不要看得过于严重，只要拱脚、拱顶处的径向裂缝没有到达截面的中性轴，不会明显降低拱的承载能力，并无垮塌的危险，一般可以（或者通过加同）继续利用。拱圈有径向裂缝，未经论证，不能作为拆除拱桥的理由。

产生径向裂缝的主要原因是截面整体性差和温度下降、混凝土收缩和墩台变位的影响。

（2）拱圈的纵向裂缝拱圈宽度较大（8~10m以上）的圬工拱桥和双曲拱桥中，常见拱圈出现纵向裂缝，这种裂缝通常在桥面中线附近顺跨径方向延伸，严重时有贯通全桥、将拱圈"一分为二"之势。当拱圈宽度很大（≥20m时），还可能出现第二条纵向裂缝。

产生这种裂缝的主要原因是：

①拱圈截面的形式不够合理，截面不能适应热胀冷缩变化规律。

②横向联系比较薄弱，荷载横向分布很不均匀。

③拱圈的砌筑质量不符合要求。

（3）拱肋与拱波结合面上的环向裂缝拱肋与拱波结合面上的环向裂缝。

这种裂缝仅发生在双曲拱桥中。环向裂缝的最大宽度一般是在拱脚和拱顶，从拱脚和拱顶向1/4跨裂缝逐渐减小以至消失。不同部位的环向裂缝由不同的原因所形成。拱脚附近的环向裂缝主要是由肋、波之间的抗剪能力很弱、拱脚剪力较大所引起的,而拱顶附近的环向裂缝,则是由于拱肋受拉时产生了径向拉力,而肋波间抗拉能力很小所产生的。

早期采用矩形拱肋的双曲拱桥,肋、波、板的结合面非常薄弱,特别是采用无支架吊装施工时,在吊装过程中施工人员需要在拱肋上来回行走,使拱肋顶面不清洁甚至沾上了油污,截面实际抗剪和抗拉的能力都很小,因而这个结合面上很容易出现环向裂缝。严重时拱肋与拱波完全脱开,使按组合截面计算的主拱圈变成了叠合截面,大大地降低了桥梁的承载能力,其后果比较严重。

后期采用倒T形拱肋的双曲拱桥,肋、波、板结合较好,只要桥台无明显变位,施工时又能保证质量,采用这种截面形式可以避免肋波之间出现环向裂缝。

4)裂缝评定

对于旧桥,试验荷载作用下绝大部分裂缝宽度应不大于表5-3-3规定的允许值。当结构具有足够的承载能力但裂缝宽度超过表中规定时应采取防护措施以保证结构的耐久性。当结构裂缝发展严重或裂缝仍在继续发展时,应从上部构造本身和地基基础两方面查明原因,对桥梁采取有效的加固措施。

裂 缝 限 值 表 表5-3-3

结构类型	裂缝部位			允许最大裂缝宽(mm)	其他要求
钢筋混凝土梁	主筋附近竖向裂缝			0.25	不允许贯通结合面
	腹板斜向裂缝			0.30	
	组合梁结合面			0.50	
	横隔板与梁体端部			0.30	
	支座垫石			0.50	
	梁体竖向裂缝			不允许	
	梁体纵向裂缝			0.20	
预应力混凝土梁	墩台身	经常受侵蚀性环境水影响	有筋	0.20	不允许贯通墩台身截面的一半
			无筋	0.30	
		常年有水但无侵蚀性影响	有筋	0.25	
			无筋	0.35	
		干沟或季节性有水流		0.4	
		有冻结作用部分		0.20	

2. 桥面系常见病害

桥面系直接承受车辆荷载,最容易产生病害,也是设计时最容易忽略的部位。桥面系不但影响着桥梁的美观,还决定着桥梁的耐久性,尤其是对于预制梁的上部结构,桥面铺装的损坏、伸缩缝的损坏都会引起梁体的损坏,引起单梁受力甚至破坏。现将桥面系的几种常见病害介绍如下。

1)桥面铺装层损坏

对于沥青类铺装层所产生的缺陷,主要有泛油、松散、露骨、裂缝、壅包、车辙、拉断和脱落等;对于水泥混凝土铺装层所产生的主要缺陷是磨光、裂缝、脱皮及松散破碎等。

2)人行道构件损坏

人行道构件损坏主要包括人行道铺装的开裂、破损及缺失等。

3)栏杆或防撞墙损坏

栏杆或防撞墙损坏主要包括栏杆的断裂、混凝土脱落、剥落及钢管锈蚀等。

4)伸缩缝损坏失效

伸缩缝的损坏主要包括伸缩缝的缺失、软性填料的老化脱落、钢板断裂及钢板和角钢的焊缝破裂等。

3. 上部结构常见病害

1)上部主要承重构件破损

上部主要承重构件破损主要表现在由于钢筋锈蚀严重,T梁腹板下缘、翼缘底部、空心板底面及拱肋底部由于钢筋锈蚀引起纵向通长裂缝,并引起混凝土大面积涨鼓、钢筋保护层剥落;承重构件混凝土表面侵蚀严重,呈现疏松、风化现象。

2)上部一般承重构件破损

上部主要承重构件破损主要表现在横隔梁缺失;横隔梁钢板连接处混凝土剥落,钢板外露或连接横隔梁钢板锈蚀损坏。

4. 下部结构常见病害

下部结构的常见病害表现在墩台表面裂缝、混凝土表面侵蚀、蜂窝麻面现象、基础外露、侵蚀严重等。

(四)桥梁承载能力检算

1. 遵循的规范

桥梁的承载能力检算,主要应按照交通运输部颁布的《公路桥涵设计通用规范》(JTG D60—2004)、《公路圬工桥涵设计规范》(JTG D61—2005)、《公路钢筋混凝土及预应力混凝土桥涵设计规范》(JTG D62—2004)、《公路桥涵地基与基础设计规范》(JTG D63—2007)及其他有关规范(以下简称"规范")进行。也可应用已被科研证实能挖掘桥梁潜力的、可靠的分析计算方法。

2. 检算荷载的采用

一般应按桥梁所存路线近期载重要求(汽车与人群、平板挂车、履带车),应按交通运输部颁布的《公路工程技术标准》(JTG B01—2014)的荷载等级进行检算。

当桥梁需要临时通过特殊重型车辆荷载,且重型车辆产生的荷载效应大于该桥近期要求达到的标准荷载等级的荷载效应时,可按重型车辆的载重要求直接检算桥梁。

3. 承载能力检算

为了充分利用旧桥,如按规范要求布置挂车或履带车检算桥梁承载能力不能通过时,也可采取限制车辆的运行路线(如加大车轮边缘与路缘石的间距)、车间距、车速等措施进行承载能力检算。

4. 检算要点

根据桥梁的实际状况,参考以往的设计计算资料,着重进行结构主要控制截面、结构薄弱部位的检算。除结构裂缝发展严重,刚度显著降低的旧桥外,一般可不必检算桥梁的刚度。多孔桥结构相同、跨径相同的孔,应选择受力最不利与损坏较严重的孔进行检算。

检算时应以实际调查的结构各部尺寸及材料强度为依据,若实际调查值与设计值相差不大时,仍可按设计值进行检算。如质量问题严重的构件,应根据检查资料进行强度折减。

梁式桥桥面铺装混凝土与梁体结合较好时,可考虑其参与共同受力。组合梁桥如接合面产生开裂、错位等现象应对其组合截面进行适当的折减。

钢筋混凝土梁桥缺乏主梁配筋资料时,可参考同年代类似桥梁及图纸进行承载能力估算。最好以仪器探测的主筋尺寸、位置及数量作为检算依据。

砖石及混凝土拱桥主拱圈如已开裂,应检算开裂处的局部受力,当裂缝高度超过截面中性轴时,内力计算时开裂处应作为铰接点处理。

拱桥拱上建筑的联合作用应予以考虑。可根据拱上建筑的类型、完好程度及所检算的截面位置等区别对待。

当墩、台发生不均匀沉降、滑移或倾斜时,应对地基承载能力进行检算,并检算对超静定上部结构内力的影响。

计算永久荷载时,应采用桥梁经养护、维修、加固后的实际恒载重量。

(五)桥梁详细检查

1. 桥梁详细检查的目的

仅通过桥梁普查,并不能够对旧桥材料状况及结构整体耐久性进行评定,尤其对那些原始设计资料不足的旧桥。所以在旧桥检测中还需要对桥梁结构采用一些专门的技术和检测设备进行深入而细致的检测,桥梁详细检查,简称桥梁详查,包括通过无损和半破损的技术来检测混凝土的强度、确定混凝土中钢筋分布和保护层厚度、混凝土内部缺陷的超声法检测、钢筋锈蚀电位的检测及钢结构的无损检测等。

2. 详细检查包括的内容

(1)结构材料及缺损状况的检测。主要包括结构缺损程度检测、材料物理与力学性能检测和材料腐蚀状况及化学性能测试等。

(2)结构功能状况检测。主要包括结构固有模态参数测定、结构几何形态测量、恒载变异状况调查及墩台基础变位调整等。

公路旧桥常见的检测项目如表5-3-4所列。

公路旧桥常见检测项目　　　　　　　　　　　　　表5-3-4

序号	常见检测项目	序号	常见检测项目
1	桥梁结构重力变异状况调查	9	混凝土电阻率的检测
2	桥梁几何形态参数的测定	10	混凝土碳化深度测量
3	结构构件表观状况详细检查	11	混凝土结构中钢筋分布状况及保护层厚度的检测
4	结构构件材质强度检测	12	桥梁结构模态参数的测定
5	结构构件内部缺陷与表层损伤的测定	13	索结构索力的测定
6	裂缝深度检测	14	桥梁基础与墩台变位情况的调查
7	钢筋锈蚀电位测量	15	地基与基础的检验
8	混凝土中氯离子含量的测定		

3. 详细检查后做出的鉴定

详细检查应根据桥梁的破损状况和性质,采用仪器和设备,进行专门的检测与检验,针对桥梁现状进行检算分析,形成结论性鉴定意见。

(1)桥梁结构材料缺损状况。包括对材料物理、化学性能、材料损坏程度及缺损原因的测试鉴定。

(2)桥梁结构承载能力。包括对结构强度、稳定性和刚度的验算分析与荷载试验需求确定。

(3)桥梁防灾能力。包括桥梁抗洪水、抗流冰能力以及地质灾害影响的检测鉴定。

桥梁材料缺损状况鉴定,可根据鉴定要求和缺损的类型、位置,选择表面测量、无破损检测技术和局部取试样等可靠有效的方法,试样应在有代表性构件的次要部位获取;桥梁结构承载能力鉴定,一般采用在详细检查的基础上通过结构检算分析,必要时结合荷载试验的方法;桥梁抗灾能力鉴定,一般采用现场测试和检算的方法,特别重要的桥梁可进行模拟试验。

4. 详细检查的报告包括的内容

(1)概述检查的一般情况。包括桥梁的基本情况,检查的组织、时间、背景和工作过程等。

(2)目前桥梁技术状况的描述。包括现场调查,检测项目及方法、检测数据与分析结果、桥梁技术状况评价等。

(3)结构材料缺损状况鉴定、桥梁结构承载能力鉴定、桥梁抗灾能力鉴定情况等。

(4)详细阐述检查部位的损坏程度及原因,并提出结构部件和总体的维修、加固或改建的建议方案。

任务实施主要掌握桥梁全桥检查(测)的主要工序、基本方法和质量标准。

根据施工单位或业主的要求,接受检测任务。进行检测设备与资料的准备,进入施工现场,按照事先确定的检测方法,进行检测数据的采集,对检测数据进行分析与整理,编制检测报告。

现以修水县渣津镇某大桥结构检查(测)与现状评定为例,将任务实施叙述如下:

一、工程概况

某大桥位于修水县渣津集镇中街同渣河北岸罗汉嘴接壤处,全桥长86.5m,为两孔净跨径36m的钢筋混凝土双曲拱桥,矢跨比为1/7,净矢高为5.14m,拱轴系数 $m=2.24m$。桥面横向布置:0.25m(安全带)+4.5m(车道)+0.25m(安全带),某大桥总体布置如图5-3-2所示。

设计荷载标准:公路—Ⅱ级。

二、检查目的

随着修水县国民经济不断发展及进一步改革开放,通行于某大桥的交通量与重载交通量不断增大,这将严重影响桥梁的使用安全性和耐久性。因此,为查明某大桥的实际情况,对该桥进行一次全面系统的结构检查是非常必要的。通过现场的实测数据对某大桥现状进行客观评价,对桥梁缺损和病害处治提出措施建议,从而为下一步实施维修加固工作提供技术依据;以及为该桥的养护、运营及管理提供技术依据。

三、检查技术规范

(1)《公路工程质量检验评定标准 第一册 土建工程》(JTJ F80/1—2004);
(2)《公路桥涵养护规范》(JTG H11—2004);
(3)《公路工程技术标准》(JTG B01—2014);
(4)《公路桥涵设计通用规范》(JTG D60—2004);

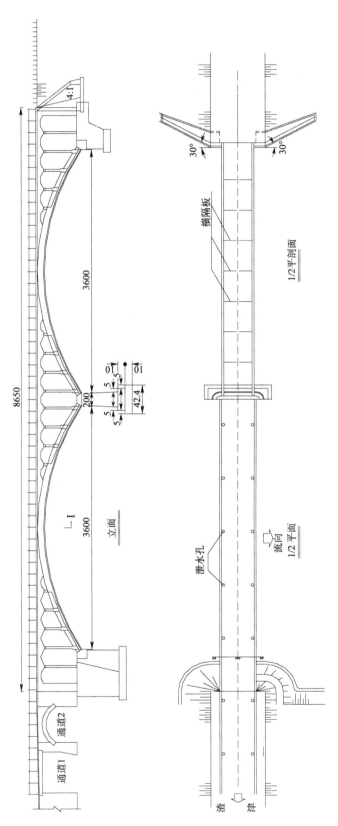

图 5-3-2 某大桥总体布置图(尺寸单位:cm)

(5)《公路桥涵施工技术规范》(JTG/T F50—2011);
(6)《公路桥涵地基与基础设计规范》(JTG D63—2007);
(7)《公路钢筋混凝土及预应力混凝土桥涵设计规范》(JTG D62—2004);
(8)《回弹法检测混凝土抗压强度技术规程》(JGJ/T 23—2011);
(9)《公路桥梁承载能力检测评定规程(报批稿)》(交通运输部公路科学研究所);
(10)《修水县渣津区某大桥施工图设计》(江西省某研究所)。

四、检查内容

根据某大桥的结构特点,某大桥结构检查分为以下几个方面内容:

(一)大桥结构尺寸检测

1. 桥面平、纵面检查(测)

采用全站仪对桥面跨中、桥台端部等3个断面进行了平、纵面检测,每个断面分别检测桥面上、下游边缘、桥面中心线共3个点。全桥共计9个测点。检测桥梁的平、纵、横三面线形,查明桥梁的平、纵、横三面线形的变化情况。

2. 拱轴线检测

拱轴线是拱桥的灵魂,拱轴线的形状不仅直接影响着拱圈的内力分布及截面应力大小(拱圈的承载能力),而且它与结构的耐久性(开裂影响)有着密切的联系,因此本次检测把拱轴线检测作为重要的检测项目之一进行检测。本次采用全站仪对全桥2跨拱轴线形采用坐标法进行检测。

3. 其他主要构件尺寸检查

本次检查对该桥的主拱圈截面(拱肋截面尺寸和拱波尺寸)、桥墩尺寸和桥台尺寸几个主要构件的尺寸进行了检查。

(二)大桥各主要混凝土构件强度检测

1. 拱肋混凝土强度检测

混凝土强度检查采用"回弹法"对拱肋混凝土强度进行测试,每片拱肋选取10个测区进行回弹测试,测区布置在构件混凝土浇筑方向的侧面。每个测区共击弹16个回弹值。测试面清洁、平整、干燥且无接缝、浮浆,并避开了蜂窝、麻面部位。

2. 混凝土碳化深度检测

混凝土碳化深度检测是在混凝土强度测区附近进行测试,对混凝土钻孔,用酒精擦拭干净后立即采用酸碱指示剂滴在待测区混凝土表面上,取得碳化深度值。

(三)钢筋及保护层厚度检测

本次检测采用DJGW钢筋位置测定仪对主拱肋的钢筋间距和保护层厚度进行了检测。

(四)桥梁结构病害检查

根据某大桥的结构受力特点,本次检测对以下几个主要构件进行了病害检查,观测构件是否出现裂缝,为下一步维修加固设计提供技术依据:

(1)桥面系病害检查。
(2)主拱圈病害检查。
(3)拱上建筑病害检查。
(4)桥梁墩台病害检查。

五、大桥结构尺寸检测

1. 桥面线形检测

在桥面上取拱肋 8 分点进行测试,每个断面分别检测桥面上、下游边缘、桥面中心线共 3 个点。检测桥梁的平、纵、横三面线形,查明桥梁的平、纵、横三面线形的变化情况,实测结果见表 5-3-5(靠渣津镇侧对应读数编号 1、2、3、…、17、18)。

桥面线形结果   表 5-3-5

	测点编号	1	2	3	4	5	6	7	8	9
桥面上游边缘	实测数据(m)	0.91	0.94	0.96	0.98	1.00	1.01	1.01	1.01	1.02
	相对高差(m)	0	0.03	0.02	0.01	0.02	0.01	0.00	0.00	0.01
	测点编号	10	11	12	13	14	15	16	17	18
	实测数据(m)	1.03	1.03	0.99	0.99	1.00	0.97	0.94	0.94	0.94
	相对高差(m)	0.01	0.00	−0.04	0.00	0.01	−0.03	−0.03	0.00	0.01
桥面中心线	测点编号	1	2	3	4	5	6	7	8	9
	实测数据(m)	0.93	0.95	1.01	1.01	1.04	1.03	1.03	1.04	1.04
	相对高差(m)	0	0.02	0.05	0.01	0.02	−0.01	0.00	0.02	−0.01
	测点编号	10	11	12	13	14	15	16	17	18
	实测数据(m)	1.03	1.02	1.01	1.00	1.02	0.99	0.94	0.94	0.94
	相对高差(m)	−0.01	0.00	−0.01	−0.01	0.02	−0.03	−0.05	0.00	0.00
桥面下游边缘	测点编号	1	2	3	4	5	6	7	8	9
	实测数据(m)	0.91	0.95	0.95	0.98	1.02	1.01	1.00	1.00	1.02
	相对高差(m)	0	0.04	0.00	0.03	0.04	−0.01	−0.01	0.00	0.02
	测点编号	10	11	12	13	14	15	16	17	18
	实测数据(m)	1.01	1.00	1.01	1.00	1.02	1.00	0.95	0.94	0.96
	相对高差(m)	−0.01	−0.01	0.01	0.00	0.01	−0.02	−0.05	−0.02	0.02

注:以起始测点 1 号点为基点。

2. 拱轴线检测

采用全站仪对全桥 2 跨 6 根拱肋拱轴线采用坐标法进行了检测,并绘制实测拱轴线与设计拱轴线对比分析图,如图 5-3-3 ~ 图 5-3-8 所示。

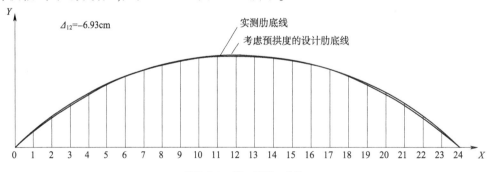

图 5-3-3 第一跨第一片肋

注:1. 本图将拱轴线分成 24 个截面控制。
    2. 沿前进方向为第一跨,上游侧肋为第一片肋。

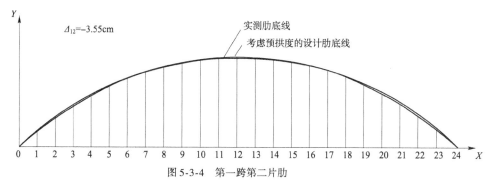

图 5-3-4　第一跨第二片肋

注：1. 本图将拱轴线分成 24 个截面控制。
　　2. 沿前进方向为第一跨，上游侧肋为第一片肋。

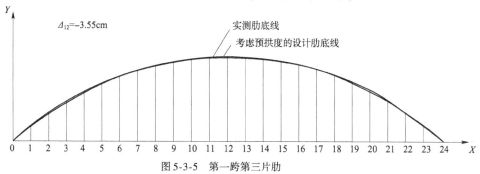

图 5-3-5　第一跨第三片肋

注：1. 本图将拱轴线分成 24 个截面控制。
　　2. 沿前进方向为第一跨，上游侧肋为第一片肋。

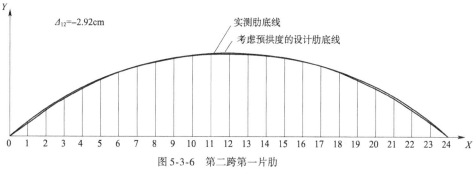

图 5-3-6　第二跨第一片肋

注：1. 本图将拱轴线分成 24 个截面控制。
　　2. 沿前进方向为第一跨，上游侧肋为第一片肋。

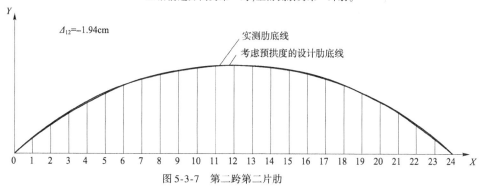

图 5-3-7　第二跨第二片肋

注：1. 本图将拱轴线分成 24 个截面控制。
　　2. 沿前进方向为第一跨，上游侧肋为第一片肋。

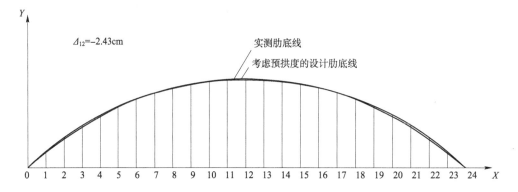

图 5-3-8 第二跨第三片肋

注:1. 本图将拱轴线分成 24 个截面控制。
　　2. 沿前进方向为第一跨,上游侧肋为第一片肋。

3. 主要构件尺寸检查

主拱圈截面(拱肋截面尺寸和拱波尺寸)、桥墩尺寸、桥台尺寸基本符合设计要求。

六、大桥各主要混凝土构件强度检测

混凝土检查主要测试混凝土裂缝、混凝土强度、混凝土碳化深度等情况,分析桥梁混凝土病害的确切原因和程度,确定桥梁的技术状态,判断桥梁的安全性和适用性。

1. 拱肋混凝土强度检测

采用"回弹法"对拱肋混凝土强度进行测试,每片拱肋布置 10 个测区,混凝土碳化深度取平均值,回弹测试结果见表 5-3-6 ~ 表 5-3-8 所示。

回弹法测试成果表　　　　表 5-3-6

构件	测区	回弹结果										平均碳化深度(mm)	换算强度(MPa)	平均值(MPa)	标准差(MPa)
		1	2	3	4	5	6	7	8	9	10	R_a			
第一跨第一片肋	1	46	46	50	46	50	49	49	51	48	52	48.7	3.0	46.9	40.2	5.43
	2	46	48	45	47	43	43	48	47	43	48	45.8		41.5		
	3	46	48	46	47	48	52	48	46	47	52	48.0		45.6		
	4	52	52	50	50	48	46	52	48	47	48	49.3		48.2		
	5	40	40	44	41	34	36	41	35	34	46	39.1		30.7		
	6	44	44	46	45	40	44	41	46	47	48	44.5		39.2		
	7	46	43	40	43	45	41	46	47	47	43	44.1		38.5		
	8	42	44	43	45	46	48	47	41	42	46	44.4		39.0		
	9	43	45	41	43	41	41	41	42	46	47	43.0		36.6		
	10	44	46	44	42	41	40	42	41	46	47	42.7		36.1		
现龄期构件混凝土强度推定值(MPa)=31.3																

续上表

构件	测区	回弹结果										平均碳化深度 (mm)	换算强度 (MPa)	平均值 (MPa)	标准差 (MPa)
		1	2	3	4	5	6	7	8	9	10	R_a				
第一跨第二片肋	1	41	41	42	43	41	38	40	38	42	40	40.6	2.0	35.4	41.3	5.31
	2	42	42	40	42	43	45	45	42	43	40	42.4		38.3		
	3	45	48	45	48	47	48	43	48	46	47	46.5		46.2		
	4	48	48	47	45	48	46	48	47	50	48	47.5		48.2		
	5	46	50	47	45	47	45	48	47	48	50	47.3		47.8		
	6	42	43	40	42	45	44	40	41	42	43	42.2		38.0		
	7	50	48	48	44	45	47	44	48	50	46	47.0		47.2		
	8	42	43	41	45	43	42	40	45	42	40	42.4		38.3		
	9	41	42	40	41	40	44	41	45	42	40	41.6		36.9		
	10	40	42	40	43	41	41	45	40	42	40	41.4		36.6		
	现龄期构件混凝土强度推定值(MPa)=32.6															

回弹法测试成果表　　表5-3-7

构件	测区	回弹结果										平均碳化深度 (mm)	换算强度 (MPa)	平均值 (MPa)	标准差 (MPa)
		1	2	3	4	5	6	7	8	9	10	R_a				
第一跨第三片肋	1	36	36	37	40	38	40	40	38	36	37	37.8	2.0	31.2	38.4	3.30
	2	50	43	43	47	50	48	46	44	43	43	45.7		44.6		
	3	40	44	42	42	40	41	41	42	43	42	41.7		37.1		
	4	44	43	42	44	44	41	44	45	43	40	43.0		39.8		
	5	42	42	42	46	44	42	38	44	43	42	42.5		36.8		
	6	42	40	44	45	42	44	45	42	43	42	42.9		39.2		
	7	42	47	42	40	41	45	40	44	38	42	42.4		38.3		
	8	42	44	43	44	40	42	41	44	43	42	42.5		38.5		
	9	43	42	45	43	43	44	43	44	34	42.8			39.0		
	10	41	42	43	43	44	43	45	41	42	44	42.8		39.0		
	现龄期构件混凝土强度推定值(MPa)=32.9															

构件	测区	回弹结果										平均碳化深度 (mm)	换算强度 (MPa)	平均值 (MPa)	标准差 (MPa)
		1	2	3	4	5	6	7	8	9	10	R_a				
第二跨第一片肋	1	46	41	40	40	46	45	39	43	43	41	42.4	3.0	35.3	36.9	4.26
	2	43	44	45	43	43	46	43	45	48	45	44.5		39.2		
	3	45	49	45	43	44	45	44	45	46	45	42.3		35.4		
	4	50	50	52	51	53	49	50	50	45	46	47.6		44.8		
	5	44	46	45	43	43	43	43	44	44	41.0			33.2		
	6	48	47	50	53	48	50	45	48	50	50	46.3		42.4		
	7	48	43	46	46	49	50	43	50	45	46	43.9		38.2		
	8	46	40	39	46	48	44	44	31	44	38	42.0		34.9		
	9	47	40	43	39	42	40	39	43	43	47	42.0		34.9		
	10	43	40	37	38	38	42	38	38	38	40	39.2		30.8		
	现龄期构件混凝土强度推定值(MPa)=29.9															

回弹法测试成果表　　　　　　　　　　　　　　　表 5-3-8

构件	测区	回弹结果											平均碳化深度(mm)	换算强度(MPa)	平均值(MPa)	标准差(MPa)
		1	2	3	4	5	6	7	8	9	10	R_a				
第二跨第二片肋	1	47	46	45	43	46	47	43	45	47	45	45.4	3.0	40.7	35.0	4.33
	2	43	44	42	43	42	40	42	40	44	46	42.6		35.9		
	3	46	48	47	48	45	46	48	45	47	44	46.4		42.6		
	4	44	46	40	44	40	38	38	39	40	42	41.1		33.4		
	5	42	42	43	42	41	37	44	43	42	39	39.6		31.2		
	6	40	41	40	40	40	40	38	41	41	41	37.6		28.6		
	7	40	43	42	40	47	41	40	40	45	45	39.4		31.0		
	8	47	47	42	47	47	47	47	47	42	47	42.2		35.0		
	9	40	42	42	42	42	47	44	42	42	43	43.1		36.8		
	10	45	42	40	42	44	45	38	42	38	42	41.8		34.5		
现龄期构件混凝土强度推定值(MPa) = 27.9																

构件	测区	回弹结果											平均碳化深度(mm)	换算强度(MPa)	平均值(MPa)	标准差(MPa)
		1	2	3	4	5	6	7	8	9	10	R_a				
第二跨第三片肋	1	38	39	40	46	40	41	38	43	44	33	40.2	3.0	32.0	33.0	3.71
	2	46	45	42	45	43	42	41	44	42	45	43.5		37.4		
	3	48	49	43	42	48	49	45	39	40	41	44.3		38.8		
	4	38	40	38	34	36	36	36	36	36	34	36.8		27.5		
	5	34	34	40	36	34	41	39	38	35	41	37.2		28.3		
	6	41	46	38	35	39	42	38	38	45	33	39.5		31.1		
	7	50	46	43	44	43	49	48	40	51	41	42.8		36.2		
	8	44	48	43	41	41	42	44	43	43	40	40.3		32.2		
	9	42	44	43	44	41	44	48	48	43	41	41.2		33.5		
	10	44	44	45	44	43	45	41	46	42	41	41.0		33.2		
现龄期构件混凝土强度推定值(MPa) = 26.9																

2. 混凝土碳化深度检测

混凝土碳化深度检测是在混凝土强度测区附近测试,对混凝土钻孔,并将孔内清洗干净,采用酸碱指示剂(1%的酒精酚酞溶液)喷在某大桥主拱肋混凝土钻孔面上,用碳化深度测量仪测量表面至深部不变色边缘与测量相垂直的距离1~2次,该距离即为该测区的碳化深度值。经检测,某大桥拱肋混凝土碳化深度平均值为3mm。

3. 主拱肋钢筋及保护层厚度检测

本次检测采用 DJGW 钢筋位置测定仪对主拱肋的钢筋状况进行了检测。根据某大桥的结构受力特点及现场易操作性,全桥共计测了24个测区,检测结果如下:
(1)主拱肋下缘纵向主钢筋数量(包括根数与直径)与设计值基本相符。
(2)主拱肋箍筋直径与间距与设计基本相符:箍筋直径为 $\phi 8$,间距为49cm。
(3)主拱肋纵向钢筋混凝土保护层实测厚度为4.4~6.1cm,比设计值3.0cm 厚了许多。

4. 边跨梁混凝土强度检测

采用"回弹法"对边跨梁混凝土强度进行测试,共布置10个测区,混凝土碳化深度取平均值,回弹测试结果见表5-3-9。

回弹法测试成果表　　　　表5-3-9

构件	测区	回弹结果										R_{ma}	角度修正 R_{mb}	浇筑底面修正 R_m	平均碳化深度(mm)	换算强度(MPa)	平均值(MPa)	标准差(MPa)
		1	2	3	4	5	6	7	8	9	10							
边跨梁	1	52	54	55	57	52	53	55	54	57	52	54.1	50.6	50.6	6.0	40.0	32.7	7.04
	2	47	47	45	52	50	50	51	50	49	51	49.2	45.6	45.2		31.9		
	3	57	54	53	52	55	54	48	48	53	53	52.7	49.2	49.1		38.8		
	4	47	48	45	47	48	50	47	49	50	49	48.0	44.4	43.8		29.9		
	5	54	55	56	57	56	56	55	57	57	56	55.9	52.4	52.4		43.0		
	6	44	43	43	47	45	46	48	44	48	46	45.4	41.6	40.8		26.0		
	7	52	50	50	50	51	56	54	54	54	52	49.6	46.1	45.7		32.5		
	8	42	44	49	46	48	46	48	46	42	46	43.4	39.5	38.5		23.0		
	9	44	45	46	47	50	48	46	48	48	48	44.0	40.2	39.2		24.0		
	10	52	48	52	52	52	48	52	56	54	49.4		49.4	45.8	49.3		37.8		
现龄期构件混凝土强度推定值(MPa)=26.9																			

七、桥梁结构病害检查

1. 桥面系的检查

桥面系检查是调查桥面铺装及其附属设施的病害情况,判定这些病害对大桥使用带来的影响。主要检查内容有:桥面铺装层、桥面排水系统及栏杆等。检测采用目视为主,配合仪器检查。对病害严重的局部进行照片记录,现场填写桥面检测记录表。

1)桥面铺装层检查

在整个桥面铺装范围内,水泥混凝土桥面出现坑槽、开裂等病害,水泥混凝土桥面基本损坏。

2)护栏及排水系统检查

大桥两侧栏杆长年失修,多处栏杆断裂、混凝土脱落、钢筋外露,并有部分栏杆构件已完全丢失,栏杆柱连接构件松动,桥上通过行人时产生不安全感;桥面泄水孔完全堵塞,积水较多。

2. 主拱圈病害检查

拱圈拱脚部位存在渗水迹象,伴有白色结晶物析出,其他部位基本完好。

3. 拱上建筑病害检查

腹孔立柱、顶板及拱波风化较严重,蜂窝麻面较多;横梁滋生杂草,渗水较严重。

4. 桥梁墩台病害检查

现场对各桥梁墩、台可观测部分进行了全面而细致的检查,未发现有影响桥梁结构使用安全的病害存在。

5. 引桥病害检查

引桥部分桥面出现破损,通道1梁底有部分钢筋已经露出,通道2梁底存在空洞现象。
图5-3-9为某桥主桥病害图,引桥尺寸及病害图如图5-3-10所示。

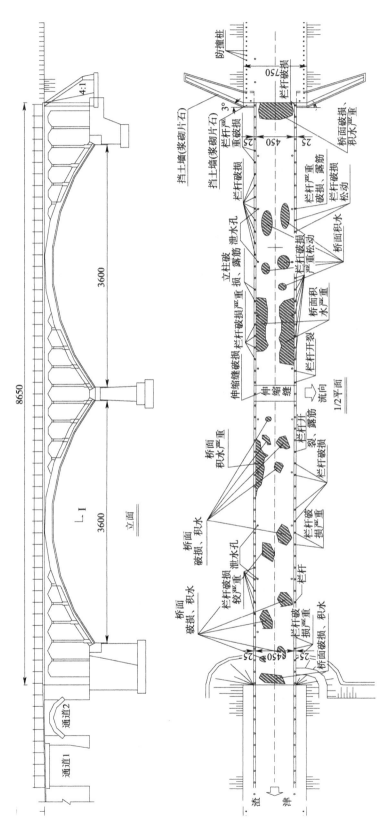

图 5-3-9 某桥主桥病害图（尺寸单位：cm）

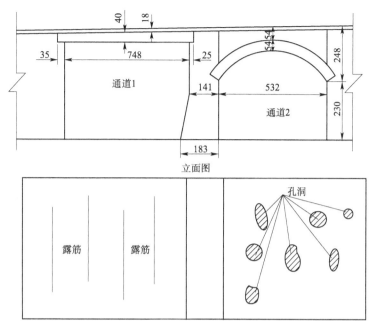

图 5-3-10 引桥尺寸及病害图(尺寸单位:cm)

八、桥梁结构检算

1. 桥面系的检查

目前公路行业广泛应用的旧桥承载能力评定方法是我国交通运输部在 1988 年颁布的"公路旧桥承载能力鉴定方法(试行)",该方法主要是基于荷载试验评定方法。其对旧桥承载能力的检算基本上是按现行的有关公路桥梁设计规范进行,并根据桥梁的调查、检算情况,采用旧桥检算系数 Z_1 对检查结果进行适当的修正。基于某大桥运营时间较长,并存在较多的病害情况,因此本次结构检算根据《公路桥梁承载能力检测评定规程》(JTG/T J21—2011)第三章第一节表 3.1 和第二章第三节的表 2.2 规定,采用检算系数 $Z_1 = 0.9$。并根据《公路钢筋混凝土及预应力混凝土桥涵设计规范》(JTG D62—2004)第一章第 1~5 条和《公路桥涵设计通用规范》(JTG D60—2004)第 4.3.1~4.3.2 条荷载效应最不利组合的设计值小于或等于结构抗力效应设计值的方程式进行检算。

2. 检算过程中参照的规范及标准

(1)《公路桥涵设计通用规范》(JTG D60—2004);
(2)《公路桥涵地基与基础设计规范》(JTG D63—2007);
(3)《公路钢筋混凝土及预应力混凝土桥涵设计规范》(JTG D62—2004);
(4)《公路圬工桥涵设计规范》(JTG D61—2005);
(5)《公路桥梁承载能力检测评定规程》(JTG/T J21—2011)。

3. 检算荷载的采用

检算过程中分别按照《公路桥涵设计通用规范》(JTG D60—2004)规定的汽—10 荷载、人群荷载和《公路桥涵设计通用规范》(JTG D60—2004)规定的公路—Ⅱ级标准进行检算。

4. 检算要点及假设

(1)检算采用的结构尺寸以实际测量数据和材料强度为依据。
(2)检算过程中不考虑拱上侧墙、拱腔填料及桥面等参与共同受力,仅作为二期恒载荷载计入作用。

（3）根据某大桥结构形式、实际状况及受力特点，着重对主要控制断面（拱顶、$L/4$ 及拱脚）、结构薄弱部位进行检算。

（4）本次结构检算建立在平面杆系的基础上，分别利用活载增大系数和横向分布系数的概念来考虑空间的荷载效应，经过比较结果取值大者。

（5）为便于建模，考虑拱波与拱肋组合断面一次性形成。

（6）基于结构检查中发现桥梁存在较多病害，影响桥梁结构的横向整体受力性能，但本次拟对桥梁的这些病害予以加固维修、处理。因此，检算中仍考虑这些桥梁上部构造的横向整体受力性能符合设计要求。

（7）考虑到拱肋与拱波并非一次浇筑成及材料的差异性等因素，检算过程中偏安全的将主拱圈混凝土强度综合为 25 号进行检算。

5. 检算模型及过程

为能提高计算精度，在几何形状上尽可能反映桥梁真实情况，在单元离散时，不仅桥梁各结构位置精确，对截面尺寸稍有变化处均设置了节点元素，因此结构离散成的梁单元较密集，并按施工程序分现浇主拱圈阶段、浇筑腹拱墩阶段、安装腹拱拱圈阶段、二期恒载阶段，以及安装栏杆构件阶段，分阶段进行检算。检算模型如图 5-3-11 所示。

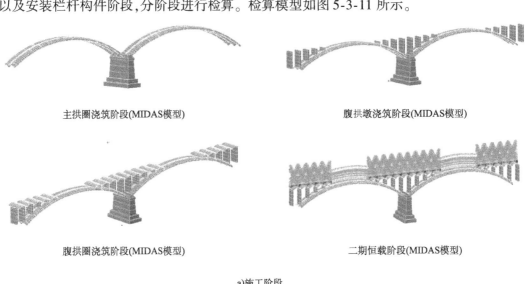

a) 施工阶段

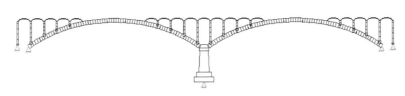

b) 桥梁博士杆系有限元模型

图 5-3-11　某大桥结构检算有限元离散图

6. 检算结果

计算中考虑的荷载有：结构自重恒载、二期恒载、汽车荷载、人群荷载（取 $3kN/m^2$，0.5m 人行道宽度）、温度荷载和支座沉降。其中汽车荷载按《规范》中规定最不利位置布载，活载采用动态规划法在相关结构影响线加载计算，采用桥梁结构计算程序 MIDAS 和桥梁博士分别对某大桥进行计算分析和结果校核。控制截面抗力按《公路圬工桥涵设计规范》(JTG D61—2005)第4.0.8条~4.0.10条进行计算,当偏心距在容许值之内(按表4.0.9),采用式(4.0.8-1)计算截面抗力;当偏心距超过容许值,采用式(4.0.10-1)、式(4.0.10-2)计算截面抗力,检算结果见表5-3-10、表5-3-11所示。

某大桥控制断面内力表 表5-3-10

编号	荷载组合	拱顶		$L/4$		拱脚	
		$M(kN·m)$	$N(kN)$	$M(kN·m)$	$N(kN)$	$M(kN·m)$	$N(kN)$
1	恒载	39.8	3070	5.58	3040	-54.6	3730
2	汽—10 M_{max}	299	332	269	91.8	397	318
3	汽—10 M_{min}	-95	213	-192	437	-430	301
4	公路二级 M_{max}	687	681	513	238	646	502
5	公路二级 M_{min}	-139	372	-326	647	-796	460
6	人群 M_{max}	13.7	24.6	12.9	8.76	36	31.8
7	人群 M_{min}	-8	23.5	-16.5	38.5	-28.2	23.5
8	整体升温(25℃)	-285	242	-65.2	250	700	178
9	整体降温(25℃)	285	-242	65.2	-250	-700	-178
10	支座沉降(2cm)	-4.6	10.2	-42.6	20	-56.5	15.8
编号	荷载组合(按汽-10)	拱顶		$L/4$		拱脚	
		$M(kN·m)$	$N(kN)$	$M(kN·m)$	$N(kN)$	$M(kN·m)$	$N(kN)$
11	组合1 1.2恒+1.4(汽$_{max}$+人群)	485.54	4183.24	401.356	3788.784	540.68	4965.72
12	组合2 1.2恒+1.4(汽$_{min}$+人群)	-96.44	4015.1	-285.204	4313.7	-707	4930.3
编号	荷载组合(按公路二级)	拱顶		$L/4$		拱脚	
		$M(kN·m)$	$N(kN)$	$M(kN·m)$	$N(kN)$	$M(kN·m)$	$N(kN)$
13	组合1 1.2恒+0.5支座沉降+1.4汽$_{max}$+1.4×0.7(人群+整体降温)	1297.686	4434.548	758.834	3764.785	131.66	5051.324
14	组合2 1.2恒+0.5支座沉降+1.4汽$_{min}$+1.4×0.7(人群+整体降温)	120.02	4000.87	-444.578	4366.53	-1950.06	4984.39
15	组合3 1.2恒+0.5支座沉降+1.4汽$_{max}$+1.4×0.7(人群+整体升温)	739.086	4908.868	631.042	4254.785	1503.66	5400.204
16	组合4 1.2恒+0.5支座沉降+1.4汽$_{min}$+1.4×0.7(人群+整体升温)	-417.314	4476.268	-543.558	4827.385	-515.14	5341.404

续上表

编号	荷载组合(按公路二级)		拱 顶		$L/4$		拱 脚	
			$M(\text{kN}\cdot\text{m})$	$N(\text{kN})$	$M(\text{kN}\cdot\text{m})$	$N(\text{kN})$	$M(\text{kN}\cdot\text{m})$	$N(\text{kN})$
17	组合5	1.0 恒 $+0.5$ 支座沉降 $+$ 1.4 汽$_{\max}$ $+1.4\times 0.7$ (人群 + 整体降温)	1289.726	3820.548	757.718	3156.785	142.58	4305.324
18	组合6	1.0 恒 $+0.5$ 支座沉降 $+$ 1.4 汽$_{\min}$ $+1.4\times 0.7$ (人群 + 整体降温)	112.06	3386.87	−445.694	3758.53	−1939.14	4238.39
19	组合7	1.0 恒 $+0.5$ 支座沉降 $+$ 1.4 汽$_{\max}$ $+1.4\times 0.7$ (人群 + 整体升温)	731.126	4294.868	629.926	3646.785	1514.58	4654.204
20	组合8	1.0 恒 $+0.5$ 支座沉降 $+$ 1.4 汽$_{\min}$ $+1.4\times 0.7$ (人群 + 整体升温)	−425.274	3862.268	−544.674	4219.385	−504.22	4595.404

某大桥控制断面抗力表　　　　　　表 5-3-11

截面	编号	N_j (kN)	$e_0=M/N$ (m)	α $=[1-(e_0/y)^{3.5}]/$ $[1+(e_0/r_w)^2]$	$R_N=\alpha AR_{aj}/r_m$ 或 $R_N=$ $AR_{WL}^j/[(Ae_0/W-1)r_m]$ (kN)	$[e_0]$	$N_j<R_N$ 是否满足	$e_0<[e_0]$ 是否满足
拱顶	11	4183.2	0.116	0.753	5781.0	0.211	是	是
	12	4015.1	0.024	0.987	7579.4	0.269	是	是
	13	4434.5	0.293	—	636.4	0.211	否	否
	14	4000.9	0.030	0.980	7524.8	0.211	是	是
	15	4908.9	0.151	0.630	4836.7	0.211	否	是
	16	4476.3	0.093	0.834	6403.9	0.269	是	是
	17	3820.5	0.338	—	516.1	0.211	否	否
	18	3386.9	0.033	0.976	7492.3	0.211	是	是
	19	4294.9	0.170	0.559	4294.6	0.211	否	是
	20	3862.3	0.110	0.781	5998.2	0.269	是	是
$L/4$	11	3788.8	0.106	0.788	6047.8	0.211	是	是
	12	4313.7	0.066	0.910	6986.4	0.269	是	是
	13	3764.8	0.202	0.450	3453.0	0.211	否	是
	14	4366.5	0.102	0.808	6200.3	0.211	是	是
	15	4254.8	0.148	0.638	4898.9	0.211	是	是
	16	4827.4	0.113	0.773	5936.8	0.269	是	是
	17	3156.8	0.240	—	875.2	0.211	否	否
	18	3758.5	0.119	0.754	5788.1	0.269	是	是
	19	3646.8	0.173	0.550	4226.2	0.211	是	是
	20	4219.4	0.129	0.720	5524.7	0.269	是	是

续上表

截面	编号	N_j (kN)	$e_0 = M/N$ (m)	$\alpha = [1-(e_0/y)^{3.5}]/[1+(e_0/r_w)^2]$	$R_N = \alpha A R_{aj}/r_m$ 或 $R_N = A R_{WL}^j/[(Ae_0/W-1)r_m]$ (kN)	$[e_0]$	$N_j < R_N$ 是否满足	$e_0 < [e_0]$ 是否满足
拱脚	11	4965.7	0.109	0.778	5971.0	0.211	是	是
	12	4930.3	0.143	0.673	5165.2	0.269	是	是
	13	5051.3	0.026	0.985	7561.8	0.211	是	是
	14	4984.4	0.391	—	593.0	0.269	否	否
	15	5400.2	0.278	—	686.9	0.211	否	否
	16	5341.4	0.096	0.824	6328.4	0.269	是	是
	17	4305.3	0.033	0.976	7492.0	0.211	是	是
	18	4238.4	0.458	—	474.0	0.269	否	否
	19	4654.2	0.325	—	543.9	0.211	否	否
	20	4595.4	0.110	0.783	6007.7	0.269	是	是

7. 检算结果分析

从表5-3-9与表5-3-10可看出,修水县渣津镇某大桥在不考虑检算系数 Z 和未加固提载时,能够满足原设计荷载汽—10使用要求,但不能满足新规范公路二级荷载要求,故应予加固提载。

九、现状评定结论与建议

通过对某大桥进行全面的结构检查、室内分析及控制断面结构检算,并综合分析大桥的相关资料,具体评定结论如下:

(1)某大桥主拱圈拱轴线形与设计拱轴线形相差较大,改变和影响了大桥的结构受力状态。

(2)大桥主拱肋混凝土:第一跨混凝土强度符合设计值;第二跨混凝土强度比设计值稍低。

(3)主拱肋下缘钢筋直径与根数与设计相符,但保护层较厚,减少和削弱了结构的有效尺寸。

(4)桥面铺装层坑槽、露骨、磨耗严重且裂缝普遍,行车冲击系数大,建议尽早采取措施维修,以免该桥在目前状态下使用造成主拱进一步损坏。栏杆开裂、破损、折断多处,建议予以维修。

(5)由于引桥边跨梁缺乏设计图纸等原始资料,实测混凝土强度较低,梁底有露筋病害,应尽早进行维修加固处理。

(6)结构检算的结果表明:

①某大桥原设计施工图符合原设计荷载汽—10使用要求。

②某大桥第一跨及第二跨拱轴线形与设计拱轴线形相差较大,经按照实测拱轴线进行检算,某大桥实际结构承载力不能满足公路Ⅱ级荷载使用要求,建议采取有效措施予以补强加固处理。

(7)墩(台)是连接上部构造与大地的传力构件,它的好坏直接关系到大桥的使用性能与安全。本次检测中墩台施工尺寸与设计基本相符,但混凝土表面风化较严重,需尽早进行维修。

(8)两岸桥台砌石砂浆不饱满,严重减弱了桥台台身截面抗剪、抗弯强度,需尽早进行维修。

综上所述,渣津桥主桥结构能满足原设计荷载汽—10使用要求,但不能满足新规范公路Ⅱ级荷载标准的使用要求;该桥桥面铺装层损坏严重,行车冲击系数大,已严重影响了该桥的正常使用、安全性和耐久性。大桥综合评定为Ⅳ类桥梁(即差的状态),见表 5-3-12,建议尽早对大桥进行相应的维修和加固。

某大桥健康状况评定表　　　　　　　　　　　　　　表 5-3-12

项目\描述	状况描述	备注
桥面铺装	开裂严重,表面坑槽、磨损严重	坏的状态
主拱	主拱圈有较严重的渗水现象,有白色结晶物产生,通过检算,不满足公路Ⅱ级荷载使用要求,承载力不足	承载力不足
拱上建筑	腹孔立柱、顶板及拱波风化较严重,蜂窝麻面较多;横梁滋生杂草,渗水较严重	较差状态
墩台	主桥墩柱未发现严重病害,有一定的风化,桥台砌石砂浆不饱满	个别墩台较差状态
栏杆及排水系统	两侧栏杆长年失修,多处栏杆断裂、混凝土脱落、钢筋外露,并有部分栏杆构件已完全丢失,栏杆柱连接构件松动,桥上通过行人时产生不安全感;桥面泄水孔完全堵塞,积水较多	较差状态
综合评定等级	根据中华人民共和国交通运输部发布的《公路桥梁养护规范》(JTG H11—2004)第 3.5 条桥梁评定的有关规定,大桥实际状态评定为Ⅳ类桥梁(差的状态)	

任务工作单

学习情境五:<u>全桥检测</u>
工作任务三:<u>桥梁全桥检查(测)</u>

班级			
姓名		学号	
日期		评分	

1. 简述全桥检查的内容。

2. 简述桥梁一般检查的目的,一般检查后应提交的文件报告包括哪些内容。

3. 在什么情况下要做桥梁详细检查,详细检查包括哪些方面内容?

4. 桥梁详细检查后做出何种鉴定,详细检查报告包括哪些内容?

参考文献

[1] 中华人民共和国行业标准.JTG/T F50—2011 公路桥涵施工技术规范[S].北京:人民交通出版社,2011.
[2] 中华人民共和国行业标准.JTG F80/1—2004 公路工程质量检验评定标准 第一册 土建工程[S].北京:人民交通出版社,2004.
[3] 中华人民共和国行业标准.JTG H11—2004 公路桥涵养护规范[S].北京:人民交通出版社,2004.
[4] 中华人民共和国行业标准.JTG/T J21—2011 公路桥梁承载能力检测评定规程[S].北京:人民交通出版社,2011.
[5] 中华人民共和国行业标准.JTG E60—2008 公路路基路面现场测试规程[S].北京:人民交通出版社,2008.
[6] 中华人民共和国行业标准.JTG/T F81-01—2004 公路工程基桩动测技术规程[S].北京:人民交通出版社,2004.
[7] 中华人民共和国行业标准.JGJ T23—2011 回弹法检测混凝土抗压强度技术规程[S].北京:中国建筑工业出版社,2011.
[8] 吴继锋.《桥梁现场检测》省级精品资源共享课,省精品课程,交通教指委精品课程.
[9] 张美珍.桥梁工程检测技术[M].北京:人民交通出版社,2007.
[10] 王立军,周广宇,李旭丹.公路工程检测[M].郑州:黄河水利出版社,2012.